150 Jahre SPD 150 Jahre SPD 150 Jahre SPD 150 Jahre SPD 150 Jahre SPD 150 Jahre SPD 150 Jahre SPD 150 Jahre SPD 150 Jahre SPD 150 Jahre SPD 150 Jahre SPD 150 Jahre SPD
SPD 150 Jahre SPD 150 Jahre SPD 150 Jahre SPD 150 Jahre SPD 150 Jahre SPD 150 Jahre SPD 150 Jahre SPD 150 Jahre SPD 150 Jahre SPD 150 Jahre SPD 150 Jahre SPD 150 Jahre
150 Jahre SPD 150 Jahre SPD 150 Jahre SPD 150 Jahre SPD 150 Jahre SPD 150 Jahre SPD 150 Jahre SPD 150 Jahre SPD 150 Jahre SPD 150 Jahre SPD 150 Jahre SPD 150 Jahre SPD
SPD 150 Jahre SPD 150 Jahre SPD 150 Jahre SPD 150 Jahre SPD 150 Jahre SPD 150 Jahre SPD 150 Jahre SPD 150 Jahre SPD 150 Jahre SPD 150 Jahre SPD 150 Jahre SPD 150 Jahre
150 Jahre SPD 150 Jahre SPD 150 Jahre SPD 150 Jahre SPD 150 Jahre SPD 150 Jahre SPD 150 Jahre SPD 150 Jahre SPD 150 Jahre SPD 150 Jahre SPD 150 Jahre SPD 150 Jahre SPD
SPD 150 Jahre SPD 150 Jahre SPD 150 Jahre SPD 150 Jahre SPD 150 Jahre SPD 150 Jahre SPD 150 Jahre SPD 150 Jahre SPD 150 Jahre SPD 150 Jahre SPD 150 Jahre SPD 150 Jahre
150 Jahre SPD 150 Jahre SPD 150 Jahre SPD 150 Jahre SPD 150 Jahre SPD 150 Jahre SPD 150 Jahre SPD 150 Jahre SPD 150 Jahre SPD 150 Jahre SPD 150 Jahre SPD 150 Jahre SPD
SPD 150 Jahre SPD 150 Jahre SPD 150 Jahre SPD 150 Jahre SPD 150 Jahre SPD 150 Jahre SPD 150 Jahre SPD 150 Jahre SPD 150 Jahre SPD 150 Jahre SPD 150 Jahre SPD 150 Jahre
150 Jahre SPD 150 Jahre SPD 150 Jahre SPD 150 Jahre SPD 150 Jahre SPD 150 Jahre SPD 150 Jahre SPD 150 Jahre SPD 150 Jahre SPD 150 Jahre SPD 150 Jahre SPD 150 Jahre SPD
SPD 150 Jahre SPD 150 Jahre SPD 150 Jahre SPD 150 Jahre SPD 150 Jahre SPD 150 Jahre SPD 150 Jahre SPD 150 Jahre SPD 150 Jahre SPD 150 Jahre SPD 150 Jahre SPD 150 Jahre
150 Jahre SPD 150 Jahre SPD 150 Jahre SPD 150 Jahre SPD 150 Jahre SPD 150 Jahre SPD 150 Jahre SPD 150 Jahre SPD 150 Jahre SPD
SPD 150 Jahre SPD 150 Jahre SPD 150 Jahre SPD 150 Jahre SPD 150 Jahre SPD 150 Jahre SPD 150 Jahre SPD 150 Jahre SPD 150 Jahre
150 Jahre SPD 150 Jahre SPD 150 Jahre SPD 150 Jahre SPD 150 Jahre SPD 150 Jahre SPD 150 Jahre SPD 150 Jahre SPD 150 Jahre SPD
SPD 150 Jahre SPD 150 Jahre SPD 150 Jahre SPD 150 Jahre SPD 150 Jahre SPD 150 Jahre SPD 150 Jahre SPD 150 Jahre SPD 150 Jahre
150 Jahre SPD 150 Jahre SPD 150 Jahre SPD 150 Jahre SPD 150 Jahre SPD 150 Jahre SPD 150 Jahre SPD 150 Jahre SPD 150 Jahre SPD
SPD 150 Jahre SPD 150 Jahre SPD 150 Jahre SPD 150 Jahre SPD 150 Jahre SPD 150 Jahre SPD 150 Jahre SPD 150 Jahre SPD 150 Jahre
150 Jahre SPD 150 Jahre SPD 150 Jahre SPD 150 Jahre SPD 150 Jahre SPD 150 Jahre SPD 150 Jahre SPD 150 Jahre SPD 150 Jahre SPD
SPD 150 Jahre SPD 150 Jahre SPD 150 Jahre SPD 150 Jahre SPD 150 Jahre SPD 150 Jahre SPD 150 Jahre SPD 150 Jahre SPD 150 Jahre
150 Jahre SPD 150 Jahre SPD 150 Jahre SPD 150 Jahre SPD 150 Jahre SPD 150 Jahre SPD 150 Jahre SPD 150 Jahre SPD 150 Jahre SPD
SPD 150 Jahre SPD 150 Jahre SPD 150 Jahre SPD 150 Jahre SPD 150 Jahre SPD 150 Jahre SPD 150 Jahre SPD 150 Jahre SPD 150 Jahre
150 Jahre SPD 150 Jahre SPD 150 Jahre SPD 150 Jahre SPD 150 Jahre SPD 150 Jahre SPD 150 Jahre SPD 150 Jahre SPD 150 Jahre SPD

SPD 150 Jahre SPD 150 Jahre SPD 150 Jahre SPD 150 Jahre SPD 150 Jahre SPD 150 Jahre SPD 150 Jahre SPD 150 Jahre SPD 150 Jahre SPD 150 Jahre SPD 150 Jahre SPD 150 Jahre
150 Jahre SPD 150 Jahre SPD 150 Jahre SPD 150 Jahre SPD 150 Jahre SPD 150 Jahre SPD 150 Jahre SPD 150 Jahre SPD 150 Jahre SPD 150 Jahre SPD 150 Jahre SPD 150 Jahre SPD
SPD 150 Jahre SPD 150 Jahre SPD 150 Jahre SPD 150 Jahre SPD 150 Jahre SPD 150 Jahre SPD 150 Jahre SPD 150 Jahre SPD 150 Jahre SPD 150 Jahre SPD 150 Jahre SPD 150 Jahre
150 Jahre SPD 150 Jahre SPD 150 Jahre SPD 150 Jahre SPD 150 Jahre SPD 150 Jahre SPD 150 Jahre SPD 150 Jahre SPD 150 Jahre SPD 150 Jahre SPD 150 Jahre SPD 150 Jahre SPD
SPD 150 Jahre SPD 150 Jahre SPD 150 Jahre SPD 150 Jahre SPD 150 Jahre SPD 150 Jahre SPD 150 Jahre SPD 150 Jahre SPD 150 Jahre SPD 150 Jahre SPD 150 Jahre SPD 150 Jahre
150 Jahre SPD 150 Jahre SPD 150 Jahre SPD 150 Jahre SPD 150 Jahre SPD 150 Jahre SPD 150 Jahre SPD 150 Jahre SPD 150 Jahre SPD 150 Jahre SPD 150 Jahre SPD 150 Jahre SPD
SPD 150 Jahre SPD 150 Jahre SPD 150 Jahre SPD 150 Jahre SPD 150 Jahre SPD 150 Jahre SPD 150 Jahre SPD 150 Jahre SPD 150 Jahre SPD 150 Jahre SPD 150 Jahre SPD 150 Jahre
150 Jahre SPD 150 Jahre SPD 150 Jahre SPD 150 Jahre SPD 150 Jahre SPD 150 Jahre SPD 150 Jahre SPD 150 Jahre SPD 150 Jahre SPD 150 Jahre SPD 150 Jahre SPD 150 Jahre SPD
SPD 150 Jahre SPD 150 Jahre SPD 150 Jahre SPD 150 Jahre SPD 150 Jahre SPD 150 Jahre SPD 150 Jahre SPD 150 Jahre SPD 150 Jahre SPD 150 Jahre SPD 150 Jahre SPD 150 Jahre
150 Jahre SPD 150 Jahre SPD 150 Jahre SPD 150 Jahre SPD 150 Jahre SPD 150 Jahre SPD 150 Jahre SPD 150 Jahre SPD 150 Jahre SPD 150 Jahre SPD 150 Jahre SPD 150 Jahre SPD
SPD 150 Jahre SPD 150 Jahre SPD 150 Jahre SPD 150 Jahre SPD 150 Jahre SPD 150 Jahre SPD 150 Jahre SPD 150 Jahre SPD 150 Jahre SPD 150 Jahre SPD 150 Jahre SPD 150 Jahre
150 Jahre SPD 150 Jahre SPD 150 Jahre SPD 150 Jahre SPD 150 Jahre SPD 150 Jahre SPD 150 Jahre SPD 150 Jahre SPD 150 Jahre SPD 150 Jahre SPD 150 Jahre SPD 150 Jahre SPD
SPD 150 Jahre SPD 150 Jahre SPD 150 Jahre SPD 150 Jahre SPD 150 Jahre SPD 150 Jahre SPD 150 Jahre SPD 150 Jahre SPD 150 Jahre SPD 150 Jahre SPD 150 Jahre SPD 150 Jahre
150 Jahre SPD 150 Jahre SPD 150 Jahre SPD 150 Jahre SPD 150 Jahre SPD 150 Jahre SPD 150 Jahre SPD 150 Jahre SPD 150 Jahre SPD 150 Jahre SPD 150 Jahre SPD 150 Jahre SPD
SPD 150 Jahre SPD 150 Jahre SPD 150 Jahre SPD 150 Jahre SPD 150 Jahre SPD 150 Jahre SPD 150 Jahre SPD 150 Jahre SPD 150 Jahre SPD 150 Jahre SPD 150 Jahre SPD 150 Jahre
150 Jahre SPD 150 Jahre SPD 150 Jahre SPD 150 Jahre SPD 150 Jahre SPD 150 Jahre SPD 150 Jahre SPD 150 Jahre SPD 150 Jahre SPD 150 Jahre SPD 150 Jahre SPD 150 Jahre SPD
SPD 150 Jahre SPD 150 Jahre SPD 150 Jahre SPD 150 Jahre SPD 150 Jahre SPD 150 Jahre SPD 150 Jahre SPD 150 Jahre SPD 150 Jahre SPD 150 Jahre SPD 150 Jahre SPD 150 Jahre
150 Jahre SPD 150 Jahre SPD 150 Jahre SPD 150 Jahre SPD 150 Jahre SPD 150 Jahre SPD 150 Jahre SPD 150 Jahre SPD 150 Jahre SPD 150 Jahre SPD 150 Jahre SPD 150 Jahre SPD
SPD 150 Jahre SPD 150 Jahre SPD 150 Jahre SPD 150 Jahre SPD 150 Jahre SPD 150 Jahre SPD 150 Jahre SPD 150 Jahre SPD 150 Jahre SPD 150 Jahre SPD 150 Jahre SPD 150 Jahre
150 Jahre SPD 150 Jahre SPD 150 Jahre SPD 150 Jahre SPD 150 Jahre SPD 150 Jahre SPD 150 Jahre SPD 150 Jahre SPD 150 Jahre SPD 150 Jahre SPD 150 Jahre SPD 150 Jahre SPD
SPD 150 Jahre SPD 150 Jahre SPD 150 Jahre SPD 150 Jahre SPD 150 Jahre SPD 150 Jahre SPD 150 Jahre SPD 150 Jahre SPD 150 Jahre SPD 150 Jahre SPD 150 Jahre SPD 150 Jahre
150 Jahre SPD 150 Jahre SPD 150 Jahre SPD 150 Jahre SPD 150 Jahre SPD 150 Jahre SPD 150 Jahre SPD 150 Jahre SPD 150 Jahre SPD 150 Jahre SPD 150 Jahre SPD 150 Jahre SPD
SPD 150 Jahre SPD 150 Jahre SPD 150 Jahre SPD 150 Jahre SPD 150 Jahre SPD 150 Jahre SPD 150 Jahre SPD 150 Jahre SPD 150 Jahre SPD 150 Jahre SPD 150 Jahre SPD 150 Jahre
150 Jahre SPD 150 Jahre SPD 150 Jahre SPD 150 Jahre SPD 150 Jahre SPD 150 Jahre SPD 150 Jahre SPD 150 Jahre SPD 150 Jahre SPD 150 Jahre SPD 150 Jahre SPD 150 Jahre SPD
SPD 150 Jahre SPD 150 Jahre SPD 150 Jahre SPD 150 Jahre SPD 150 Jahre SPD 150 Jahre SPD 150 Jahre SPD 150 Jahre SPD 150 Jahre SPD 150 Jahre SPD 150 Jahre SPD 150 Jahre
150 Jahre SPD 150 Jahre SPD 150 Jahre SPD 150 Jahre SPD 150 Jahre SPD 150 Jahre SPD 150 Jahre SPD 150 Jahre SPD 150 Jahre SPD 150 Jahre SPD 150 Jahre SPD 150 Jahre SPD
SPD 150 Jahre SPD 150 Jahre SPD 150 Jahre SPD 150 Jahre SPD 150 Jahre SPD 150 Jahre SPD 150 Jahre SPD 150 Jahre SPD 150 Jahre SPD 150 Jahre SPD 150 Jahre SPD 150 Jahre
150 Jahre SPD 150 Jahre SPD 150 Jahre SPD 150 Jahre SPD 150 Jahre SPD 150 Jahre SPD 150 Jahre SPD 150 Jahre SPD 150 Jahre SPD 150 Jahre SPD 150 Jahre SPD 150 Jahre SPD
SPD 150 Jahre SPD 150 Jahre SPD 150 Jahre SPD 150 Jahre SPD 150 Jahre SPD 150 Jahre SPD 150 Jahre SPD 150 Jahre SPD 150 Jahre SPD 150 Jahre SPD 150 Jahre SPD 150 Jahre
150 Jahre SPD 150 Jahre SPD 150 Jahre SPD 150 Jahre SPD 150 Jahre SPD 150 Jahre SPD 150 Jahre SPD 150 Jahre SPD 150 Jahre SPD 150 Jahre SPD 150 Jahre SPD 150 Jahre SPD
SPD 150 Jahre SPD 150 Jahre SPD 150 Jahre SPD 150 Jahre SPD 150 Jahre SPD 150 Jahre SPD 150 Jahre SPD 150 Jahre SPD 150 Jahre SPD 150 Jahre SPD 150 Jahre SPD 150 Jahre
150 Jahre SPD 150 Jahre SPD 150 Jahre SPD 150 Jahre SPD 150 Jahre SPD 150 Jahre SPD 150 Jahre SPD 150 Jahre SPD 150 Jahre SPD 150 Jahre SPD 150 Jahre SPD 150 Jahre SPD
SPD 150 Jahre SPD 150 Jahre SPD 150 Jahre SPD 150 Jahre SPD 150 Jahre SPD 150 Jahre SPD 150 Jahre SPD 150 Jahre SPD 150 Jahre SPD 150 Jahre SPD 150 Jahre SPD 150 Jahre
150 Jahre SPD 150 Jahre SPD 150 Jahre SPD 150 Jahre SPD 150 Jahre SPD 150 Jahre SPD 150 Jahre SPD 150 Jahre SPD 150 Jahre SPD 150 Jahre SPD 150 Jahre SPD 150 Jahre SPD
SPD 150 Jahre SPD 150 Jahre SPD 150 Jahre SPD 150 Jahre SPD 150 Jahre SPD 150 Jahre SPD 150 Jahre SPD 150 Jahre SPD 150 Jahre SPD 150 Jahre SPD 150 Jahre SPD 150 Jahre
150 Jahre SPD 150 Jahre SPD 150 Jahre SPD 150 Jahre SPD 150 Jahre SPD 150 Jahre SPD 150 Jahre SPD 150 Jahre SPD 150 Jahre SPD 150 Jahre SPD 150 Jahre SPD 150 Jahre SPD
SPD 150 Jahre SPD 150 Jahre SPD 150 Jahre SPD 150 Jahre SPD 150 Jahre SPD 150 Jahre SPD 150 Jahre SPD 150 Jahre SPD 150 Jahre SPD 150 Jahre SPD 150 Jahre SPD 150 Jahre
150 Jahre SPD 150 Jahre SPD 150 Jahre SPD 150 Jahre SPD 150 Jahre SPD 150 Jahre SPD 150 Jahre SPD 150 Jahre SPD 150 Jahre SPD 150 Jahre SPD 150 Jahre SPD 150 Jahre SPD
SPD 150 Jahre SPD 150 Jahre SPD 150 Jahre SPD 150 Jahre SPD 150 Jahre SPD 150 Jahre SPD 150 Jahre SPD 150 Jahre SPD 150 Jahre SPD 150 Jahre SPD 150 Jahre SPD 150 Jahre
150 Jahre SPD 150 Jahre SPD 150 Jahre SPD 150 Jahre SPD 150 Jahre SPD 150 Jahre SPD 150 Jahre SPD 150 Jahre SPD 150 Jahre SPD 150 Jahre SPD 150 Jahre SPD 150 Jahre SPD
SPD 150 Jahre SPD 150 Jahre SPD 150 Jahre SPD 150 Jahre SPD 150 Jahre SPD 150 Jahre SPD 150 Jahre SPD 150 Jahre SPD 150 Jahre SPD 150 Jahre SPD 150 Jahre SPD 150 Jahre
150 Jahre SPD 150 Jahre SPD 150 Jahre SPD 150 Jahre SPD 150 Jahre SPD 150 Jahre SPD 150 Jahre SPD 150 Jahre SPD 150 Jahre SPD 150 Jahre SPD 150 Jahre SPD 150 Jahre SPD
SPD 150 Jahre SPD 150 Jahre SPD 150 Jahre SPD 150 Jahre SPD 150 Jahre SPD 150 Jahre SPD 150 Jahre SPD 150 Jahre SPD 150 Jahre SPD 150 Jahre SPD 150 Jahre SPD 150 Jahre
150 Jahre SPD 150 Jahre SPD 150 Jahre SPD 150 Jahre SPD 150 Jahre SPD 150 Jahre SPD 150 Jahre SPD 150 Jahre SPD 150 Jahre SPD 150 Jahre SPD 150 Jahre SPD 150 Jahre SPD
SPD 150 Jahre SPD 150 Jahre SPD 150 Jahre SPD 150 Jahre SPD 150 Jahre SPD 150 Jahre SPD 150 Jahre SPD 150 Jahre SPD 150 Jahre SPD 150 Jahre SPD 150 Jahre SPD 150 Jahre
150 Jahre SPD 150 Jahre SPD 150 Jahre SPD 150 Jahre SPD 150 Jahre SPD 150 Jahre SPD 150 Jahre SPD 150 Jahre SPD 150 Jahre SPD 150 Jahre SPD 150 Jahre SPD 150 Jahre SPD
SPD 150 Jahre SPD 150 Jahre SPD 150 Jahre SPD 150 Jahre SPD 150 Jahre SPD 150 Jahre SPD 150 Jahre SPD 150 Jahre SPD 150 Jahre SPD 150 Jahre SPD 150 Jahre SPD 150 Jahre
150 Jahre SPD 150 Jahre SPD 150 Jahre SPD 150 Jahre SPD 150 Jahre SPD 150 Jahre SPD 150 Jahre SPD 150 Jahre SPD 150 Jahre SPD 150 Jahre SPD 150 Jahre SPD 150 Jahre SPD
SPD 150 Jahre SPD 150 Jahre SPD 150 Jahre SPD 150 Jahre SPD 150 Jahre SPD 150 Jahre SPD 150 Jahre SPD 150 Jahre SPD 150 Jahre SPD 150 Jahre SPD 150 Jahre SPD 150 Jahre
150 Jahre SPD 150 Jahre SPD 150 Jahre SPD 150 Jahre SPD 150 Jahre SPD 150 Jahre SPD 150 Jahre SPD 150 Jahre SPD 150 Jahre SPD 150 Jahre SPD 150 Jahre SPD 150 Jahre SPD
SPD 150 Jahre SPD 150 Jahre SPD 150 Jahre SPD 150 Jahre SPD 150 Jahre SPD 150 Jahre SPD 150 Jahre SPD 150 Jahre SPD 150 Jahre SPD 150 Jahre SPD 150 Jahre SPD 150 Jahre
150 Jahre SPD 150 Jahre SPD 150 Jahre SPD 150 Jahre SPD 150 Jahre SPD 150 Jahre SPD 150 Jahre SPD 150 Jahre SPD 150 Jahre SPD 150 Jahre SPD 150 Jahre SPD 150 Jahre SPD
SPD 150 Jahre SPD 150 Jahre SPD 150 Jahre SPD 150 Jahre SPD 150 Jahre SPD 150 Jahre SPD 150 Jahre SPD 150 Jahre SPD 150 Jahre SPD 150 Jahre SPD 150 Jahre SPD 150 Jahre
150 Jahre SPD 150 Jahre SPD 150 Jahre SPD 150 Jahre SPD 150 Jahre SPD 150 Jahre SPD 150 Jahre SPD 150 Jahre SPD 150 Jahre SPD 150 Jahre SPD 150 Jahre SPD 150 Jahre SPD
SPD 150 Jahre SPD 150 Jahre SPD 150 Jahre SPD 150 Jahre SPD 150 Jahre SPD 150 Jahre SPD 150 Jahre SPD 150 Jahre SPD 150 Jahre SPD 150 Jahre SPD 150 Jahre SPD 150 Jahre
150 Jahre SPD 150 Jahre SPD 150 Jahre SPD 150 Jahre SPD 150 Jahre SPD 150 Jahre SPD 150 Jahre SPD 150 Jahre SPD 150 Jahre SPD 150 Jahre SPD 150 Jahre SPD 150 Jahre SPD
SPD 150 Jahre SPD 150 Jahre SPD 150 Jahre SPD 150 Jahre SPD 150 Jahre SPD 150 Jahre SPD 150 Jahre SPD 150 Jahre SPD 150 Jahre SPD 150 Jahre SPD 150 Jahre SPD 150 Jahre
150 Jahre SPD 150 Jahre SPD 150 Jahre SPD 150 Jahre SPD 150 Jahre SPD 150 Jahre SPD 150 Jahre SPD 150 Jahre SPD 150 Jahre SPD 150 Jahre SPD 150 Jahre SPD 150 Jahre SPD
SPD 150 Jahre SPD 150 Jahre SPD 150 Jahre SPD 150 Jahre SPD 150 Jahre SPD 150 Jahre SPD 150 Jahre SPD 150 Jahre SPD 150 Jahre SPD 150 Jahre SPD 150 Jahre SPD 150 Jahre
150 Jahre SPD 150 Jahre SPD 150 Jahre SPD 150 Jahre SPD 150 Jahre SPD 150 Jahre SPD 150 Jahre SPD 150 Jahre SPD 150 Jahre SPD 150 Jahre SPD 150 Jahre SPD 150 Jahre SPD
SPD 150 Jahre SPD 150 Jahre SPD 150 Jahre SPD 150 Jahre SPD 150 Jahre SPD 150 Jahre SPD 150 Jahre SPD 150 Jahre SPD 150 Jahre SPD 150 Jahre SPD 150 Jahre SPD 150 Jahre
150 Jahre SPD 150 Jahre SPD 150 Jahre SPD 150 Jahre SPD 150 Jahre SPD 150 Jahre SPD 150 Jahre SPD 150 Jahre SPD 150 Jahre SPD 150 Jahre SPD 150 Jahre SPD 150 Jahre SPD
SPD 150 Jahre SPD 150 Jahre SPD 150 Jahre SPD 150 Jahre SPD 150 Jahre SPD 150 Jahre SPD 150 Jahre SPD 150 Jahre SPD 150 Jahre SPD 150 Jahre SPD 150 Jahre SPD 150 Jahre
150 Jahre SPD 150 Jahre SPD 150 Jahre SPD 150 Jahre SPD 150 Jahre SPD 150 Jahre SPD 150 Jahre SPD 150 Jahre SPD 150 Jahre SPD 150 Jahre SPD 150 Jahre SPD 150 Jahre SPD
SPD 150 Jahre SPD 150 Jahre SPD 150 Jahre SPD 150 Jahre SPD 150 Jahre SPD 150 Jahre SPD 150 Jahre SPD 150 Jahre SPD 150 Jahre SPD 150 Jahre SPD 150 Jahre SPD 150 Jahre
150 Jahre SPD 150 Jahre SPD 150 Jahre SPD 150 Jahre SPD 150 Jahre SPD 150 Jahre SPD 150 Jahre SPD 150 Jahre SPD 150 Jahre SPD 150 Jahre SPD 150 Jahre SPD 150 Jahre SPD
SPD 150 Jahre SPD 150 Jahre SPD 150 Jahre SPD 150 Jahre SPD 150 Jahre SPD 150 Jahre SPD 150 Jahre SPD 150 Jahre SPD 150 Jahre SPD 150 Jahre SPD 150 Jahre SPD 150 Jahre
150 Jahre SPD 150 Jahre SPD 150 Jahre SPD 150 Jahre SPD 150 Jahre SPD 150 Jahre SPD 150 Jahre SPD 150 Jahre SPD 150 Jahre SPD 150 Jahre SPD 150 Jahre SPD 150 Jahre SPD
SPD 150 Jahre SPD 150 Jahre SPD 150 Jahre SPD 150 Jahre SPD 150 Jahre SPD 150 Jahre SPD 150 Jahre SPD 150 Jahre SPD 150 Jahre SPD 150 Jahre SPD 150 Jahre SPD 150 Jahre
150 Jahre SPD 150 Jahre SPD 150 Jahre SPD 150 Jahre SPD 150 Jahre SPD 150 Jahre SPD 150 Jahre SPD 150 Jahre SPD 150 Jahre SPD 150 Jahre SPD 150 Jahre SPD 150 Jahre SPD
SPD 150 Jahre SPD 150 Jahre SPD 150 Jahre SPD 150 Jahre SPD 150 Jahre SPD 150 Jahre SPD 150 Jahre SPD 150 Jahre SPD 150 Jahre SPD 150 Jahre SPD 150 Jahre SPD 150 Jahre
150 Jahre SPD 150 Jahre SPD 150 Jahre SPD 150 Jahre SPD 150 Jahre SPD 150 Jahre SPD 150 Jahre SPD 150 Jahre SPD 150 Jahre SPD 150 Jahre SPD 150 Jahre SPD 150 Jahre SPD
SPD 150 Jahre SPD 150 Jahre SPD 150 Jahre SPD 150 Jahre SPD 150 Jahre SPD 150 Jahre SPD 150 Jahre SPD 150 Jahre SPD 150 Jahre SPD 150 Jahre SPD 150 Jahre SPD 150 Jahre
150 Jahre SPD 150 Jahre SPD 150 Jahre SPD 150 Jahre SPD 150 Jahre SPD 150 Jahre SPD 150 Jahre SPD 150 Jahre SPD 150 Jahre SPD 150 Jahre SPD 150 Jahre SPD 150 Jahre SPD
SPD 150 Jahre SPD 150 Jahre SPD 150 Jahre SPD 150 Jahre SPD 150 Jahre SPD 150 Jahre SPD 150 Jahre SPD 150 Jahre SPD 150 Jahre SPD 150 Jahre SPD 150 Jahre SPD 150 Jahre
150 Jahre SPD 150 Jahre SPD 150 Jahre SPD 150 Jahre SPD 150 Jahre SPD 150 Jahre SPD 150 Jahre SPD 150 Jahre SPD 150 Jahre SPD 150 Jahre SPD 150 Jahre SPD 150 Jahre SPD
SPD 150 Jahre SPD 150 Jahre SPD 150 Jahre SPD 150 Jahre SPD 150 Jahre SPD 150 Jahre SPD 150 Jahre SPD 150 Jahre SPD 150 Jahre SPD 150 Jahre SPD 150 Jahre SPD 150 Jahre
150 Jahre SPD 150 Jahre SPD 150 Jahre SPD 150 Jahre SPD 150 Jahre SPD 150 Jahre SPD 150 Jahre SPD 150 Jahre SPD 150 Jahre SPD 150 Jahre SPD 150 Jahre SPD 150 Jahre SPD
SPD 150 Jahre SPD 150 Jahre SPD 150 Jahre SPD 150 Jahre SPD 150 Jahre SPD 150 Jahre SPD 150 Jahre SPD 150 Jahre SPD 150 Jahre SPD 150 Jahre SPD 150 Jahre SPD 150 Jahre
150 Jahre SPD 150 Jahre SPD 150 Jahre SPD 150 Jahre SPD 150 Jahre SPD 150 Jahre SPD 150 Jahre SPD 150 Jahre SPD 150 Jahre SPD 150 Jahre SPD 150 Jahre SPD 150 Jahre SPD
SPD 150 Jahre SPD 150 Jahre SPD 150 Jahre SPD 150 Jahre SPD 150 Jahre SPD 150 Jahre SPD 150 Jahre SPD 150 Jahre SPD 150 Jahre SPD 150 Jahre SPD 150 Jahre SPD 150 Jahre
150 Jahre SPD 150 Jahre SPD 150 Jahre SPD 150 Jahre SPD 150 Jahre SPD 150 Jahre SPD 150 Jahre SPD 150 Jahre SPD 150 Jahre SPD 150 Jahre SPD 150 Jahre SPD 150 Jahre SPD

re SPD 150 Jahre SPD 150 Jahre SPD 150 Jahre SPD 150 Jahre SPD 150 Jahre SPD 150 Jahre SPD 150 Jahre SPD 150 Jahre SPD 150 Jahre SPD 150 Jahre SPD 150 Jahre SPD 150 Jahre SPD 150 Jahre SPD 150 Jahre SPD 150 Jahre SPD 150 Jah
150 Jahre SPD 150 Jahre SPD 150 Jahre SPD 150 Jahre SPD 150 Jahre SPD 150 Jahre SPD 150 Jahre SPD 150 Jahre SPD 150 Jahre SPD 150 Jahre SPD 150 Jahre SPD 150 Jahre SPD 150 Jahre SPD 150 Jahre SPD 150 Jahre SPD 150 Jahre SPD
re SPD 150 Jahre SPD 150 Jahre SPD 150 Jahre SPD 150 Jahre SPD 150 Jahre SPD 150 Jahre SPD 150 Jahre SPD 150 Jahre SPD 150 Jahre SPD 150 Jahre SPD 150 Jahre SPD 150 Jahre SPD 150 Jahre SPD 150 Jahre SPD 150 Jahre SPD 150 Jah
150 Jahre SPD 150 Jahre SPD 150 Jahre SPD 150 Jahre SPD 150 Jahre SPD 150 Jahre SPD 150 Jahre SPD 150 Jahre SPD 150 Jahre SPD 150 Jahre SPD 150 Jahre SPD 150 Jahre SPD 150 Jahre SPD 150 Jahre SPD 150 Jahre SPD 150 Jahre SPD
re SPD 150 Jahre SPD 150 Jahre SPD 150 Jahre SPD 150 Jahre SPD 150 Jahre SPD 150 Jahre SPD 150 Jahre SPD 150 Jahre SPD 150 Jahre SPD 150 Jahre SPD 150 Jahre SPD 150 Jahre SPD 150 Jahre SPD 150 Jahre SPD 150 Jahre SPD 150 Jah
150 Jahre SPD 150 Jahre SPD 150 Jahre SPD 150 Jahre SPD 150 Jahre SPD 150 Jahre SPD 150 Jahre SPD 150 Jahre SPD 150 Jahre SPD 150 Jahre SPD 150 Jahre SPD 150 Jahre SPD 150 Jahre SPD 150 Jahre SPD 150 Jahre SPD 150 Jahre SPD
re SPD 150 Jahre SPD 150 Jahre SPD 150 Jahre SPD 150 Jahre SPD 150 Jahre SPD 150 Jahre SPD 150 Jahre SPD 150 Jahre SPD 150 Jahre SPD 150 Jahre SPD 150 Jahre SPD 150 Jahre SPD 150 Jahre SPD 150 Jahre SPD 150 Jahre SPD 150 Jah
150 Jahre SPD 150 Jahre SPD 150 Jahre SPD 150 Jahre SPD 150 Jahre SPD 150 Jahre SPD 150 Jahre SPD 150 Jahre SPD 150 Jahre SPD 150 Jahre SPD 150 Jahre SPD 150 Jahre SPD 150 Jahre SPD 150 Jahre SPD 150 Jahre SPD 150 Jahre SPD
re SPD 150 Jahre SPD 150 Jahre SPD 150 Jahre SPD 150 Jahre SPD 150 Jahre SPD 150 Jahre SPD 150 Jahre SPD 150 Jahre SPD 150 Jahre SPD 150 Jahre SPD 150 Jahre SPD 150 Jahre SPD 150 Jahre SPD 150 Jahre SPD 150 Jahre SPD 150 Jah
150 Jahre SPD 150 Jahre SPD 150 Jahre SPD 150 Jahre SPD 150 Jahre SPD 150 Jahre SPD 150 Jahre SPD 150 Jahre SPD 150 Jahre SPD 150 Jahre SPD 150 Jahre SPD 150 Jahre SPD 150 Jahre SPD 150 Jahre SPD 150 Jahre SPD 150 Jahre SPD
re SPD 150 Jahre SPD 150 Jahre SPD 150 Jahre SPD 150 Jahre SPD 150 Jahre SPD 150 Jahre SPD 150 Jahre SPD 150 Jahre SPD 150 Jahre SPD 150 Jahre SPD 150 Jahre SPD 150 Jahre SPD 150 Jahre SPD 150 Jahre SPD 150 Jahre SPD 150 Jah
150 Jahre SPD 150 Jahre SPD 150 Jahre SPD 150 Jahre SPD 150 Jahre SPD 150 Jahre SPD 150 Jahre SPD 150 Jahre SPD 150 Jahre SPD 150 Jahre SPD 150 Jahre SPD 150 Jahre SPD 150 Jahre SPD 150 Jahre SPD 150 Jahre SPD 150 Jahre SPD
re SPD 150 Jahre SPD 150 Jahre SPD 150 Jahre SPD 150 Jahre SPD 150 Jahre SPD 150 Jahre SPD 150 Jahre SPD 150 Jahre SPD 150 Jahre SPD 150 Jahre SPD 150 Jahre SPD 150 Jahre SPD 150 Jahre SPD 150 Jahre SPD 150 Jahre SPD 150 Jah
150 Jahre SPD 150 Jahre SPD 150 Jahre SPD 150 Jahre SPD 150 Jahre SPD 150 Jahre SPD 150 Jahre SPD 150 Jahre SPD 150 Jahre SPD 150 Jahre SPD 150 Jahre SPD 150 Jahre SPD 150 Jahre SPD 150 Jahre SPD 150 Jahre SPD 150 Jahre SPD
re SPD 150 Jahre SPD 150 Jahre SPD 150 Jahre SPD 150 Jahre SPD 150 Jahre SPD 150 Jahre SPD 150 Jahre SPD 150 Jahre SPD 150 Jahre SPD 150 Jahre SPD 150 Jahre SPD 150 Jahre SPD 150 Jahre SPD 150 Jahre SPD 150 Jahre SPD 150 Jah
150 Jahre SPD 150 Jahre SPD 150 Jahre SPD 150 Jahre SPD 150 Jahre SPD 150 Jahre SPD 150 Jahre SPD 150 Jahre SPD 150 Jahre SPD 150 Jahre SPD 150 Jahre SPD 150 Jahre SPD 150 Jahre SPD 150 Jahre SPD 150 Jahre SPD 150 Jahre SPD
re SPD 150 Jahre SPD 150 Jahre SPD 150 Jahre SPD 150 Jahre SPD 150 Jahre SPD 150 Jahre SPD 150 Jahre SPD 150 Jahre SPD 150 Jahre SPD 150 Jahre SPD 150 Jahre SPD 150 Jahre SPD 150 Jahre SPD 150 Jahre SPD 150 Jahre SPD 150 Jah
150 Jahre SPD 150 Jahre SPD 150 Jahre SPD 150 Jahre SPD 150 Jahre SPD 150 Jahre SPD 150 Jahre SPD 150 Jahre SPD 150 Jahre SPD 150 Jahre SPD 150 Jahre SPD 150 Jahre SPD 150 Jahre SPD 150 Jahre SPD 150 Jahre SPD 150 Jahre SPD
re SPD 150 Jahre SPD 150 Jahre SPD 150 Jahre SPD 150 Jahre SPD 150 Jahre SPD 150 Jahre SPD 150 Jahre SPD 150 Jahre SPD 150 Jahre SPD 150 Jahre SPD 150 Jahre SPD 150 Jahre SPD 150 Jahre SPD 150 Jahre SPD 150 Jahre SPD 150 Jah
150 Jahre SPD 150 Jahre SPD 150 Jahre SPD 150 Jahre SPD 150 Jahre SPD 150 Jahre SPD 150 Jahre SPD 150 Jahre SPD 150 Jahre SPD 150 Jahre SPD 150 Jahre SPD 150 Jahre SPD 150 Jahre SPD 150 Jahre SPD 150 Jahre SPD 150 Jahre SPD
re SPD 150 Jahre SPD 150 Jahre SPD 150 Jahre SPD 150 Jahre SPD 150 Jahre SPD 150 Jahre SPD 150 Jahre SPD 150 Jahre SPD 150 Jahre SPD 150 Jahre SPD 150 Jahre SPD 150 Jahre SPD 150 Jahre SPD 150 Jahre SPD 150 Jahre SPD 150 Jah
150 Jahre SPD 150 Jahre SPD 150 Jahre SPD 150 Jahre SPD 150 Jahre SPD 150 Jahre SPD 150 Jahre SPD 150 Jahre SPD 150 Jahre SPD 150 Jahre SPD 150 Jahre SPD 150 Jahre SPD 150 Jahre SPD 150 Jahre SPD 150 Jahre SPD 150 Jahre SPD
re SPD 150 Jahre SPD 150 Jahre SPD 150 Jahre SPD 150 Jahre SPD 150 Jahre SPD 150 Jahre SPD 150 Jahre SPD 150 Jahre SPD 150 Jahre SPD 150 Jahre SPD 150 Jahre SPD 150 Jahre SPD 150 Jahre SPD 150 Jahre SPD 150 Jahre SPD 150 Jah
150 Jahre SPD 150 Jahre SPD 150 Jahre SPD 150 Jahre SPD 150 Jahre SPD 150 Jahre SPD 150 Jahre SPD 150 Jahre SPD 150 Jahre SPD 150 Jahre SPD 150 Jahre SPD 150 Jahre SPD 150 Jahre SPD 150 Jahre SPD 150 Jahre SPD 150 Jahre SPD
re SPD 150 Jahre SPD 150 Jahre SPD 150 Jahre SPD 150 Jahre SPD 150 Jahre SPD 150 Jahre SPD 150 Jahre SPD 150 Jahre SPD 150 Jahre SPD 150 Jahre SPD 150 Jahre SPD 150 Jahre SPD 150 Jahre SPD 150 Jahre SPD 150 Jahre SPD 150 Jah
150 Jahre SPD 150 Jahre SPD 150 Jahre SPD 150 Jahre SPD 150 Jahre SPD 150 Jahre SPD 150 Jahre SPD 150 Jahre SPD 150 Jahre SPD 150 Jahre SPD 150 Jahre SPD 150 Jahre SPD 150 Jahre SPD 150 Jahre SPD 150 Jahre SPD 150 Jahre SPD
re SPD 150 Jahre SPD 150 Jahre SPD 150 Jahre SPD 150 Jahre SPD 150 Jahre SPD 150 Jahre SPD 150 Jahre SPD 150 Jahre SPD 150 Jahre SPD 150 Jahre SPD 150 Jahre SPD 150 Jahre SPD 150 Jahre SPD 150 Jahre SPD 150 Jahre SPD 150 Jah
150 Jahre SPD 150 Jahre SPD 150 Jahre SPD 150 Jahre SPD 150 Jahre SPD 150 Jahre SPD 150 Jahre SPD 150 Jahre SPD 150 Jahre SPD 150 Jahre SPD 150 Jahre SPD 150 Jahre SPD 150 Jahre SPD 150 Jahre SPD 150 Jahre SPD 150 Jahre SPD
re SPD 150 Jahre SPD 150 Jahre SPD 150 Jahre SPD 150 Jahre SPD 150 Jahre SPD 150 Jahre SPD 150 Jahre SPD 150 Jahre SPD 150 Jahre SPD 150 Jahre SPD 150 Jahre SPD 150 Jahre SPD 150 Jahre SPD 150 Jahre SPD 150 Jahre SPD 150 Jah
150 Jahre SPD 150 Jahre SPD 150 Jahre SPD 150 Jahre SPD 150 Jahre SPD 150 Jahre SPD 150 Jahre SPD 150 Jahre SPD 150 Jahre SPD 150 Jahre SPD 150 Jahre SPD 150 Jahre SPD 150 Jahre SPD 150 Jahre SPD 150 Jahre SPD 150 Jahre SPD
re SPD 150 Jahre SPD 150 Jahre SPD 150 Jahre SPD 150 Jahre SPD 150 Jahre SPD 150 Jahre SPD 150 Jahre SPD 150 Jahre SPD 150 Jahre SPD 150 Jahre SPD 150 Jahre SPD 150 Jahre SPD 150 Jahre SPD 150 Jahre SPD 150 Jahre SPD 150 Jah
150 Jahre SPD 150 Jahre SPD 150 Jahre SPD 150 Jahre SPD 150 Jahre SPD 150 Jahre SPD 150 Jahre SPD 150 Jahre SPD 150 Jahre SPD 150 Jahre SPD 150 Jahre SPD 150 Jahre SPD 150 Jahre SPD 150 Jahre SPD 150 Jahre SPD 150 Jahre SPD
re SPD 150 Jahre SPD 150 Jahre SPD 150 Jahre SPD 150 Jahre SPD 150 Jahre SPD 150 Jahre SPD 150 Jahre SPD 150 Jahre SPD 150 Jahre SPD 150 Jahre SPD 150 Jahre SPD 150 Jahre SPD 150 Jahre SPD 150 Jahre SPD 150 Jahre SPD 150 Jah
150 Jahre SPD 150 Jahre SPD 150 Jahre SPD 150 Jahre SPD 150 Jahre SPD 150 Jahre SPD 150 Jahre SPD 150 Jahre SPD 150 Jahre SPD 150 Jahre SPD 150 Jahre SPD 150 Jahre SPD 150 Jahre SPD 150 Jahre SPD 150 Jahre SPD 150 Jahre SPD
re SPD 150 Jahre SPD 150 Jahre SPD 150 Jahre SPD 150 Jahre SPD 150 Jahre SPD 150 Jahre SPD 150 Jahre SPD 150 Jahre SPD 150 Jahre SPD 150 Jahre SPD 150 Jahre SPD 150 Jahre SPD 150 Jahre SPD 150 Jahre SPD 150 Jahre SPD 150 Jah
150 Jahre SPD 150 Jahre SPD 150 Jahre SPD 150 Jahre SPD 150 Jahre SPD 150 Jahre SPD 150 Jahre SPD 150 Jahre SPD 150 Jahre SPD 150 Jahre SPD 150 Jahre SPD 150 Jahre SPD 150 Jahre SPD 150 Jahre SPD 150 Jahre SPD 150 Jahre SPD
re SPD 150 Jahre SPD 150 Jahre SPD 150 Jahre SPD 150 Jahre SPD 150 Jahre SPD 150 Jahre SPD 150 Jahre SPD 150 Jahre SPD 150 Jahre SPD 150 Jahre SPD 150 Jahre SPD 150 Jahre SPD 150 Jahre SPD 150 Jahre SPD 150 Jahre SPD 150 Jah
150 Jahre SPD 150 Jahre SPD 150 Jahre SPD 150 Jahre SPD 150 Jahre SPD 150 Jahre SPD 150 Jahre SPD 150 Jahre SPD 150 Jahre SPD 150 Jahre SPD 150 Jahre SPD 150 Jahre SPD 150 Jahre SPD 150 Jahre SPD 150 Jahre SPD 150 Jahre SPD
re SPD 150 Jahre SPD 150 Jahre SPD 150 Jahre SPD 150 Jahre SPD 150 Jahre SPD 150 Jahre SPD 150 Jahre SPD 150 Jahre SPD 150 Jahre SPD 150 Jahre SPD 150 Jahre SPD 150 Jahre SPD 150 Jahre SPD 150 Jahre SPD 150 Jahre SPD 150 Jah
150 Jahre SPD 150 Jahre SPD 150 Jahre SPD 150 Jahre SPD 150 Jahre SPD 150 Jahre SPD 150 Jahre SPD 150 Jahre SPD 150 Jahre SPD 150 Jahre SPD 150 Jahre SPD 150 Jahre SPD 150 Jahre SPD 150 Jahre SPD 150 Jahre SPD 150 Jahre SPD
re SPD 150 Jahre SPD 150 Jahre SPD 150 Jahre SPD 150 Jahre SPD 150 Jahre SPD 150 Jahre SPD 150 Jahre SPD 150 Jahre SPD 150 Jahre SPD 150 Jahre SPD 150 Jahre SPD 150 Jahre SPD 150 Jahre SPD 150 Jahre SPD 150 Jahre SPD 150 Jah
150 Jahre SPD 150 Jahre SPD 150 Jahre SPD 150 Jahre SPD 150 Jahre SPD 150 Jahre SPD 150 Jahre SPD 150 Jahre SPD 150 Jahre SPD 150 Jahre SPD 150 Jahre SPD 150 Jahre SPD 150 Jahre SPD 150 Jahre SPD 150 Jahre SPD 150 Jahre SPD
re SPD 150 Jahre SPD 150 Jahre SPD 150 Jahre SPD 150 Jahre SPD 150 Jahre SPD 150 Jahre SPD 150 Jahre SPD 150 Jahre SPD 150 Jahre SPD 150 Jahre SPD 150 Jahre SPD 150 Jahre SPD 150 Jahre SPD 150 Jahre SPD 150 Jahre SPD 150 Jah
150 Jahre SPD 150 Jahre SPD 150 Jahre SPD 150 Jahre SPD 150 Jahre SPD 150 Jahre SPD 150 Jahre SPD 150 Jahre SPD 150 Jahre SPD 150 Jahre SPD 150 Jahre SPD 150 Jahre SPD 150 Jahre SPD 150 Jahre SPD 150 Jahre SPD 150 Jahre SPD
re SPD 150 Jahre SPD 150 Jahre SPD 150 Jahre SPD 150 Jahre SPD 150 Jahre SPD 150 Jahre SPD 150 Jahre SPD 150 Jahre SPD 150 Jahre SPD 150 Jahre SPD 150 Jahre SPD 150 Jahre SPD 150 Jahre SPD 150 Jahre SPD 150 Jahre SPD 150 Jah
150 Jahre SPD 150 Jahre SPD 150 Jahre SPD 150 Jahre SPD 150 Jahre SPD 150 Jahre SPD 150 Jahre SPD 150 Jahre SPD 150 Jahre SPD 150 Jahre SPD 150 Jahre SPD 150 Jahre SPD 150 Jahre SPD 150 Jahre SPD 150 Jahre SPD 150 Jahre SPD
re SPD 150 Jahre SPD 150 Jahre SPD 150 Jahre SPD 150 Jahre SPD 150 Jahre SPD 150 Jahre SPD 150 Jahre SPD 150 Jahre SPD 150 Jahre SPD 150 Jahre SPD 150 Jahre SPD 150 Jahre SPD 150 Jahre SPD 150 Jahre SPD 150 Jahre SPD 150 Jah
150 Jahre SPD 150 Jahre SPD 150 Jahre SPD 150 Jahre SPD 150 Jahre SPD 150 Jahre SPD 150 Jahre SPD 150 Jahre SPD 150 Jahre SPD 150 Jahre SPD 150 Jahre SPD 150 Jahre SPD 150 Jahre SPD 150 Jahre SPD 150 Jahre SPD 150 Jahre SPD
re SPD 150 Jahre SPD 150 Jahre SPD 150 Jahre SPD 150 Jahre SPD 150 Jahre SPD 150 Jahre SPD 150 Jahre SPD 150 Jahre SPD 150 Jahre SPD 150 Jahre SPD 150 Jahre SPD 150 Jahre SPD 150 Jahre SPD 150 Jahre SPD 150 Jahre SPD 150 Jah
150 Jahre SPD 150 Jahre SPD 150 Jahre SPD 150 Jahre SPD 150 Jahre SPD 150 Jahre SPD 150 Jahre SPD 150 Jahre SPD 150 Jahre SPD 150 Jahre SPD 150 Jahre SPD 150 Jahre SPD 150 Jahre SPD 150 Jahre SPD 150 Jahre SPD 150 Jahre SPD
re SPD 150 Jahre SPD 150 Jahre SPD 150 Jahre SPD 150 Jahre SPD 150 Jahre SPD 150 Jahre SPD 150 Jahre SPD 150 Jahre SPD 150 Jahre SPD 150 Jahre SPD 150 Jahre SPD 150 Jahre SPD 150 Jahre SPD 150 Jahre SPD 150 Jahre SPD 150 Jah
150 Jahre SPD 150 Jahre SPD 150 Jahre SPD 150 Jahre SPD 150 Jahre SPD 150 Jahre SPD 150 Jahre SPD 150 Jahre SPD 150 Jahre SPD 150 Jahre SPD 150 Jahre SPD 150 Jahre SPD 150 Jahre SPD 150 Jahre SPD 150 Jahre SPD 150 Jahre SPD
re SPD 150 Jahre SPD 150 Jahre SPD 150 Jahre SPD 150 Jahre SPD 150 Jahre SPD 150 Jahre SPD 150 Jahre SPD 150 Jahre SPD 150 Jahre SPD 150 Jahre SPD 150 Jahre SPD 150 Jahre SPD 150 Jahre SPD 150 Jahre SPD 150 Jahre SPD 150 Jah
150 Jahre SPD 150 Jahre SPD 150 Jahre SPD 150 Jahre SPD 150 Jahre SPD 150 Jahre SPD 150 Jahre SPD 150 Jahre SPD 150 Jahre SPD 150 Jahre SPD 150 Jahre SPD 150 Jahre SPD 150 Jahre SPD 150 Jahre SPD 150 Jahre SPD 150 Jahre SPD
re SPD 150 Jahre SPD 150 Jahre SPD 150 Jahre SPD 150 Jahre SPD 150 Jahre SPD 150 Jahre SPD 150 Jahre SPD 150 Jahre SPD 150 Jahre SPD 150 Jahre SPD 150 Jahre SPD 150 Jahre SPD 150 Jahre SPD 150 Jahre SPD 150 Jahre SPD 150 Jah
150 Jahre SPD 150 Jahre SPD 150 Jahre SPD 150 Jahre SPD 150 Jahre SPD 150 Jahre SPD 150 Jahre SPD 150 Jahre SPD 150 Jahre SPD 150 Jahre SPD 150 Jahre SPD 150 Jahre SPD 150 Jahre SPD 150 Jahre SPD 150 Jahre SPD 150 Jahre SPD
re SPD 150 Jahre SPD 150 Jahre SPD 150 Jahre SPD 150 Jahre SPD 150 Jahre SPD 150 Jahre SPD 150 Jahre SPD 150 Jahre SPD 150 Jahre SPD 150 Jahre SPD 150 Jahre SPD 150 Jahre SPD 150 Jahre SPD 150 Jahre SPD 150 Jahre SPD 150 Jah
150 Jahre SPD 150 Jahre SPD 150 Jahre SPD 150 Jahre SPD 150 Jahre SPD 150 Jahre SPD 150 Jahre SPD 150 Jahre SPD 150 Jahre SPD 150 Jahre SPD 150 Jahre SPD 150 Jahre SPD 150 Jahre SPD 150 Jahre SPD 150 Jahre SPD 150 Jahre SPD
re SPD 150 Jahre SPD 150 Jahre SPD 150 Jahre SPD 150 Jahre SPD 150 Jahre SPD 150 Jahre SPD 150 Jahre SPD 150 Jahre SPD 150 Jahre SPD 150 Jahre SPD 150 Jahre SPD 150 Jahre SPD 150 Jahre SPD 150 Jahre SPD 150 Jahre SPD 150 Jah
150 Jahre SPD 150 Jahre SPD 150 Jahre SPD 150 Jahre SPD 150 Jahre SPD 150 Jahre SPD 150 Jahre SPD 150 Jahre SPD 150 Jahre SPD 150 Jahre SPD 150 Jahre SPD 150 Jahre SPD 150 Jahre SPD 150 Jahre SPD 150 Jahre SPD 150 Jahre SPD
re SPD 150 Jahre SPD 150 Jahre SPD 150 Jahre SPD 150 Jahre SPD 150 Jahre SPD 150 Jahre SPD 150 Jahre SPD 150 Jahre SPD 150 Jahre SPD 150 Jahre SPD 150 Jahre SPD 150 Jahre SPD 150 Jahre SPD 150 Jahre SPD 150 Jahre SPD 150 Jah
150 Jahre SPD 150 Jahre SPD 150 Jahre SPD 150 Jahre SPD 150 Jahre SPD 150 Jahre SPD 150 Jahre SPD 150 Jahre SPD 150 Jahre SPD 150 Jahre SPD 150 Jahre SPD 150 Jahre SPD 150 Jahre SPD 150 Jahre SPD 150 Jahre SPD 150 Jahre SPD
re SPD 150 Jahre SPD 150 Jahre SPD 150 Jahre SPD 150 Jahre SPD 150 Jahre SPD 150 Jahre SPD 150 Jahre SPD 150 Jahre SPD 150 Jahre SPD 150 Jahre SPD 150 Jahre SPD 150 Jahre SPD 150 Jahre SPD 150 Jahre SPD 150 Jahre SPD 150 Jah
150 Jahre SPD 150 Jahre SPD 150 Jahre SPD 150 Jahre SPD 150 Jahre SPD 150 Jahre SPD 150 Jahre SPD 150 Jahre SPD 150 Jahre SPD 150 Jahre SPD 150 Jahre SPD 150 Jahre SPD 150 Jahre SPD 150 Jahre SPD 150 Jahre SPD 150 Jahre SPD
re SPD 150 Jahre SPD 150 Jahre SPD 150 Jahre SPD 150 Jahre SPD 150 Jahre SPD 150 Jahre SPD 150 Jahre SPD 150 Jahre SPD 150 Jahre SPD 150 Jahre SPD 150 Jahre SPD 150 Jahre SPD 150 Jahre SPD 150 Jahre SPD 150 Jahre SPD 150 Jah
150 Jahre SPD 150 Jahre SPD 150 Jahre SPD 150 Jahre SPD 150 Jahre SPD 150 Jahre SPD 150 Jahre SPD 150 Jahre SPD 150 Jahre SPD 150 Jahre SPD 150 Jahre SPD 150 Jahre SPD 150 Jahre SPD 150 Jahre SPD 150 Jahre SPD 150 Jahre SPD
re SPD 150 Jahre SPD 150 Jahre SPD 150 Jahre SPD 150 Jahre SPD 150 Jahre SPD 150 Jahre SPD 150 Jahre SPD 150 Jahre SPD 150 Jahre SPD 150 Jahre SPD 150 Jahre SPD 150 Jahre SPD 150 Jahre SPD 150 Jahre SPD 150 Jahre SPD 150 Jah
150 Jahre SPD 150 Jahre SPD 150 Jahre SPD 150 Jahre SPD 150 Jahre SPD 150 Jahre SPD 150 Jahre SPD 150 Jahre SPD 150 Jahre SPD 150 Jahre SPD 150 Jahre SPD 150 Jahre SPD 150 Jahre SPD 150 Jahre SPD 150 Jahre SPD 150 Jahre SPD
re SPD 150 Jahre SPD 150 Jahre SPD 150 Jahre SPD 150 Jahre SPD 150 Jahre SPD 150 Jahre SPD 150 Jahre SPD 150 Jahre SPD 150 Jahre SPD 150 Jahre SPD 150 Jahre SPD 150 Jahre SPD 150 Jahre SPD 150 Jahre SPD 150 Jahre SPD 150 Jah
150 Jahre SPD 150 Jahre SPD 150 Jahre SPD 150 Jahre SPD 150 Jahre SPD 150 Jahre SPD 150 Jahre SPD 150 Jahre SPD 150 Jahre SPD 150 Jahre SPD 150 Jahre SPD 150 Jahre SPD 150 Jahre SPD 150 Jahre SPD 150 Jahre SPD 150 Jahre SPD
re SPD 150 Jahre SPD 150 Jahre SPD 150 Jahre SPD 150 Jahre SPD 150 Jahre SPD 150 Jahre SPD 150 Jahre SPD 150 Jahre SPD 150 Jahre SPD 150 Jahre SPD 150 Jahre SPD 150 Jahre SPD 150 Jahre SPD 150 Jahre SPD 150 Jahre SPD 150 Jah
150 Jahre SPD 150 Jahre SPD 150 Jahre SPD 150 Jahre SPD 150 Jahre SPD 150 Jahre SPD 150 Jahre SPD 150 Jahre SPD 150 Jahre SPD 150 Jahre SPD 150 Jahre SPD 150 Jahre SPD 150 Jahre SPD 150 Jahre SPD 150 Jahre SPD 150 Jahre SPD
re SPD 150 Jahre SPD 150 Jahre SPD 150 Jahre SPD 150 Jahre SPD 150 Jahre SPD 150 Jahre SPD 150 Jahre SPD 150 Jahre SPD 150 Jahre SPD 150 Jahre SPD 150 Jahre SPD 150 Jahre SPD 150 Jahre SPD 150 Jahre SPD 150 Jahre SPD 150 Jah
150 Jahre SPD 150 Jahre SPD 150 Jahre SPD 150 Jahre SPD 150 Jahre SPD 150 Jahre SPD 150 Jahre SPD 150 Jahre SPD 150 Jahre SPD 150 Jahre SPD 150 Jahre SPD 150 Jahre SPD 150 Jahre SPD 150 Jahre SPD 150 Jahre SPD 150 Jahre SPD
re SPD 150 Jahre SPD 150 Jahre SPD 150 Jahre SPD 150 Jahre SPD 150 Jahre SPD 150 Jahre SPD 150 Jahre SPD 150 Jahre SPD 150 Jahre SPD 150 Jahre SPD 150 Jahre SPD 150 Jahre SPD 150 Jahre SPD 150 Jahre SPD 150 Jahre SPD 150 Jah
150 Jahre SPD 150 Jahre SPD 150 Jahre SPD 150 Jahre SPD 150 Jahre SPD 150 Jahre SPD 150 Jahre SPD 150 Jahre SPD 150 Jahre SPD 150 Jahre SPD 150 Jahre SPD 150 Jahre SPD 150 Jahre SPD 150 Jahre SPD 150 Jahre SPD 150 Jahre SPD
re SPD 150 Jahre SPD 150 Jahre SPD 150 Jahre SPD 150 Jahre SPD 150 Jahre SPD 150 Jahre SPD 150 Jahre SPD 150 Jahre SPD 150 Jahre SPD 150 Jahre SPD 150 Jahre SPD 150 Jahre SPD 150 Jahre SPD 150 Jahre SPD 150 Jahre SPD 150 Jah
150 Jahre SPD 150 Jahre SPD 150 Jahre SPD 150 Jahre SPD 150 Jahre SPD 150 Jahre SPD 150 Jahre SPD 150 Jahre SPD 150 Jahre SPD 150 Jahre SPD 150 Jahre SPD 150 Jahre SPD 150 Jahre SPD 150 Jahre SPD 150 Jahre SPD 150 Jahre SPD
re SPD 150 Jahre SPD 150 Jahre SPD 150 Jahre SPD 150 Jahre SPD 150 Jahre SPD 150 Jahre SPD 150 Jahre SPD 150 Jahre SPD 150 Jahre SPD 150 Jahre SPD 150 Jahre SPD 150 Jahre SPD 150 Jahre SPD 150 Jahre SPD 150 Jahre SPD 150 Jah
150 Jahre SPD 150 Jahre SPD 150 Jahre SPD 150 Jahre SPD 150 Jahre SPD 150 Jahre SPD 150 Jahre SPD 150 Jahre SPD 150 Jahre SPD 150 Jahre SPD 150 Jahre SPD 150 Jahre SPD 150 Jahre SPD 150 Jahre SPD 150 Jahre SPD 150 Jahre SPD
re SPD 150 Jahre SPD 150 Jahre SPD 150 Jahre SPD 150 Jahre SPD 150 Jahre SPD 150 Jahre SPD 150 Jahre SPD 150 Jahre SPD 150 Jahre SPD 150 Jahre SPD 150 Jahre SPD 150 Jahre SPD 150 Jahre SPD 150 Jahre SPD 150 Jahre SPD 150 Jah
150 Jahre SPD 150 Jahre SPD 150 Jahre SPD 150 Jahre SPD 150 Jahre SPD 150 Jahre SPD 150 Jahre SPD 150 Jahre SPD 150 Jahre SPD 150 Jahre SPD 150 Jahre SPD 150 Jahre SPD 150 Jahre SPD 150 Jahre SPD 150 Jahre SPD 150 Jahre SPD
re SPD 150 Jahre SPD 150 Jahre SPD 150 Jahre SPD 150 Jahre SPD 150 Jahre SPD 150 Jahre SPD 150 Jahre SPD 150 Jahre SPD 150 Jahre SPD 150 Jahre SPD 150 Jahre SPD 150 Jahre SPD 150 Jahre SPD 150 Jahre SPD 150 Jahre SPD 150 Jah
150 Jahre SPD 150 Jahre SPD 150 Jahre SPD 150 Jahre SPD 150 Jahre SPD 150 Jahre SPD 150 Jahre SPD 150 Jahre SPD 150 Jahre SPD 150 Jahre SPD 150 Jahre SPD 150 Jahre SPD 150 Jahre SPD 150 Jahre SPD 150 Jahre SPD 150 Jahre SPD
re SPD 150 Jahre SPD 150 Jahre SPD 150 Jahre SPD 150 Jahre SPD 150 Jahre SPD 150 Jahre SPD 150 Jahre SPD 150 Jahre SPD 150 Jahre SPD 150 Jahre SPD 150 Jahre SPD 150 Jahre SPD 150 Jahre SPD 150 Jahre SPD 150 Jahre SPD 150 Jah
150 Jahre SPD 150 Jahre SPD 150 Jahre SPD 150 Jahre SPD 150 Jahre SPD 150 Jahre SPD 150 Jahre SPD 150 Jahre SPD 150 Jahre SPD 150 Jahre SPD 150 Jahre SPD 150 Jahre SPD 150 Jahre SPD 150 Jahre SPD 150 Jahre SPD 150 Jahre SPD
re SPD 150 Jahre SPD 150 Jahre SPD 150 Jahre SPD 150 Jahre SPD 150 Jahre SPD 150 Jahre SPD 150 Jahre SPD 150 Jahre SPD 150 Jahre SPD 150 Jahre SPD 150 Jahre SPD 150 Jahre SPD 150 Jahre SPD 150 Jahre SPD 150 Jahre SPD 150 Jah
150 Jahre SPD 150 Jahre SPD 150 Jahre SPD 150 Jahre SPD 150 Jahre SPD 150 Jahre SPD 150 Jahre SPD 150 Jahre SPD 150 Jahre SPD 150 Jahre SPD 150 Jahre SPD 150 Jahre SPD 150 Jahre SPD 150 Jahre SPD 150 Jahre SPD 150 Jahre SPD
re SPD 150 Jahre SPD 150 Jahre SPD 150 Jahre SPD 150 Jahre SPD 150 Jahre SPD 150 Jahre SPD 150 Jahre SPD 150 Jahre SPD 150 Jahre SPD 150 Jahre SPD 150 Jahre SPD 150 Jahre SPD 150 Jahre SPD 150 Jahre SPD 150 Jahre SPD 150 Jah
150 Jahre SPD 150 Jahre SPD 150 Jahre SPD 150 Jahre SPD 150 Jahre SPD 150 Jahre SPD 150 Jahre SPD 150 Jahre SPD 150 Jahre SPD 150 Jahre SPD 150 Jahre SPD 150 Jahre SPD 150 Jahre SPD 150 Jahre SPD 150 Jahre SPD 150 Jahre SPD
re SPD 150 Jahre SPD 150 Jahre SPD 150 Jahre SPD 150 Jahre SPD 150 Jahre SPD 150 Jahre SPD 150 Jahre SPD 150 Jahre SPD 150 Jahre SPD 150 Jahre SPD 150 Jahre SPD 150 Jahre SPD 150 Jahre SPD 150 Jahre SPD 150 Jahre SPD 150 Jah
150 Jahre SPD 150 Jahre SPD 150 Jahre SPD 150 Jahre SPD 150 Jahre SPD 150 Jahre SPD 150 Jahre SPD 150 Jahre SPD 150 Jahre SPD 150 Jahre SPD 150 Jahre SPD 150 Jahre SPD 150 Jahre SPD 150 Jahre SPD 150 Jahre SPD 150 Jahre SPD
re SPD 150 Jahre SPD 150 Jahre SPD 150 Jahre SPD 150 Jahre SPD 150 Jahre SPD 150 Jahre SPD 150 Jahre SPD 150 Jahre SPD 150 Jahre SPD 150 Jahre SPD 150 Jahre SPD 150 Jahre SPD 150 Jahre SPD 150 Jahre SPD 150 Jahre SPD 150 Jah
150 Jahre SPD 150 Jahre SPD 150 Jahre SPD 150 Jahre SPD 150 Jahre SPD 150 Jahre SPD 150 Jahre SPD 150 Jahre SPD 150 Jahre SPD 150 Jahre SPD 150 Jahre SPD 150 Jahre SPD 150 Jahre SPD 150 Jahre SPD 150 Jahre SPD 150 Jahre SPD
re SPD 150 Jahre SPD 150 Jahre SPD 150 Jahre SPD 150 Jahre SPD 150 Jahre SPD 150 Jahre SPD 150 Jahre SPD 150 Jahre SPD 150 Jahre SPD 150 Jahre SPD 150 Jahre SPD 150 Jahre SPD 150 Jahre SPD 150 Jahre SPD 150 Jahre SPD 150 Jah
150 Jahre SPD 150 Jahre SPD 150 Jahre SPD 150 Jahre SPD 150 Jahre SPD 150 Jahre SPD 150 Jahre SPD 150 Jahre SPD 150 Jahre SPD 150 Jahre SPD 150 Jahre SPD 150 Jahre SPD 150 Jahre SPD 150 Jahre SPD 150 Jahre SPD 150 Jahre SPD

»Mehr Demokratie wagen«

»Mehr Demokratie wagen«

Geschichte der Sozialdemokratie 1830–2010

Peter Brandt / Detlef Lehnert

vorwärts buch

Gestaltung und Herstellung: Gaston Isoz;
Druck: CPI books GmbH.

ISBN 978-3-86602-092-4

Einleitung

Die Sozialdemokratie entstand aus der Zielsetzung, die Freiheitsbewegungen des 19. Jahrhunderts auf demokratischer Basis fortzuführen und mit Gleichheitsforderungen zu verbinden. »Mehr Demokratie wagen« und allen Menschen die solidarische Teilhabe an materiellen und ideellen Fortschritten zu erschließen, kann als ein Motto »linker«, progressiver Politik im Unterschied zu »rechten«, konservativen Tendenzen gelten. Die Sozialdemokratie hat ihren historischen Aufstieg als Emanzipationsbewegung des »arbeitenden Volkes in Stadt und Land«[1] erlebt.

Als das nationalliberale Bürgertum sich mit Bismarcks Obrigkeitsregime arrangierte und hinter die 1871 erreichte staatliche Einheit das Freiheitsprogramm zurückstellte, ging das Erbe von 1848 wesentlich auf die Sozialdemokratie über.

Am Ende der Weimarer Republik stand allein noch die SPD konsequent zur demokratischen Verfassung und stimmte 1933 gegen Hitlers Ermächtigungsgesetz. Das SED-Regime konnte später Liberal-, National- und Christdemokraten eine Scheinexistenz als Blockparteien gestatten, aber Sozialdemokraten durfte es nach der Zwangsfusion 1946 nicht geben. »Links und frei« gehören in der Geschichte der Sozialdemokratie also untrennbar zusammen.[2]

Die Sozialdemokratie hat auch ihre Kritiker wiederholt mit der Fähigkeit überrascht, gerade aus Krisen die Kraft zum Neuanfang zu schöpfen. Als einzige Partei in der vielfach gebrochenen Kontinuität der modernen deutschen Geschichte trägt die SPD unverändert ihren seit 1890 überlieferten Namen. Die Ursprünge einer sozialdemokratischen Arbeiterbewegung reichen sogar bis in die Epoche vor der 1848er-Revolution zurück. Die SPD konnte aber nur deshalb Phasen der Verfolgung, Kriegswirren und Spaltung überleben, weil sich ihr politisches und soziales Profil mehrfach grundlegend verändert hat.

Die Geschichte sozialer Bewegungen und politischer Parteien lässt sich am besten als zukunftsoffenes Lernen aus Erfahrungen und in der Verständigung über zuvor kontroverse Problemlösungen begreifen. Jede Generation muss ihre eigenen Lernerfahrungen machen. Nur so können aus erkannten und offen erörterten Problemen und Fehlern die Fortschritte in Theorie und Praxis mit hervorgehen.[3] Auch deshalb ist dieser Überblick zur Geschichte der Sozialdemokratie in sechs Kapitel von jeweils 30 Jahren gegliedert, die zum besseren Verständnis der Entwicklung vorab skizziert werden.

1. In den Jahren 1830 bis 1860 ist die sozialdemokratische Arbeiterbewegung entstanden, ohne bereits eine Parteiorganisation hervorzubringen. Aufgrund der politischen Situation im Deutschen Bund mussten die ersten Arbeitervereine im Exil des westeuropäischen Auslands gegründet werden. Darin spiegelte sich die Trennung zwischen sozialistischen Ideen und gesellschaftlichen Bewegungen der unteren Volksschichten wider, die in dieser Phase noch nicht überwunden werden konnte. Die unmittelbare Erfahrung einer ökonomischen Verelendung des außerhalb gesicherter agrarischer oder handwerklicher Erwerbsmöglichkeiten stehenden Proletariats wurde für diese Generation von Frühsozialisten prägend. So ist es auch zu verstehen, dass Entwürfe einer besseren Ordnung auf sofortige Abhilfe zielten, sei es durch Bildung von Produktionsgenossenschaften oder politische Revolution.

2. Der folgende Abschnitt – 1860 bis 1890 – stand mehr im Zeichen der Konstituierung sozialdemokratischer Organisationen, zunächst in Preußen und Sachsen. Dieser Prozess der Vereins-, Gewerkschafts- und Parteigründungen verlief anfangs ganz unbürokratisch und ging aus Versammlungsbewegungen hervor. Geprägt wurde dies von einer Generation der 1848er-Revolutionäre, zu der neben Intelligenzberufen auch einige durch ihren Arbeitsalltag in der Bewusstseinsentwicklung begünstigte Arbeitergruppen gehörten. Ein spezifisches Klasseninteresse der überwiegend handwerklich ausgebildeten und tätigen Arbeiter wurde erst durch die Konfrontation mit den politischen und sozialen Gegenkräften erkennbar. Der wichtigste Lernschritt dieser Entwicklungsphase der Sozialdemokratie besteht in der Zusammenführung von Gründungsideen und praktischer Bewegung.

3. Die Jahre 1890 bis 1920 sind von einem kontinuierlichen Anstieg der Stimmenzahl und Organisationsmacht der Sozialdemokratie gekennzeichnet. In dieser Periode setzte die SPD ihre Hoffnungen auf die Übernahme der Staatsgewalt nach dem vorausgesagten Niedergang des kapitalistischen Systems. Der zielstrebige Ausbau von sozialdemokratischen Gegeninstitutionen zur herrschenden Ordnung darf im Sinne dieser optimistischen Erwartungen interpretiert werden. Hinzu kommt, dass der Bewusstseinshorizont vielfach noch stark von den Erfahrungen des Sozialistengesetzes und der Wirtschaftskrisen geprägt war. Die Ent-

faltung einer Subkultur der Arbeiterbewegung hatte deshalb auch die Funktion einer Alternativen-Werkstatt für Modelle solidarischen Zusammenlebens. Als Lernprozess der Aufstiegsperiode blieb die Erfahrung zurück, dass eine sozialdemokratische Massenpartei auf dem Weg in politische Verantwortung zunehmend mit inneren Fraktionsbildungen und äußeren Kompromisszwängen zu rechnen hatte.

4. Im Zeitraum 1920 bis 1950 wurden die zuvor gehegten Zukunftshoffnungen der SPD enttäuscht. Diese Epoche der ständigen Niederlagen bis hin zur Machtübernahme Hitlers, auch der hasserfüllten Spaltung zwischen SPD und KPD, ist von einer überwiegend in Jahren fortschreitender Erfolge aufgewachsenen Generation als deprimierend erlebt worden. Der Kampf um elementare Selbstbehauptung gegen übermächtige Kontrahenten charakterisierte den Erfahrungsgehalt von dreilangen Jahrzehnten. Die Sozialdemokratie konnte nicht mehr einfach systemoppositionell wirken, doch auch nicht im Sinne ihrer Neuordnungsziele regieren. Dieser Zwiespalt hat unter dem Eindruck der Ohnmacht gegenüber der NS-Diktatur einen Lernschritt ermöglicht, der den Wiederaufbau der SPD nach dem Zweiten Weltkrieg auf neue Fundamente stellte.

5. Die Jahre 1950 bis 1980 bedeuteten in mehrfacher Hinsicht einen tiefen Einschnitt in der Geschichte der Sozialdemokratie. Der Verlust traditioneller Hochburgen auf dem Territorium der DDR war für die SPD ein Rückschlag. Andererseits hat sie sich in der Bundesrepublik, mehr als zuvor in jedem anderen deutschen Staat, zu etablieren verstanden und die zweite Hälfte dieser Zeitspanne die Regierungsverantwortung getragen. Gleichzeitig fand eine stetige und dynamische Verbesserung des Lebensstandards auch der Arbeiterfamilien statt. Dies ermöglichte früher unvorstellbare Spielräume zur Erfüllung persönlicher Wünsche. Das ausgeprägte Machtbewusstsein der SPD-Führung in der Nachkriegsperiode ist nur aus dem Trauma des Versagens und der Einflusslosigkeit begreiflich zu machen, mit dem diese politische Generation das Ende der Weimarer Republik und die NS-Zeit durchlitten hatte. Dass freilich auch aus einer etablierten Position tiefgreifende Identitätsprobleme der SPD hervorgehen können, gehört zu den Lernerfahrungen im Übergang zu den 1980er-Jahren.

6. Den Entwicklungsabschnitt 1980 bis 2010 eröffnete das missverstandene Stichwort vom »Ende des sozialdemokratischen Jahrhunderts«

(Dahrendorf). In Wirklichkeit war von 1880 bis 1980 in Deutschland die Sozialdemokratie sogar länger verfolgt, als dass sie mitregieren konnte. International war nur von den 1940er- bis zu den 1970er-Jahren solche Tendenz zu einer Führungsrolle der Sozialdemokratie am ehesten sichtbar. Aber sie vermochte auch zuvor und danach Gegnern die eigenen Themen vorzugeben: Zunächst war von Bismarcks »Staatssozialismus« die Rede; manche Linksliberale in Großstädten konnten sich eher den »Munizipalsozialismus« vorstellen; deutsche Faschisten nannten sich »Nationalsozialisten«, und am Ende präsentierte sich die SED-Nachfolgeorganisation als »Partei des Demokratischen Sozialismus«.

Seit Ronald Reagan und Margaret Thatcher in den 1980er-Jahren trat eine zunächst westlich-neokonservative, dann, hin zur Jahrtausendwende, eine zunehmend globalistisch-neoliberale Gegenoffensive zum Sozialstaatsmodell hervor. Nun wollten sich viele die »Zukunft der Freiheit«[4] mehr im Gegensatz zu sozialdemokratischem Denken vorstellen. Was die CDU/CSU 1969/72 erlebte, dass nämlich der Verlust des Kanzleramts selten bereits in der nächsten Wahl rückholbar ist, musste auch die SPD 1983/87 und 2005/09 erfahren. Hinzu kam der Sonderfaktor der deutschen Vereinigung 1990, der einem CDU-Kanzler Kohl ähnlichen Rückenwind der Zeitgeschichte verschaffte, wie zuvor Adenauer von den Ost-West-Spannungen profitiert hatte. Stagnierende Realeinkommen und zunehmend ungleiche Verteilung, auch der Bildungschancen, begünstigten europaweit populistische Stimmungslagen, die in der sozial-liberalen Ära überwunden schienen.

Die Eckdaten von jeweils drei Jahrzehnten sind nicht als starre Grenzen zu verstehen, doch auch nicht nur als formales Schema der Gliederung. Der Einfluss der Pariser Julirevolution 1830, der preußische Verfassungskonflikt Anfang der 1860er-Jahre sowie das Ende des Sozialistengesetzes und der Ära Bismarck 1890 markierten Zäsuren in der ersten Hälfte des betrachteten Zeitrahmens. Danach waren der Abschluss einer Revolutionsepoche 1920 und die ersten Jahre der Bundesrepublik nach 1949 wichtige Einschnitte in der Geschichte. Dies gilt zuletzt auch für die von anglo-amerikanischen Teilen der Welt ausgehenden globalen Veränderungen seit den Jahren um 1980.

Ebenso unterstreicht die Entwicklung der Stimmenanteile die Existenz von Trendperioden der Sozialdemokratie, die jeweils rund drei Jahrzehnte, also für eine Generationspanne, wirksam blieben. Von den späten 1860er- bis in die 1880er-Jahre hinein waren die sozialdemokratischen Wahlergebnisse noch starken Schwankungen infolge wechselnder politischer Rahmenbedingungen unterworfen. Beginnend mit dem großen Erfolg von 1890 konnte die Sozialdemokratie ihre Anhängerschaft ständig erweitern, bis sie 1919 die erstrebte absolute Mehrheit nur relativ knapp verfehlte. Der Rückschlag nach 1920 leitete dann eine Epoche bis zur Bundestagswahl 1953 ein, die von mangelnder Stetigkeit der Stimmenanteile und deren Begrenzung auf das Niveau der Zeit um 1900 gekennzeichnet war. Dann führte der gern bemühte »Genosse Trend« die SPD bis in die 1970er-Jahre auf einen Wähleranteil von deutlich über 40 %, der aber seit den 1980er-Jahren wieder rückläufig wurde.

Zwar sollte die Bedeutung der wahlpolitischen Stärke von Parteien gegenüber anderen Faktoren nicht verabsolutiert werden. Doch ist unübersehbar, dass die Sozialdemokraten nur 1919 und seit 1969, als sie besondere Fähigkeit zur Ausweitung ihres Stimmenpotenzials zeigten, eine führende Rolle in der deutschen Politik spielen konnten. Gleichzeitig wurde solche erhöhte Wirksamkeit sozialdemokratischer Strategien jeweils durch eine ungewöhnlich breite Mobilisierung ihrer Anhängerschaft hervorgerufen. Ein Schlussabschnitt »Aus der Geschichte lernen« wird auch noch andere Erfahrungswerte aus dem Vergleich der unterschiedlichen Entwicklungsphasen präsentieren.

1. Zwischen Sozialer Utopie und politischer Revolution 1830–1860

Die Herausbildung eines modernen Industrieproletariats und seine Ausdehnung zur größten Sozialgruppe zog sich im deutschsprachigen Mitteleuropa über das ganze 19. Jahrhundert hin. Nur in England (und in geringerem Maße in Belgien) existierte schon zur Mitte des 19. Jahrhunderts eine von der Fabrik-Industrie wesentlich bestimmte Gesellschaft. In Deutschland waren damals unterschiedliche Mischungen von Fabrik, Manufaktur und noch dominierendem Handwerk anzutreffen. Vor den Bergwerken und den meist Luxusgüter produzierenden großen Manufakturen ist hier vor allem das überwiegend ländliche Heimgewerbe zu nennen. Dieses wurde häufig neben einer kleinen Landwirtschaft betrieben und von städtischen Kaufleuten »verlegt«. Mit der Kommerzialisierung wuchs die Macht dieser »Verleger« gegenüber den Beschäftigten. Diese »Hausindustrie« produzierte hauptsächlich Textilien und blieb dort bis in die zweite Hälfte des 19. Jahrhunderts die vorherrschende Form kapitalistischen Wirtschaftens. Es überwogen hierzulande Handwerksgesellen und Heimarbeiter zahlenmäßig die Manufaktur-, Industrie- und Bergarbeiter 1835 im Verhältnis von etwa zehn zu eins. 1873 war dieses Verhältnis ungefähr zwei zu eins; unter den »Arbeitern« insgesamt bildeten ohnehin die Landarbeiter noch die größte Gruppe.

Grundlagen der Entstehung einer deutschen Arbeiterbewegung

Die Mehrheit der Erwerbsbevölkerung bestand seit dem späten 18. Jahrhundert aus gänzlich oder beinahe Eigentumslosen, auf dem Lande ebenso wie in den Städten. Die Zahl der Tagelöhner, Erwerbslosen und Vagabunden vermehrte sich überproportional. Doch stand die Expansion pauperisierter Schichten außerhalb der Ständegesellschaft in Deutschland mehr im Zeichen einer Erosion von agrarischen und handwerklichen Produktionsverhältnissen. Das für die Unterbeschäftigung entscheidend mitverantwortliche Bevölkerungswachstum von etwa 23 Millionen (1800) auf etwa 35 Millionen (1850) ist wesentlich als ein soziales Phänomen zu betrachten: Die allmählich verbesserte Hygiene und Gesundheitsfürsorge (Sinken der Säuglingssterblichkeit) sowie die zahlreiche Kinder begünstigenden »protoindustriellen« Familienstrukturen ließen die Geburten- beständig die Sterberaten übertreffen. Die insbesondere mit den preußischen Reformen ab 1807 aus Feudal- und Zunftzwängen befreiten Bauern und Handwerker gerieten unter dem Druck von Abgaben und vermehrter Konkurrenz häufig in Existenznot. Eine noch schwache Industrie konnte aber die »freigesetzten« Arbeitskräfte nicht aufsaugen.[5] In den Teilstaaten Deutschlands zog sich die Abwicklung dieser traditionellen Bindungen teilweise noch Jahrzehnte hin.

Für die besitzlosen Unterschichten blieb die erste Hälfte des 19. Jahrhunderts eine Periode bitterster Armut und wiederholter Hungerkrisen. Gleichfalls nahm in zahlreichen Handwerksberufen die »Übersetzung« des Gewerbes mit Meistern und vor allem Gesellen die gewohnten Erwerbsgrundlagen vielfach unwiderruflich zerrüttende Ausmaße an. Die Nöte des »Pauperismus«, wie die Massenarmut im Übergang zum Industriekapitalismus genannt wurde, trafen in verstärktem Maß die Frauen. Weibliche Lohnarbeit konzentrierte sich vorwiegend auf Bereiche, in denen ohnehin relativ niedrige Löhne gezahlt wurden: neben der Landwirtschaft den »häuslichen Dienst«, das Textil- und das Nahrungsmittelgewerbe. Auch innerhalb derselben Branche verrichteten die Frauen zumeist Tätigkeiten, die nur mit einem Bruchteil dessen entlohnt wurden, was die männlichen Facharbeiter erhielten. Kinderarbeit trat im Frühstadium der Industrialisierung in hohem Maß in Erscheinung. In Großstädten breitete sich auch die Prostitution aus.

Es kam nun zu spontanen Rebellionen gegen die als bedrohlich erlebten Wirkungen von Kommerzialisierung und Kapitalisierung – also gegen Teuerung, ungewohnte und rigide durchgesetzte Disziplin der Lohnarbeit und schlechte Arbeitsbedingungen mit niedrigen Löhnen und Arbeitstagen bis zu 16 Stunden. Dabei blieben systematische Zerstörungen von Maschinen (so in Eupen 1821) und eher zukunftsgerichtete Lohnstreiks (wie seitens der Solinger Scherenschleifer 1826) vor den 1840er-Jahren noch Ausnahmen. Anders als in England hatte sich in der Textilbranche, die damals aus naheliegenden Gründen der elementaren Konsumbedürfnisse nach der Landwirtschaft den mit Abstand größten Beschäftigtenanteil stellte, noch keine nennenswerte Verlagerung in die Fabrikproduktion vollzogen. Die verkehrstechnisch erleichterte Ausformung von überregionalen Märkten setzte die deutschen Textilunternehmer immer stärker den Zwängen einer überlegenen englischen Konkurrenz aus. Da eine Profitmaximierung durch technologisch bedingte Produktivitätssteigerung noch nicht greifen konnte, war der Startvorteil der englischen Textilindustrie einzig über extrem niedrige Löhne zu kompensieren. So wurde das überwiegend noch in Heimarbeit beschäftigte gewerbliche Proletariat zugleich das Opfer des technischen Fortschritts wie der relativen deutschen Rückständigkeit.

Das Elend der schlesischen Weber hat durch die lebensnahe Schilderung in Gerhart Hauptmanns bekanntem Drama eine traurige Berühmtheit erlangt. Die Möglichkeit zur rücksichtslosen Lohndrückerei lag für die Unternehmer zweifellos darin begründet, dass die von ihnen vollständig abhängigen Weberfamilien sich den kärglichen Lebensunterhalt mit einem unvergleichlich hohen Gesamtaufwand an Arbeitsstunden zu verdienen hatten. Was in England ein Fabrikarbeiter durch die Hilfe technischer Neuerungen allein zu produzieren imstande war, mussten in Schlesien die Hände der Frau und der Kinder mit erarbeiten. Die Verbitterung der Weber verschaffte sich in dem auch auf Flugblättern verbreiteten Lied »Das Blutgericht von Peterswaldau« öffentlich Ausdruck. Als im Juni 1844 einige Weber beim Absingen dieser anklagenden Strophen festgenommen wurden, entlud sich die aufgestaute Empörung in der offenen Rebellion.[6]

Ein solches Konfliktverhalten, zumeist erst in Reaktion auf Provokationen der Obrigkeit zum Handeln überzugehen, war für diese Periode ebenso charakteristisch wie das weitere Vorgehen der aufständischen Weber: Sie zertrümmerten, nachdem ihre Forderungen kein Gehör gefunden hatten, das Inventar des prunkvollen Hauses des verhassten Textilfabrikanten Zwanziger, erhofften jedoch gleichzeitig Genugtuung für das ihnen zugefügte Unrecht durch unternehmerische Geschenke. Die mutige Gegenwehr der Weber konnte letztlich nicht verhindern, dass ihr Widerstand durch das preußische Militär brutal niedergeworfen wurde. Auf dem Schlachtfeld dieser ersten größeren Erhebung im deutschen Gewerbe blieben zahlreiche Tote und Verletzte zurück. Auch die übrigen Beteiligten an dem Aufstand erfuhren in Peitschenhieben und drakonischen Zuchthausstrafen den Klassencharakter des Obrigkeitsstaates am eigenen Leibe. Dies hat Teile der bürgerlichen Öffentlichkeit aus ihrer bisherigen Gleichgültigkeit gegenüber sozialen Fragen jäh aufgeschreckt.

Angesichts eines konjunkturellen Einbruchs verlief das Jahr 1844 im deutschen Gewerbe insgesamt krisenhaft. Als Begleiterscheinung der Verteilungskonflikte war erstmals eine Häufung von Lohnstreiks zu verzeichnen, die sich über die verschiedensten Berufsgruppen erstreckte. Im Eisenbahnbau, wo zuerst größere Massen von Arbeitern zusammengeballt waren, ereigneten sich zahlreiche Streiks, so etwa 1845 auf der Köln-Mindener-Strecke, wo über 2000 Männer gleichzeitig die Arbeit niederlegten. Als sich infolge einer Kartoffelkrankheit letztmalig eine der traditionellen Hungerkrisen ausbreitete und diese sich mit den Ausläufern einer ersten internationalen Handels- und Industriekrise verband, häuften sich die Lebensmitteltumulte, so im April 1847 bei der Berliner »Kartoffelrevolution«.

Wenn in Deutschland sich etwa in den dreieinhalb Jahrzehnten nach 1840 eine »industrielle Revolution« vollzog, so heißt das aber zunächst nur, dass in diesem Zeitraum die Industrialisierung unumkehrbar, zu einem gewissermaßen selbsttragenden Prozess wurde. Es bedeutete nicht, dass die Gesellschaft bereits zu Beginn des Kaiserreiches durchindustrialisiert gewesen wäre. Begünstigt wurde die wirtschaftliche Entwicklung durch die 1834 unter Führung Preußens erfolgte Gründung eines Deutschen Zollvereins, der schrittweise das ganze außerösterreichische Deutschland aufsog. Der 1835 beginnende und in den 1840er-Jahren beschleunigte Eisenbahnbau entwickelte sich zum Leitsektor der frühen deutschen Industrialisierung, zumal dort erstmals eine umfangreiche Kapitalmobilisierung in Form von Aktiengesellschaften stattfand. Vor der Kontrastfolie des deutschen Länderpartikularismus kann die Innovationskraft aus der Tatsache, dass bis 1847 mit Breslau, Berlin, Leipzig, Hamburg und Köln die Gewerbemetropolen der nördlichen Bundeshälfte durch Eisenbahnlinien verbunden waren, gar nicht hoch genug veranschlagt werden. Neben den ökonomischen Impulsen für die Herausbildung eines deutschen Binnenmarktes ist die bewusstseinsformende Kraft eines solchen Verkehrsnetzes infolge der wesentlich verbesserten innerstaatlichen Kommunikation hervorzuheben.

Der Eisenbahnbau wurde zum Schwungrad der preußisch-deutschen Industrialisierung, weil er eine sprunghafte Steigerung der Nachfrage nach fossilen Energieträgern sowie nach Eisen und Stahl mit sich brachte. Auch der fabrikmäßige Maschinenbau begann nun eine Rolle zu spielen; dessen Produktion verdoppelte sich allein in den Jahren 1850 bis

1853. Innerhalb des sekundären Sektors beschleunigte sich der Trend von der Werkstatt zur Fabrik: Zwischen 1848 und 1871 verachtfachte sich die durchschnittliche Betriebsgröße.[7]

Von einem generellen Niedergang des Handwerks konnte indessen keine Rede sein. Zwar gab es eine Reihe von Gewerben, die schrumpften oder nicht mehr benötigt wurden, etwa Gerber und Wagenschmiede. Doch zugleich profitierten das Bau- und das Metallhandwerk, auch die Lebensmittelbranche vom wirtschaftlichen Aufschwung, von der Urbanisierung und der Kommerzialisierung. Allerdings war das sogar in den begünstigten Bereichen nicht gleichmäßig der Fall. Einzelne Handwerksbetriebe konnten zu selbstständigen Industrieunternehmen aufsteigen, andere wenigstens ihren unabhängigen Status bewahren, zunehmend auch als Reparaturbetriebe. Daneben blieb eine große Zahl als Kümmerexistenzen zurück, womit der Abstieg auch der Inhaber ins Proletariat häufig vorgezeichnet war.

Seit etwa der Mitte des 19. Jahrhunderts ließ die Annäherung der Arbeits- und Lebenssituation (zum Beispiel der Wohnverhältnisse) allmählich die typisch proletarischen Milieus entstehen, vor allem in den industriellen Ballungsgebieten und den großen Städten. Dennoch blieb die Differenz zwischen Facharbeitern einerseits, Un- und Angelernten andererseits beträchtlich. Der ökonomische Druck auf die berufsstolzen Handwerksgesellen, deren Status immer weniger eine Durchgangsphase zur Selbstständigkeit und immer mehr ein Dauerzustand war, und auf die kleinen Meister machte beide zu den wichtigsten Trägergruppen der frühen deutschen Arbeiterbewegung. Den zweiten erklärenden Faktor bildete ihre berufsbezogene Organisierbarkeit.

Mit dem Bedeutungsverlust der Zünfte wurden auf Gegenseitigkeit beruhende Unterstützungskassen für Gesellen (und kleine Meister) wichtig. Ihre Wanderungen führten sie zu Zehntausenden gerade auch nach Paris, Brüssel oder London und in die Schweiz. Dort erlebten die Handwerksgesellen Gewerkschaften, Arbeiter- und Arbeiterbildungsvereine, die im westlichen Ausland früher geduldet wurden als in den Staaten des Deutschen Bundes. So kamen sie auch mit politischen Flüchtlingen in Berührung. Die Repressionswellen nach 1819 und 1832 hatte die oppositionelle Intelligenz aus den deutschen Staaten vertrieben. Die seit 1814/15 entstandenen studentischen Burschenschaften und auch der »Press- und Vaterlandsverein« von 1832 bildeten einen revolutionär-demokratischen Flügel aus. Dort bemühte man sich um die Verbindung der nationalen und der Verfassungsforderungen mit sozialen Anliegen und dem Protest der breiten Volksschichten. Das »Frag- und Antwortbüchlein über allerlei, was im deutschen Vaterland besonders nottut« des hessischen Offiziers Wilhelm Schulz (1819) und der »Hessische Landbote« des jungen Dichters Georg Büchner und des Pfarrers Friedrich Ludwig Weidig (1834) sind Beispiele dafür. Der revolutionäre Geheimbund war damals in Deutschland wie mancherorts in Europa das verbreitete Organisationsprinzip nationaler, liberaler, demokratischer und sozialistischer Bestrebungen. Dies folgte aus der Einschränkung einer freien Öffentlichkeit und der Artikulationsmöglichkeit von Opposition, namentlich in ihren radikalen Ausprägungen.

Das »Schmettern des gallischen Hahns«[8] in der französischen Julirevolution 1830, die zu einer Ablösung der Restaurationsära durch ein »Bürgerkönigtum« führte, weckte auch den deutschen Michel aus politischer Apathie. In mehreren deutschen Mittel- und Kleinstaaten wurden, einer auf Süddeutschland konzentrierten ersten Welle (nach 1815) folgend, in Verfassungen Mitwirkungsrechte recht bescheidenen Zuschnitts durchgesetzt. In einigen fortgeschrittenen gewerblichen Zentren, zum Beispiel in Aachen und Leipzig, kam es zu Volksunruhen, in deren Verlauf mehrfach Straßenkämpfe und Maschinenzerstörungen stattfanden. Auf die Rheinprovinz war der Funke dieser Konflikte von den benachbarten belgischen Gewerbemetropolen übergesprungen.

Anders als Frankreich, das mit Paris seit langem eine »Hauptstadt der Revolution« zum politischen Kraftzentrum herausgebildet hatte, stießen jedoch die punktuellen Aufstände im Deutschen Bund auf die Grenzen der territorialen Zersplitterung. Die bürgerlich-liberale Opposition, zu der sich bei entsprechenden Anlässen stets zahlreiche Angehörige des einfachen Volkes gesellten, erlebte mit dem Hambacher Fest im Mai 1832 ihren glanzvollen Höhepunkt: Mit der über dem Hambacher Schloss aufgezogenen schwarz-rot-goldenen Fahne, dem »deutschen Dreifarb«, wurde das Verlangen nach nationaler Einheit und politischer Freiheit symbolisiert. Die gleichfalls gezeigten polnischen Farben standen für die Solidarität mit dem Befreiungskampf dieses vom russischen Zarismus geknechteten Volkes, dessen nationales Selbstbestimmungsrecht im Vorjahr blutig unterdrückt worden war. Als 1833 streitbare Burschenschafter die Frankfurter Hauptwache stürmten und damit das Signal für die Vertreibung der dort ansässigen Gesandten-Versammlung des Deutschen Bundes geben wollten, ergriffen die Staatsorgane die günstige Gelegenheit zur Ausschaltung der Opposition. Um einer Inhaftierung und drakonischen Strafen zuvorzukommen, blieb vielen deutschen Freiheitskämpfern nur die Flucht ins westliche Ausland.

Der Frühsozialismus in den Auslandsvereinen der Handwerksgesellen

Aus der Begegnung der politischen mit den wirtschaftlichen Emigranten, den Handwerksgesellen, sind dort noch recht bescheidene Seitenzweige der organisierten deutschen Arbeiterbewegung allmählich emporgewachsen. Doch bedeutete die Exterritorialität der freiheitlichen Opposition und der rührigsten Teile der Gesellenschaft nicht nur eine Belastung für die Geburtsstunde des deutschen Frühsozialismus und der radikalen Demokratie, sondern für eine allmählich entstehende Sozial-Demokratie auch eine besondere Chance. Denn die persönliche Anschauung eines regsamen gewerblichen und politischen Lebens in den Metropolen der modernen europäischen Kultur wirkte sich auf die Gedankenwelt der deutschen »Gastarbeiter« in handwerklichen und intellektuellen Tätigkeitsbereichen befruchtend aus. Überdies rückte man, fern der Heimat und in räumlicher Gettoisierung der fremden Städte, untereinander enger zusammen und bildete so ein organisationsförderndes nationales und soziales Identitätsbewusstsein heraus.[9]

Vor dem Hintergrund seiner ersten Erfahrungen im Pariser Exil des Jahres 1843 hat Karl Marx formuliert, worin er die Wechselwirkung von geistiger und sozialer Umwälzung angelegt sehen wollte: »Wie die Philosophie im Proletariat ihre materiellen, so findet das Proletariat in der Philosophie seine geistigen Waffen«.[10] Ein Jahrzehnt vor dem wissenschaftlichen Wegbereiter des modernen Sozialismus haben Handwerksgesellen und Jungakademiker das historische Modell einer Synthese von Kopf- und Handarbeitern vorgelebt. Unter den Wandergesellen dominierten im Ausland mit Schlossern, Schneidern, Schuhmachern und Tischlern jene Berufszweige, die im Deutschen Bund am meisten von Beschäftigungsproblemen betroffen waren. Die besondere Bedeutung von Hochschulangehörigen, Juristen und Journalisten unter den politischen Emigranten lässt sich schlüssig daraus verstehen, dass diese Arbeitsfelder zum Kommunikationsträger prädestinierten.

An die Seite eines damals noch vorwiegend regionalen Heimatgefühls traten internationale Begegnungen. Diese wiederum prägten entscheidend das Selbstverständnis als deutsche Patrioten. Wenn man im Exil den Jahrestag des Hambacher Festes gebührend zu feiern sich angewöhnt hatte, war dies keineswegs nur nostalgisch zu verstehen. Vielmehr manifestierte sich darin ein zukunftsgerichtetes Bewusstsein als »Junges Deutschland«, wie sich die 1833 ins Leben gerufenen Auslandsvereine in der Schweiz symbolträchtig nannten;[11] sie waren verbunden mit anderen Nationalorganisationen des »Jungen Europa«. Unter den Handwerksgesellen förderten die Kontakte zwischen den verschiedensten Berufsgruppen ein Solidaritätsgefühl, das sich in der zunehmend gebräuchlichen Selbstbezeichnung als »Arbeiter« manifestierte.

Ein seit 1832 in Paris tätiger »Deutscher Volksverein« verband in diesem Sinne die nationalrepublikanischen Ziele mit sozialkritisch ausgerichteten egalitären Vorstellungen. So war in einer gegen Ende des folgenden Jahres verbreiteten Flugschrift anklagend von einer »verkehrten Welt« die Rede, »denn die ärmsten und unglücklichsten Leute sind jetzt die, welche die meiste und die schwerste Arbeit verrichten, das heißt der Handwerker, der Fabrikarbeiter und der Bauer«.[12] Nach einer Welle von Streiks und Organisationsgründungen in Paris erließ die französische Regierung strengere Vereinsgesetze, die auch den »Deutschen Volksverein« zur Umwandlung in einen Geheimbund veranlassten. Der unter solchen Voraussetzungen im Jahre 1834 gebildete »Bund der Geächteten«, dessen Mitglieder sich mit diesem Namen als allseits Verfolgte präsentierten, entwickelte eine konspirative Praxis mit einem Führungszirkel, der sich »in tiefstes, gewollt mystisches Dunkel hüllte«.[13] Die von dem ehemaligen Jurastudenten und Burschenschafter Jakob Venedey redigierte Verbandszeitschrift »Der Geächtete« brachte es auf nicht mehr als 500 gedruckte Exemplare. In den Frühphasen des Vereinswesens war die mündliche Verbreitung von Gedanken wirksamer als die schriftliche Form, zumal die Lesefähigkeit von Angehörigen der unteren Volksschichten trotz des allmählichen Abbaus des Analphabetismus nicht überschätzt werden sollte.

1836 spaltete sich ein »Bund der Gerechten« ab (der sich zunächst »Bund der Gerechtigkeit« nannte, aber in der Kurzform bekannt wurde). Dabei ist zu bedenken, dass sich allein in den Jahren von 1831 bis 1836 die deutsche Minderheit in Paris vor allem durch den Zustrom von Handwerksgesellen mehr als verdoppelt hatte.[14] Insofern wird es eine Rolle gespielt haben, dass sich die Wanderburschen nicht in gleicher Weise wie die politischen Emigranten als »Geächtete« empfanden und deshalb auch den konspirativen Methoden skeptisch gegenüberstanden. Folgerichtig erhielt der »Bund der Gerechten« als Vor- oder Frühform der Sozialdemokratie auch unter den Bedingungen der Illegalität eine weniger hierarchische und transparentere Organisationsstruktur. Die weitere Entwicklung der gesellschaftlichen Vorstellungen knüpfte an den Namen dieses neuen Geheimbundes an: der Gedanke einer »gleichen Freiheit durch Solidarität«[15] fand seinen zeitgemäßen Ausdruck in sozialen Utopien einer den privaten Egoismus überwindenden egalitären Produktions- und Lebensgemeinschaft.

Als politischen Gegner machten diese Radikaldemokraten und Frühsozialisten allein die herrschenden Oligarchien aus. Dagegen betrachtete man das arbeitende Volk weitgehend als Interessengemeinschaft. Im Vergleich mit den im »Bund der Geächteten« propagierten Nationalwerkstätten zur Überwindung der Beschäftigungskrise entsprang die Idee der genossenschaftlichen Gütergemeinschaft mehr dem Leitbild kollektiver Selbsthilfe. In neuartigen Produktionsgenossenschaften wollten die Handwerksgesellen ihr Überleben unter dem Druck einer Auflösung der Ständegesellschaft solidarisch und innovativ organisieren. Dies stand im Gegensatz zu zünftlerisch-reaktionären Vorstellungen. Noch im »Kommunistischen Manifest« von Marx und Engels folgte, daran anknüpfend, zum Endpunkt der sozialen Umwälzung hin »eine Assoziation, worin die freie Entwicklung eines jeden die Bedingung für die freie Entwicklung aller ist«.[16]

Die zur Jahreswende 1838/39 veröffentlichte Programmschrift des Schneidergesellen Wilhelm Weitling für den »Bund der Gerechten« war insofern ein Spiegelbild des erreichten Bewusstseinsstandes. Ihr Verfasser hatte trotz seiner armseligen Geburt im Jahre 1808 als uneheliches Kind einer Köchin und eines französischen Besatzungsoffiziers die Mittelschule besucht. Er verband eine scharfsichtige Zeitkritik mit zugleich religiös und naturrechtlich begründeten sozialen Utopien: »Die Gütergemeinschaft ist das Erlösungsmittel der Menschheit. Sie schafft die Erde gleichsam zu einem Paradiese um«.[17] Recht typisch für solche frühsozialistischen Denkmodelle wurde die Revolution von Weitling nicht entwicklungsgläubig in die Zukunft projiziert wie im späteren

Vulgärmarxismus, sondern ging auf traditionelle Volkserhebungen zurück: »Wäre die Reformation mit dem Bauernkrieg [von 1525] Hand in Hand gegangen und reine Volkssache geblieben, so wären wir die Tyrannei der Priester und der Großen mit einmal los geworden«.[18]

Eine für die damalige Epoche beachtliche Auflagenhöhe von 2000 Exemplaren unterstrich die Bedeutung von Weitlings Broschüre, die den programmatischen Titel »Die Menschheit, wie sie ist und wie sie sein sollte« trug. Der »Bund der Gerechten« konnte in Paris wie sein Vorgänger nie mehr als 100 Mitglieder fest organisieren, während es das »Junge Deutschland« unter den legalen Aktionsbedingungen der Schweiz immerhin auf etwa 300 bis 500 Mitglieder brachte.[19] Die geistig-politische Ausstrahlungskraft der frühen Arbeiterbewegung ist mit diesen bescheidenen Ziffern freilich nicht hinreichend erfasst.

Indessen verlagerte sich in diesen Jahren der Schwerpunkt der elementaren Arbeiterbewegung vom politisch unruhigen Frankreich in das industriell fortgeschrittenere England. Die 1838 publizierte »Charter« für ein allgemeines und gleiches Wahlrecht und soziale Reformen führte in Verbindung mit der bis Anfang der 1840er-Jahre herrschenden Wirtschaftskrise zu einer Politisierung des britischen Proletariats. Innerhalb eines Jahrzehnts konnten die Chartisten in England den gesetzlich garantierten Zehnstundentag erreichen und dem Parlament mehrere Millionen Unterschriften für ihre Wahlrechtspetitionen präsentieren. Unter dem Eindruck dieser zumindest teilweise erfolgreichen Initiativen löste sich der »Bund der Gerechten« in London von putschistischen Konzepten der Machtergreifung nach dem Vorbild des französischen Blanquismus, die einzelne seiner politischen Wortführer in der Ohnmacht des Exils fasziniert hatten. Die Umorientierung auf eine Strategie der Massenaufklärung und der Verzicht auf Geheimbündelei wurden so weit vorangetrieben, dass Anfang 1847 auch Marx und Engels der bald darauf in »Bund der Kommunisten« umgewidmeten Londoner Organisation beitraten und in ihr rasch eine prägende Stellung erlangten.

Als weiterer Impuls trat die Wiederbelebung des oppositionellen bürgerlichen Gedankengutes im Deutschland der 1840er-Jahre hinzu. Die Entwicklung von Karl Marx (1818–1883) und Friedrich Engels (1820–1895) war in progressiven Teilen dieser neuen Generation von gutbürgerlicher Herkunft durchaus nicht vereinzelt. Der Angriff auf die konservative Staatsvergötterung durch die preußische Hofphilosophie, den die

Kundgebung von Chartisten 1848 in London, Kennington Common.

junghegelianische Schule unternahm, gehörte ebenso wie der religionskritische Materialismus eines Feuerbach zu dieser intellektuellen Revolte. Als Chefredakteur der bürgerlich-demokratischen »Rheinischen Zeitung« hatte Marx bereits in den Jahren 1842/43 vorübergehend politischen Einfluss gewonnen, bis ihn eine nach kurzer Liberalität wieder strengere Zensur ins Ausland trieb. Seine Frühschriften zeugen deutlich vom Einfluss der Hegelschen Schule, während Engels als reisender Fabrikantensohn bereits 1845 »Die Lage der arbeitenden Klasse in England« ebenso detailliert wie eindringlich schildern konnte.[20]

Im preußischen Vormärz geriet die seit längerem schwelende Krise 1847 mit dem Zusammentritt des Vereinigten Landtags in den Brennpunkt der politischen Ereignisse. Der noch im Stile eines bürokratischen Absolutismus regierte Staat wollte von dieser Ständevertretung die Gelder für den Bau einer als militärisch bedeutsam angesehenen Eisenbahnlinie bewilligt erhalten. Das durch seinen wirtschaftlichen Zukunftsoptimismus selbstbewusster gewordene Bürgertum verlangte als Gegenleistung verfassungsmäßige Mitspracherechte. Die Verweigerung des in den meisten anderen deutschen Staaten bereits vollzogenen Übergangs zu einer gemäßigten Variante der konstitutionellen Monarchie führte dazu, dass sich der Konflikt zwischen Krone und Bürgertum erheblich zuspitzte.

Impulse, Verlauf und Scheitern der Revolution von 1848/49

Die Revolution von 1848/49 war ein gesamteuropäischer Vorgang, in den viele Länder einbezogen wurden. Konstitutionelle, nationale und soziale Emanzipationsbestrebungen traten in jeweils unterschiedlichem Mischungsverhältnis hervor, dem wirtschaftlichen und politischen Reifegrad des betreffenden Landes entsprechend.[21] Schon Ende Februar 1848 sprang der Funke der Revolution aus Paris auf den deutschen Südwesten über. Dort hatte sich von der breiten liberal-nationalen Bewegung in den Vorjahren eine radikalere national-demokratische Strömung klar abgesondert. Eine Volksversammlung im badischen Mannheim am 27. Februar 1848 formulierte diejenigen Punkte, die (mit leichten Variationen) als »Märzforderungen« den lokalen und regionalen Bewegungen als programmatische Vorlage dienten: Pressefreiheit, Volksbewaffnung, Schwurgerichte, Verfassungsgebung beziehungsweise Verfassungsreform und Wahl eines gesamtdeutschen Parlaments. In den mittleren und kleineren deutschen Staaten brach die alte Ordnung meist schnell und fast ohne Gegenwehr zusammen. Deren Repräsentanten schätzten ihre Lage als aussichtslos ein und legten die Macht in die Hände neuer Politiker, meist die bekannten Führungsgestalten der liberalen Kammerfraktionen. Die Monarchie blieb überall bestehen.

Auch in den deutschen Großstaaten begann die Revolution gewaltlos als Petitions- und Versammlungsbewegung. Doch kam es – einige Tage nach dem Sturz des österreichischen Staatskanzlers Metternich, der Symbolfigur des reaktionären Obrigkeitsstaats – am 18./19. März in Berlin zu blutigen Barrikadenkämpfen, denen sich die (vorläufige) Kapitulation des Königs anschloss.[22] Bauernunruhen ereigneten sich in größerem Ausmaß im Südwesten, wo klein- beziehungsweise pachtbäuerliche Existenzen dominierten und sich besonders in den früheren Standesherrschaften unter Druck sahen, und zwar hauptsächlich während des Frühjahrs 1848; sie zielten insbesondere auf die Aufhebung restfeudaler Dienste und Abgaben. Doch dauerten revolutionäre Agrarbewegungen das ganze Jahr 1848 an und hatten weitere Zentren namentlich in Schlesien und Teilen der Rheinprovinzen.[23] Die Träger längerfristiger Radikalisierung waren eher in den Unterschichten sowie unteren Mittelschichten der großen Städte zu finden, hauptsächlich unter Arbeitern und Handwerksgesellen, auch unter Studenten. Sie verfügten über ihre eigenen, teilweise noch vormodernen Äußerungsformen (wie den »Kat-

Barrikadenkämpfe in Berlin 1848.

zenmusiken«), mit denen sie den als Gegnern identifizierten Personen ihr Missfallen bekundeten.[24] Vor allem im Spätsommer und Frühherbst 1848 verband sich das soziale Protestverhalten der Unterschichten, wozu auch eine beträchtliche Zahl gewerblicher Streikaktionen gehörte, mit politisch radikalen Bestrebungen in bürgerkriegsähnlichen Zusammenstößen – hauptsächlich in Wien, Berlin und Frankfurt am Main.

In den jetzt – auf der Grundlage von nur geringfügig eingeschränktem allgemeinen und gleichen Wahlrecht (für Männer) – gebildeten einzelstaatlichen Parlamenten und der gesamtdeutschen Nationalversammlung in Frankfurt am Main waren die Unterschichten nicht vertreten. Allenfalls zwei Abgeordnete der äußersten demokratischen Linken, das Gründungsmitglied des Bundes der Kommunisten, Wilhelm Wolff, und der Junghegelianer Arnold Ruge, konnten als Sozialisten gelten. Das Schwergewicht lag bei gemäßigten, nach »Vereinbarungen« mit den alten Mächten strebenden Varianten eines besitz- und bildungsbürgerlichen Liberalismus. Dieser wünschte einen gewaltenteiligen, aber nicht unbedingt parlamentarisch regierten Verfassungsstaat mit Wirtschaftsfreiheit und individuellen Grundrechten. Nur die auch in sich heterogenen »Demokraten« tendierten zur republikanischen Staatsform. Vorrangig waren aber der partizipatorische Gedanke, also die Teilnahme des gesamten Volkes am politischen System, sowie die Verlagerung des Machtschwerpunkts ins Parlament. Auch wollten sie alle in irgendeiner, aber eben nicht gleicher Weise die staatliche Einheit Deutschlands herstellen. Die »Demokraten« waren zunächst in der Minderheit, gewannen aber im Verlauf des Revolutionsprozesses und des beginnenden Wiedererstarkens der alten Mächte erheblich an Zuspruch. In manchen Regionen beziehungsweise Einzelstaaten, so in Baden und Sachsen, wurden sie als Mehrheitsströmung vorübergehend politisch bestimmend.

In diesen beiden Regionen, namentlich in Baden, sowie in der bayerischen Rheinpfalz, lagen auch Zentren der Aufstandbewegung des Frühjahrs 1849. Diese wandte sich gegen die Missachtung der im Frankfurter Parlament als Kompromiss verschiedener Fraktionen endlich zustande gekommenen Reichsverfassung durch die einzelstaatlichen Regierungen. Es waren überwiegend Republikaner, radikale Demokraten und »Social-Demokraten« mit viel weitergehenden Zielen, die unter der Parole der Verteidigung der Reichsverfassung antraten und nur durch das rigorose Eingreifen der preußischen Armee niedergeworfen werden konnten. Die Kapitulation der Festung Rastatt am 23. Juli 1849, der überaus harte Vergeltungsmaßnahmen folgten, darf als das Enddatum der Revolution von 1848/49 in Deutschland gelten.

Der sich ein gutes Jahr ungehindert entfaltende Prozess der Fundamentalpolitisierung Deutschlands lenkt den Blick vom bildungsbürgerlich geprägten Zentralparlament in Frankfurt, wo sich in den verschiedenen Fraktionen Vorformen moderner Parteien herausbildeten, auf die alltäglichen Auseinandersetzungen auf lokaler und regionaler Ebene. Dort entwickelte sich ein reges politisches Vereinsleben mit einem gewis-

Die Verbrüderung.

Herausgegeben vom Centralcomite für die deutschen Arbeiter.

Erscheint wöchentlich zweimal: Dienstags und Freitags.

Redigirt vom Schriftsetzer Born, Mitglied des Centralcomités.

In Leipzig monatlich 5 Ngr. Durch alle Postämter und Buchhandlungen vierteljährl. 15 Ngr.

Correspondenzblatt aller deutschen Arbeiter.

№ 4. Leipzig, den 13. October 1848.

»Die Verbrüderung« 1848.

sen Schwerpunkt bei den gemäßigten Demokraten; der im November 1848 gegründete »Zentral-Märzverein« soll bis zu 500 000 Mitglieder gezählt haben. Doch auch konstitutionell-liberale, konservative und katholische Vereine schossen aus dem Boden. Gleichrangige Erwähnung verdient der Aufschwung (in Zahl und Auflagenhöhe) wie die Politisierung der Zeitungsperiodika. Seit 1848 kann man für Deutschland von einer politischen Massenpresse sprechen.

An der Seite des demokratisch-republikanischen Lagers artikulierte sich während der 1848er-Revolution erstmals in freiem Worte die bislang ins Exil verbannte deutsche Arbeiterbewegung. Im Zeichen des neu erkämpften Bewegungsspielraums erschienen die Geheimbünde als ein Anachronismus, so dass Marx und Engels kurzerhand die Londoner Organisation für aufgelöst erklärten und sich an den Ort des Geschehens nach Deutschland begaben. In Köln lebte die »Rheinische Zeitung« wieder auf und entwickelte sich rasch zu einer Art »Parteisymbol«[25] mit beachtlicher regionaler Breitenwirkung in den preußischen Westprovinzen. Aus London hatten die beiden Theoretiker und Publizisten der Revolution das gerade rechtzeitig fertiggestellte »Manifest« mitgebracht. Es fand in Deutschland nur wenig Verbreitung und noch geringere Resonanz, da es gestützt auf die moderneren englischen und französischen Verhältnisse seiner Zeit vorauseilte. Doch stand vor allem der Kölner Arbeiterverein mit 5000 bis 7000 Mitgliedern personell und ideologisch unter ihrer Führung.

Die revolutionäre Realpolitik von Marx und Engels gründete sich auf die Überzeugung, dass erst nach der vollen Durchsetzung der bürgerlich-kapitalistischen Gesellschaft die Voraussetzungen für eine sozialistische Umwälzung heranreifen konnten: »In Deutschland kämpft die Kommunistische Partei, sobald die Bourgeoisie revolutionär auftritt, gemeinsam mit der Bourgeoisie gegen die absolute Monarchie, das feudale Grundeigentum und die Kleinbürgerei«.[26] Den bei weitem überschätzten »fortgeschritteneren Bedingungen der europäischen Zivilisation« gemäß sollte diese »deutsche bürgerliche Revolution nur das unmittelbare Vorspiel der proletarischen Revolution sein«.[27] Mit Hilfe der Flugblattverteilung und des Zeitungsabdrucks war ein Forderungskatalog, den Marx und Engels für die deutsche Revolution Ende März 1848 aus den Gedanken des »Manifests« herausdestillierten, zunächst von aktuellerer Bedeutung als die komplette Broschüre, die erst Jahrzehnte später Geschichte machen sollte. In diesem 17-Punkte-Programm wurde gefordert: »Ganz Deutschland wird zu einer einigen, unteilbaren Republik erklärt«. Es folgten demokratische Prinzipien wie ein allgemeines Wahlrecht ab 21 Jahren. In sozialer und wirtschaftlicher Hinsicht wurde zum Beispiel die Befreiung der Bauern von allen Feudallasten, eine Staatsbank und die Verstaatlichung aller Transportmittel verlangt. Die »Trennung der Kirche vom Staate« und eine »unentgeltliche Volkserziehung« rundeten ein Programm ab, das sich an breite Volksschichten wandte: »Es liegt im Interesse des deutschen Proletariats, des kleinen Bürger- und Bauernstandes, mit aller Energie an der Durchsetzung obiger Maßregeln zu arbeiten«.[28]

Die »Neue Rheinische Zeitung« hatte den Untertitel »Organ der Demokratie« erhalten und zog damit den Adressatenkreis ursprünglich sehr weit. Erst nachdem im Juni 1848 das Pariser Proletariat bei einem Aufstandsversuch blutig zurückgeworfen worden war und das deutsche Bürgertum bis zum Ende des gleichen Jahres sich als zur Beseitigung der Dynastien nicht fähig erwiesen hatte, wurden die Parolen radikaler. Die nunmehr propagierte »sozialrepublikanische Revolution« sollte auch mit der an die Seite der alten Machthaber gerückten Bourgeoisie kurzen Prozess machen und dabei in jakobinischer Tradition vor »revolutionärem Terrorismus« nicht zurückschrecken.[29]

Als Träger der infolge dieser Polarisierung für unvermeidlich erachteten Gewaltsamkeit durften freilich nicht kleine Stoßtrupps agieren, sondern die nach wie vor als revolutionäres Subjekt betrachtete »Millionenbewegung der europäischen Demokratie«.[30] Bei Marx wurde die Revolutionierung Europas allen anderen Erwägungen vorangestellt. Das ist daraus ersichtlich, dass er im Sommer 1848 das Ziel, »von Russland die Herausgabe Polens mit den Waffen in der Hand zu fordern«, einer national geeinten deutschen Republik als historische Aufgabe zuwies: »Nur der Krieg mit Russland ist ein Krieg des revolutionären Deutschland, ein Krieg, worin es die Sünden der Vergangenheit abwaschen, worin es sich ermannen, worin es seine eigenen Autokraten besiegen kann«.[31] Die historische Analogie zur französischen Levée en masse von 1793 lag auf der Hand. Was sich damals »kommunistisch« nannte, war insofern häufig einer Entwicklungsphase vor Herausbildung der modernen Arbeiterbewegung verhaftet.

Eine Argumentation in gesamteuropäischen und universalhistorischen Perspektiven war den selbstständigen Trägern einer elementaren Arbeiterbewegung in Deutschland verständlicherweise ziemlich fremd. Die ersten Versuche einer überregionalen Organisationsbildung hatten zunächst an den unmittelbaren Lebensbedingungen der Handwerksgesellen und Arbeiter anzusetzen. Dem »Gutenbergbund« der Buchdrucker und der »Assoziation der Zigarrenarbeiter« kam aus sehr unterschiedlichen berufsspezifischen Gründen eine beispielgebende Rolle zu. Die überaus statusbewussten Buchdrucker waren die idealtypische Verkörperung von »Arbeiteraristokraten«[32] in einem doppelten Sinne: Einerseits kapselten sie sich aufgrund ihrer berufsbezogenen Solidargemeinschaft von anderen Arbeitergruppen ab, denen sie sich als geistig überlegen betrachten konnten. Sie wiesen auch das höchste Lohnniveau und die kürzesten Arbeitszeiten auf. Andererseits waren Buchdrucker, nicht zuletzt durch ihre Bedeutung bei der Flugblattherstellung und die Abhängigkeit ihres Gewerbes von der Pressefreiheit, stets eine überdurchschnittlich politisierte und noch viele Jahrzehnte in Führungspositionen der Arbeiterbewegung weit überproportional vertretene Berufsgruppe. Im Kampf mit den Gegnern einer Demokratisierung wusste der »Gutenbergbund« in der Revolutionsära durchaus eine deutliche Sprache zu führen: »Verweigerung des Wahlrechts der Arbeiter ist identisch mit – ›Proklamation des Bürgerkrieges‹!«[33]

Demgegenüber gehörten die Zigarrenarbeiter einem von vornherein zunftfrei organisierten Gewerbezweig an. Da zur Ausübung dieser Tätigkeit, abgesehen von einer gewissen Fingerfertigkeit, keine Qualifikation erforderlich war, genossen sie kein hohes Sozialprestige, fanden aber an ihrem Arbeitsplatz ebenfalls günstige Kommunikationsbedingungen vor.[34] Der Gedanke einer Assoziation war für die Zigarrenarbeiter ohne große Hindernisse zu realisieren und erfüllte auch die Funktion, ein nach außen hin anerkanntes gemeinsames Berufsbewusstsein zu entwickeln. Die mit den Buchdruckern vergleichbare überdurchschnittliche Politisierung ergab sich aus der Abhängigkeit der Tabakindustrie von der Steuergesetzgebung und der Massenkaufkraft, die gerade in den krisenhaften Jahren seit 1846 unter der Lebensmittelteuerung litt. Die Zigarrenarbeiter wurden auf diese Weise aus eigener Betroffenheit für die soziale Lage ihrer Klassengenossen in anderen Berufszweigen sensibilisiert. Sie gliederten sich daher organisatorisch sehr viel bereitwilliger als die Buchdrucker in die nationale Arbeiterbewegung ein.

Der Initiative einer Berliner Arbeiterversammlung folgend, konstituierte sich Ende August/Anfang September 1848 auf einer gesamtdeutschen Konferenz ein Dachverband. Dieser nannte sich »Allgemeine Deutsche Arbeiterverbrüderung«. Sie stand unter der Führung des gerade erst 24 Jahre alt gewordenen Schriftsetzers Stephan Born; er repräsentierte durchaus die Gesamtbewegung, die von der Altersgruppe bis 30 Jahre dominiert wurde.[35] Solches Bild einer Revolution der jungen Generation wird dadurch abgerundet, dass auch der Zigarrenarbeiter-Führer Wenzel Kohlweck damals erst 26 Jahre zählte. Schließlich war Marx mit 24 Jahren schon Chefredakteur der »Rheinischen Zeitung« gewesen, und Georg Büchner hatte in diesem Alter bereits ein beachtliches Werk hinterlassen. Angesichts des zumeist mit 14 Jahren erfolgenden Eintritts in den Beruf und der geringen Lebenserwartung der Unterschichten war in den meisten Gewerben zur Mitte des 19. Jahrhunderts die Mehrzahl der Arbeitskräfte unter 30 Jahre alt.[36] Wenn die Sprecher der »Arbeiterverbrüderung« keine »gesetzteren« Jahrgänge waren, deutete dies gleichermaßen auf egalitäre Strukturen und häufigere Befangenheit älterer Berufskollegen in traditionellen Vorstellungen hin.

Überhaupt lassen sich an der Person Stephan Borns manche Eigenheiten von frühen Arbeiterpolitikern illustrieren. Als Sohn eines jüdischen Maklers hatte er zunächst das Gymnasium besucht, diese Bildungschance aber eingebüßt, weil der Vater nur den älteren Bruder studieren lassen konnte. Eine Schriftsetzerlehre in einem Berliner Betrieb, der auch Dissertationen für die Universität druckte, motivierte Born dazu, seinen Neigungen entsprechend viele freie Stunden als Gasthörer in Lehrveranstaltungen zu verbringen. Bei der Begegnung mit der Lehre von Marx und Engels in seinen Auslandsjahren beeindruckte ihn besonders »der wissenschaftliche Grund und Boden, von dem sie ausgeht«. So wurde er schließlich auch Mitglied im »Bund der Kommunisten«. Nach seiner Rückkehr in das revolutionäre Geschehen hat Born allerdings einem späteren Zeugnis gemäß die Vision der Enteignung der Besitzenden nicht in Einklang mit den deutschen Verhältnissen bringen können: »Man hätte mich ausgelacht oder bemitleidet, hätte ich mich als Kommunisten gegeben. Der war ich auch nicht mehr. Was kümmerten mich entfernte Jahrhunderte, wo jede Stunde mir dringende Aufgaben und Arbeit in Fülle darbot!«[37]

Der »Arbeiterverbrüderung« schlossen sich sogleich 32 Ortsvereine an; ihre Zahl stieg, je nach dem angelegten Kriterium, auf 75 bis 120, was einer Mitgliederzahl von 15 bis 20 000 entsprach. Mit einiger Verzögerung gesellten sich auch die um den Kölner Verein gruppierten Westdeutschen sowie die von einem zweiten »Zentralkomitee« koordinierten Süd- und Südwestdeutschen hinzu. Regionale Zentren waren Berlin, die Hansestädte, das Rheinland und das Bergische Land, der Maingau sowie Sachsen, insbesondere Leipzig, wo sich auch der Sitz der Gesamtorganisation befand.

Eine besondere Pointe war es auch, dass solche »Verbrüderung« nicht mehr allein geschlechtsspezifisch verstanden wurde. Die Programmaussage: »Von allen diesen Bestimmungen sind die weiblichen Arbeiter nicht ausgeschlossen und genießen unter gleicher Verpflichtung gleiche Rechte«, feierte die Frauenrechtlerin Louise Otto als historischen Durchbruch: »Ihr habt mit diesem Paragraph den ganzen unsinnigen Fluch aufgehoben, der auf der einen Hälfte des Menschengeschlechts liegt: unberechtigt zu sein und unterdrückt von der andern Hälfte nach dem sogenannten Recht des Stärkern ... Ihr habt damit die anderen Männer beschämt, die Männer der Wissenschaft, des Staats, der Geschäfte ... Ihr habt es nicht vergessen, dass ihr nicht nur Brüder seid untereinander, sondern dass ihr auch Schwestern habt.« In einem zugleich in »Die Verbrüderung« abgedruckten Beitrag propagierte die Autorin statt »Kampf Aller gegen Alle« die »Assoziationen für Alle! Es ist nicht genug, dass die Männer sich assoziieren, auch die Frauen müssen es tun; sie müssen entweder mit den Männern vereint handeln oder, wo die Interessen auseinandergehen, sich unter sich verbinden«.[38]

Das Selbstverständnis als »Verbrüderung« aller Arbeiter hatte seine historischen Wurzeln in den Gesellenbruderschaften sowie dem Grundwert der »Brüderlichkeit« aus christlicher Überlieferung und der Französischen Revolution. Entgegen der Annahme, dass sich der Gedanke der »Verbrüderung« nicht mit dem »Klassenkampf« vereinbaren lasse[39], war die Assoziationsidee eine frühe Form der Solidargemeinschaft. Diese konnte durchaus in Richtung des – erst ansatzweise erkannten – Antagonismus von Lohnarbeit und Kapital fortentwickelt werden. In den häufig bemühten französischen Vorbildern wurde das Leitprinzip der Genossenschaftlichkeit sehr deutlich formuliert: »Die Assoziation der Arbeit ist die Demokratie im Gewerbswesen«.[40] Die »Arbeiterverbrüderung« bekundete am Ende ihres programmatischen Klärungsprozesses auf der ersten Generalversammlung im Februar 1850 die Absicht, »überall von den Grundsätzen der Selbsthilfe und Selbstverwaltung« auszugehen.[41]

Dabei spielte auch die Niederlage der politischen Revolution gegen die Übermacht des bestehenden Herrschaftssystems eine wesentliche Rolle. Gleichwohl bleibt festzuhalten, dass die elementare Arbeiterbewegung einen sozialen Lernprozess, ausgehend von ihren realen Lebensverhältnissen, zu durchlaufen hatte. Sie konnte deshalb nicht wie die Fraktion der »Neuen Rheinischen Zeitung« um Marx und Engels mit einem fertig ausgearbeiteten Revolutionsmodell auftreten. Dieses von vornherein angelegte Spannungsverhältnis entsprang aber weniger dem »Dualismus von sozialer Revolution und sozialer Reform«[42], sondern verschiedenen Sichtweisen der erstrebten Umwälzung. Den breiten Massen der an den revolutionären Kämpfen und Organisationsbildungen beteiligten Handwerksgesellen und Arbeiter standen verfassungspolitische oder gar internationale Probleme begreiflicherweise eher fern. Hingegen erwarteten die Intellektuellen in der Rheinprovinz von ihren »Proletariern« den kühnen Sprung auf eine höhere Stufe der Menschheitsentwicklung.

Die Diskrepanz der Perspektiven hatte außer Verständigungsproblemen zwischen milieuspezifischen Weltbildern auch noch einen strategischen Hintergrund. Die Geschichtsphilosophie von Marx beinhaltete ein auf die Produktivkraftentfaltung gegründetes Fortschrittskonzept, das er Anfang 1849 den vielfach noch vorindustriell geprägten Volksmassen mit unerbittlicher Logik zu akzeptieren vorschlug: »Leidet lieber in der modernen bürgerlichen Gesellschaft, die durch ihre Industrie die materiellen Mittel zur Begründung einer neuen, euch alle befreienden Gesellschaft schafft, als dass ihr zu einer vergangenen Gesellschaftsform zurückkehrt, die unter dem Vorwand, eure Klassen zu retten, die ganze Nation in mittelalterliche Barbarei zurückstürzt!«[43] Dies war freilich der springende Punkt: Die entstehende Bourgeoisie konnte ihre ökonomischen Interessen letztlich eher mit einem zur halbautoritären Modernisierung bereiten Obrigkeitsstaat als mit selbstständigen Bauern und Handwerkern in Einklang bringen, die unter der Industrialisierung litten.

Der Sieg der Reaktion und die bürgerliche Prosperität der 1850er-Jahre

Insofern waren es handfeste Interessen, die Hauptfraktionen der preußisch-deutschen Bourgeoisie den Kompromiss mit einem kommerziell orientierten Grundadel und dem inzwischen auch in Preußen bescheiden konstitutionalisierten Obrigkeitsstaat einem Kampfbündnis mit der kleinbürgerlichen Demokratie vorziehen ließen. Jedenfalls hatte sich das Besitz- und Bildungsbürgertum mit seiner 1848/49 von einer deutlichen parlamentarischen Mehrheit getragenen Entscheidung, den nationalen Verfassungsstaat auf dem Weg des Einvernehmens zwischen Landesfürsten und Volksvertretungen zu erstreben, bereits weitgehend politisch festgelegt.

Auf der Ebene der Gesellschaftspolitik ging die Entfeudalisierung nach 1849 weiter. In Preußen bezog ein Regulierungsgesetz endlich auch die untere bäuerliche Schicht in die sich über Jahrzehnte erstreckende Ablösung ein. Die überragende Machtstellung der ostelbischen, zunehmend zu Agrarkapitalisten transformierten Großgrundbesitzer auf dem Lande blieb mit dem Triumph der politischen Reaktion jedoch unangefochten. Sie beinhaltete bis 1872 sogar die gutsherrliche Polizeigewalt. Auch auf anderen Gebieten fand 1848/49 oder im unmittelbaren Gefolge der Revolution eine Anpassung rechtlicher Bestimmungen an die Erfordernisse der werdenden kapitalistischen Gesellschaft statt, so im Bergbau- und Aktienrecht.

Der soziale Aufstieg des Bürgertums hat sich nach 1849 verstärkt fortgesetzt. Auf der Ebene der Staatspolitik zurückgedrängt, arbeiteten Unternehmer aller Wirtschaftssektoren, aber auch Vertreter des Bildungsbürgertums mit ungebremster Energie an der Schaffung einer neuen gesellschaftlichen Realität. Wirkliche Verfolgung und Unterdrückung traf die demokratische, radikale Strömung der Revolutionsbewegung von 1848/49, vor allem die Arbeiterbewegung. Die gemäßigten Liberalen blieben ziemlich ungeschoren, eine gewisse Pressefreiheit bestand eingeschränkt weiter. Nicht mehr die Vorzensur, wie in früheren Jahrzehnten, sondern die nachträgliche Sanktion bedrohte die freie publizistische Meinungsäußerung. Ähnliches galt für das Vereinswesen. Eine Rückkehr zu den Zuständen der 1820er- und 1830er-Jahre fand nicht statt und wäre auf dem gegebenen gesellschaftlichen Entwicklungsniveau kaum noch möglich gewesen.

Zwar glaubten Marx und Engels bis weit ins Frühjahr 1850 hinein noch an die »Revolution in Permanenz«[44], das heißt ein baldiges neues Aufleben politischer Kämpfe in Deutschland. Allerdings sahen sie sich zugleich veranlasst, von solchen aktivistischen Gesinnungsgenossen abzurücken, die ihnen nicht frei von putschistischen Illusionen erschienen. Um eine von den Tagesfragen abgelöste Zukunftsperspektive war Marx nicht verlegen, als er im Herbst 1850 die Tragfähigkeit eines die bestehende Gesellschaftsordnung einstweilen stabilisierenden Wirtschaftsaufschwungs einräumen musste: »Eine neue Revolution ist nur möglich im Gefolge einer neuen Krisis. Sie ist aber auch ebenso sicher wie diese«.[45] Mit der Zerschlagung der Organisation nach dem Kölner Kommunistenprozess von 1852, den die Staatsgewalt in inquisitorischer Manier inszenierte, war dieses Kapitel einer auf Deutschland bezogenen Tätigkeit vollends abgeschlossen. Im folgenden Jahrzehnt konnte sich Marx, neben gelegentlicher journalistischer Arbeit, ganz den Vorstudien zu seinem Hauptwerk »Das Kapital« widmen. Dazu lieferte ihm die weltweite industrielle Expansion der 1850er-Jahre das Anschauungsmaterial. Da seit 1852 auch in Frankreich ein autoritäres Regiment des »Bonapartisten« Napoleon III. herrschte, mussten sich alle Hoffnungen der europäischen liberalen Bourgeoisie auf die Stärkung ihrer ökonomischen Position konzentrieren.

Unterdessen wurden durch ein rigoroses Vorgehen der Staatsorgane die verbliebenen Reste der »Arbeiterverbrüderung« in Deutschland bis

1852/53 weitgehend aufgelöst. Dieses Eingreifen der Behörden gegen sämtliche Ansätze zu sozialer Selbsthilfe der Arbeiter dokumentiert eindrucksvoll die »elementare Gegensätzlichkeit bürokratisch-obrigkeitsstaatlichen Regiments und demokratisch-emanzipatorischer Volksbewegung«.[46] Die Vereinbarungen im Deutschen Bund über ein verschärftes Vereinsrecht aus dem Jahre 1854 bedeuteten insofern lediglich die Ratifizierung eines bereits faktisch eingetretenen Zustandes und konnten den Anspruch auf landeshoheitliche Regelungen nicht außer Kraft setzen. Das gegen die »Verbrüderung« der Arbeiter verhängte »Verbindungs«-Verbot über die Ortsgrenzen hinweg zeigte deutlich die Furcht der Herrschenden vor jeder Form der Solidargemeinschaft von unten. Selbst die gemäßigten Richtungen einer politischen, gewerkschaftlichen und genossenschaftlichen Betätigung von Arbeitern galten als »staatszersetzend«. Denn sie wollten den Untertanengeist durch kritische Wachsamkeit und Vertrauen in die eigene Initiative überwinden.

Auch in der Reaktionsära der 1850er-Jahre ist die Kontinuität der deutschen Arbeiterbewegung nicht gänzlich unterbrochen worden. Am besten überlebten die Berufsvereinigungen der Buchdrucker und Zigarrenarbeiter die staatlichen Verfolgungen, da sie auf einen besonderen Zusammenhalt der Arbeitskollegen bauen konnten. Ebenso ließ sich in Gestalt von unpolitisch auftretenden Bildungsvereinen eine intensive Kommunikation aufrecht erhalten. Gegen beträchtliche Reallohneinbußen infolge prosperitätsbedingter Preissteigerungen der vorausgegangenen Jahre rebellierten die Lohnabhängigen 1857 auf dem Wendepunkt zur Krise mit einer Vielzahl von Streiks. Diese fanden eine – abgesehen vom Revolutionsjahr 1848 – noch nicht erreichte Verbreitung über die unterschiedlichen Gewerbezweige.[47] Mit dem Kriseneinbruch von 1857/58 war Deutschland erstmals nicht mehr von einem vorwiegend agrarischen, sondern einem industriellen Zyklus betroffen und damit unübersehbar in die Konjunkturen des kapitalistischen Weltmarktes integriert.

Allerdings darf über einen die Innovationen betonenden Hinweis, »welche enormen Fortschritte die Entfaltung der kapitalistischen Produktionsweise innerhalb kürzester Zeit in dem vormals so rückständigen Deutschland gemacht hatte«[48], das fortbestehende Übergewicht der vorindustriellen Bevölkerungsgruppen nicht aus dem Blick geraten. Im Zeitraum von 1849 bis 1861 war in Preußen der Anteil der Fabrikarbeiter unter der erwerbsfähigen männlichen Bevölkerung nur von 4,4 % auf 5,8 %, bei der weiblichen von 1,3 % auf 1,5 % gestiegen.[49] Gleichwohl ließ sich aus der Streikwelle von 1857 ablesen, was Marx und Engels dem Entwicklungsprozess der englischen Arbeiterschaft entnommen hatten: »Das eigentliche Resultat ihrer Kämpfe ist nicht der unmittelbare Erfolg, sondern die immer weiter um sich greifende Vereinigung der Arbeiter. Sie wird befördert durch die wachsenden Kommunikationsmittel, die von der großen Industrie erzeugt werden und die Arbeiter der verschiedenen Lokalitäten miteinander in Verbindung setzen«.[50]

Zehn Jahre nach der Revolution (1858/59) zeigten mehrere Herrscherwechsel und liberale Wahlerfolge in den deutschen Einzelstaaten, namentlich in Preußen, einen erneuten Gezeitenwechsel an. Die italienische Einigung im Gefolge des Krieges zwischen Österreich und dem mit Frankreich verbündeten Piemont-Sardinien elektrisierte die neu belebte politische Öffentlichkeit Deutschlands. Überall in Deutschland stattfindende, oftmals gegen obrigkeitlichen Widerstand durchgesetzte Feiern zum 100. Geburtstag Friedrich Schillers machten sichtbar, dass ein freiheitliches Nationalbewusstsein inzwischen in breiten Volksschichten, weit über das Besitz- und Bildungsbürgertum hinaus, verankert war.

Die Gründung des »Kongresses deutscher Volkswirte« 1858 stand im Zeichen eines selbstbewusst auftretenden Wirtschaftsliberalismus. Neben den industriebürgerlichen Impulsen erlangte der Genossenschaftspraktiker Hermann Schulze-Delitzsch in den 1850er-Jahren eine beachtliche Popularität. Seine Konzeption der Selbsthilfe war jedoch auf Kreditfinanzierung für Kleinbetriebe ausgerichtet und vermochte deshalb jenen lohnabhängigen Handwerksgesellen und Arbeitern, die unter ihren Assoziationen gemeinwirtschaftliche Lösungen verstanden hatten, keine überzeugende Perspektive anzubieten. Auf politischer Ebene stifteten Liberale und gemäßigte Demokraten 1859 den »Deutschen Nationalverein«. Dieser hatte die Einigung Deutschlands auf der Grundlage der Paulskirchenverfassung, unter Führung eines sich politisch öffnenden Preußen, zum Ziel.

Eine solche Lösung wäre sogar aus der Sicht der Arbeiterbewegung ein großer Fortschritt gewesen, auch wegen des damit verbundenen demokratischen (Männer-)Wahlrechts. Die bürgerlichen Aktivisten des Nationalvereins suchten zwar die Unterstützung der Arbeiter, hielten sie aber durch hohe Beitritts- und Mitgliedsbeiträge von der direkten

Einflussnahme auf den Verein fern. Die Diskrepanz zwischen allgemeinen Freiheitsforderungen und der Verweigerung voller Partizipation war der wichtigste Anknüpfungspunkt für die Kritik aus den Reihen der um 1860 in vermehrter Zahl neu entstehenden Arbeitervereine. Sie richtete sich gegen eine Gängelung durch Liberale und bürgerliche Demokraten und stellte Weichen für die politische Verselbstständigung der Arbeiterbewegung – ein Prozess, der sich freilich noch das ganze folgende Jahrzehnt hinzog. Die Mehrzahl der neuen Vereine trat in Orten ins Leben, wo schon die »Arbeiterverbrüderung« vertreten gewesen war. Die Erfahrung der 1848er-Revolution, von deren Tradition die Masse des Besitz- und Bildungsbürgertums nichts mehr wissen wollte, blieb eine zentrale Orientierungsgröße der sozialdemokratischen Arbeiterbewegung und wurde von dieser gewissermaßen adoptiert.

Deren Eintreten für eine Demokratisierung des Staatslebens beinhaltete zugleich, dass sie eine nationalrevolutionäre Lösung der »deutschen Frage« erstrebte, und das gilt verstärkt für die 1860er-Jahre: Ohne Rücksicht auf die etablierten Fürstentümer sollten die Menschen, die deutsch sprachen und sich als Deutsche empfanden, unter Einschluss der Österreicher, selbstbestimmt einen demokratischen Nationalstaat begründen. Dieser sollte dann, nach Ausschaltung der dynastischen Sonderinteressen, in brüderlichem Verbund mit den anderen, sich ebenfalls emanzipierenden Nationen zu menschheitlich-universalen Zwecken zusammenwirken. Solche Vorstellungen wurden ergänzt, aber nicht ersetzt, durch die Idee eines die staatlichen und nationalen Grenzen überschreitenden, auf gemeinsamen Interessen wie gemeinsamen Zielen fußenden Internationalismus. Die unterschiedlich akzentuiert kritische Haltung sozialdemokratischer Arbeiterorganisationen zur Form und zum Inhalt der Reichsgründung von 1866/67 bis 1871 beruhte mindestens ebenso sehr auf ihrem spezifischen Nationsverständnis wie auf dem internationalistischen Bekenntnis.[51]

Die organisatorische Form, in der sich die frühe deutsche Arbeiterbewegung darstellte, war der lokale Verein. Das »Organisationsmodell des integralen, multifunktionellen Arbeitervereins«[52] blieb auch nach den Parteiengründungen der 1860er-Jahre bestimmend. Es unterschied sich von Großbritannien, wo die Bildung von Gewerkschaften, mit beschränkten Befugnissen legalisiert schon in den 1820er-Jahren, auf betrieblicher und beruflicher Grundlage erfolgte und erst zu Beginn des

20. Jahrhunderts in eine große Arbeiterpartei (Labour Party) mündete. In Deutschland waren die Gewerkschaften in der Regel Tochtergründungen der politischen Vereinigungen und wurden erst nach dem Sozialistengesetz (1878–1890) allmählich zu einem ebenbürtigen zweiten Zweig der Arbeiterbewegung. Einen dritten Zweig bildeten die Genossenschaften, vor allem im Konsumbereich, und die diversen »proletarischen« Sport- und Kulturangebote.

Die nicht nur politisch bedeutsame, sondern – abgesehen vom intimen Familienbereich – auch die ganze Lebenswelt der Mitglieder einschließende Vereinsform war ein Erbe der bürgerlich-antiständischen Assoziationsbewegung des 18. und frühen 19. Jahrhunderts. Seit Beginn der 1840er-Jahre waren Liberale und bürgerliche Demokraten dazu übergegangen, Arbeitervereine – insbesondere Arbeiterbildungsvereine – zu gründen. Die Zielsetzung, den kulturellen und sozialen Aufstieg abhängig Beschäftigter zu fördern, war durchaus ernst gemeint, auch wenn die Rekrutierung einer zusätzlichen politischen Klientel mit einkalkuliert war. Doch standen diese frühen Arbeitervereine stets unter dem Einfluss und der unmittelbaren oder mittelbaren Leitung von bürgerlichen Honoratioren. In einigen Fällen machten sich demgegenüber schon vor 1848 innere Emanzipationsbestrebungen geltend.

Der Begriff des »Arbeiters«, den die Vereine seit den 1840er-Jahren ihrer Tätigkeit zugrunde legten, war nicht auf noch kleine Gruppen von industrieproletarischen Lohnabhängigen eingeschränkt. Vielmehr war er weit gefasst im Sinne der gesellschaftlich nützlichen Produzenten, die nicht mehr zünftig gebunden waren. Als »eigentliches Volk« schloss die Arbeiterschaft somit nicht nur die verschiedenen Kategorien der ökonomisch Unselbstständigen ein. Sie besaß auch noch keine klare Trennlinie zum unteren Kleinbürgertum, insbesondere zu den Allein- und Kleinmeistern mit wenigen Gesellen. Arbeiterbewegung und Volksbewegung – als Bewegung der Volksmassen gegen die »Eliten« im Interesse der übergroßen ausgebeuteten, unmündig gehaltenen Mehrheit der Bevölkerung – war im Selbstverständnis der Akteure nicht geschieden. Dieses Grundverständnis ist wegen der Schwäche einer konsequenten bürgerlichen neben der proletarischen Demokratie auch nach der Übernahme der Begrifflichkeit von »Klasse« und »Klassenkampf« weiter tradiert worden. Wie auch in anderen Ländern blieb das »Volk« daneben weiterhin als Subjekt und Adressat der sich entwickelnden Sozialdemokratie präsent.

Faktisch war das soziale Spektrum, aus dem sich die frühen Arbeitervereine rekrutierten, auf die Städte mit ihrer inzwischen etablierten politischen Öffentlichkeit beschränkt. Genauer gesagt handelte es sich noch weitgehend um eine Bewegung der städtischen Handwerksgesellen und Kleinmeister, ergänzt um Angehörige geistiger Berufe. Obwohl eine große Zahl von Berufen vertreten war, dominierten die Angehörigen der Massenhandwerke (Schneider, Schuhmacher, Tischler, Zigarrenarbeiter und Weber). Diese Handwerker-Arbeiter stellten sich gegen die rückwärtsgewandten Forderungen insbesondere der größeren Meister. Diese wollten die patriarchalische Ordnung in den Werkstätten sowie das Zunftsystem verteidigen beziehungsweise restaurieren. Zugleich begehrten die Aktivisten zunehmend gegen die eingeschränkte und sozial exklusive Freiheitsvorstellung des Liberalismus auf. Neben den ständischen, insbesondere adeligen Privilegien griff man auch die Kommerzialisierung und Kapitalisierung des Erwerbslebens an, die »Aristokratie des Geldes und des Besitzes«. Das war eine Negativ-Formel, die sich im Vormärz schon bei manchen süddeutschen Frühliberalen fand. Diese hatten eher eine »klassenlose Bürgergesellschaft mittlerer Existenzen« (L. Gall) als einen Industriekapitalismus im Sinn. Doch stieß jene gemeinsame Tradition an ihre historischen Grenzen, als sich eine bürgerliche Klassengesellschaft herausbildete.

»Mehr Demokratie wagen« bedeutete also im historischen Lernzyklus von 1830 bis 1860: Es waren überhaupt einmal bescheidene Ansätze zu demokratischer Theorie und Praxis in aktiven Minderheiten zu verankern, um daraus erste Impulse solcher Vorbilder für eine künftige Massenbeeinflussung freizusetzen.

2. Von den Arbeitervereinen zur Parteiorganisation 1860–1890

Bereits 1860 artikulierte sich, zunächst mit erleichtertem Ortswechsel für Mitglieder motiviert, ausgehend von Berlin der Wunsch, die bestehenden Verbindungsverbote durch Koordination von Handwerker- und Arbeitervereinen zu überwinden. Diese Vereinsbildungen »schossen nun zu Anfang der sechziger Jahre aus dem Boden wie Pilze nach einem warmen Sommerregen«.[53] Auch die mit dem Impuls des »Nationalvereins« 1861 in Preußen gegründete »Deutsche Fortschrittspartei« suchte die Unterstützung solcher demokratischen Vereine. Dabei sollte die Anhäufung von Bildungsgut als »geistiges Kapital« den Ansatzpunkt für individuelle Aufstiegsorientierung bieten.[54] Auf mehr Eigenständigkeit bedachte Ortsgruppen standen nur teilweise noch in personeller Kontinuität der »Verbrüderung« 1848. Im Leipziger Arbeiterverein »Vorwärts« konnte dem Alter nach etwa die Hälfte der Mitglieder bewusste Erinnerungen an die Revolutionszeit haben; hingegen traf dies nur für rund 20 % des Berliner Handwerkervereins zu.[55] Die frühe sozialdemokratische Tendenz im Leipziger und die immer noch liberal-demokratische im Berliner Vereinsleben ist so auch durch unterschiedliche Generationserfahrungen zu interpretieren.

Lassalle und der Allgemeine Deutsche Arbeiterverein

Als aktiver Teilnehmer der 1848er-Revolution in der Rheinprovinz war Ferdinand Lassalle (1825–1864) nicht nur ein Zeitgenosse und Weggefährte von Marx und Engels, sondern auch in seiner politischen Biographie eine noch am ehesten mit ihnen vergleichbare Persönlichkeit.[56] Nachdem er sich von seiner sozialen Herkunft aus einer jüdischen Kaufmannsfamilie entfernt und in Berlin vor allem Philosophie studiert hatte, entfaltete sich in ihm frühzeitig die Neigung zum Gelehrten. Eine Existenzgrundlage erwarb sich Lassalle durch ein langjähriges Engagement als Anwalt der Gräfin Hatzfeldt in einem öffentliches Aufsehen erregenden Scheidungsprozess um ein beträchtliches Vermögen. Gleichwohl lebte er während der Reaktionsperiode politisch »innerlich im Exil«[57] und blieb ganz der Hoffnung auf eine neue Revolutionsära verschrieben.

So bedeutete die Mobilisierung der europäischen Politik, die durch den französisch-österreichischen Krieg um die Gestaltung der italienischen Staatenwelt ausgelöst wurde, auch für Lassalle die erste Chance zum Eingreifen in die Tagespolitik nach einem Jahrzehnt der Stagnation. Anders als Engels, dessen anonyme Schrift »Po und Rhein« am Vorrang der Feindschaft gegen das russische Zarenreich festhielt, sah Lassalle hauptsächlich im Habsburger Vielvölkerstaat den Hort der Reaktion in Europa, der seit Metternichs Zeiten die nationalen und demokratischen Freiheitsbewegungen unterdrückte.[58] In einem Brief an Marx bekannte sich Lassalle jedoch ausdrücklich zur beide verbindenden Auffassung, dass die Haltung zu einem militärischen Eingreifen Preußens ausschließlich eine Frage der revolutionären Perspektiven war: »So nützlich ein gegen den Willen des Volkes von der Regierung unternommener Krieg gegen Frankreich für unsere revolutionäre Entwicklung sein würde, so schädlich müsste ein von verblendeter Volkspopularität getragener Krieg auf unsere demokratische Entwicklung einwirken«.[59] Folgerichtig spekulierte Lassalle auf ein Debakel des preußischen Militarismus und musste zugleich den Erfolg des ihm verhassten Obrigkeitsstaates fürchten: »Eine Besiegung Frankreichs wäre auf lange Zeit das konterrevolutionäre Ereignis par excellence«.[60]

Ähnlich wie Marx in der Arbeit am »Kapital« letztlich Gewissheit über die innere Dynamik der bürgerlichen Gesellschaft in Richtung einer sozialen Umwälzung erlangt haben wollte, entwickelte Lassalle eine stärker der deutschen Geisteswelt verhaftete Theorie revolutionärer Rechtsschöpfung. Aufgrund seiner Geringschätzung formaljuristischer Argumentation hielt er den Liberalen anlässlich ihres Konflikts mit der Krone um die preußische Heeresreform entgegen, dass Verfassungsprobleme »ursprünglich nicht Rechtsfragen, sondern Machtfragen«[61] seien. Aus diesem Grunde wollte er die Fraktion der Fortschrittspartei dazu bewegen, die Parlamentsarbeit »auf unbestimmte Zeit, und zwar auf so lange auszusetzen, bis die Regierung den Nachweis antritt, dass die verweigerten Ausgaben nicht länger fortgesetzt werden«.[62] Mit diesem Boykott der Abgeordneten sollten die Volksmassen über das obrigkeitsstaatliche Regime aufgeklärt und zur außerparlamentarischen Aktion mobilisiert werden.

Angesichts der von ihm kritisierten Unfähigkeit des liberalen Bürgertums zu einem energischen Vorgehen wollte Lassalle 1864 die demokratische Bewegung nur noch in der »Allianz der Wissenschaft und der Arbeiter«[63] verwirklicht sehen. Freilich fand er mit seinem Versuch, durch Vorträge in Arbeiterversammlungen die Hauptstadt Berlin in ein »deutsches Paris« zu verwandeln, bei den angesprochenen Handwerksberufen nur wenig Resonanz. Wie stark die Integrationskraft einer linksliberalen »Partei des Fortschritts« gerade in den Metropolen noch war, zeigte der im Oktober 1862 veröffentlichte Aufruf des Berliner Komitees zur Vorbereitung eines Arbeiterkongresses. Dort wurden Forderungen nach »Gewerbefreiheit« und »Freizügigkeit« noch vor den sozialen Zielen der Schaffung von »Associationen« und »Invalidenkassen« aufgeführt.[64]

Dem Bewusstseinsstand einer Mehrzahl der Arbeitervereine vorauseilend, wandte sich eine vom Erfahrungshintergrund der 1848er Revolution ausgehende Gruppe des Leipziger »Vorwärts« im Dezember 1862 an Lassalle, dessen öffentliches Auftreten sie nachhaltig beeindruckt hatte. In diesem von dem Intellektuellen Dammer und den Arbeiterpolitikern Fritzsche und Vahlteich unterzeichneten Schreiben wurde Lassalle eine Führungsrolle mit dem ausdrücklichen Hinweis offeriert, die Arbeiterbewegung bedürfe »der höchsten Intelligenz und eines durchaus mächtigen Geistes, in dem sich alles konzentriert und von dem alles ausgeht«.[65] Gleichzeitig unterstrich Dammer im Rahmen der umfangreichen Korrespondenz die seiner Meinung nach verbreitete Ansicht, es sei »ganz in unserem Sinne, wenn Sie die Revolution predigten, da auf anderem Wege doch nichts zu erreichen sei«.[66]

Unter dem Stichwort »Revolution« konnten Lassalles Zuhörer erfahren, dass »ein ganz neues Prinzip an die Stelle des bestehenden Zustandes gesetzt wird«, während eine Beschränkung auf »Reform« dann vorlag, »wenn das Prinzip des bestehenden Zustandes beibehalten und nur zu milderen oder konsequenteren und gerechteren Folgerungen entwickelt wird«.[67] Darüber hinaus vertrat Lassalle einen Revolutionsbegriff, der das Entwicklungsdenken des sozialdemokratischen Marxismus vorprägte: »Man kann nie eine Revolution machen; man kann immer nur einer Revolution, die schon in den tatsächlichen Verhältnissen einer Gesellschaft eingetreten ist, auch äußere rechtliche Anerkennung und konsequente Durchführung geben«.[68] Dieses war ein theoretischer Ansatz, der reformerischen Tagespragmatismus zunächst ebenso negierte wie putschistischen Aktionismus.

Das berühmt gewordene »Offene Antwortschreiben« an das Leipziger Komitee hat Lassalle Anfang März 1863 in Form einer Broschüre verbreitet. Die richtungsweisende Parole dieses Programmdokuments enthielt seinen konkreten Vorschlag zum praktischen Handeln: »Der Arbeiterstand muss sich als selbständige politische Partei konstituieren und das allgemeine, gleiche und direkte Wahlrecht zu dem prinzipiellen Losungswort und Banner dieser Partei machen«.[69] Im Rahmen der kapitalistischen Gesellschaft ging Lassalle vom »ehernen Lohngesetz« aus, das die Arbeitseinkommen stets auf das Existenzminimum reduziere. Einem demokratisierten Staat wies er folglich die Aufgabe zu, »die große Sache der freien individuellen Assoziation des Arbeiterstandes fördernd und entwickelnd in seine Hand zu nehmen«.[70] Die Idee der Produktionsgenossenschaften mit Staatskredit hatte er jedoch mehr den Wünschen seiner Auftraggeber als der eigenen Gedankenwelt entnommen.

Wenn August Bebel aus der Rückschau die geringe Resonanz der Vorschläge des »Offenen Antwortschreibens« mit anderen Prioritäten erklärte, kennzeichnete er die noch stark auf Eigeninitiative bauenden Wertvorstellungen der Handwerksgesellen: »Gewerbefreiheit, Freizügigkeit, Niederlassungsfreiheit, Pass- und Wanderfreiheit, Vereins- und Versammlungsfreiheit waren Forderungen, die dem Arbeiter der damaligen Zeit viel näher standen als Produktivassoziationen, gegründet mit Staatshilfe, von denen er sich keine rechte Vorstellung machen konnte«.[71] Ebenso hatte Bebel in Erinnerung, als junger Drechsler selbst zu jener Fraktion im Leipziger Verbandsleben gehört zu haben, die eine Zurückdrängung des Bildungswesens zugunsten eines politischen Agitationsvereins kategorisch ablehnte.[72]

Vor allem aus Hamburg, Leipzig und einigen Städten der Rheinprovinz lagen indessen zustimmende Beschlüsse örtlicher Gremien vor. Diese Regionen gehörten zu den Hochburgen der frühen Sozialdemokratie seit der 1848er-Revolution.[73] Daraufhin wurde im Mai 1863 der »Allgemeine Deutsche Arbeiterverein« (ADAV) gegründet. In seinen Statuten war die politische Zielsetzung mit Rücksicht auf die restriktiven Vereinsgesetze dahingehend formuliert, »auf friedlichem und legalem Wege, insbesondere durch das Gewinnen der öffentlichen Überzeugung für die Herstellung des allgemeinen, gleichen und direkten Wahlrechts zu wirken«.[74] Der Präsident Lassalle hatte die Vollmacht, über die Finanzmittel frei zu verfügen und die Ernennung von Funktionsträgern nach eigenem Ermessen vorzunehmen. Dies war nur hinsichtlich eines zentralistischen Aufbaus durch die Bestimmungen der Verbindungsverbote zwingend hervorgerufen.[75]

Gemessen an den historischen Vorläufern der Auslandsvereine folgte der ADAV weiterhin der »Logik eines Geheimbundes, auf eine öffentliche Organisation übertragen«.[76] Mit der von Lassalle entwickelten »Konzeption eines reinen Agitationsvereins«[77] konstituierte er die selbstständige Arbeiterbewegung »als vollendeten Gegensatz zum Liberalismus auf jedem Gebiet«.[78] Neben dem Frontalangriff gegen die bürgerliche Wirtschaftsideologie sollte auf politischem Terrain der im Verhältnis zum Obrigkeitsstaat konfliktunfähige »Vereinsliberalismus« durch eine Praxis der »Versammlungsdemokratie« ersetzt werden.[79] Diese knüpfte am Modell der Französischen Revolution und der deutschen 1848er Bewegung an. Mit dem Pathos des Volkstribuns verkündete Lassalle die Überzeugung, »dass nur durch die Diktatur der Einsicht, nicht durch die Krankheit des individuellen Meinens und Nörgelns, die großen, gewaltigen Übergangsarbeiten der Gesellschaft zu bewerkstelligen sind«.[80] Das zeigte ihn als Verfechter eines Führungsanspruches der »geistigen Avantgarde« gegenüber den als vielfach unaufgeklärt erlebten Volksmassen.

Es ist für das Erfolgsrezept seiner Agitationsmethoden kennzeichnend, dass Lassalle nach den ersten Impulsen aus urbanen Hochburgen der 1848er Tradition vor allem Arbeiterschichten der »ländlichen Industrien Schlesiens, Sachsens und des Bergischen Landes«[81] von seinen Zielen zu überzeugen vermochte. Diese waren auf wohlfahrtsstaatliche Strategien und eine von außen herangetragene organisierte Führung angewiesen. Demgegenüber vernachlässigte er in Gewerbemetropolen wie Berlin jene ökonomischen Fragen, die Handwerksberufe in abhängiger Beschäftigung allmählich in Konflikt mit dem Linksliberalismus brachten. Die gewerkschaftlichen Streiks erklärte Lassalle zu »vergeblichen Anstrengungen« der Ware Arbeitskraft, »sich als Mensch gebärden zu wollen«.[82] Diese auf das Dogma des »ehernen Lohngesetzes« gegründete Geringschätzung verstellte dem ADAV zunächst den Weg zu einer Ausweitung seiner sozialen Basis. Als ein an Grenzen seiner weitgesteckten Ziele gestoßener Lassalle Ende August 1864 einem Duell um eine Liebesaffäre zum Opfer fiel, hinterließ er dem erst knapp 5000 Mitglieder starken Agitationsverein das Erbe einer ganz auf seine Person zugeschnittenen Organisation.

Entsprechend krisenhaft und durch »persönliche Querelen«[83] bestimmt gestaltete sich die weitere Entwicklung des ADAV. In die Rolle des geeignetsten Nachfolgers wuchs nach anfänglichen Wirren der Rechtsanwalt Johann Baptist von Schweitzer hinein. Mit der Gründung des Parteiorgans »Social-Demokrat« war ihm zur Jahreswende 1864/65 eine wichtige publizistische Aufgabe zugedacht. Trotz einer tiefen Abneigung gegen die »Sekte« Lassalles erklärten auch Marx und Engels ihre Bereitschaft zur Mitarbeit an dem von Intellektuellen konzipierten Arbeiterblatt. Es kam jedoch schon bald zum politischen Bruch, da von Schweitzer auf der von Lassalle vorgezeichneten Linie zur Nationalstaatsbildung betont antiliberal argumentierte: »Parlamentarismus heißt Regiment der Mittelmäßigkeit, heißt machtloses Gerede, während Cäsarismus doch wenigstens kühne Initiative, doch wenigstens bewältigende Tat heißt«.[84] Die Zuspitzung auf die Alternative: »Preußische Bajonette oder deutsche Proletarierfäuste – wir sehen kein Drittes«[85], spekulierte auf eine demokratische Revolution im Falle der Beseitigung des dynastischen Partikularismus durch preußische Machtpolitik.

Insofern vertraute die Führung des ADAV auf eine ähnliche List der Geschichte, wie sie der Marxschen Haltung zur ungehinderten Entfesselung aller kapitalistischen Produktivkräfte zugrunde lag. Als heimliche Verbündete des Fortschritts über die beengten Verhältnisse der Kleinstaaterei hinweg sollte die Arbeiterbewegung der von oben hergestellten Hegemonie des industriell entwickelteren Preußen freien Lauf lassen, um dann in der Nachfolge des konfliktscheuen Bürgertums die Nation von unten neu zu konstituieren.[86]

Die »Eisenacher« Sozialdemokraten und die Zeit der Fraktionskämpfe

Mit seiner Initiative hatte Lassalle dazu beigetragen, dass der »Vereinstag Deutscher Arbeitervereine« (VDAV) als Konkurrenzorganisation von bürgerlich-demokratischen Politikern wie Sonnemann eine Förderung erfuhr, die im Ergebnis gleichfalls der Arbeiteremanzipation zugutekam.[87] Mit wirtschaftsliberalen Dogmen hatte auch Sonnemann nichts gemein: »Wo die Kraft des Einzelnen nicht hinreicht, muss die Genossenschaft an deren Stelle treten. Wo die Genossenschaft sich ungeeignet zeigt muss die Gemeinde oder der Staat eintreten«.[88] Für die Herausbildung der außerpreußischen Sozialdemokratie wurde aber die Rückkehr zweier grundverschiedener, sich jedoch politisch ergänzender Persönlichkeiten in die wieder regsamer gewordenen deutschen Verhältnisse von zentraler Bedeutung. Nach dem Abschluss seiner Wanderjahre hatte sich August Bebel zunächst als Drechslergeselle und dann als Meister in Leipzig niedergelassen. Dort begann er mit dem aus seinem Londoner Exil zurückgekehrten, bis zur politisch motivierten Ausweisung noch in Preußen aktiven Wilhelm Liebknecht eine langjährige Zusammenarbeit.

Als Sohn eines preußischen Unteroffiziers war Bebel (1840–1913), der mit vier Jahren seinen Vater und mit 13 auch seine Mutter verloren hatte, in armseligen Verhältnissen aufgewachsen. Schon als Schüler bewies er jedoch einen wachen Geist und eigenständigen Charakter. Dieser brachte ihn als einzigen Überlebenden seiner Familie – auch die Geschwister waren den zeittypischen Krankheiten der Unterschichten zum Opfer gefallen – auf seinem weiteren Weg in Beruf und Politik zu besonderen Leistungen. Nach einer Aufhebung der Verbindungsverbote aus der Reaktionszeit war Bebel im Jahre 1865 rasch zum Vorsitzenden des Leipziger Arbeiterbildungsvereins avanciert. Dieser stellte weit über die Grenzen Sachsens hinaus ein politisches Zentrum vielfältiger Aktivität dar. Im Sommer des gleichen Jahres fand die zukunftsbestimmende Begegnung mit Liebknecht (1826–1900) statt. Da Liebknecht als Spross einer Akademikerfamilie zu den Studierten gehörte, fand Bebel in ihm – neben eigenen Erfahrungen der politischen Praxis – einen Lehrmeister der sozialistischen Ideen.

Im Zeichen des Hegemonialkrieges zwischen Preußen und Österreich um die Führungsrolle in der deutschen Nationalstaatsbildung wurde 1866 die »Sächsische Volkspartei« gegründet, die unter dem maßgebenden Einfluss von Bebel und Liebknecht stand. Auf dem gemeinsamen Fundament einer antipreußischen Stimmung erlangte Bebel auch innerhalb des VDAV eine führende Position. Die Solidargemeinschaft in den Arbeitervereinen führte überwiegend erst zu einem »Klassenbewusstsein ohne Klassenkampfbewusstsein«[89]. Die aus dem Handwerksmilieu entwickelte Geselligkeit der Gleichgesinnten war nicht gegen einen klar identifizierbaren sozialen Kontrahenten gerichtet und schloss Kooperation mit bürgerlichen Demokraten durchaus ein. Auch die 1864 anlässlich des Freiheitskampfes der Polen gegen die russische Fremdherrschaft begründete Erste Internationale war ein ideologisch recht heterogener Zusammenschluss von Arbeiterorganisationen. Sie verständigten sich unter Federführung von Marx auf den Minimalkonsens, »dass die Emanzipation der Arbeiterklasse das Werk der Arbeiterklasse selbst sein muss« und »die ökonomische Emanzipation der Arbeiterklasse daher der große Endzweck ist, dem jede politische Bewegung als Mittel unterzuordnen ist«.[90]

Das führte zu einer realitätsgerechten Interpretation des Selbsthilfe-Gedankens, der nicht einer nur wohlfahrtsstaatlichen Strategie geopfert werden sollte: »Selbsthilfe bedeutete Mannesmut, Staatshilfe Bevormundung«.[91] Eine zeitgemäße praktische Verwirklichung erfuhr diese Konzeption in der Entstehung gewerkschaftlicher Berufsverbände der Zigarrenarbeiter (1865), Buchdrucker (1866) und Schneider (1867). Sie traten zunächst ohne parteipolitische Orientierung das Erbe der entsprechenden Initiative von 1848/49 an.[92] Insofern ist die Ansicht, dass die deutschen Gewerkschaften einseitig von oben durch die sozialdemokratischen Fraktionen gegründet worden seien, für diese frühe Phase unzutreffend. Vielmehr ermöglichte die Übernahme der Organisations- und Aktionsformen aus der Handwerkstradition eine weitgehend eigenständige Konstituierung einzelner Berufsverbände.[93]

Allerdings setzten die richtungspolitischen Rivalitätskämpfe unmittelbar nach dem Hervortreten gewerkschaftlicher Neuansätze in der Hochkonjunktur der späten 1860er-Jahre umso heftiger ein: Die an einem liberal interpretierten englischen Vorbild orientierten Hirsch-Dunckerschen Gewerkvereine lehnten das Klassenkampfprinzip ab.[94] Den im Rahmen des VDAV-Spektrums angesiedelten »Gewerksgenossenschaften« lag die Umdeutung einer Selbsthilfe-Konzeption zur Klassensolidarität zugrunde. Die »Arbeiterschaften« der Lassalleaner schließlich blieben am stärksten der politischen Richtlinienkompetenz des ADAV unterworfen. Immerhin bewirkte die Hinwendung von Schweitzers zum Gewerkschaftsgedanken die faktische Eliminierung des »ehernen Lohngesetzes«. Dies veranlasste orthodoxe Lassalleaner um die Gräfin Hatzfeldt, die sein Werk »wie eine Heilslehre« konservierten[95], zur Abspaltung.

Das Einschwenken des ADAV auf die Ebene des Tageskampfes zog auch die Konsequenzen aus jener Situation, die sich nach dem preußischen Sieg über Österreich und der Konsolidierung eines Norddeutschen Bundes 1866/67 als Vorform des Kaiserreichs abzeichnete. In den Worten des »Social-Demokrat« war nunmehr »die politische Revolution tot, die soziale noch nicht reif«.[96] Insofern sollte die Schaffung von Interessenvertretungen auf betrieblicher Ebene, anders als in England, primär ein neues Rekrutierungsfeld der Sozialdemokraten erschließen: »Bei uns werden die Gewerkschaften von Anfang an sozialistisch sein und gerade dadurch den sozialistischen Geist in der Gesamtarbeiterschaft mächtig fördern«.[97] Gleichwohl enthielt die allmähliche Zurückdrängung der ursprünglichen Genossenschaftsidee zugunsten der Gewerkschaftsbewegung dann faktisch die Anerkennung der kapitalistischen Industrialisierung als Grundlage des eigenen Handelns.

In den Norddeutschen Reichstag waren 1867, neben Bebel und Liebknecht als Vertreter der Sächsischen Volkspartei, auch fünf Lassalleaner – unter ihnen von Schweitzer – gewählt worden. Trotz des insoweit der Paulskirchen-Verfassung entlehnten, von Bismarck auch als Waffe gegen den Liberalismus durchgesetzten allgemeinen und gleichen Wahlrechts für Männer ab 25 Jahre war für den ADAV keinerlei Kooperationsbasis innerhalb des obrigkeitsstaatlichen Systems gegeben: »Denn wir unterscheiden uns zu tief von jeder anderen Partei, als dass wir uns über gemeinsame Grundsätze und gemeinsame Programme verständigen könnten«.[98] Aus der Sicht der Sächsischen Volkspartei erschien die von Bismarck angestrebte Form des Nationalstaates ohnehin »nicht als eine deutsche, sondern als eine großpreußische Politik«.[99] Deshalb konnten Bebel und Liebknecht deren parlamentarische Gremien keinesfalls im Sinne einer bestandsfähigen Volksvertretung akzeptieren. Im Verlauf der erbitterten Fraktionskämpfe unternahm Liebknecht mehrfach vergebliche Versuche, von Marx im Namen der Internationale eine öffentliche Verurteilung des ADAV zu erwirken.[100]

Immerhin hatte von Schweitzer den 1867 publizierten ersten Band des Marxschen »Kapital« im »Social-Demokrat« sachkundig vorgestellt. So deutete sich nach der kaum mehr zweifelhaften preußischen Lösung der deutschen Frage die Möglichkeit eines Vorsprungs für den ADAV an. In dieser Situation entschlossen sich Bebel und Liebknecht zu einem spektakulären Schritt, der ihnen die besonderen Sympathien der »Londoner« zurückerobern sollte: Sie setzten das demonstrative Bekenntnis zu der bis dahin im deutschen Richtungsstreit eher zweitrangigen Internationale als politisches Instrument ein, um ihre Eigenständigkeit gegenüber den liberal-demokratischen Kreisen innerhalb des VDAV zu beweisen. Der mit dieser Initiative in die Geschichte eingegangene Fünfte Vereinstag des September 1868 in Nürnberg diente ihnen dafür als Forum.

In seiner Rede begründete Liebknecht die Notwendigkeit einer Arbeiterbewegung, die sich von den bürgerlichen Demokraten abgrenzte: »Weil die soziale und politische Frage untrennbar sind, erheischt das Interesse der Arbeiter, dass sie sich von ihren sozialen Gegnern auch politisch trennen«.[101] Die schließlich mit 61 gegen 32 Stimmen angenommene Erklärung der Delegiertenversammlung bekannte sich in »Übereinstimmung mit dem Programm der Internationalen Arbeiterassoziation« zu deren weithin beachteten Leitprinzipien: »Die Emanzipation ... der arbeitenden Klassen muss durch die arbeitenden Klassen selbst erkämpft werden«.[102] Darüber hinaus ließ dieses wichtige Dokument keinen Zweifel an der Front gegen den Obrigkeitsstaat: »Die politische Freiheit ist die unentbehrliche Vorbedingung zur ökonomischen Befreiung der arbeitenden Klassen. Die soziale Frage ist mithin untrennbar von der politischen, ihre Lösung durch diese bedingt und nur möglich im demokratischen Staat«.[103]

Die unterlegene liberale Fraktion verließ daraufhin unter Protest die Veranstaltung, so dass nunmehr im VDAV die sozialdemokratische Strömung vollständig dominierte. Das von Liebknecht geleitete »Demokratische Wochenblatt« diente für eine Übergangszeit als gemeinsames Sprachrohr des VDAV und der Sächsischen Volkspartei. Im Vergleich zum ADAV verlief der Prozess des Strukturwandels der antipreußischen Arbeitervereine bemerkenswert organisch. Dies dürfte neben den günstigen Rahmenbedingungen der späten 1860er-Jahre auf das Profil ihres wichtigsten Organisators zurückzuführen sein: »Bebel hatte den sicheren Instinkt, nichts zu wollen, was für seine Genossen nicht annehmbar war«.[104] Dementsprechend wurde der nächste Vereinstag im August 1869 ohne einen spektakulären Bruch in die »Sozialdemokratische Arbeiterpartei« (SDAP) überführt. Dabei stammten die Mandate der Delegierten aus Versammlungen mit insgesamt mehr als 150 000 Teilnehmern her[105]; sie waren insofern mit formeller Parteimitgliedschaft nicht vergleichbar: »Eisenach war der Versuch zur Konstituierung einer Gesellschaftsklasse, aus dem eine Parteigründung erwuchs«.[106]

Das Organisationsstatut der Eisenacher SDAP enthielt – auf einer mittleren Linie zwischen dem Zentralismus des ADAV und dem Föderalismus des bisherigen VDAV – Elemente des modernen Parteiwesens. Diese sollten für die weitere Entwicklung der deutschen Sozialdemokratie prägend werden. Einen besonderen Impuls brachten die sich vom ADAV trennenden Oppositionellen ein. An der SDAP-Gründung war eine nennenswerte Anzahl gewerkschaftlicher Organisationen aktiv beteiligt. Erst mit der SDAP die »Geburt der klassischen Sozialdemokratie«[107] in ihren über Jahrzehnte erhaltenen Grundzügen zu datieren, hat zwar diese Argumente der organisatorischen Entwicklung für sich. Das würde aber zugleich eine ungerechtfertigte Zurücksetzung von Pionierleistungen der frühen Auslandsvereine sowie der »Arbeiterverbrüderung« und vor allem des ADAV bedeuten.

Das Eisenacher Parteiprogramm hatte als Zielsetzung die »Errichtung des freien Volksstaates« zum Inhalt. Auf dem Weg zu einer »Abschaffung aller Klassenherrschaft« erstrebte die SDAP die Überwindung der »jetzigen Produktionsweise (Lohnsystem) durch genossenschaftliche Arbeit«. Ferner konstituierte sie sich in der Überzeugung, »dass die Befreiung der Arbeiter weder eine lokale noch eine nationale Aufgabe ist«, als »Zweig der Internationalen Arbeiter-Assoziation«. Unter den »nächsten Forderungen« der Partei fand sich auch ein Wahlrecht für Männer ab 20 Jahre. Mit seinem Vorschlag des Frauenstimmrechts war Bebel noch in der Minderheit geblieben, so wie überhaupt die Prägung der frühen Sozialdemokratie durch männerbündisch geprägte Handwerksgesellen neben den gesetzlichen Schranken die Einbeziehung der Frauen erschwerte. Außerdem bildeten die »Einführung der direkten Gesetzgebung« durch Volksentscheid neben den Parlamenten und die »Errichtung der Volkswehr an Stelle des stehenden Heeres« die politisch wichtigsten Programmpunkte. Als Element sozialer Reform wurden die »Einführung eines Normalarbeitstages« und die »Abschaffung aller indirekten Steuern« zugunsten »einer einzigen direkten progressiven Einkommenssteuer und Erbschaftssteuer« befürwortet. Schließlich verknüpften die angestrebte »Förderung des Genossenschaftswesens« und das Verlangen nach »Staatskredit für freie Produktivgenossenschaften unter demokratischen Garantien« die Staats- und Selbsthilfekonzepte.[108]

Die Beschlüsse des Baseler Kongresses der Internationale, in denen die Vergesellschaftung von Grund und Boden gefordert wurde, vertieften die Kluft zwischen Sozialdemokratie und bürgerlichen Republikanern. Zwar vermied Liebknecht anfänglich ein offenes Bekenntnis zu diesen insbesondere dem süddeutschen Kleinbauerntum nicht vermittelbaren Zielen. Der heftige Streit um die politische Strategie der SDAP veranlasste Bebel Ende 1869, während er gerade eine Haftstrafe wegen »staatsgefährdender« Propaganda abzusitzen hatte, zur Veröffentlichung einer bis zu seinem Tode immerhin dreizehnmal neu aufgelegten Programmschrift. Diese verstand unter der »Arbeiterklasse« als sozialer Basis der gesellschaftlichen Umgestaltung »nicht allein die Lohnarbeiter im engsten Sinne«, sondern »auch die Handwerker und Kleinbauern, die geistigen Arbeiter, Schriftsteller, Volksschullehrer, niederen Beamten«.[109] Das entsprach noch »dem Volk« der älteren radikaldemokratischen Tradition.

Im Hinblick auf die Alternative eines auf »sogenannte ›gesetzliche‹ Weise« oder durch »Revolution« zu erkämpfenden Volksstaats konnte Bebel die Erfahrung seines Gefängnisaufenthaltes nicht verleugnen: »Über den letzteren Weg sich weiter auszulassen, ist äußerst gefährlich, da der Wächter für die am heutigen Staat Interessierten, der Staatsanwalt, gar zu sehr geneigt ist, hineinzureden«.[110] Ebenso betrachtete er spekulative Entwürfe einer neuen Gesellschaftsordnung als wenig hilfreich, »weil sich aus der Kritik des Bestehenden die Forderung des Zukünftigen in großen Zügen ganz von selbst ergibt«. Außerdem könnten durch solche gedanklichen Systeme auch »Meinungsdifferenzen hervorgerufen werden, die in dem Augenblick, wo es gilt, praktisch einzugreifen, ganz von selbst beigelegt werden, weil eben dann die momentanen Verhältnisse den naturgemäßen Weg vorschreiben«.[111] Die beiden tragenden Motive für ein mehr prozesshaftes Revolutionsverständnis der Sozialdemokratie hatte demnach Bebel sehr frühzeitig ausgesprochen: eine durchaus berechtigte Furcht vor staatlicher Repression und die Sorge um die Parteieinheit.

Im neu geschaffenen SDAP-Organ »Volksstaat« wurde der – als Zusammenbruchstheorie später intensiv diskutierte – Zusammenhang zwischen einer Protesthaltung und der Hoffnung auf die Katastrophenpolitik des herrschenden Systems offen formuliert: »Eine Partei aber, deren Ziel in unbestimmter Zukunft liegt, deren einziges Bestreben darauf gerichtet ist, zunächst bestehende Verhältnisse gänzlich zu beseitigen, darf sich nicht darauf einlassen, auf ihnen zu bauen, sie zu bessern und erträglicher zu machen, weil sie die Erreichung ihrer Wünsche hinausschiebt, weil das so geflickte Gebäude noch eine Zeit lang zusammenhalten kann, während es sonst gar bald hätte zusammenstürzen müssen«.[112] Andererseits hielt Liebknecht aus Einsicht in die soziale Realität weiterhin am Konzept der breiten Volksbewegung fest: »Die Industriearbeiter allein können in Deutschland keine Revolution machen ... Wie die Dinge jetzt liegen, würde das städtische Proletariat von den Bauern mit Dreschflegeln totgeschlagen werden«.[113]

Ungeachtet dessen beharrte Liebknecht zunächst auf einem strikt antiparlamentarischen Standpunkt des 1848er Revolutionärs mit unversöhnlichem Preußenhass: »Wer mit den Feinden parlamentelt, ... paktiert. ... In unsern Prinzipien ist unsre Macht«.[114] Selbst in einem Kompromiss zwischen ihm und Bebel anlässlich eines Delegiertenvotums der Eisenacher von 1870 konnte dies noch durchschimmern: »Die Sozialdemokratische Arbeiterpartei beteiligt sich an den Reichs- und Zollparlamentswahlen lediglich aus agitatorischen Gründen. Die Vertreter der Partei im Reichstag und Zollparlament haben, soweit es möglich, im Interesse der arbeitenden Klasse zu wirken, im Großen und Ganzen aber sich negierend zu verhalten und jede Gelegenheit zu benutzen, die Verhandlungen beider Körperschaften in ihrer ganzen Nichtigkeit zu zeigen und als Komödienspiel zu entlarven. Die Sozialdemokratische Arbeiterpartei geht mit keiner anderen Partei Allianzen oder Kompromisse ein«.[115] Dieser fundamentaloppositionelle Standpunkt bildete also die politische Ausgangsposition der deutschen Sozialdemokratie.

Die Gegnerschaft zum Bestehenden war deshalb so unversöhnlich, weil – neben der antikapitalistischen Grundhaltung – demokratische und damit verbundene national-deutsche Ziele eine Bejahung der Bismarckschen Reichsgründungspolitik ausschlossen. Erst später akzeptierten die Repräsentanten der Sozialdemokratie das »kleindeutsche«, preußenakzentuierte Kaiserreich als Handlungsrahmen. Gegenüber dem preußischen Hegemonialstaat, mit seiner königlich oktroyierten Restaurationsverfassung seit 1850 und einem Dreiklassenwahlrecht, konnte aber schon die neue Verfassung des Norddeutschen Bundes von 1867 als wegweisend für die bis 1918 bestehende Reichsverfassung von 1871 gelten. Beide waren von der monarchischen Regierung mit einem Parlament des allgemeinen Männerstimmrechts vereinbart, das es damals unter den europäischen Großstaaten ähnlich nur in Frankreich gab. Dortige

Absichten, die revolutionäre Hauptstadt von der konservativen Provinz überstimmen zu lassen, verfolgte auch Bismarck. Jedoch geriet dieser Altmeister des strategischen Überspielens von Gegenkräften nach der Gründungsdekade innenpolitisch zunehmend fast schon in die Rolle eines Zauberlehrlings, der angerufene Geister demokratischer Beteiligung nicht »cäsaristisch« von oben zu beherrschen vermochte.

Reichsgründungsjahre und Einigung der beiden Arbeiterparteien

Der Ausbruch des deutsch-französischen Krieges im Juli 1870 konfrontierte die sozialdemokratischen Organisationen mit einer Entscheidungssituation. Den Zeitgenossen blieb verborgen, dass Bismarck zielstrebiger als damals erkennbar auf einen sofortigen Waffengang hingesteuert, zugleich aber dem französischen Kaiser für die öffentliche Meinung geschickt die Rolle des Aggressors zugewiesen hatte. Diese passte durchaus zur verbreiteten Wahrnehmung der bonapartistischen Politik. So kam es, dass auch Marx und die führenden Repräsentanten der Internationale anfänglich von einem deutschen Verteidigungskrieg ausgingen und den Sturz Napoleons III. als wichtigstes Kriegsziel proklamierten. Diesen Standpunkt vertraten, mit regional unterschiedlichem Grad patriotischer Einfärbung, die Lassalleaner und zunächst wohl auch mehrheitlich die Eisenacher.

Lediglich Bebel und Liebknecht hatten sich – im Gegensatz zu der Ansicht der übrigen Reichstagsmitglieder und der Stimmung im Lande – darauf verständigt, bei der Willensbildung über die von der Regierung beantragten Kriegskredite durch Stimmenthaltung eine politische Protesterklärung zu formulieren: »Die zur Führung des Krieges dem Reichstag abverlangten Geldmittel können wir nicht bewilligen, weil dies ein Vertrauensvotum für die preußische Regierung wäre, die durch ihr Vorgehen im Jahre 1866 den gegenwärtigen Krieg vorbereitet hat. Ebenso wenig können wir die geforderten Geldmittel verweigern; denn es könnte dies als Billigung der frevelhaften und verbrecherischen Politik Bonapartes aufgefasst werden«.[116] Diese Stellungnahme differenzierte nach innen- und außenpolitischen Erwägungen. Sie ließ sich dahingehend interpretieren, dass die antipreußische Einstellung vor allem Liebknechts die auch hier unterstellte Kriegsschuld des französischen Kaisers als Entscheidungsmotiv überlagerte.

Erst die Erfolge der deutschen Truppen und die Gefangennahme Napoleons III. veränderten schlagartig die Haltung der Sozialdemokraten. Eine zweite Kriegsanleihe im November 1870 wurde von allen Abgeordneten des ADAV und der SDAP abgelehnt. Für sie hatte sich mit dem Ziel der Annexion Elsass-Lothringens und Fortführung des Krieges nach dem Sturz des bonapartistischen Kaisertums der expansive und reaktionäre Charakter der Bismarckschen Kriegführung enthüllt. Unter dem Vorwand landesverräterischer Bestrebungen wurde die SDAP durch gezielte Inhaftierung ihrer politischen Führung beraubt. Der sonst als weniger preußenfeindlich betrachtete ADAV hatte ebenso den Preis der Unpopularität für die oppositionelle Kurskorrektur zu entrichten. Dies zeigte sich, als nach der offiziellen Proklamation des Deutschen Kaiserreichs am 18. Januar 1871 noch im Frühjahr des gleichen Jahres die ersten Reichstagswahlen stattfanden. Bei einem Stimmenanteil von reichsweit nur 3,2 % wurden für die Sozialdemokraten allein Bebel und ein weiterer Abgeordneter in der sächsischen »Flächenhochburg«[117] gewählt. Dies war »das Land der frühesten und fortgeschrittensten Industrialisierung«, mit einem Schwerpunkt in der krisenanfälligen Textilbranche.[118]

Das Bekenntnis zum proletarisch-kleinbürgerlichen Aufstand der Pariser Kommune, der mit Einverständnis Bismarcks von französischen Truppen blutig niedergeworfen wurde, hat Bebel in den Augen der staatstragenden Kräfte endgültig zu einem »Hochverräter« abgestempelt. Im Frühjahr 1872 wurde er gemeinsam mit Liebknecht zu einer zweijährigen Festungshaft verurteilt, obgleich sich die ihnen vorgeworfenen Verfehlungen auf Gesinnungsdelikte beschränkten. Die staatlichen Verfolgungen brachten aber der Sozialdemokratie auch zusätzliche Sympathien ein. Das bezeugte der Übertritt des bürgerlichen Demokraten Johann Jacoby zur SDAP, den er als Protest gegen die Verurteilung Bebels und Liebknechts verstanden wissen wollte. Als man Bebel unter Hinweis auf die Haftstrafe das Reichstagsmandat aberkannte, manifestierte die erforderliche Neuwahl die Solidarität breiter Bevölkerungsschichten mit ihrem kampfesmutigen Abgeordneten. Der erneut nominierte Bebel wurde mit einem auf mehr als 70 % gestiegenen Stimmenanteil wiedergewählt.

Die infolge des »Gründungsfiebers« und französischer Reparationszahlungen angeheizte Wirtschaftskonjunktur begünstigte gewerkschaft-

August Bebel (erster von rechts) und Wilhelm Liebknecht (Mitte stehend) werden 1872 im »Leipziger Hochverrats-Prozess« wegen ihrer Opposition gegen den Deutsch-Französischen Krieg zu je zwei Jahren Festungshaft verurteilt.

Streik

liche Aktivitäten der Arbeiterschaft. Ihnen war nach der bereits 1869 erfolgten Gewährung eines begrenzten Koalitionsrechtes mit Verbotsmaßnahmen der Obrigkeit nicht mehr beizukommen. So verzeichneten die Statistiken im Zeitraum von 1871 bis 1873 einen Höhepunkt von Streiks, der erst in den Jahren 1889/90 wieder in solchem Umfange erzielt werden konnte. Trotz der allmählich zunehmenden Bedeutung des Fabriksektors »wurde der Charakter der Arbeitskämpfe in der behandelten Periode in ganz entscheidendem Maße durch Handwerkerstreiks geprägt«.[119] Ein Indiz für den fortwirkenden Einfluss eines traditionellen Sozialmilieus auf das moderne Konfliktverhalten des Streikkampfes war der nicht selten anzutreffende Hinweis auf verletztes Ehrgefühl der Arbeitskräfte als Motiv ihres Widerstands gegen Vorgesetzte oder Betriebsleitung.[120] Außerdem deutete die festliche Inszenierung mancher Protestaktionen mit Berufssymbolen und Straßenumzügen darauf hin, dass die Beteiligten neben materiellen Forderungen auch die Stärkung ihrer Solidargemeinschaft im Blick hatten.

Der entscheidende Auftrieb für die Streikwelle der frühen 1870er-Jahre dürfte gleichwohl die als Folge des Gründerbooms eingetretene drastische Lebensmittelteuerung gewesen sein.[121] Sie machte eine Kompensation im Lohnniveau erforderlich, wenn das Existenzminimum nicht in Gefahr geraten sollte. Obgleich die nachwirkende Vorstellung des »ehernen Lohngesetzes« eine zielgerichtete Gewerkschaftspolitik des ADAV erschwerte, begünstigte sie ein frühzeitiges Eintreten für Arbeitszeitverkürzungen. Diese hatte schon Marx aufgrund der mit ihnen verbundenen Einschränkung des Warencharakters der menschlichen Arbeitskraft als Errungenschaft für eine »politische Ökonomie der Arbeiterklasse« propagiert.[122] Ein beteiligungsstarker Bergarbeiterstreik im Spätherbst 1869 trug wesentlich zum frühzeitigen Niedergang der Hirsch-Dunckerschen Gewerkvereine bei. Ihre »versöhnlerische« Haltung wurde durch einen rücksichtslosen Unternehmerstandpunkt kompromittiert. Ebenso bedeutete der Arbeitskampf der Berliner Maschinenbauer im Jahre 1872 den entscheidenden Einbruch in eine Domäne der liberalen Fortschrittspartei.

Wie vor allem das Beispiel des Baugewerbes unterstreicht, förderten die Wachstumsimpulse der Gründerjahre den gewerkschaftlichen und sozialdemokratischen Einfluss in traditionsreichen Handwerksberufen. Bei den Reichstagswahlen im Januar 1874 verbesserten sich ADAV und SDAP auf insgesamt 6,8 %. Das ist umso bemerkenswerter, als infolge des von Bismarck und dem preußischen Liberalismus gegen den Katholizismus geführten »Kulturkampfes« die Wahlbeteiligung im bürgerlichen Lager sprunghaft zugenommen hatte. In Berlin betrug der Stimmenanteil für den dort kandidierenden ADAV sogar 20,9 % gegenüber 5,2 % in der zurückliegenden Wahl. Diese Erfolge vermittelten der Arbeiterbewegung die Erwartung, dass sie gerade in ihrer isolierten Position zum Sammelbecken der mit den bestehenden Verhältnissen Unzufriedenen werden könnte: »Jeder Tag, den die Gesellschaft in ihrer heutigen Gestalt länger existiert, verschafft der Sozialdemokratie neue Anhänger, neue Kämpfer, weil die Gesellschaft selbst es ist, die ihr Soldaten liefert«.[123] Eine Mitvertretung von Arbeiterinteressen seitens bürgerlicher Politiker, wie dies britische Liberale und zeitweise auch Konservative versuchten, war in Deutschland schon wahlrechtsbedingt unwahrscheinlicher. Das breiter verfügbare eigene Stimmrecht machte es unplausibel, sich von anderen Parteien repräsentieren zu lassen, die im Reichstag zudem nicht unmittelbar das Regierungshandeln bestimmten.

Die Traditionsfahne der deutschen Sozialdemokratie, gestiftet zum 10-jährigen Jubiläum des ADAV 1873.

Nach der Reichsgründung trafen die unter einer besonders unnachsichtigen Staatsanwaltschaft seit 1872 intensivierten Strafaktionen gegen Politiker der Arbeiterbewegung die Lassalleaner mit ihrem Schwerpunkt in Preußen nicht weniger als die Eisenacher. Demzufolge waren vielerorts die Wahlen von 1874 zum Auftakt einer Annäherung beider Organisationen geworden. Auf den im Februar 1875 einberufenen Gothaer Vereinigungskongress konnten die Lassalleaner für über 15 000 und die Eisenacher für mehr als 9000 organisierte Anhänger stimmberechtigte Delegierte entsenden. Fast jeder zehnte sozialdemokratische Wähler war demnach auch Mitglied der Partei. Deren seit gut einem Jahrzehnt recht kontinuierlicher Entstehungsprozess war von einer ökonomischen Entwicklung mit getragen worden, in der eine zuvor »negative – auflösende – Proletarisierung« zunehmend in eine »positive – strukturierende – Proletarisierung« umgelenkt wurde. Die für 1875 vorliegende Berufszählung zeigte allerdings neben dem Wachstum der Industriebe-

1875 Gotha: Lassalleaner = 15000, Eisenacher = 9000 Anhänger schäftigten aller Schattierungen (2,5 Millionen) – gegenüber Handwerk, Heimarbeit und Hauspersonal (1,4 beziehungsweise 1,2 und 0,5 Millionen) – noch immer ein relatives Übergewicht der für die neue Partei kaum erreichbaren Landarbeiterschaft (3,5 Millionen).[124]

Gemessen an den zurückliegenden Richtungskämpfen vollzog sich die Verschmelzung beider Gruppierungen zur »Sozialistischen Arbeiterpartei Deutschlands« (SAPD) nunmehr recht harmonisch. Entsprechend der Delegiertenzahl wurde ein gemeinsamer Vorstand aus drei ehemaligen Lassalleanern und zwei Eisenachern gewählt. Das in den wesentlichen Passagen von einer überwältigenden Mehrheit getragene Gothaer Programm vermittelte den Eindruck, dass zwischen beiden Strömungen keine grundsätzlichen Meinungsverschiedenheiten mehr bestanden:[125] Die geforderte »Verwandlung der Arbeitsmittel in Gemeingut der Gesellschaft« sowie die »Errichtung von sozialistischen Produktivgenossenschaften mit Staatshilfe unter der demokratischen Kontrolle des arbeitenden Volkes« enthielten die Synthese der gemeinsamen Vorstellungen von der neuen Wirtschaftsordnung. Die Formulierung, »mit allen gesetzlichen Mitteln den freien Staat und die sozialistische Gesellschaft« zu erstreben, stand zwar im Widerspruch zu den tatsächlichen Möglichkeiten im Rahmen der Reichsverfassung von 1871, aber im Einklang mit der hinsichtlich drohender staatlicher Zwangsmaßnahmen gebotenen Vorsicht.

Ebenso entsprachen die demokratischen und sozialpolitischen Nahziele im zweiten Teil des Programms vielfach dem Eisenacher Text von 1869. Lediglich die Disqualifizierung aller Gegner der Arbeiterklasse als »eine reaktionäre Masse« und das Verlangen nach »Zerbrechung des ehernen Lohngesetzes durch Abschaffung des Systems der Lohnarbeit« enthielt spezifische Gedanken des ADAV. Die Schlussfolgerung von Marx, »dass die Lassallesche Sekte gesiegt hat«, war deshalb ein überspitztes Urteil über das Einigungsprogramm. Die Behauptung gar, es handele sich um ein »ungeheuerliches Attentat auf die in der Parteimasse verbreitete Einsicht«[126], ließ einen realistischen Blick für den Stellenwert theoretischer Kontroversen in der Mitgliedschaft vermissen. Das im Sinne künftiger Bündnispolitik wenig hilfreiche Schlagwort der »reaktionären Masse« spiegelte immerhin die konkrete Erfahrung mancher engen Kooperation von nationalliberalem Bürgertum und konservativem Grundbesitz einschließlich deren jeweiligen Massenanhangs wider.

Vorwärts

Central-Organ der Sozialdemokratie Deutschlands.

Nr. 1. Sonntag, 1. Oktober. 1876.

Titel der Erstausgabe des Vorwärts vom 1. Oktober 1876.

In wirtschaftlich bedrängten Gewerbezweigen unterstrich die Genossenschaftsidee und das gegen die Marktökonomie rebellierende Postulat des ›vollen Arbeitsertrags‹ weiterhin »den Anspruch des Kollektivs, über die Verwendung seines Produktes selbst zu entscheiden«.[127]

Seine Bedenken gegen die auch von Marx kritisierten Unklarheiten stellte Bebel zurück, denn »schließlich war doch die Tatsache der Einigung die Hauptsache«.[128] Die Folgerichtigkeit einer solchen Kompromissbereitschaft innerhalb des sozialdemokratischen Lagers wurde eindrucksvoll bestätigt: Bei den Reichstagswahlen von 1877 verbuchte die SAP bereits 9,1 % der Stimmen. Ebenso wie die Verzehnfachung der Zeitungsauflagen seit der Reichsgründung unterstrich die Verteilung von rund 1,35 Millionen Druckerzeugnissen (primär Flugblätter) allein in Berlin bei diesem Wahlkampf den sprunghaften Zuwachs an Massenwirksamkeit.[129]

Die rasche Konsolidierung des deutschen Nationalstaates und die Perspektivenarmut des Wirtschaftsliberalismus in den Krisenjahren seit 1873 ließen Bismarck das weitere Entgegenkommen gegenüber bürgerlich-liberalen Anliegen einschränken. In seiner Doppelfunktion als deutscher Reichskanzler und preußischer Ministerpräsident konnte er dies auch dadurch erreichen, dass eine starke Preußenakzentuierung der Reichspolitik die bürokratische und militärische Komponente reaktivierte. Das preußische Dreiklassenwahlrecht sicherte diesen Teil seiner Macht entsprechend der ironischen Bemerkung des 1876 gegründeten »Vorwärts« dahingehend ab, »dass, wenn der Großgrundbesitzer eine Stimme abgibt, das Gebrüll seiner Ochsen diese Stimme hundertfältig macht«.[130] Den um die Mitte der 1870er-Jahre eingeleiteten Rechtskurs der Regierung wollten die Sozialdemokraten zu einer zusätzlichen Förderung ihrer Agitationschancen ummünzen: »Tut euer Schlimmstes, es wird unser Bestes sein«.[131] Mit diesem ungetrübten Zukunftsoptimismus richtete sich die innerlich gefestigte Partei auf die schwierigste Bewährungsprobe seit ihren Ursprüngen ein.

Die Epoche des Sozialistengesetzes als Belastung und Impuls
Als im Mai 1878 ein körperlich und seelisch kranker Handwerksgeselle mit einer dafür ungeeigneten Waffe erfolglos auf Kaiser Wilhelm I. geschossen hatte, kam dieses Ereignis den Plänen der Regierung sehr entgegen. Die von Bismarck umgehend dem Reichstag vorgelegten Ausnahmegesetze gegen die Sozialdemokratie fanden jedoch zunächst nur die Zustimmung der Konservativen und deshalb keine parlamentarische Mehrheit. Ein weiterer Anschlag auf das Leben des über 80-jährigen Kaisers, den schon einen Monat darauf ein beruflich gescheiterter Akademiker verübte, führte zu Verwundungen, die angesichts des hohen Alters nicht ungefährlich waren. Der erste Attentäter war vorübergehend Sozialdemokrat gewesen, doch hatte er nach einem Parteiausschluss in konfuser Abfolge anarchistische, nationalliberale und christlich-soziale Kontakte gesucht. Der zweite Verzweiflungstäter war überhaupt nicht mit der Arbeiterbewegung in Verbindung zu bringen. Da er aber an den Folgen eines sich selbst zugefügten Kopfschusses verstarb, bevor ihm der Prozess gemacht werden konnte, während sein noch hilfloserer Vorgänger zum Tode verurteilt und hingerichtet wurde, gelangte die Wahrheit nicht ans Tageslicht.

Die Gelegenheit zur Durchsetzung seiner Ziele in einem politischen Klima der Verunsicherung und des Rufes nach der Staatsautorität ließ sich Bismarck nicht entgehen. Mit vorzeitiger Reichstagsauflösung bot sich die Chance eines Wahlkampfes, der durch Feindbilder das Bürgertum für einen Rechtskurs gefügig machen sollte, wie der »Vorwärts« den Kanzler interpretierte: »Die Sozialdemokraten fürchtet er noch nicht, sie sind ihm nur ein vortrefflicher Wauwau. Die ›Sau‹, der es eigentlich gilt, ist der Liberalismus, auf politischem, gewerblichem, religiösem Gebiet«.[132] Tatsächlich gelang Bismarck unter Aufbietung des gesamten Spektrums der Möglichkeiten, die öffentliche Meinung zu beeinflussen, eine wesentliche Stärkung des Stimmen- und Mandatsanteils der Konservativen. Gleichzeitig mussten die Sozialdemokraten, obgleich sie sich in ihrem Wahlaufruf volkstümlich als »die Partei der Kleinbürger, Bauern und Arbeiter« präsentierten[133], einen Stimmenrückgang auf 7,6 % einstecken. In ihren städtischen Hochburgen hatte sich die Partei aber gut behauptet. Die Wahlkampagne gegen sie führte eher zur Absplitterung von Wählerschichten, die einem Isolations- und Anpassungsdruck ausgesetzt waren.

Angesichts des deutlichen Rechtstrends im Wählervotum wurde das Sozialistengesetz im Herbst 1878 von Reichstagsabgeordneten der Konservativen und Nationalliberalen mit 221 zu 149 Stimmen angenommen. Die katholische Zentrumspartei, die Linksliberalen und die nationalen Minoritäten hatten bei dieser Abstimmung an die Seite der Sozialdemokratie gefunden. Sie wurden selber von dem preußisch-deutschen Obrigkeitsstaat zu »Reichsfeinden« abgestempelt, wenngleich der antikatholische Kulturkampf allmählich zu Ende ging. Auch die auf Initiative der Nationalliberalen gemilderte Fassung des Sozialistengesetzes, die der Repression einen rechtsstaatlich kontrollierbaren Charakter geben sollte, bedeutete für die junge Arbeiterbewegung die weitgehende Beseitigung ihrer politischen Betätigungsfreiheit. Mit Ausnahme der Beteiligung an Wahlkämpfen und Parlamentsarbeit – die aus einem personenbezogenen Mehrheitswahlrecht resultierte – wurde allen sozialdemokratischen Organisationen und ihnen nahestehenden Gewerkschaften das Recht genommen, für ihre Ziele öffentlich zu werben. Bei Verstößen gegen diese Versammlungs- und Agitationsverbote waren drakonische Strafen zur Abschreckung angedroht.[134]

Die SAPD-Gliederungen nahmen die empörenden Ausnahmegesetze hin, weil kein Vorwand für einen Vernichtungsfeldzug geliefert werden sollte. »Lasst euch nicht provozieren!« lautete das Vermächtnis der aus Berlin die Flucht antretenden führenden Sozialdemokraten an die Mitgliedschaft: »An unserer Gesetzlichkeit müssen unsere Feinde zugrundegehen«.[135] In dem vielzitierten »Drei-Sterne-Artikel« aus dem Züricher Exil forderten einige der Partei verbundene Intellektuelle die Sozialdemokraten sogar dazu auf, ein provozierendes Übermaß an radikaler Agitation selbstkritisch einzugestehen und künftig zu vermeiden.[136] Allerdings hinterließ diese Stellungnahme wegen der Außenseiterposition ihrer Verfasser keine bleibenden Spuren.

Erstmals artikulierten sich in der deutschen Arbeiterbewegung nun anarchistische Stimmungen, die den Kampfboden der Illegalität als Chance einer rücksichtslosen »Propaganda der Tat« begreifen wollten.

Da die Mehrheit der SAPD einen gewaltsamen Widerstand als Selbstmordstrategie verwarf, aber das Fernziel der sozialen Umwälzung nicht preiszugeben gewillt war, setzte man die Hoffnungen auf die Krisenhaftigkeit der kapitalistischen Produktionsweise und des autoritären Regierungskurses: »Wir brauchen das System Bismarck nicht zu stürzen. Wir lassen es sich selbst stürzen«.[137] In einem Rechenschaftsbericht der sozialdemokratischen Reichstagsfraktion vom September 1879 wurde in diesem Sinne zuversichtlich formuliert: »Wir brauchen den heutigen Staat, die heutige Gesellschaft nicht zu zerstören, sie zerstören sich selbst ... Staat und Gesellschaft, unaufhaltsam in organischer Fortentwicklung begriffen, wachsen mit Naturnotwendigkeit in den Sozialismus hinein«.[138] Nicht erst die Rezeption eines vereinfachten Marxismus in den folgenden Jahren, sondern die vom Sozialistengesetz geschaffene Situation der praktischen Ohnmacht hat solches Entwicklungsdenken eines selbsttragenden Geschichtsfortschritts gefördert.

Gleichzeitig durften die Parteigenossen nach dem Ratschlag der SAPD-Reichstagsfraktion »der Reaktion keine Möglichkeit bieten, die Sozialdemokratie als rotes Gespenst zu verwenden«; im Ergebnis einer solchen Politik der Abwehr anarchistischer und opportunistischer Versuchungen könne ein Erfolg nicht ausbleiben: »Unsere Feinde sorgen dafür, dass die Sozialdemokratie zur Partei des Volkes wird«.[139] Die Streichung des Attributes »gesetzlich« aus den im Parteiprogramm propagierten Mitteln, die der im Schweizer Exil tagende erste SAPD-Kongress unter dem Ausnahmegesetz vornahm, bedeutete in diesem Kontext keine politische Radikalisierung. Damit erfolgte lediglich die Umstellung auf die seitens der Staatsgewalt geschaffene Realität des illegalen Kampfes.[140] »Unpolitische« Tarnorganisationen trugen dazu bei, die Parteistrukturen über die Zeit des Ausnahmegesetzes hinweg zu bewahren. Nach dem Verbot der sozialdemokratischen Presse im Reichsgebiet beziehungsweise ihrem Abtauchen in erzwungene Farblosigkeit wurde mit der Gründung des »Sozialdemokrat« im Herbst 1879, der über die »rote Feldpost« konspirativ verbreitet wurde, die Kontinuität der Parteidiskussion verbürgt.

Die Aufgabe eines Chefredakteurs des illegalen Parteiorgans mit Sitz in Zürich übernahm nach einem Jahr der Konsolidierungsprobleme der belesene Berliner Bankkaufmann Eduard Bernstein. Ebenso wie der Wiener Hochschulabsolvent Karl Kautsky (1854–1938), der seit 1883 die

Theoriezeitschrift »Die Neue Zeit« herausgab, gehörte Bernstein (1850–1932) zu jener Generation junger Sozialdemokraten in publizistisch einflussreichen Positionen, die über die Vermittlung der populären Schriften von Engels wie zum Beispiel des »Anti-Dühring« zu überzeugten Marxisten geworden waren. Unter Federführung Bernsteins, der auch nach dem Tode von Marx im März 1883 in enger Verbindung mit Engels blieb und sich innerparteilich auf Bebel verlassen konnte, entwickelte sich der »Sozialdemokrat« zum profiliertesten Sprachrohr der SAPD.

Gegenläufige Ansichten in der SAPD-Fraktion zu den seit Jahren von den Interessenverbänden der Schwer- und Textilindustriellen sowie der Landwirtschaft geforderten Schutzzöllen, die Bismarck 1879 mit einer konservativ-katholischen Mehrheit des Reichstags gegen erbitterten Widerstand der liberalen Freihändler einführte, bewegten sich im Bereich der Tagespolitik. Dagegen zeigten die Kontroversen um das Problem des »Staatssozialismus« ein grundsätzlicheres Profil. Eine aus ehemaligen Lassalleanern und pragmatischen Reformern zusammengesetzte Fraktionsmehrheit konnte den Plänen Bismarcks, die Eisenbahnen zu verstaatlichen und für einige Produkte administrative Monopole zu etablieren, durchaus Positives abgewinnen. Andererseits waren Bebel und seine engsten Gefolgsleute schon aus traditioneller Feindschaft gegenüber dem preußischen Obrigkeitsstaat einer derartigen Verstärkung des Machtpotenzials der Zentralgewalt abgeneigt. Dies wurde nunmehr im marxistischen Theorem des Klassenstaates verallgemeinert. Der »Sozialdemokrat« unter Federführung Bernsteins wies Staatseingriffen lediglich die Aufgabe zu, durch Überwindung des Wirtschaftsliberalismus »den Weg zum revolutionären, zum demokratischen Sozialismus«[141] zu ebnen. Dieser Begriff wurde also schon viele Jahrzehnte vor der Abgrenzung von der bolschewistischen Variante des Staatssozialismus zum Markenzeichen sozialdemokratischer Vorstellungen geprägt.

Durch Entlastung von tagespolitischen Agitationsaufgaben gelang auch Bebel die Fertigstellung seines in Gefängniszeiten verfassten Werks »Die Frau und der Sozialismus«. Dieses Buch – nach der Auflagenstärke und den Entleihungen in Arbeiterbibliotheken das mit Abstand in der Arbeiterbewegung meistgelesene Werk vor dem Ersten Weltkrieg[142] – behandelte zwar wesentlich die Frauenfrage aus sozialdemokratischer Sicht. Das bis 1908 die politische Betätigung von Frauen untersagende oder erschwerende Vereinsrecht hatte jedoch nur eine unterstützende

Rolle zugelassen, die ein Parteiblatt immerhin appellierend bekräftigte: »Frauen Deutschlands, erweckt Eure Männer, die noch nicht wissen, was ihre Pflicht als Vater und Staatsbürger ist, treibt Eure Männer hin an die Wahlurne, damit sie Männer wählen, welche die schlechte Lage des arbeitenden Volkes kennen und bessern wollen«.[143] Darüber hinaus wurden von Bebel die vielfältigen Defizite der kapitalistischen Gesellschaft eingehend geschildert und ihnen die Vorzüge des sozialistischen Zukunftsstaats gegenübergestellt. Im Anschluss an den von Lassalle, Marx und Engels jeweils auf ihre Weise propagierten Anspruch der Wissenschaftlichkeit revolutionärer Theorie lag die Essenz der detaillierten Analyse und Vision Bebels in einem Entwicklungsprozess: »Unsere Darlegung zeigt, dass es sich bei der Verwirklichung des Sozialismus nicht um ein willkürliches ›Einreißen‹ und ›Aufbauen‹, sondern um ein naturgeschichtliches Werden handelt. Alle Faktoren, die in dem Zerstörungsprozess einerseits, im Werdeprozess andererseits eine Rolle spielen, sind Faktoren, die wirken, wie sie wirken müssen«.[144] Zum Verständnis eines solchen Entwicklungsdenkens darf nicht übersehen werden, dass in jener Zeit die Lehre Darwins populär geworden war und einen neuen Impuls naturwissenschaftlicher Aufklärung vermittelte.

Tatsächlich erfuhr das Vertrauen in die Unbesiegbarkeit der Sozialdemokratie durch die Ergebnisse der Reichstagswahlen im Oktober 1881 teilweise eine Bestätigung. Zwar wurde die SAPD auf 6,1 % der Stimmen reduziert und musste in Berlin durch Polizeischikane sowie das Auftreten der antisemitischen Christlich-Sozialen Partei des Hofpredigers Stoecker eine schwere Niederlage hinnehmen. Doch vermochte sie sich in Hamburg und Leipzig glänzend zu behaupten, obgleich dort ebenfalls durch Belagerungszustand die Wahlagitation massiv behindert worden war. Damit konnte die Standfestigkeit der Anhängerschaft in diesen seit der Gründung des ADAV bewährten sozialdemokratischen Hochburgen unter Beweis gestellt werden. In einer kaiserlichen Thronrede zur Eröffnung des neuen Reichstags im November 1881 wurde der Übergang zu einer staatlichen Sozialpolitik angekündigt. Dieser Schritt enthielt auch das Eingeständnis der Ergänzungsbedürftigkeit von Repressionsmaßnahmen durch Integrationsangebote, die aber infolge dieser Verknüpfung an Glaubwürdigkeit verloren. Schon 1878 war in fast allen Einzelstaaten des Reiches eine Fabrikinspektion eingeführt worden. Die in den Jahren 1883/84 verabschiedeten Gesetze zur Kranken-

und Unfallversicherung sowie 1889 zur Invaliden- und Altersversorgung verfehlten die mit ihnen verbundenen Intentionen, auch wenn sie den Weg zum späteren Ausbau des Sozialstaats ebneten.

Der Wahlerfolg des Oktobers 1884, ein Stimmenzuwachs der Sozialdemokraten auf 9,7 %, dokumentierte die Wirkungslosigkeit einer staatlichen Strategie des Wechselspiels von »Zuckerbrot und Peitsche«. Die Aufhebung des Sozialistengesetzes nach Bismarcks Wahlniederlage von 1881 im Konflikt mit dem Freihandelsliberalismus wäre möglich gewesen. Doch war der parteitaktische Opportunismus eines Teils der Zentrumspartei und der Freisinnigen einer weiteren Verlängerung entgegengekommen. Die Sozialdemokraten mussten daraus den Eindruck gewinnen, dass die liberale und katholische Opposition nur solange gegen Ausnahmegesetze protestierte, wie auch sie machtlos war und das schmutzige Geschäft der Verbotspolitik auf die breiteren Schultern Bismarcks abwälzen konnte. Das mit dem günstigen Wahlergebnis einhergehende Anwachsen der SAPD-Fraktion auf zwei Dutzend Reichstagsabgeordnete erfüllte die Gruppierung um Bebel und Bernstein sogar mit Besorgnis, da sie die Verbreitung parlamentarischer Illusionen befürchtete.

Aus den Beiträgen von einfachen Parteigenossen im »Sozialdemokrat« lässt sich der Eindruck gewinnen, dass unter dem Sozialistengesetz antimonarchische, antiklerikale und vor allem gegen das Regime Bismarcks gerichtete Ressentiments die vorherrschende Bewusstseinslage kennzeichneten.[145] Auch Bebel bekannte später freimütig, angesichts der vielen Schikanen und der aufdringlichen Überwachung seines politischen Lebensalltags grimmigen Hass aufgestaut zu haben: »Ich kam allmählich in eine Stimmung, wonach es mein sehnlichster Wunsch war, es möchte zu einer inneren Katastrophe kommen, die uns in die Lage setzte, Vergeltung zu üben für all die Frevel, die man von jener Seite sich gegen uns hatte zuschulden kommen lassen«.[146] Insofern enthielt die in einem Brief an Kautsky artikulierte Zukunftshoffnung Bebels auf die kapitalistische Endkrise neben einer politisch-strategischen und einer geschichtsphilosophischen zugleich eine sozialpsychologisch aufschlussreiche Komponente: »Ich freue mich zu sehen, wie alles sich zu einem großen Welt-Kladderadatsch zusammenzieht«.[147]

Es ist nicht ohne Ironie, dass der alte Parlamentsverächter Liebknecht parallel zu dieser katastrophentheoretischen Vision Bebels immer mehr zu einem ausgleichenden Faktor in der SAPD-Fraktion wurde und der Tätigkeit als Abgeordneter nun erstrangigen Stellenwert beimaß. Unter Berücksichtigung der mit Unterschriftenaktionen verbundenen Initiative für eine Arbeiterschutzgesetzgebung waren die Jahre 1885/86 eine Blütezeit des parlamentarischen Engagements der Sozialdemokratie. Diese auf die Alltagserfahrungen der Arbeitswelt bezogene Thematik der Parteiagitation beflügelte auch den Aufschwung der Gewerkschaften. Sie hatten unter der milderen Praxis des Sozialistengesetzes um die Mitte der 1880er-Jahre wieder ein breiteres Spektrum lokaler Fachvereine aufzuweisen. Der zu diesem Zeitpunkt von den liberalen Gewerkvereinen noch ungefähr aufrecht erhaltene Gleichstand der Mitgliederzahlen wurde durch die Ausnahmegesetze zweifellos begünstigt.

Einen Ausweg aus innenpolitischen Spannungen suchte Bismarck, wie schon im preußischen Verfassungskonflikt von 1862 bis 1866, mittels der Außenpolitik. Den wiederum durch Reichstagsauflösung begonnenen Wahlkampf zur Jahreswende 1886/87 gestaltete der Reichskanzler zu einem Plebiszit über die geplante Heeresverstärkung. Diese wurde mit der Gefahr eines französischen Revanchekrieges für 1870/71 suggestiv begründet. Das politische Klima eines nationalen Enthusiasmus in weiten Kreisen des Bürgertums ermöglichte den Zusammenschluss eines Wahlkartells aus Konservativen und Nationalliberalen. Dieses eroberte durch Absprachen die Mehrheit der Reichstagsmandate zur Unterstützung des Aufrüstungsprogramms. Obgleich die Stimmabgabe der staatstragenden Bevölkerungsschichten in dieser Konstellation erheblich gestiegen war, konnte die Sozialdemokratie mit 10,1 % Wähleranteil ihre soziale Basis in der städtischen Arbeiterschaft weiter ausbauen. Das relativ schlechte Abschneiden in Sachsen deutete aber darauf hin, dass nunmehr kleinbürgerliche Randwählerschichten der nationalen Propaganda zum Opfer fielen.

Den Wahlkampf hatte die SAPD unter der Parole »Hie Fürstenmacht – hie Volksrecht«[148] geführt und damit ihre demokratischen Grundsätze dem autoritären Machtanspruch Bismarcks entgegengestellt. Die gesellschaftspolitische Programmatik enthielt für die Wähler eine breite Palette vertretbarer Interpretationen, wenn als Zielsetzung formuliert wurde: »Hebung des Volkswohlstandes und Herbeiführung des gesellschaftlichen und internationalen Friedens durch eine gründliche Sozialreform, deren Endziel die genossenschaftliche Organisation der Arbeit an Stelle der regellosen kapitalistischen Produktion ist«.[149] Eine Stimmabgabe für die Sozialdemokratie sollte als »Manifestation für Freiheit, Gleichheit und Solidarität«[150], das heißt: im Sinne der allein von der Arbeiterbewegung noch glaubwürdig verkörperten Grundwerte der Französischen Revolution verstanden werden.

Das Wahlergebnis würdigte der »Sozialdemokrat«, trotz der Einbuße von mehr als der Hälfte aller Reichstagssitze infolge der bürgerlichen Vereinbarungen, als Beitrag zur strategischen Positionsbestimmung: »Der Zuwachs der Stimmen ist wesentlich, weil die Stärke unserer Partei im Volke liegt und unser Sieg nur durch das Volk erkämpft werden kann«.[151] Unterschwellig wird der von ihren Gegnern häufig als »Clique« bezeichnete Kreis der Marxisten um Bernstein und Bebel sogar erleichtert gewesen sein, den größten Teil der innerparteilichen Kontrahenten nunmehr ohne Mandat und entsprechenden Einfluss zu sehen.

Der im Oktober 1887 wiederum im Schweizer Exil veranstaltete Parteitag der SAPD legte Zeugnis ab, dass der Kurs des Bismarckschen Machtkartells die Sozialdemokratie noch stärker in unversöhnliche Opposition hineintrieb. Erst seit diesem Zeitpunkt hat Bebel eine bis zu seinem Tode unbestrittene Führungsrolle ausgeübt, die sich gleichermaßen auf Partei und Fraktion erstreckte. Eine Gesamtbilanz von nahezu 900 Ausweisungen sozialdemokratischer Parteifunktionäre, die gestützt auf den »kleinen Belagerungszustand« schwerpunktmäßig Hamburg, Berlin und Leipzig als Kraftzentren der Bewegung trafen[152], ließ jeglichen Willen des Obrigkeitsstaats zum Interessenausgleich vermissen.

Erst seit den späten 1870er- und wesentlich den 1880er-Jahren ist die SAPD von einer Partei regionaler Sozialmilieus, die ihre Stimmen verschiedenen Wählerschichten verdankte, allmählich zu einer reichsweit organisierten Klassenpartei mit Schwerpunkt in der Industriearbeiterschaft geworden. Die ökonomische Entwicklung des Fabrikwesens hat diesen Prozess ebenso gefördert wie der politische Klassenkampf von oben. Dieser bedeutete für die Solidargemeinschaft der sozialdemokratischen Arbeiter eine Ausgrenzung und festigte ihr subkulturelles Identitätsbewusstsein. Der Ausbruch von Bergarbeiterstreiks des Ruhrreviers im Mai 1889, an denen sich über 87 000 der insgesamt 104 000 Beschäftigten mit Forderungen nach Lohnerhöhung und Arbeitszeitverkürzung beteiligten, kündigte im Zeichen eines Konjunkturaufschwungs eine reichsweit verdoppelte und verdreifachte Mitgliederzahl der Gewerkschaften binnen kürzester Frist an.[153] Im Juli 1889 konstituierte sich zum 100. Jahrestag der Französischen Revolution in Paris die II. Internationale der Sozialdemokratie, die den Achtstundentag zum wichtigsten unmittelbaren Kampfziel erklärte. Nunmehr war die deutsche Partei bereits deren kräftigste Säule und konnte dem bevorstehenden historischen Entwicklungsabschnitt wesentlich den eigenen Stempel aufprägen.

»Mehr Demokratie wagen« bedeutete also im historischen Lernzyklus von 1860 bis 1890: Die Sozialdemokratie wurde trotz zunehmender staatlicher Repression allmählich zur politischen Erbin der von den meisten Liberalen nicht fortgeführten 1848er-Tradition. Wenn Parteiveranstaltungen neben dem Rot der internationalen Arbeitersolidarität häufig gleichrangig das Schwarz-Rot-Gold der Freiheits- und Einheitsbewegung von 1848/49 zeigten,[154] war das symbolträchtig. Dies galt ebenso für die Feier des 18. März, des Tages der Berliner Barrikadenkämpfe von 1848 wie der Pariser Kommune von 1871. Angesichts erst bescheidener parlamentarischer Möglichkeiten überwog noch deutlich ein außerparlamentarischer Impuls in der Herstellung von demokratischer Öffentlichkeit, Kritik und Opposition. Gleichzeitig fiel der Sozialdemokratie nunmehr die Rolle der emanzipatorischen Alternative gegenüber der Bismarckschen Sozialpolitik zu, die trotz materieller Zugeständnisse auch einen vormundschaftlichen Obrigkeitsstaat flankierte.

3. Aufstieg zur Massenbewegung und politische Bewährungsproben 1890–1920

Die von Bismarck beabsichtigte Verlängerung des Sozialistengesetzes ist zu Beginn des Jahres 1890 gescheitert, da keiner der diskutierten Vorschläge eine parlamentarische Mehrheit fand. So war das ersatzlose Auslaufen der Verbots- und Strafbestimmungen zum 1. Oktober die politische Konsequenz. Das Ergebnis der turnusmäßigen Reichstagswahlen im Februar 1890 besiegelte endgültig das Schicksal des »Eisernen Kanzlers«, der nahezu drei Jahrzehnte an der Spitze der preußischen beziehungsweise deutschen Regierung gestanden hatte. Die Sozialdemokraten erreichten mit 19,7 % Wähleranteil die höchste Stimmenzahl aller Parteien, während die nationalliberal-konservative Formation bei einem Verlust von über einem Drittel ihrer Mandate in die Minderheit geriet.

Angesichts einer die Landgebiete begünstigenden Wahlkreiseinteilung und der isolierten Position der SAPD in Stichwahlen bedeuteten 35 Sozialdemokraten einen Achtungserfolg. Unter 397 Reichstagsabgeordneten war dies eine Fraktionsstärke, die allmählich für die Mehrheitsbildung in einzelnen Sachfragen mitentscheidend werden konnte. Angesichts der Chance zur Schwächung des gegnerischen Kartells hatte die Sozialdemokratie – abweichend von Parteitagsbeschlüssen – in Stichwahlen linksliberalen Kandidaten zum Erfolg verholfen. Das forderte die Kritik jener heraus, die das Dogma der »reaktionären Masse« sämtlicher gegnerischen Parteien beim Worte nahmen. Außerdem entwickelte sich über das Verhalten am 1. Mai 1890 ein heftiger innerparteilicher Streit. Die Beschlusslage der Internationale aus dem Vorjahr hatte die Frage möglicher Streiks zur Bekräftigung der Forderungen nach einem Achtstundentag offengelassen. Nach längerem Zögern entschloss sich die – als Parteileitung fungierende – Reichstagsfraktion der SAPD erst gut zwei Wochen vor dem Stichtag zu einer vorsichtigen Erklärung: »Wo immer man eine Arbeitsruhe am 1. Mai ohne Konflikte erwirken kann, da möge es geschehen«.[155]

Vielerorts wurden gewerkschaftliche Maifeiern abgehalten, die teilweise den Charakter einer Streikauseinandersetzung mit den Unternehmern trugen. Insbesondere im mitgliederstarken Hamburg kam es zu einem schwerwiegenden Konflikt, der mit Massenaussperrungen streikender Arbeiter verbunden war. Dieser Zusammenstoß mit der Kapitalmacht lieferte einen wichtigen Impuls für die Zentralisierung der Gewerkschaften durch eine »Generalkommission« mit Sitz in Hamburg. Die Furcht vor einer Anwendung der rechtlich noch gültigen Ausnahmegesetze oder einer Neuauflage solcher Verbots- und Strafmaßnahmen war das ausschlaggebende Motiv für die Zurückhaltung der Parteigremien. Die schmerzliche Erfahrung der Illegalität festigte zugleich die sozialdemokratische Überzeugung, dass Grundrechtsgarantien und Minderheitenschutz als liberales Erbe allein von der Arbeiterbewegung hinreichend konsequent verteidigt wurden.

Das Erfurter Programm und die Probleme der Legalität

Wenn das Jahr 1890 als eine »echte Zäsur«[156] zwischen zwei Entwicklungsabschnitten der Sozialdemokratie zu charakterisieren ist, gilt dies nicht nur für die politischen Rahmenbedingungen ihres Wirkens. Zugleich manifestierten sich die innerparteilichen Konsequenzen eines allmählichen Aufstiegs zur Massenbewegung. Das erste deutliche Anzeichen für den Beginn einer Periode erneuter Flügelkämpfe war die sogenannte »Opposition der Jungen«, die Engels verächtlich als eine »Literaten- und Studentenrevolte«[157] bezeichnete. Diese polemische Distanzierung traf anfänglich einen Kern des Konfliktes, der seinen Ursprung in den Autonomiebestrebungen von Jungakademikern in der Parteipresse hatte. Daneben lieferten die Kontroversen um die Streiks zum 1. Mai, der Vorwurf opportunistischer Wahlbündnisse sowie eines autoritären Führungsstils der Fraktion konkrete Stichworte des publizistisch ausgetragenen Meinungskampfes.

In Berlin, einer Hochburg des oppositionellen Radikalismus, stellte sich Bebel im Sommer 1890 zu einem Rededuell mit dem lokalen Wortführer der »Jungen«. Diese gut besuchte öffentliche Versammlung bestätigte mit über 90 % der Abstimmenden den Parteikurs.[158] Der im Herbst zusammentretende Parteitag leitete die Umstellung auf die legalen Aktionsbedingungen ein. Die nunmehr gefestigte Führungsrolle Bebels fand ihren sichtbaren Ausdruck auch in der Namensgebung: Seinen bereits früher vertretenen Vorstellungen gemäß nannte sich die politische Organisation der deutschen Arbeiterbewegung forthin »Sozialdemokratische Partei Deutschlands« (SPD). Gegen die Parolen seiner linken Kritiker verteidigte er die Parteistrategie als realistische Interessenvertretung: »Den ungeheuren Anhang und das Vertrauen in den Arbeitermassen haben wir nur, weil diese sehen, dass wir praktisch für sie tätig sind und sie nicht nur auf die Zukunft des sozialistischen Staates verweisen, von dem man nicht weiß, wann er kommen wird«.[159] Diese im Spannungsverhältnis zu optimistischen Zukunftserwartungen stehende Skepsis ließ erkennen, dass Bebel die Akzente je nach parteitaktischer Situation unterschiedlich zu setzen verstand.

Der Streit über die Verbindung der Tagespolitik mit langfristigen Zielen wurde von den versammelten Delegierten durch einmütige Verabschiedung einer Grundsatzresolution vorläufig beendet: »Der Parteitag fordert die Fraktion deshalb auf, wie bisher die prinzipiellen Forderungen der Sozialdemokratie gegenüber den bürgerlichen Parteien und dem Klassenstaat rücksichtslos zu vertreten; ebenso aber auch die auf dem Boden der heutigen Gesellschaft möglichen und im Interesse der Arbeiterklasse nötigen Reformen zu erstreben, ohne über die Bedeutung und Tragweite dieser positiven gesetzgeberischen Tätigkeit für die Klassenlage der Arbeiter in politischer wie ökonomischer Hinsicht Zweifel zu lassen oder Illusionen zu erwecken«.[160] Das modifizierte Parteistatut kannte – trotz Schaffung von Wahlkreisorganisationen – mit Rücksicht auf die vereinsgesetzlichen Verbindungsverbote weiterhin keine feste Mitgliedschaft und obligatorische Beitragsleistung. So blieb die SPD auch in den 1890er-Jahren auf Zeitungen und Agitationsbroschüren als Einnahmequelle und Werbemöglichkeit für die eigenen Ziele angewiesen.

Die innerparteilichen Kontroversen erreichten ein höheres Niveau, als der bayerische SPD-Führer Georg von Vollmar im Juni 1891 mit Vorschlägen zu einem gegenwartsbezogenen Reformprogramm in die Offensive ging. Als vordringliche Aufgaben wollte er den Arbeiterschutz, das Koalitions- und Streikrecht sowie Maßnahmen gegen Lebensmittelteuerung auf politischem Wege durchsetzen. Der von Bündnisangeboten an liberale Reformer begleiteten Initiative von Vollmars lag der Leitgedanke zugrunde, »dass man das Ganze wollen und anstreben, aber es in Teilen erobern muss«.[161] Dieses Bekenntnis zum Reformismus lieferte der »Opposition der Jungen«, um die es unterdessen still geworden war, einen Anknüpfungspunkt für allgemeine Polemik gegen vermeintlichen Opportunismus in der Sozialdemokratie. Der Vorwurf, einen »Kompromiss mit der Masse auf Kosten des Prinzips«[162] anzusteuern, zielte gegen eine nur am vorhandenen Bewusstseinsstand orientierte Wahlagitation der Partei.

Folgerichtig glaubten diese Kritiker mit einem demonstrativen Wortradikalismus vor einer Verwässerung des Klassenkampfes warnen zu müssen: »Die sozialdemokratische Bewegung in Deutschland ist von Anfang an eine durch und durch revolutionäre und proletarische gewesen, der gegenüber alle übrigen Gesellschaftsklassen als die ›eine reaktionäre Masse‹ noch bis vor ganz kurzer Zeit von jedem Parteigenossen bezeichnet wurden. Deshalb ist auch jeder Versuch, diese von Natur rein proletarische Bewegung, mit Rücksicht auf das mittlere und Kleinbürgertum, weniger revolutionär erscheinen zu lassen, ein Verrat an der Sache des Proletariats«.[163] Da die Vertreter der »Jungen« ohne taktisches Geschick vorgingen und Repräsentanten der Arbeiterbewegung persönlich angriffen, was in der Sozialdemokratie verpönt war, konnten Bebel und seine Gefolgsleute die Kritiker letztlich aus der SPD hinausdrängen.

Die daraufhin erfolgende Gründung eines zunehmend anarchistisch beeinflussten »Vereins Unabhängiger Sozialisten« erwies sich als kompletter Fehlschlag. Die wenigen hundert Mitglieder um ihre Zeitschrift »Der Sozialist« konzentrierten sich auf Berlin und einige andere Orte, zu denen über Redakteure persönliche Verbindungen bestanden. Anders als von Vollmar, der in den kommenden Jahren ein anerkannter Sprecher der süddeutschen Sozialdemokraten mit ihrem im Vergleich zu Preußen weniger polarisierten sozialen Umfeld wurde, hatte der radikale antiparlamentarische Flügel keine wirkliche Massenbasis. Über die Meinungsverschiedenheiten konnte deshalb Bebel auf dem Erfurter Parteitag im Oktober 1891 mit leichter Hand hinweggehen. Einer auf gewaltsame Konfrontation mit dem herrschenden Militärstaat ausgerichteten Strategie hielt er entgegen, die Aufständischen »würden wie die Spatzen jämmerlich zusammengeschossen«.[164]

Gleichzeitig gab Bebel jedoch in Auseinandersetzung mit den Gegenwartsforderungen von Vollmars zu bedenken, eine Beschränkung auf sie müsse »mit Notwendigkeit zur Versumpfung der Partei führen« und sie ihrer mobilisierungsträchtigen Zukunftsvision berauben: »Er nimmt der Partei das, ohne das eine Partei wie die unserige nicht bestehen kann, die Begeisterung«.[165] Mit einem Appell an die politische Zuversicht der Genossen wollte der Parteiführer die vorhandenen Gegensätze als belanglos erscheinen lassen: »Die bürgerliche Gesellschaft arbeitet so kräftig auf ihren eigenen Untergang los, dass wir nur den Moment abzuwarten brauchen, in dem wir die ihren Händen entfallende Gewalt aufzunehmen haben«.[166] Der Parteitag verständigte sich letztlich auf ein Festhalten an den erprobten politischen Leitlinien: »Es liegt kein Grund vor, die bisherige Taktik der Partei zu ändern«.[167] In dem zentristischen Kurs der Abwehr von reformistischen oder linksradikalen Experimenten leitete Bebel ein sicherer Instinkt: dass die Integration einer Massenorganisation innerhalb der begrenzten Handlungsspielräume des Kaiserreiches nur über stabiles Identitätsbewusstsein erfolgen konnte.

Als das wichtigste Ergebnis des Parteitags von 1891 kann die einstimmige Verabschiedung des Erfurter Programms gelten. Nach sorgfältiger Vorbereitung durch eine Kommission war deren Entwurf von den Parteitheoretikern Kautsky und Bernstein zu einer Textfassung umgearbeitet worden, die von den Delegierten ohne weitere Diskussion akzeptiert wurde.[168] Bei einem Vergleich des Erfurter Programms mit seinen Vorläufern ist festzustellen, dass in dem konkreten Forderungskatalog des zweiten Teils die größte Kontinuität bestand. Die vorgeschlagenen Maßnahmen einer Demokratisierung und sozialer Reformen im Interesse der arbeitenden Bevölkerung waren allerdings detaillierter ausformuliert – wie es dem fortgeschritteneren Stand der sozialdemokratischen Vorstellungen entsprach. Erstmals enthielt das Programm ein ausdrückliches Bekenntnis zum Frauenwahlrecht sowie einer »Abschaffung aller Gesetze, welche die Frau in öffentlich- und privatrechtlicher Beziehung gegenüber dem Manne benachteiligen«.

Die Übernahme von Theorieansätzen des Marxismus wurde im ersten Teil des Erfurter Programms deutlich, der eine skizzenhafte Gesellschaftsanalyse enthielt. Darin unterstrich die SPD das ökonomische Gesetz der Kapitalkonzentration, welches die Produktionsmittel zum »Monopol einer verhältnismäßig kleinen Zahl von Kapitalisten und Großgrundbesitzern« werden ließ. Angesichts dieser Eigentumsverhältnisse mussten »das Proletariat und die versinkenden Mittelschichten« trotz steigender Arbeitsproduktivität die »wachsende Zunahme der Unsicherheit ihrer Existenz, des Elends, des Drucks, der Knechtung, der

Erniedrigung, der Ausbeutung« erfahren. Die »immer umfangreicher und verheerender« werdenden Wirtschaftskrisen seien dabei ein weiterer Faktor, der die allgemeine soziale Polarisierung verschärfte: »Immer größer wird die Zahl der Proletarier, immer massenhafter die Armee der überschüssigen Arbeiter, immer schroffer der Gegensatz zwischen Ausbeutern und Ausgebeuteten, immer erbitterter der Klassenkampf zwischen Bourgeoisie und Proletariat«.

Eine Überwindung solcher Widersprüche der bestehenden Ordnung erschien der klassischen Sozialdemokratie allein durch »die Verwandlung des kapitalistischen Privateigentums an Produktionsmitteln … in gesellschaftliches Eigentum« möglich. Diese Umwälzung der ökonomischen Basis der Gesellschaft konnte die Arbeiterklasse jedoch »nicht bewirken, ohne in den Besitz der politischen Macht gekommen zu sein«. Nach einer Bekräftigung der internationalen Solidarität gipfelte das Programm in einer politischen Willenserklärung, die den Zielen der SPD ein unverwechselbares Profil gab: »Die Sozialdemokratische Partei Deutschlands kämpft also nicht für neue Klassenprivilegien und Vorrechte, sondern für die Abschaffung der Klassenherrschaft und der Klassen selbst und für gleiche Rechte und gleiche Pflichten aller ohne Unterschied des Geschlechts und der Abstammung. Von diesen Anschauungen ausgehend bekämpft sie in der heutigen Gesellschaft nicht bloß die Ausbeutung und Unterdrückung der Lohnarbeiter, sondern jede Art der Ausbeutung und Unterdrückung, richte sie sich gegen eine Klasse, eine Partei, ein Geschlecht oder eine Rasse«.[169]

Andererseits hat Kautsky den Klassencharakter der Sozialdemokratie dahingehend bestimmt, »immer mehr eine nationale Partei, das heißt eine Volkspartei zu werden in dem Sinne, dass sie die Vertreterin nicht bloß der industriellen Lohnarbeiter, sondern sämtlicher arbeitenden und ausgebeuteten Schichten, also der großen Mehrheit der Gesamtbevölkerung wird, dessen, was man gewöhnlich ›Volk‹ nennt«.[170] Das schon in der vormarxistischen Arbeiterbewegung gefestigte Vertrauen, deren gerechte Sache werde unvermeidlich den Sieg über Unverstand und Entmündigung davontragen, wurde von Kautsky nun zu einer historischen Gesetzmäßigkeit erklärt: »Wir halten den Zusammenbruch der heutigen Gesellschaft für unvermeidlich, weil wir wissen, dass die ökonomische Entwicklung mit Naturnotwendigkeit Zustände erzeugt, welche die Ausgebeuteten zwingen, gegen das Privateigentum anzukämpfen«.[171]

Obgleich sich Engels insgesamt positiv über das Erfurter Programm äußerte, vermisste er präzise Hinweise auf den politischen Weg zu den angestrebten sozialistischen Zielen, die im bestehenden Obrigkeitsstaat nicht zu verwirklichen waren: »Wenn etwas feststeht, so ist es dies, dass unsere Partei und die Arbeiterklasse nur zur Herrschaft kommen kann unter der Form der demokratischen Republik«.[172] Diese wiederum setze die Überwindung des dynastischen Partikularismus durch einen dezentralisierten Einheitsstaat voraus, der in praktizierter Volkssouveränität wurzele: »Andererseits muss Preußen aufhören zu existieren, muss in selbstverwaltete Provinzen aufgelöst werden, damit das spezifische Preußentum aufhört, auf Deutschland zu lasten«.[173] Wenn die SPD aus Sorge um ihre legale Existenz das Streben nach der demokratischen Republik nicht als Beweismaterial für den Staatsanwalt ins Programm aufnehmen wollte, hatte sie aus der Sicht von Engels wenigstens die politische Willensrichtung anzugeben: »Was aber nach meiner Ansicht hinein sollte und hinein kann, das ist die Forderung der Konzentration aller politischen Macht in den Händen der Volksvertretung«.[174]

In dieser Empfehlung bekundete Engels sein Einverständnis mit einer sozialdemokratischen Legalstrategie, wie er sie in einer Art politischen Testaments kurz vor seinem Tode im Jahre 1895 andeutete: »Die Ironie der Weltgeschichte stellt alles auf den Kopf. Wir, die ›Revolutionäre‹, die ›Umstürzler‹, wir gedeihen weit besser bei den gesetzlichen Mitteln als bei den ungesetzlichen und dem Umsturz«.[175] Als 1848er-Veteran gab Engels einer neuen Generation von Sozialdemokraten die Einsicht mit auf den Weg, dass die gesellschaftliche Entwicklung über das Stadium der Geheimbünde und Agitationsvereine hinweg geschritten war und nur noch die Massenpartei eine Aussicht auf politische Erfolge hatte: »Die Zeit der Überrumpelungen, der von kleinen bewussten Minoritäten an der Spitze bewusstloser Massen durchgeführten Revolutionen ist vorbei. Wo es sich um eine vollständige Umgestaltung der gesellschaftlichen Organisation handelt, da müssen die Massen selbst mit dabei sein, selbst schon begriffen haben, worum es sich handelt, für was sie mit Leib und Leben eintreten«.[176] Ein Jahr nach dem Tod von Marx hatten 1884 mit einer dritten Wahlreform endlich auch die eigene Haushalte führenden und Mindeststeuern zahlenden Arbeiter in Großbritannien das Wahlrecht erhalten, was Hoffnungen auf weitere Demokratisierung nährte.

Allerdings wandte sich Engels bezogen auf Preußen-Deutschland gegen die Illusion eines friedlichen Übergangs zum Sozialismus durch Eroberung der parlamentarischen Mehrheit. Vielmehr ließ er keinen Zweifel daran, »die Aussichten stünden zehn zu eins dafür, dass die Herrschenden lange vor diesem Zeitpunkt gegen uns Gewalt anwenden werden; das aber würde uns vom Boden der Stimmenmehrheiten auf den Boden der Revolution führen«.[177] Die These, dass bewaffnete Zusammenstöße in der Regel erst aus dem Versuch einer Unterdrückung von entfesselten Volksbewegungen erwuchsen, hatte bereits Liebknecht auf dem Erfurter Parteitag vertreten: »Das Revolutionäre liegt nicht in den Mitteln, sondern im Ziel. Gewalt ist seit Jahrtausenden ein reaktionärer Faktor«.[178] In der Praxis ging diese Grundeinstellung so weit, dass sich die SPD von den Anfang 1892 in Berlin zu verzeichnenden Straßentumulten empörter Arbeitsloser distanzierte, »aus Furcht, dass die Partei für Ausschreitungen unzuverlässiger Radaubrüder verantwortlich gemacht werden könnte«.[179]

Seitdem erneut die kurze Hochkonjunktur der Jahre 1889/90 einem stagnativen Trend der wirtschaftlichen Entwicklung gewichen war, geriet die Arbeiterbewegung ohnehin zeitweise wieder mehr in eine defensive Position. Die Gewerkschaften mussten infolge etlicher Streikniederlagen und ungünstiger Bedingungen für Lohnerhöhungen den Verlust eines Teils der zuvor neu gewonnenen Mitglieder hinnehmen. Nicht einmal Bebel, der gegenüber Lassalles Erbe stets die Bedeutung des ökonomischen Kampfes hervorhob, wollte auf dem Parteitag von 1893 eine optimistische Zukunftsperspektive verkünden: »Wir mögen gewerkschaftlich organisiert sein, wie wir wollen, wenn das Kapital einmal allgemein solche Macht erobert hat, wie bei Krupp und Stumm, in der Dortmunder Union, in den Kohlen- und Eisenindustriebezirken Rheinlands und Westfalens, dann ist es mit der gewerkschaftlichen Bewegung aus, dann hilft nur noch der politische Kampf«.[180]

Die Gewerkschaften hatten ihre relativ größte Mitgliederstärke – und die SPD ihre verlässlichste Basis – damals nicht etwa in den großen Industriefabriken und Bergwerken. Diese waren häufig durch unternehmerische Sanktionsgewalt und auch durch soziale Vergünstigungen von »roten Agitatoren« abgeschirmt. Die höchste Organisationsdichte fand sich in mittleren Unternehmen, in denen aber zugleich das persönliche Abhängigkeitsverhältnis des Kleinbetriebs nicht bestand. Zur Betriebszählung 1907 waren erst 10 % der Arbeiter von Industrie und Handwerk in sogenannten Riesenbetrieben über 1000 Personen beschäftigt, während die mit 25 % relativ größte Kategorie sich in Betrieben von 51 bis 200 konzentrierte. Jeweils 21 bis 22 % verteilten sich auf handwerkliche Kleinbetriebe bis 10 Personen sowie die nächste Kategorie 11 bis 50 und die Großbetriebe von 201 bis 1000.[181] Im Bereich zwischen 11 und 50 waren zum Beispiel recht viele – noch handwerklich geprägte – städtische Baufirmen angesiedelt, die aber wie die Metallbranche der größeren Mittelbetriebe eine gute Organisierbarkeit zeigten. Mit jeweils über 20 % waren Metall- und Bauarbeiter 1903 in weitem Abstand die stärksten Einzelgewerkschaften.[182] Mit Ausnahme des Metallarbeiterverbands handelte es sich noch um auf den einzelnen Beruf bezogene Gewerkschaften.

Der Reformismusstreit als Ausdruck politisch-sozialer Differenzierung

Neben den Kontroversen um die politische Strategie bereitete den Sozialdemokraten die Aufgabe beträchtliches Kopfzerbrechen, über den festen Kern der gewerblichen Lohnarbeiter hinaus weitere Bevölkerungsschichten für die eigenen Ziele zu gewinnen. Nach dem in diesem Umfang überraschenden Wahlerfolg von 1890 hatte die SPD ihre Landagitation intensiviert, wobei der bayerischen Regionalorganisation eine führende Rolle zukam. Dies galt auch deshalb, weil von Vollmar als populärer Versammlungsredner die Interessen der Bauern ohne Rücksicht auf den im Erfurter Programm prognostizierten »Untergang des Kleinbetriebes« anzusprechen verstand.[183] Angesichts der noch überwiegend kleingewerblichen Wirtschaftsstruktur und einer weniger schroffen Ausgrenzung der Sozialdemokratie entstand in Süddeutschland allmählich ein zweites politisches Kraftzentrum der SPD, das mehr den volksparteilichen Charakter der Gründungszeit wahrte und pragmatische Reformarbeit leistete, teils auch im Bündnis mit liberalen Gruppierungen.

Die aus divergierenden Erfahrungen gespeisten Grundüberzeugungen prallten auf dem Parteitag von 1894 heftig aufeinander. Der bayerischen Landtagsfraktion der SPD war es in den Etatberatungen gelungen, einige konkrete soziale und kulturelle Verbesserungen durchzusetzen, so dass sie schließlich für das Gesamtbudget stimmte. Hingegen blieb die preußische Mehrheit der Sozialdemokratie auf die Ablehnung jeglicher Haushaltsmittel festgelegt, um damit ein fundamentales Misstrauen gegenüber der bestehenden Ordnung zu demonstrieren. Der Appell Bebels an die Delegierten bemühte sich aus solchen Erwägungen um ein klares Votum, das forthin die Budgetbewilligung untersagen sollte: »Lasst nicht die Opportunität, nicht die Zweckmäßigkeit, lasst das Prinzip siegen«.[184] Doch fand auf dem Parteitag weder der Antrag der süddeutschen Pragmatiker noch der kompromisslose Standpunkt Bebels eine Mehrheit, so dass im Ergebnis ein regional differenzierter Manövrierspielraum bestätigt wurde.

Bedeutsamer als die in der Schwebe gehaltene Budgetfrage waren die auf dem gleichen Parteitag behandelten Agrarprobleme. Mit einer Resolution, die Reformen auf dem Boden der bestehenden Verhältnisse befürwortete, und der Einsetzung einer dieser Auffassung mehrheitlich folgenden Kommission trugen zunächst die Verfechter einer Agrarpolitik den Sieg davon, die dem Bauerntum entgegenkommen wollten. Daraufhin entfesselte Bebel einen Sturm der Entrüstung gegen diese Beschlüsse, der die SPD an den Rand eines offenen Bruches mit ihrer süddeutschen Fraktion brachte und erst abflaute, als eine dem Reichstag unterbreitete »Umsturzvorlage« neue Ausnahmegesetze ankündigte. Obgleich diese und auch alle weiteren Vorstöße der Rechtskräfte zu einer offenen Unterdrückung der Arbeiterbewegung die erforderliche Parlamentsmehrheit verfehlten, blieben sie nicht ohne einschüchternde Wirkung.

Der nach Monaten intensiver Studien vorgelegte Beschlussentwurf der Agrarkommission, mit dem der Forderungskatalog des Erfurter Programms ergänzt werden sollte, enthielt eine Reihe von Hilfsmaßnahmen für die krisenanfällige Landwirtschaft. Wahlerfolge bei den Bauern waren nicht mehr ohne substanzielle Zugeständnisse der Sozialdemokraten vorstellbar. Allerdings hätte die Aufnahme von Elementen eines Bauernschutzes in das Erfurter Programm erst jenen Widerspruch von Gesellschaftstheorie und praktischen Forderungen geschaffen, der ihm ansonsten gern unterstellt wird.[185] Der vermeintlich »dualistische Charakter«[186] der marxistischen Analyse einerseits und der demokratischen und sozialpolitischen Reformziele andererseits war in der SPD-Programmatik auf eine Synthese angelegt: Der Arbeiterschutz und die demokratischen Rechte sollten die Aktionsfähigkeit einer Oppositionsbewegung stärken, die auf eine verschärfte soziale Polarisierung und die Eroberung der politischen Alleinherrschaft orientiert war.

Demgegenüber konnte man nicht länger die Proletarisierung der Kleineigentümer durch die kapitalistische Besitzkonzentration verkünden, wenn über zugesagte Existenzhilfen die Bauern für die SPD gewonnen werden sollten. Der führende reformistische Agrartheoretiker Eduard David zog aus dieser Gefahr einer Diskrepanz von Analyse und Programmaussagen die Konsequenz, die Tendenz zur Monopolisierung auf den industriellen Sektor beschränkt zu sehen: »Ein Auffressen der kleineren Betriebe durch die mittleren, der mittleren durch die großen und der großen durch die Riesenbetriebe ist als Massenerscheinung in der Landwirtschaft nirgends zu konstatieren«.[187] Auch wenn sich diese Behauptung durch statistisches Material belegen ließ, berücksichtigte sie doch unzureichend den Unterschied zwischen einem bloßen Überleben und betriebswirtschaftlicher Rentabilität des kleinbäuerlichen Eigentums. Aufgrund der unentgeltlichen Beschäftigung von Familienmitgliedern sowie eigener Nebenverdienste aus gewerblicher Lohnarbeit beruhte die ökonomische Existenz mancher Bauern auf den Zwängen der Selbstausbeutung.

Diese Besonderheiten wurden von Kautsky richtig erfasst, wenn er den Selbstversorgern auf dem Lande eine relative Unabhängigkeit vom Marktgeschehen zubilligte: »In der Tat ist das verhältnismäßig langsame Vordringen des Großbetriebes in der Landwirtschaft in hohem Grade dem Umstand zuzuschreiben, dass die Kleinbetriebe nur zum Teil auf den Verkauf ihrer Produkte angewiesen sind und daher, auch wenn sie den großen Betrieben an Leistungsfähigkeit erheblich nachstehen, doch von deren Konkurrenz nicht in vollem Maße getroffen werden«.[188] Unbeschadet dieser partiellen Zugeständnisse an die Kritiker einer Konzentrationsthese hielt Kautsky daran fest, dass Schutzmaßnahmen für die Landwirtschaft lediglich die Eigentümerideologie stabilisierten: »Nur der hoffnungslose Bauer wird Sozialdemokrat, nur derjenige, der die Überzeugung gewonnen hat, dass ihm im Rahmen der bestehenden Staats- und Gesellschaftsordnung nicht zu helfen ist«.[189] Auch Bernstein wollte im Vorfeld der Agrarberatungen die SPD einer Strömung innerhalb der Internationale zuordnen, die »jedes Zugeständnis an die der modernen Entwicklung feindlichen Vorurteile rückständiger Gesellschaftsklassen zurückweist, lieber wartet, als ihre Ziele kompromittiert«.[190] In einer grundsätzlichen Stellungnahme von Engels wurden die gemeinsamen Überzeugungen bekräftigt, wobei er jedoch der Arbeiterpartei im Dienste einer Revolutionierung des Landes größere Flexibilität empfahl.[191]

Das übereinstimmende Votum der Parteitheoretiker leistete, auch vermittelt über die SPD-Presse, einen Beitrag zur Kritik am Agrarreformismus der Kommissionsvorschläge. Eine Vielzahl von Parteiversammlungen, die ganz überwiegend die präsentierten Ergänzungen des Erfurter Programms ablehnten, ließ keinen Zweifel an der Grundstimmung der sozialdemokratischen Basis.[192] Offenkundig hatte sich das proletarische Klassenbewusstsein seit dem Sozialistengesetz dergestalt gegenüber einer feindlichen Umwelt abgekapselt, dass politische »Bauernfängerei« als Verrat an der unverwechselbaren sozialdemokratischen Identität erscheinen musste. Auf dem Breslauer Parteitag von 1895 konnte deshalb Kautsky seinen Standpunkt, jeglichen Bauernschutz abzulehnen, mit einer Mehrheit von 158 zu 63 Stimmen durchsetzen: »Es ist möglich, dass wir durch Ablehnung des Agrarprogramms das Gewinnen von Stimmen auf dem Lande erschweren, aber es ist nicht unsere Aufgabe, Mitläufer heranzuziehen«.[193] Selbst Bebel, der wenigstens einen Teil der vorgeschlagenen Maßnahmen verabschiedet sehen wollte, klagte nach dem Parteitag über den »Doktrinarismus à la Kautsky« und konnte an solcher Grundsatztreue keinen ungetrübten Gefallen finden: »Die Breslauer Beschlüsse verlängern unsere Wartezeit um mindestens 10 Jahre, aber dafür haben wir das ›Prinzip‹ gerettet«.[194]

Mit seiner vorsichtig positiven Stellungnahme zum Agrarprogramm hatte sich Bebel im Parteivorstand isoliert und die schwerste Abstimmungsniederlage seiner politischen Laufbahn riskiert. Umgekehrt war Kautsky nicht bereit, von seiner theoretischen Analyse abzurücken und wahlpolitische Rücksichten zu üben. Deshalb ist die These, dass Bebel sich nur durch geschickte Integrationstaktik so lange als Parteiführer behauptet habe und Kautsky ihm die dazugehörige Integrationsideologie lieferte,[195] nicht mit diesen historischen Tatsachen zu vereinbaren. Vielmehr ließen sich beide von einem nicht zur Disposition stehenden Fundament politischer Überzeugung leiten und bekämpften jeweils abweichende Standpunkte kompromisslos, auch wenn sie dadurch innerparteiliche Gegensätze hervorriefen. Gleichwohl steckt in der Annahme, dass Bebel und Kautsky zur Bewahrung der innerparteilichen Solidargemeinschaft beigetragen haben, ein wahrer Kern: Indem der Parteitheoretiker stets die Prinzipien des Marxismus propagierte und der Parteivorsitzende gelegentlich mehr Verständnis für die Erweiterung des Einflusses der SPD zeigte, ergänzten sich beide zu einem Kristallisationskern der sozialdemokratischen Identität.

Die Zurückweisung des Agrarprogramms ohne Ausarbeitung einer tragfähigen Alternative hatte zugleich den Beweis erbracht, dass die SPD nach dem Willen ihrer Mitglieder eine Klassenpartei der Industriearbeiter sein sollte. Der Verzicht auf eine Konzeption für die Eroberung der Landbevölkerung bedeutete den Bruch mit den Strategien der 1848er-Periode und dokumentierte, dass »die normale Berufspartei der europäischen Arbeiter von dem revolutionären Marxismus in ihrem Wesen verschieden war«.[196] Für eine Partei von Berufsrevolutionären bildete das Hinarbeiten auf den Sturz des herrschenden Systems den einzigen Bezugspunkt des politischen Handelns. Demgegenüber konzentrierte sich die Sozialdemokratie zunehmend auf die Befriedigung der materiellen Interessen und Milieubedürfnisse ihrer Mitglieder und Stammwähler im städtischen Fabrikproletariat. Das im Zusammenhang mit der Agrardebatte erstmals in den Raum gestellte Stichwort einer »Revision unserer Vorstellungen«[197] hatte deshalb eine veränderte Bedeutung zu gewinnen. Wenn die SPD sich keine Chancen auf die Ausweitung ihrer sozialen Basis zur Mehrheitsfähigkeit ausrechnen konnte, aber auch den Kompromiss mit bürgerlichen Parteien ablehnte, hing der »Zukunftsstaat« nur an der Erwartung eines Zusammenbruchs der kapitalistischen Gesellschaft.

Es war insofern ein folgerichtiger Schritt der strategischen Differenzierung, dass der Revisionismus eines Bernstein die vorherrschende Parteitheorie attackierte, als die zweite Hälfte der 1890er-Jahre erstmals seit dem Gründerboom wieder eine Wachstumsphase von beträchtlicher Dauer und Dynamik zeigte. Aus seinem Londoner Exil, das er wegen der Androhung einer langjährigen Gefängnisstrafe infolge seiner Redakteurstätigkeit unter dem Sozialistengesetz nicht verlassen konnte, übersandte Bernstein dem Parteitag von 1898 eine Darlegung seines Grundgedankens: »Ich bin der Anschauung entgegengetreten, dass wir vor einem in Bälde zu erwartenden Zusammenbruch der bürgerlichen Gesellschaft stehen und dass die Sozialdemokratie ihre Taktik durch die Aussicht auf eine solche bevorstehende große soziale Katastrophe bestimmen, beziehungsweise von ihr abhängig machen soll«.[198] In seinem ein Jahr später erscheinenden theoretischen Hauptwerk prognostizierte er sogar, »dass wenigstens für eine längere Zeit allgemeine Geschäftskrisen nach Art der früheren überhaupt als unwahrscheinlich zu betrachten sind«[199], da die Aufnahmekapazität des Weltmarktes nationale Absatzprobleme überwinden könnte.

Ein nicht minder wichtiger Ansatzpunkt der Kritik an dogmatischen Interpretationen des Marxismus betraf das einfache Schema der Klassengegensätze, die Bernstein keineswegs nur auf die zwei Lager von Lohnarbeit und Kapital reduziert sah: »Weit entfernt, dass die Gliederung der Gesellschaft sich gegen früher vereinfacht hätte, hat sie sich vielmehr, sowohl was die Einkommenshöhe, als was die Berufstätigkeiten anbetrifft, in hohem Grade abgestuft und differenziert«.[200] Er betrachtete es deshalb als »eine große Verkennung der Tatsachen, zu sagen, dass die sozialistische Umwandlung der Gesellschaft ›nur‹ das Werk der Arbeiterklasse sein kann«; denn trotz ihrer maßgebenden Rolle wirkten »immer mehr Kräfte direkt und bewusst an diesem Werk mit, die keine Proletarier im Sinne der Theorie sind«.[201] Dem Bündnis mit fortschrittlichen Kreisen des Bürgertums wollte Bernstein auch radikale Parolen wie Diktatur des Proletariats und Enteignung opfern: »Ihr Einfluss würde ein viel größerer sein als er heute ist, wenn die Sozialdemokratie den Mut fände, sich von einer Phraseologie zu emanzipieren, die tatsächlich überlebt ist, und das scheinen zu wollen, was sie heute in Wirklichkeit ist: eine demokratisch-sozialistische Reformpartei«.[202]

Da Bernstein im Londoner Exil den erzwungenen Rückzug der deutschen Sozialdemokratie in die proletarische Subkultur nicht nachvollzogen hatte, blieb das unteilbare Prinzip der Volkssouveränität für ihn richtungsgebend: »Die Demokratie ist Mittel und Zweck zugleich. Sie ist das Mittel der Erkämpfung des Sozialismus, und sie ist die Form der Verwirklichung des Sozialismus«.[203] Wenngleich er optimistisch prophezeite, dass künftig »die Gesetzgebung der Demokratie die permanente Revolution« auf friedlichem Wege verbürge, wusste Bernstein um die obrigkeitsstaatliche Erstarrung in Preußen-Deutschland: »So bin ich auch selbstverständlich nicht gegen die Revolution als Mittel. Sie kann unter Umständen sehr notwendig und wünschenswert sein«, doch mussten dann die gesellschaftlichen Kräfteverhältnisse beachtet werden: »Eine politische Umwälzung im heutigen Deutschland, das heißt ein Sturz der jetzt herrschenden Mächte ist auf lange hinaus nicht möglich, wenn Arbeiter-Demokratie und bürgerliche Demokratie sich als Todfeinde gegenüberstehen«.[204] Deshalb war es keineswegs paradox, sondern entsprach der gegebenen Lage, wenn Bernstein sich eine demokratische Revolution nur als ein breites Aktionsbündnis vorstellen konnte.

Den Unmut vieler Parteigenossen hat sich Bernstein zugezogen, indem er sich mit einer häufig missverstandenen Bemerkung von spekulativen Entwürfen einer Zukunftsgesellschaft distanzierte: »Ich gestehe es offen, ich habe für das, was man gemeinhin unter ›Endziel des Sozialismus‹ versteht, außerordentlich wenig Sinn und Interesse. Dieses Ziel, was immer es sei, ist mir gar nichts, die Bewegung alles. Und unter Bewegung verstehe ich sowohl die allgemeine Bewegung der Gesellschaft, das heißt den sozialen Fortschritt, wie die politische und wirtschaftliche Agitation und Organisation zur Bewirkung dieses Fortschritts«.[205] Tatsächlich hatte bereits Engels die Frage nach einer in sich ruhenden Zukunftsvision als falsch gestellt zurückgewiesen, weil sie der Marxschen Theorie des historischen Wandels widersprach: »Aber wir haben kein Endziel. Wir sind Evolutionisten, wir haben nicht die Absicht, der Menschheit endgültige Gesetze zu diktieren«.[206] Auch Kautsky erklärte mit dem Erfurter Programm die Periode »der Utopisterei, des Spintisierens über den Zukunftsstaat«[207], für überwunden.

Insofern wollte Bernstein mit seinem deutlichen Akzent auf der Bewegung und Entwicklung vor allem unterstreichen, dass nach dem Abschied von der Erwartung des kapitalistischen Zusammenbruchs der Sozialismus nicht länger als objektive Notwendigkeit der Geschichte erscheinen konnte: »Dies Ziel ist jedoch nicht ein bloß von der Theorie vorherbezeichneter Akt, dessen Eintreten mehr oder minder fatalistisch erwartet wird, sondern es ist in hohem Maße ein gewolltes Ziel, für dessen Verwirklichung gekämpft wird«.[208] Die parteioffizielle Position, der die Ablehnung sowohl einer Konfrontation mit der Staatsgewalt als auch des Bündnisses mit liberalen Kräften zugrunde lag, bot aus seiner Sicht wenig konstruktive Handlungsperspektiven: »Für mich bedeutet die Kautskysche Taktik ein fatalistisches Treiben in eine Sackgasse. Er will keine auf die Katastrophe zugespitzte Taktik, er will aber auch keine Taktik, die den gegnerischen Katastrophenpolitikern den Boden abgräbt«.[209] Mit dem unbewältigten Spannungsverhältnis von Zielprojektionen und Bewegung dorthin traf Bernstein einen wunden Punkt der Sozialdemokratie.

In dieser Hinsicht war es durchaus symptomatisch, dass Bernstein die Wiederherstellung der »Einheit zwischen Theorie und Wirklichkeit«[210] als seine Aufgabe bezeichnete. Die Analyse der gesellschaftlichen Entwicklungstendenzen und nicht etwa nur die eingespielte Verhaltenspraxis der SPD wollte er zum Maßstab der Revision nehmen. Ebenso aufschlussreich war die Reaktion von Ignaz Auer, eines Organisationspragmatikers im Parteivorstand. Zwar hielt er das Profil einer »sozialdemokratischen Reformpartei« für alternativlos. Doch appellierte er aus Sorge um die Parteieinheit an Bernstein, die Demontage identitätsstiftender Zukunftshoffnungen nicht in aller Öffentlichkeit vorzunehmen: »Mein lieber Ede, das, was Du verlangst, so etwas sagt man nicht, so etwas tut man«.[211] Wie bereits das Fiasko des Agrarprogramms manifestiert hatte, durchkreuzte ein offenes Bekenntnis zu »revisionistischen« Absichten die Pläne zu einer reformstrategischen Realpolitik. So wurde ein theorieverdrossener »Praktizismus« die Verhaltensmaxime weiter Parteikreise.[212] Folglich war Bernsteins bewusster Revisionismus auch keineswegs »nur ein schwacher Reflex dieser vielfältigen reformistischen Praxis«.[213] Vielmehr zielte er auf eine Überwindung des sozialdemokratischen Strategiedefizits in einer Phase wachsender innerparteilicher und gesellschaftlicher Differenzierung.

Die marxistische Analyse wollte Kautsky nicht mehr als ein Instrument der strategischen Orientierung einsetzen, wenn er die dogmatische Festlegung auf eine Zusammenbruchserwartung von sich wies: »Tatsächlich ist, gerade durch ihre theoretische Basis, nichts anpassungsfähiger, als die Taktik der Sozialdemokratie«.[214] Indem er unzweideutig erklärte, eine künftige soziale Umwälzung werde »weniger dem Typus der französischen Revolution« als vielmehr einem »langdauernden Bürgerkrieg« entsprechen, verzichtete Kautsky auf die Illusion einer Herbeiführung der klassenlosen Gesellschaft im Selbstlauf der Geschichte: »Waren also die letzten Revolutionen Empörungen der Volksmassen gegen die Regierung, so dürfte die kommende Revolution – abgesehen vielleicht von Russland – mehr den Charakter eines Kampfes des einen Teils des Volkes gegen den anderen führen«.[215] Gleichzeitig begriff er den Sozialismus als konstruktive Aufgabe einer effektiveren und bedürfnisgerechteren Arbeitsorganisation: »Das siegreiche Proletariat muss die Produktion aufs rascheste erweitern, soll es den enormen Ansprüchen genügen können, die an das neue Regime gestellt werden«.[216] Das war aber kaum in Einklang mit einer Bürgerkriegssituation zu bringen.

Im Unterschied vom heimlichen Revisionismus, der die Quintessenz der Vorstandspolitik auf der praktischen und der Schriften Kautskys auf der theoretischen Ebene bildete, hat Rosa Luxemburg eine radikale Gegenposition zu Bernstein formuliert. Anders als dieser, dem nicht selten und nicht ganz zu Unrecht der Blick durch die »englische Brille« vorgehalten wurde, hatte sie in der polnisch-russischen Arbeiterbewegung politische Erfahrungen gesammelt und war erst 1898 nach einer Promotion in der Schweiz in Deutschland ansässig geworden.[217] Außerdem vertrat Rosa Luxemburg (1870–1919) eine jüngere Generation von Intellektuellen, die ohne persönliche Teilnahme an der schwierigen Gründungszeit in starke Parteien der II. Internationale hineinwuchsen. Sie versuchte deshalb, den Abwehrkampf gegen Bernstein nicht im Sinne eines Beharrens auf der Parteitradition zu führen, sondern darüber hinaus »unsere ganze positive Arbeit zu revidieren« und in revolutionärem Aktivismus »neue Wege aufzuzeigen«.[218] Den Niederbruch der Wand zwischen kapitalistischer und sozialistischer Gesellschaft konnte sich Rosa Luxemburg nur durch den »Hammerschlag der Revolution«[219] vorstellen.

Deshalb stellte sie praktische Verbesserungen auf dem Boden der bürgerlichen Gesellschaft mit dem Argument in Frage, sie würden »den Augenblick des Zusammenbruchs der heutigen Wirtschaft, damit auch unseren Sieg hinausschieben«.[220] Konkrete Fortschritte im Interesse der Arbeiter seien gewissermaßen Nebenprodukte des Kampfes für den Sozialismus. »Für die Sozialdemokratie besteht zwischen der Sozialreform und der sozialen Revolution ein unzertrennlicher Zusammenhang, indem ihr der Kampf um die Sozialreform das Mittel, die soziale Umwälzung aber der Zweck ist«.[221] Die Ablehnung positiver Reformarbeit im parlamentarischen Rahmen fiel bei Rosa Luxemburg ganz unmissverständlich aus: »In der bürgerlichen Gesellschaft ist der Sozialdemokratie dem Wesen nach die Rolle einer oppositionellen Partei vorgezeichnet, als regierende darf sie nur auf den Trümmern des bürgerlichen Staates auftreten«.[222]

Nachdem aber im Auftrieb der Hochkonjunktur den Gewerkschaften seit 1895 die Verdoppelung ihrer Mitgliederzahl in wenigen Jahren gelungen war, trat ihr Vorsitzender Carl Legien auf dem Kongress von 1899 den Katastrophenstrategen umso selbstbewusster entgegen: »Gerade wir, die gewerkschaftlich organisierten Arbeiter, wünschen nicht, dass es zu dem sogenannten Kladderadatsch kommt ... Wir wünschen den Zustand der ruhigen Entwicklung«.[223] Diese stellte ihnen augenscheinlich eine stetige Kräftigung der Organisationsmacht in Aussicht. Indem Rosa Luxemburg den Lohnkampf als bloße »Sisyphusarbeit« ohne die Chance dauerhafter Verbesserungen des Lebensstandards abqualifizierte und noch im Jahre 1899 behauptete, »dass wir im großen und ganzen nicht Zeiten eines starken Aufschwunges, sondern des Niederganges der gewerkschaftlichen Bewegung entgegengehen«[224], verfehlte sie die soziale Realität. Gerade die 1880er- und 1890er-Jahre hatten nach Stagnation und Schwankungen erstmals kontinuierlichen Reallohnzuwachs gebracht.[225] Entsprechend feierte Bernstein die Gewerkschaften als »das demokratische Element in der Industrie« und sprach ihnen über arbeitszeit- und lohnbezogene Ziele hinaus den Auftrag zu, »den Absolutismus des Kapitals zu brechen und dem Arbeiter direkten Einfluss auf die Leitung der Industrie zu verschaffen«.[226] Damit nahm er teils schon die späteren wirtschaftsdemokratischen Mitbestimmungsideen vorweg.

Allerdings unterschätzten revisionistische Programmatiker und reformistische Praktiker bei teilweise richtiger Analyse der inneren Tendenzen moderner kapitalistischer Entwicklung die nach außen gekehrten Konfliktpotenziale des imperialistischen Zeitalters. Schon die nüchternen Zahlen der Konkurrenz um Weltmarktanteile deuteten auf eine grundlegende Verschiebung in den Kräfteverhältnissen hin: Nur die USA mit rasantestem Zuwachs an der Weltindustrieproduktion, von 1860 erst 7 % auf dominierende 32 % bis 1913, übertrafen die deutsche Wachstumsdynamik jener Zeitspanne von 5 % auf 15 %. Dies ging innerhalb Europas auf Kosten der vormals dominierenden englischen Anteile, die im Weltmaßstab von 20 % auf 14 % zurückfielen, und auch Frankreich büßte von 8 % auf 6 % ein.[227] Ein deutscher Griff nach kontinentaler Vormacht hatte insofern eine nationalbürgerliche ökonomische Basis und war nicht vorrangig Ausdruck sozialdefensiver Ablenkungsstrategien vorindustrieller Herrschaftscliquen. Bevor er selbst die ungebändigten Expansions- und Destruktionskräfte in der Theorie des »organisierten Kapitalismus« zu vernachlässigen neigte, hat Rudolf Hilferding (1877–1941) mit seinem Hauptwerk »Das Finanzkapital« (1910) eine Analyse des bankenabhängigen Hochkapitalismus der imperialistischen Epoche vorgelegt.

In der Praxis mussten aber in sich stimmige reformistische beziehungsweise revolutionäre Aktionsperspektiven, wie sie Bernstein und Rosa Luxemburg propagierten, gleichermaßen am preußisch-deutschen Herrschaftssystem scheitern. Mit der Einleitung von Massenaktionen, die den Sturz des Obrigkeitsstaats bezweckten, hätte die SPD ihre Anhänger lediglich vor die Gewehrläufe der schlagkräftigsten Armee des europäischen Kontinents getrieben. Umgekehrt war es um den bündnisfähigen »Liberalismus als weltgeschichtliche Bewegung« zu mehr »Freiheit, Gleichheit, Brüderlichkeit« doch eher armselig bestellt, wie Bernstein nach seiner Rückkehr auf deutschen Boden (1901) ernüchtert konstatierte.[228] So hatte der Parteitag von 1899 vielleicht nicht die wissenschaftliche Einsicht und den strategischen Weitblick, aber die Alltagserfahrung der Übermacht und zugleich Reformunfähigkeit des preußisch-deutschen Systems für sich, wenn er den Streit um neue Handlungsperspektiven als fruchtlos abwies: »Die bisherige Entwicklung der bürgerlichen Gesellschaft gibt der Partei keine Veranlassung, ihre Grundanschauungen über dieselbe aufzugeben oder zu ändern«.[229]

In kontinuierlicher Abfolge hat sich die SPD bei den Reichstagswahlen von 23,2 % (1893) über 27,2 % (1898) bis auf 31,7 % im Jahre 1903 verbessert. Dieser beachtliche Zuwachs ermutigte die sozialdemokratischen Reformisten, erneut die Frage einer Beteiligung der SPD an der politischen Verantwortung aufzuwerfen. Mit 81 Mandaten war die SPD 1903 zur zweitstärksten Fraktion hinter dem katholischen Zentrum aufgerückt. Deshalb sollte sie nach dem Willen von Bernstein das Amt des Vizepräsidenten des Reichstags beanspruchen und sich nicht von der damit verbundenen Pflicht ihres Repräsentanten zum Antrittsbesuch beim Kaiser abschrecken lassen. Wie sehr ein solcher Vorschlag das beiderseits zementierte Tabu der Kontaktsperre zwischen den Herrschaftsträgern und der Arbeiteropposition verletzte, demonstrierte Bebel mit seiner berühmten Kampfansage auf dem Dresdener Parteitag von 1903: »Ich will der Todfeind dieser bürgerlichen Gesellschaft und dieser Staatsordnung bleiben, um sie in ihren Existenzbedingungen zu untergraben und sie, wenn ich kann, zu beseitigen«.[230] Die Delegierten bekräftigten mit überwältigender Mehrheit – und zwar auch der Reformisten – die »bisherige bewährte und sieggekrönte, auf dem Klassenkampf beruhende Taktik«.[231] Sie beendeten einen Richtungsstreit, der zunächst eher den sozialdemokratischen Traditionalismus verfestigt als zu neuem Aufbruch ermuntert hatte.

Organisatorisches Wachstum und Mobilisierungskrisen der SPD

Mit dem Ende der Reformismusdebatten war ein Wendepunkt der sozialdemokratischen Aufstiegsperiode erreicht. Der 1903 erzielte Wähleranteil von nahezu einem Drittel kündigte eine gewisse Sättigungsgrenze an. Diese war nur noch durch Erfassung neuer Bevölkerungsschichten entscheidend zu durchbrechen. Die Gründung des berüchtigten »Reichsverbandes gegen die Sozialdemokratie« und die Zentralisierung der Unternehmerverbände mussten als direkte Antwort auf die Gegenmacht der Arbeiterbewegung gelten. Angesichts dieser Herausforderung durch Staats- und Kapitalmacht war der Organisationsgrad von Partei und Gewerkschaften noch vergleichsweise niedrig. Diesen Eindruck vermitteln nicht nur die Mitgliederzahlen von gut 250 000 der SPD und reichlich 800 000 der Freien Gewerkschaften zum Zeitpunkt der Reichstagswahlen von 1903, sondern auch die relative Schwäche des häufig überschätzten Funktionärskörpers beider Säulen der Arbeiterbewegung. Wegen der hohen Mitgliederfluktuation, bedingt durch Ortswechsel und geringe Partei- oder Gewerkschaftsbindung vieler Arbeiter, bedurfte es aber einer stabilen Gruppe von Funktionsträgern als Garant kontinuierlicher Aktivitäten.

In der Entwicklungsdekade 1903 bis 1913 erlangten die Freien Gewerkschaften dann mit 2,5 Millionen eine verdreifachte, die SPD mit 1,1 Millionen sogar eine vervierfachte Mitgliederzahl. Nunmehr gelang eine recht weitgehende organisationspolitische Erfassung des zuvor lediglich agitatorisch erreichten Anhängerpotenzials. Gemessen an dieser Anziehungskraft der Arbeiterbewegung blieb ihr bürokratischer Aufwand eher gering. Da sich Partei- und Gewerkschaftsfunktionäre, entgegen der Legende vom »Bonzentum«, zumeist mit dem Gehalt mittlerer Angestellter und Beamter zufrieden gaben, machten die Personalkosten für den nicht allzu umfangreichen hauptamtlichen Apparat nur einen Bruchteil des Gesamtetats aus. Außerdem war ein Dienstverhältnis in sozialdemokratischen Organisationen häufig die einzige Existenzgrundlage für politisch Aktive, die keine Chance einer Anstellung in einem Staats- oder Privatbetrieb mehr hatten. Ein großer Teil der Tätigkeiten für die Arbeiterbewegung erfolgte ohnehin zugunsten ihrer Druckerzeugnisse und damit in publizistischer Fortführung der Mundpropaganda früherer Jahrzehnte. So hat am Vorabend des Ersten Weltkriegs die Gesamtauflage der SPD-Tagespresse schon 1,5 Millionen betragen. Weil zum Beispiel die Mehrzahl der gewerkschaftlichen Verbandsvorsitzenden bis zu einem Alter von 35 Jahren erstmals in diese Führungsposition gewählt wurde, konnten sie dann freilich auch über einen längeren Zeitraum amtieren.[232]

Die Mitgliederbasis bewahrte in der Epoche des forcierten organisatorischen Wachstums ihren aus heutiger Sicht geradezu jugendfrischen Charakter. Soweit sich dies jeweils noch eindeutig rekonstruieren lässt, erfolgte der Gewerkschafts- und Parteieintritt überwiegend kurz vor oder nach Vollendung des zweiten Lebensjahrzehnts und blieben die 20- bis 40-Jährigen der Hauptstamm der Arbeiterbewegung.[233] Diese Bereitschaft zum Engagement für die eigenen Interessen korrespondierte mit der Lebensverdienstkurve, die nach der Heirat und der Geburt der Kinder ihren Gipfelpunkt erreichen musste und dann jenseits der 40 leistungsbedingt allmählich wieder absank.[234] Eine kontinuierliche Arbeitszeitverkürzung, die statt des zwölfstündigen wie noch im Reichsgründungsjahrzehnt den zehnstündigen Arbeitstag zur Regel werden ließ, ermöglichte ein breiter gefächertes Freizeitangebot. Dieses verlieh dem subkulturellen Integrationsmilieu der Sozialdemokratie eine besondere Attraktivität und sollte ein Stück vorgelebten Zukunftsstaats verkörpern. Auch zahlenmäßig wirklich eine dritte Säule der Arbeiterbewegung waren aber nur die Konsumgenossenschaften mit bis zu 1,5 Millionen Mitgliedern schon vor dem Ersten Weltkrieg.[235]

Zu den sozialgeschichtlichen Grundlagen der Konsolidierung von Partei und Gewerkschaften als Massenorganisationen zählte auch eine fortschreitende Verstädterung, die mit dem Wachstums- und Zentralisationsprozess der kapitalistischen Produktion einherging. Die Zusammenballung von immer mehr Menschen gleicher Soziallage auf engstem Raum begünstigte die Herausbildung soziokulturell und politisch homogener Arbeiterviertel. In diesen wurden Zuwanderer rasch sozialdemokratisch beeinflusst, zumal dann kein – im ländlichen Raum noch recht verbreiteter – eigener Grundbesitz das Proletarierdasein kompensierte. Schon in den Reichstagswahlen 1898 hatte die SPD in Großstädten mit 53,8 % die absolute Mehrheit der gültigen Stimmen erreicht und war in kleinen und mittleren Städten von 10 000 bis 100 000 Einwohnern mit 45,2 % dominierend. Eine gut durchschnittliche Stärke von 32,8 % zeigten die Kleinstädte von 2000 bis 10 000 Bewohnern, während die ländliche Hälfte der Bevölkerung in Orten unter 2000 Einwohnern nur zu 14,2 % die SPD wählte.[236] Dabei hatte die städtische Wohnungsnot, der auch halboffene Familienstrukturen der Untervermietung und des »Schlafgängertums« zuzuschreiben waren, einen die Entwicklung von Klassenbewusstsein begünstigenden Begleiteffekt.[237] Auf betrieblicher Ebene führte die zunehmende Bedeutung größerer Fabrikhallen mit kooperativen Arbeitsprozessen ebenfalls zum Alltagserlebnis des Kollektivs. Dieses förderte eine Identitätsfindung durch Bildung informeller Gruppen der Beschäftigten mit intensiven Kommunikationsbeziehungen.

Die erste Probe auf die praktischen Konsequenzen dieser sozioökonomischen Veränderungen brachten die Ruhrbergarbeiterstreiks zum Beginn des Jahres 1905. An ihnen beteiligten sich mindestens 200 000 Beschäftigte, um das Zechenkapital mit Forderungen nach Lohnerhöhungen und Arbeitszeitverkürzung zu konfrontieren. Die unter katholischen Arbeitskräften relativ starke Position der Christlichen Gewerkschaften, die gerade in diesen Jahren die stagnierenden Hirsch-Dunckerschen Gewerkvereine deutlich überrundeten, machte eine aggressive Streikführung von vornherein illusorisch. So konnte auch dieser Arbeitskonflikt nur mit Teilerfolgen beendet werden. Ohne das parallele Geschehen der ersten russischen Revolution seit Januar 1905 wäre es daher kaum zu einer Debatte über den politischen Massenstreik innerhalb der SPD gekommen. Mit Ausnahme der lokale Autonomie beanspruchenden Gewerkschaftsgruppen, die sich im Umkreis der »Opposition der Jungen« als Überbleibsel der illegalen Arbeit während des Sozialistengesetzes erhalten hatten und erst 1908 durch Parteitagsbeschluss aus der SPD verstoßen wurden, sind in der deutschen Arbeiterbewegung nur minimale syndikalistische Tendenzen hervorgetreten.

Vor diesem Hintergrund ist auch die gereizte Reaktion des im Frühjahr 1905 tagenden Gewerkschaftskongresses zu verstehen, der jede Erörterung über eine revolutionäre Rolle der ökonomischen Interessenorganisationen im Keime ersticken wollte: »Den Generalstreik, wie er von Anarchisten und Leuten ohne jegliche Erfahrung auf dem Gebiete des wirtschaftlichen Kampfes vertreten wird, hält der Kongress für indiskutabel; er warnt die Arbeiterschaft, sich durch die Aufnahme und Verbreitung solcher Ideen von der täglichen Kleinarbeit zur Stärkung der Arbeiterorganisationen abhalten zu lassen«.[238] Diese Haltung, die der

Gestickter Wandschmuck um 1910 (von links nach rechts: Wilhelm Liebknecht, August Bebel, Paul Singer).

Sorge um den Bestand der Berufsverbände nach einem nur wenige Tage finanzierbaren Massenstreik entsprach, konnte die stärker programmatisch orientierte Partei nicht befriedigen. In einem breiten Konsens der radikalen Linken um Rosa Luxemburg, des Zentrums unter Bebel und der Reformisten um Bernstein beschloss der SPD-Parteitag daraufhin im Herbst 1905 folglich eine politische Resolution. Diese bezeichnete den Massenstreik als »eines der wirksamsten Kampfmittel«, ein »politisches Verbrechen an der Arbeiterklasse abzuwehren oder um sich ein wichtiges Grundrecht für ihre Befreiung zu erobern«.[239]

Die Motive dieser Bereitschaft, eine neue politische Strategie für den Ernstfall eines unausweichlichen Machtkonflikts mit Großkapital oder Staatsgewalt zu debattieren, waren höchst unterschiedlich. Das frühzeitige positive Votum Bernsteins ergab sich aus dem bei ihm seit längerem bestehenden Eindruck, dass der SPD trotz ihrer radikalen Parolen eine konkrete Handlungsperspektive jenseits der Organisationsroutine fehlte: »Im allgemeinen wird vielmehr mit einer gewissen Sorglosigkeit nach dem Motto ›Unser der Sieg trotz alldem!‹ der Zukunft entgegengewurstelt«.[240] Als bewusste Gegenposition zu jenem Praktizismus, der sich bequem hinter dem Rücken der »bewährten und sieggekrönten Taktik« Bebels ausbreiten konnte, war Bernsteins Ansatz für Gewerkschafter wie den Bauarbeiterführer Theodor Bömelburg ein Buch mit sieben Siegeln: »Es ist eigentümlich, dass bei uns Bernstein und die Revisionisten am meisten den politischen Massenstreik propagieren«.[241] Eine gewerkschaftliche Praxis des Rückzugs auf die kurzfristigen materiellen Interessen der Arbeiterschaft bedeutete auch Distanz zu einer Konzeption, die eine grundlegende Veränderung des politischen Systems anstrebte.

Entsprechend ihrer Herkunft und Neigung verschrieb sich demgegenüber Rosa Luxemburg ganz »der großartigen russischen Revolution, die auf Jahrzehnte hinaus die Lehrmeisterin der revolutionären Bewegungen des Proletariats sein wird«.[242] Den gewerkschaftlichen Hinweis auf die bei einem Massenkampf schon bald leeren Streikkassen wollte sie bestenfalls für gewöhnliche Arbeitskonflikte anerkennen: »Aber im Sturm der revolutionären Periode verwandelt sich eben der Proletarier aus einem Unterstützung heischenden vorsorglichen Familienvater in einen ›Revolutionsromantiker‹, für den sogar das höchste Gut, nämlich das Leben, geschweige das materielle Wohlsein im Vergleich mit den Kampfidealen geringen Wert besitzt«.[243] Es sollte sich jedoch überaus rasch und deutlich herausstellen, dass Rosa Luxemburg, indem sie das Leitbild der spontanen Massenstreiks aus der russischen Revolution übertragen wollte, einer Fehleinschätzung der vorherrschenden Mentalität deutscher Arbeiter unterlag. Sie konnte daher keinen maßgebenden Einfluss auf die innerparteiliche Willensbildung gewinnen.

Der offenkundige Dissens zwischen den Beschlüssen des Gewerkschaftskongresses und des Parteitags bedurfte in jedem Falle einer prinzipiellen Klärung. In Geheimkontakten auf Vorstandsebene wurde eine

Verständigung angebahnt, die Bebel auf dem Mannheimer Parteitag von 1906 als vordringlichste Aufgabe bezeichnete: »Wir sollten vor allem Frieden und Eintracht zwischen Partei und Gewerkschaften herbeiführen«.[244] Die Delegierten entschieden sich mit großer Mehrheit für eine Bekräftigung der kaum bestreitbaren Tatsache, dass sozialdemokratische Aktionsparolen ohne gewerkschaftlichen Rückhalt keine Aussicht auf Erfolg boten. Insofern sollte die Generalkommission im Falle der Einleitung von Massenstreiks das letzte Wort behalten. Nach der Niederlage der russischen Revolution war ohnehin der Anknüpfungspunkt entfallen, um die Entwicklung einer neuen aktivistischen Strategie als konkrete Tagesaufgabe darlegen zu können.

Einen ersten Rückschlag in der Aufstiegsperiode seit Anfang der 1890er-Jahre musste die Sozialdemokratie bei den Reichstagswahlen von 1907 hinnehmen. Ähnlich wie in den Kartellwahlen von 1887 war es der Regierung gelungen, über eine »nationale« Thematik ein breites Bündnis zu schaffen, dem sich sogar der größte Teil der Linksliberalen anschloss. Entsprechend dem Anlass für die vorzeitige Reichstagsauflösung infolge der Weigerung von Sozialdemokraten und Zentrumspartei, das Vorgehen der deutschen Kolonialtruppen gegen einen Eingeborenenaufstand haushaltsmäßig abzusichern, sprach man seitens der SPD von »Hottentotten-Wahlen«. Diese sollten den Blick von den sozialen Spannungen in Preußen-Deutschland ablenken. Tatsächlich gelang es dem konservativ-gesamtliberalen Block der Anhänger einer imperialistischen Außenpolitik, bei einer hohen Wahlbeteiligung von fast 85 % eine deutliche Mandatsmehrheit zu erobern. Der SPD wurde durch die Stichwahlabsprachen ihrer Gegner nahezu die Hälfte ihrer Mandate von 1903 abgenommen und ein Anteilsverlust von 31,7 % auf 28,9 % zugefügt, obgleich sie weiter von 3,0 auf 3,25 Millionen Wähler angewachsen war.

Die Ergebnisse der Reichstagswahlen ließen erkennen, dass die mit dem Organisationsstatut von 1905 beschleunigte Konsolidierung des Status der SPD als Mitgliederpartei nicht schon feste Aussicht auf zunehmenden politischen Einfluss begründete. Die reformistische Strömung zog aus dieser ernüchternden Einsicht die Schlussfolgerung, die Notwendigkeit einer Ausweitung der sozialen Basis und der Bündnisbeziehungen der Partei zu unterstreichen. Innerhalb der linkssozialistischen Kreise der SPD versprach man sich von dem enttäuschenden Wahlausgang wenigstens eine Abkehr von parlamentarischen Illusionen, die den Weg für eine offensive Klassenpolitik bahnen sollte. Während sich also Revisionisten und Radikale jeweils in ihrer Kritik am bisherigen Parteikurs bestätigt sahen, geriet der Zentrismus nach diesem schmerzlichen Erfahrungsprozess in eine Identitätskrise. Die pragmatische Mehrheit der sozialdemokratischen Funktionsträger befürchtete künftig verschärfte Fraktionskämpfe innerhalb der Partei und konzentrierte sich deshalb umso mehr auf den Ausbau der Organisation und das Streben nach kleinen Verbesserungen in den Lebensbedingungen der Arbeiterschaft. Insofern ist hervorzuheben, dass eine Tendenz zur Bürokratisierung der SPD nach 1905 allenfalls im Zusammenhang mit den politisch-sozialen Rahmenbedingungen den Verlust an Mobilisierungsfähigkeit erklären kann.[245]

Eine wirkungsmächtige sozialdemokratische Frauenbewegung konnte sich, nach viel Mut erfordernden bescheidenen Anfängen zuvor, erst seit dem Reichsvereinsgesetz von 1908 entfalten, das endlich auch Frauen die politische Betätigung nicht mehr länger verboten hat. Der weibliche Beitrag zum Aufstieg der SPD entwickelte sich durchaus eindrucksvoll: Die Gesamtzahl der weiblichen Mitglieder erhöhte sich in den wenigen Jahren zwischen 1908 und 1914 bereits von weniger als 30 000 auf knapp 175 000. In der Regionalverteilung ist auffällig, dass zwar die Parteizentren des Berliner und Hamburger Raums neben der Flächenhochburg Sachsen führend blieben, jedoch die größten Zuwachsraten in bislang weniger erfassten Gebieten erreicht wurden. So gelang zum Beispiel in den SPD-Bezirken Zwickau und Chemnitz allein zwischen 1910 und 1914 eine Verfünf- beziehungsweise gar Versiebenfachung der weiblichen Parteimitglieder, während es reichsweit immerhin gut eine Verdoppelung war. Ähnliche nachholende Dynamik auf niedrigem Ausgangsniveau galt für strukturschwache Regionen der SPD wie Baden und Württemberg.[246]

Der Schwerpunkt dieses zusätzlichen politischen Engagements lag weiterhin im Bereich der unzureichenden Entlohnung von Frauenarbeit. Außerdem wurde gegen eine die Haushaltsführung erschwerende Lebensmittelteuerung agiert, die mit aus der Schutzzollpolitik nach Abkehr Bismarcks vom Freihandelsliberalismus resultierte. Über die Konsumgenossenschaften wurde teilweise auch Selbsthilfe möglich, zwecks Beschaffung für Arbeiterhaushalte erschwinglicher Produkte. Auch wegen einer »dogmatisch-intransigenten Linie von Clara Zetkin«[247], der politisch mit Rosa Luxemburg verbundenen Chefredakteurin der Frauenzeitschrift »Die Gleichheit«, konnte allerdings innerparteilich noch kaum nennenswerter Einfluss ausgeübt werden.

Als programmatischer Exponent des marxistischen Zentrums hat sich Kautsky immerhin darum bemüht, das strategische Dilemma der SPD schonungslos anzusprechen: »Ich würde es auch nicht wagen, zu einer Massenaktion zu drängen, zu der nicht die Masse selbst drängt; denn nur, wenn die Aktion von dieser ausgeht, kann man auf die nötige Wucht und Leidenschaftlichkeit rechnen. In Deutschland aber sind die Massen darauf gedrillt, immer auf das Kommando von oben zu warten«.[248] Dieses Eingeständnis des sozialdemokratischen Strategiedefizits, das Führung und Basis der Partei wechselseitig auf die Impulse der jeweils anderen Ebene verwies und damit in ihrer Handlungsbereitschaft lähmte, durfte aber nicht den Blick für die historische Situation trüben. Das zu verzeichnende »Wachstum an Kraft der beiden gegensätzlichen Klassen, die einander in unüberbrückbarer Feindschaft gegenüberstehen«, musste für Kautsky letztlich »zu einem Kampfe riesenhafter fest geschlossener Organisationen« führen, »die das ganze gesellschaftliche und staatliche Leben bedingen«.[249] Wenn es zum Typus der weitverzweigten sozialdemokratischen Massenpartei keine praktikable Alternative gab, stellte sich umso dringlicher die Frage nach deren politischer Aktionsfähigkeit.

Im Verlauf des Jahres 1910 kam es innerhalb der SPD zu einer deutlichen Profilierung der unterschiedlichen Konzeptionen. Ein Anstoß zu neuen Überlegungen des linken Flügels ging von den Massendemonstrationen aus, mit denen Sozialdemokraten – unterstützt von Teilen des linksliberalen Bürgertums – in mehreren Städten gegen das Scheitern einer Reform des preußischen Dreiklassenwahlrechts protestierten. Von Massen- oder Generalstreiks begleitete Wahlrechtskämpfe hat es unter anderem in Belgien und Schweden gegeben. Der Vorschlag Rosa Luxemburgs, die öffentliche Agitation der SPD auf die Forderung nach der demokratischen Republik zu konzentrieren, hätte zwar eine revolutionäre Stoßrichtung gegen die bestehende Monarchie riskiert, zugleich aber bessere Chancen einer Massenaktivierung geboten, als dies ihr russisches Vorbild ein halbes Jahrzehnt zuvor vermochte. In der parlamentarischen Praxis hatte sich die SPD jedoch bereits darauf eingestellt, an der Erweiterung demokratischer Rechte mitzuarbeiten, ohne die Verfassungsordnung unmittelbar aufheben zu können.[250] Da Kautsky nicht entgangen war, dass Rosa Luxemburg die Wahlrechtsbewegung über den Rahmen einer Reforminitiative hinaus zur Überwindung des herrschenden Systems weitertreiben wollte, bekannte er sich nunmehr unverklausuliert zu einem strikten Legalitätskurs: »Nicht auf den Massenstreik haben wir heute unsere Agitation zuzuspitzen, sondern jetzt schon auf die kommenden Reichstagswahlen«.[251]

Im Verweis auf das politische Vermächtnis von Engels empfahl Kautsky eine »Ermattungsstrategie«, die im Gegensatz zur – die direkte Konfrontation mit der Staatsgewalt suchenden – »Niederwerfungsstrategie« einen langen Atem erforderte. Wie ein späteres Bekenntnis des führenden Theoretikers der SPD unmissverständlich dokumentierte, war Kautskys Beurteilung der politischen Lage in Preußen-Deutschland mit seiner geschichtsphilosophischen Überzeugung verknüpft: »Nichts komischer als etwa Erörterungen darüber, ob wir Sozialdemokraten durch das allgemeine Wahlrecht, durch das Parlament oder durch politische Massenaktionen die politische Macht erobern wollen. Als ob das von unserem Belieben abhinge! Ebenso gut könnten wir darüber debattieren, ob es morgen hageln solle oder nicht«.[252] Ohnehin war es die verbreitete Ansicht, dass sich die Sozialdemokraten mit revolutionärem Aktivismus nur blutige Köpfe holen konnten und parlamentarische Reformarbeit lediglich begrenzte Fortschritte versprach. Das ließ die organisatorische und agitatorische Vorbereitung auf eine innen- oder außenpolitische Krise des bestehenden Systems als einzige realistische Perspektive erscheinen.

Auf dem Parteitag der SPD im Herbst 1910 entbrannte wieder einmal ein heftiger Konflikt um die erneuten Budgetbewilligungen in süddeutschen Staaten. Die dortigen Reformisten waren mit den Liberalen feste Allianzen eingegangen, um die Vorherrschaft katholisch-konservativer Kreise zu brechen. Am weitesten ging die Zusammenarbeit in Baden, wo der dortige »Großblock« die Züge einer die Regierungsarbeit stützenden Koalition annahm. Die süddeutschen Sozialdemokraten verlangten im Interesse ihrer politischen Eigenständigkeit eine stärkere »Föderalisierung der Partei«.[253] Eine solche Auflockerung der Parteidisziplin wollte jedoch die Mehrheit der Delegierten nicht dulden. So geriet der Parteitag an den Rand der Spaltung, als die Vertreter der süddeutschen Sozialdemokraten zu verstehen gaben, dass sie auch künftig nach aktuellen Erfordernissen entscheiden wollten, obgleich ihnen für den Fall wiederholter Budgetbewilligungen der Ausschluss angedroht worden war. Auf die Entwicklung der Gesamtpartei konnte dieser regional verwurzelte Reformismus aber keinen bestimmenden Einfluss gewinnen. Allein in Groß-Berlin waren nahezu ebenso viele SPD-Mitglieder organisiert wie insgesamt in Bayern, Baden und Württemberg – und mehr als es damals parteimäßig organisierte Sozialisten in ganz Frankreich gab.

Erst im Jahrzehnt vor dem Ersten Weltkrieg kam es auf Reichsebene zu deutlicheren Tendenzen der faktischen Aufwertung des Reichstags. Dies geschah allerdings innerhalb einer Verfassungsordnung, die eine grundlegende Parlamentarisierung angesichts der Sonderstellung Preußens und seiner Führungsrolle im Bundesrat kaum zulassen konnte. Stieß auch schon die Konstitutionalisierung an Grenzen der preußischen Hegemonie und dortiger Herrschaftsordnung, ist erst recht der Durchbruch zur parlamentarischen Monarchie bis 1918 ausgeblieben. Außer von den Sozialdemokraten und, weniger entschieden, von den Linksliberalen wurde eine solche Verfassungsreform von den Parteien des Reichstags auch gar nicht angestrebt. Die Wege von Liberalismus und Demokratie hatten sich längst getrennt. Neben Teilen des südwestdeutschen Linksliberalismus um die »Frankfurter Zeitung« bekannte sich im späten Kaiserreich nur die 1908 entstandene linksbürgerliche Splittergruppe »Demokratische Vereinigung« zu diesem geschichtlichen Namen der Paulskirchen-Linken.

Die Entsendung eines deutschen Kanonenboots an die Küste von Marokko brachte das Reich im Sommer 1911 an die Grenze eines Krieges mit Frankreich. Da die Legislaturperiode innerhalb des folgenden Halbjahres zuende ging, war der SPD-Vorstand um Bebel davon überzeugt, dass solches außenpolitisches Gebaren ähnlich wie 1907 lediglich eine wahltaktische Funktion erfüllen sollte. Außerdem wollten sich die Sozialdemokraten in dem nationalistisch aufgeheizten Meinungsklima nicht durch allzu schroffen Oppositionskurs isolieren. Seit der unsozialen Steuerreform von 1909, die eine agrarisch orientierte Reichstagsmehrheit von Konservativen und Zentrumspartei nach dem Bruch mit den – städtische Belange vertretenden – Liberalen durchgesetzt hatte, befand sich die SPD spürbar im Aufwind der Wählergunst. Dieser Trend, der in Nachwahlen bereits zu einer Erhöhung der sozialdemokratischen Mandatszahl von 43 auf 53 während der laufenden Legislaturperiode geführt hatte, fand im Ergebnis der Anfang 1912 abgehaltenen Reichstagswahlen eine Bestätigung. Mit 4,25 Millionen Stimmen (= 34,8 %) konnte die SPD 110 Mandate erobern und damit erstmals auch die stärkste Fraktion stellen. Die innerparteilich umstrittenen Stichwahlvereinbarungen mit den Linksliberalen hatten sogar eine Beseitigung der katholisch-konservativen Mehrheitsposition im Reichstag ermöglicht.

Eine Übersichtskarte der 397 Wahlkreise macht gleichwohl auch Grenzen der politischen Erreichbarkeit von wesentlichen Teilen des Reichsgebiets deutlich.[254] Im preußisch-blauen Nordosten und katholisch-schwarzen Westen und Süden waren Mehrheiten der SPD einstweilen auch in der Stichwahl nicht zu erlangen. Ein mitteldeutsches Kerngebiet bis Berlin im Norden sowie mit (in heutigen Begriffen) südniedersächsischen Ausläufern im Westen und schlesischen Verzweigungen um Breslau im Osten verbürgte die Mehrzahl der SPD-Mandate. Daneben waren urbane Zentren von den Hanse- und Ostseestädten über Teile des rheinisch-westfälischen Gewerbekerns bis zu den süddeutschen Metropolregionen um Frankfurt, Mannheim, Stuttgart, Nürnberg und München zu erkennen. Es fiel die Nachbarschaft linksliberaler Mandatsgewinne im Norden und Osten, hingegen der Nationalliberalen im Westen und Südwesten auf (dort mit Ausnahme von württembergischen Regionen mit Volksparteicharakter des Linksliberalismus). In beiden Fällen konkurrierte aber die SPD mit diversen Schattierungen des Liberalismus um die weder agrar-konservativ noch katholisch dominierten Wahlterritorien. Diese Regionalkonkurrenz behinderte etwaige – zur reichsweiten Mehrheitsbildung erforderliche – sozial-liberale Optionen.

Doch war es der Sozialdemokratie im Wahlkampf gelungen, die nach der raschen Beilegung der Marokkokrise primär wirtschafts- und sozialpolitische Themenstellung im Sinne ihrer Profilierung als »wahrhafte Volkspartei«[255] zu nutzen. Das parallele Hervortreten internationaler Spannungen und zunehmender sozialer Polarisierung im Inneren wurde von Kautsky als Signal einer neuen Ära des Umbruchs interpretiert: »Wie in dem Jahrzehnt ihres Werdens steht die deutsche Sozialdemokratie mitten in einer Welt, die erfüllt ist von Explosivstoffen, die schwanger ist mit Kriegen und Revolutionen«.[256] Den in dieser Höhe auch optimistischen Erwartungen entsprechenden Wahlsieg betrachtete der SPD-Theoretiker als Produkt einer gesetzmäßigen Entwicklung der kapitalistischen Gesellschaft: »Denn die Klasse, deren Interessen unsere

Partei verficht, ist die einzige, die stetig wächst ... So kann es nicht lange dauern, und die große Mehrheit steht hinter uns«.[257] Im Kontext der vorausgegangenen Äußerungen begründete der mächtig anschwellende Massenanhang der SPD aber nicht die Hoffnung eines friedlichen Hineinwachsens in den Sozialismus, sondern die Aussicht auf konfliktverschärfende Gegenstrategien der Herrschenden. Seit dem Ende des Sozialistengesetzes wurden immer noch gegen Repräsentanten der Arbeiterbewegung »insgesamt 1209 Jahre Gefängnis und 111 Jahre Zuchthaus verhängt«.[258]

Aufs Ganze gesehen wäre es demnach eine zu einseitige Vorstellung, eine kontinuierliche Integration der Sozialdemokratie in die bestehende Staats- und Gesellschaftsordnung anzunehmen. Die Grenzen dafür lassen sich anhand der – gegenüber deutlichen Verbesserungen zuvor – teuerungsbedingt langsameren Reallohnsteigerung seit der Jahrhundertwende erkennen. Geradezu drastisch verschlechterte sich die Verteilungsposition: Zwischen 1871 und 1900 waren die Reallöhne der Wertschöpfung und Produktivitätsentwicklung nahezu gefolgt, während von 1900 bis 1913 rund 50 % Zuwachs an Wirtschaftskraft kaum 15 % Reallohnsteigerung gegenüberstand.[259] Ebenso gilt solches Defizit an Teilhabe hinsichtlich der fortbestehenden politischen Diskriminierung durch das preußische Dreiklassenwahlrecht. Überdies zerfiel 1913 selbst in Baden das modellhafte Bündnis mit den Liberalen, so dass entsprechende Reformabsichten auf Reichsebene noch weniger als zuvor eine realistische Chance boten. Nur vor diesem Hintergrund ist es zu verstehen, dass Ludwig Frank als Sprecher der süddeutschen Reformisten durchaus einen politischen Massenstreik zur Erringung des allgemeinen und gleichen Wahlrechts in Preußen ins Auge fassen wollte, um die innenpolitische Erstarrung zu durchbrechen.

Der mit dieser Frage befasste Parteitag von 1913 konnte sich jedoch nicht zu einer klaren Entscheidung durchringen, sondern machte es den Genossen nach bekanntem Muster »zur Pflicht, unermüdlich für den Ausbau der politischen und gewerkschaftlichen Organisation zu wirken«.[260] Der äußere Druck des Obrigkeitsstaats blockierte zwar eine positive Eingliederung der Arbeiterbewegung, bewirkte aber eine Art negativer Integration, das heißt den Rückzug in eine gegenüber der Mehrheitsgesellschaft abgekapselte Subkultur. Auch die Gewerkschaften stießen an Schranken einer konzentrierten Kapitalmacht, die gerade in strukturbestimmenden Wirtschaftssektoren die Betriebe von wirksamer Kontrolle durch die Interessenvertreter der Lohnabhängigen freizuhalten vermochte und Lohnkämpfe durch Massenaussperrungen eskalierte. Vornehmlich in den dezentralisierten Branchen des Druck- und Baugewerbes sowie mancher Konsumgüterindustrien konnten bis 1914 in beträchtlichem Umfange tarifvertragliche Vereinbarungen den unternehmerischen Herr-im-Hause-Standpunkt untergraben.[261] Auch die Maschinenbau-Industrie tendierte eher zu Vereinbarungen.

Technischer Fortschritt, entsprechend erhöhte Arbeitsproduktivität und wirtschaftliches Wachstum hatten während der Industrialisierung die Herausbildung einer – wenn auch nach wie vor in sich gegliederten – Arbeiterklasse bewirkt. Diese war in nahezu allen ihren Lebensumständen und Lebensäußerungen klar von den kapitalistischen Unternehmern wie auch von den Mittelschichten abgegrenzt. Die noch andauernde Vermehrung der Ungelernten wurde überboten durch das ständige Anwachsen der Gruppe der angelernten Arbeiter, das um 1900 einen Sprung der Mechanisierung der Industrie anzeigte. Daneben blieben die Facharbeiter mit handwerklicher Lehre bedeutend, insbesondere als Träger der organisierten Arbeiterbewegung. Der hartnäckige Einsatz auf allen Ebenen des Klassenkonflikts trug maßgeblich dazu bei, dass die Jahrzehnte vor 1914 auch von einer kontinuierlichen Anhebung des materiellen und kulturellen Niveaus der Lohnabhängigen geprägt waren. Diese hatten nun allmählich mehr zu verlieren als nur »ihre Ketten«, wie es Marx und Engels im »Manifest« noch vor dem Hintergrund der Elendsverhältnisse früherer Generationen unterstellten.

Die Spaltung der Sozialdemokratie im Ersten Weltkrieg

Mit dem Tod Bebels im August 1913 wurde an der Parteispitze endgültig ein Generationswechsel erzwungen, dessen Auswirkungen auf das politische Profil der SPD zunächst verborgen blieben. Als zwei Jahre zuvor der zweite Parteivorsitzende Paul Singer gestorben war[262], hatte sich Bebel mit der Wahl des Rechtsanwalts Hugo Haase (1863–1919) zu seinem »Kronprinzen« gegen den Gewerkschaftsflügel und den Parteiapparat durchgesetzt, die schon damals Friedrich Ebert favorisierten. Der gelernte Sattler und bewährte Organisator Ebert (1871–1925) rückte nach dem Ende der Ära Bebel in das Amt des Vorsitzenden auf, ohne dass seine Wahl auf nennenswerten Widerstand traf. Eine Verbindung zwischen dem intellektuellen linken Zentristen Haase und dem pragmatischen rechten Zentristen Ebert konnte noch als eine ausbalancierte Integrationslösung gelten.[263] Indem weder die süddeutschen Reformisten noch die radikale Linke unmittelbar an der Parteispitze vertreten waren, doch auch nicht durch eine einseitige Ausrichtung der Führungspersönlichkeiten unnötig provoziert wurden, glaubten die Sozialdemokraten das Erbe Bebels fortführen zu können.

Die Ermordung des österreichischen Thronfolgers durch serbische Nationalisten entfachte Ende Juni 1914 eine Kriegsstimmung, die wenige Wochen später das Pulverfass der europäischen Großmachtkonflikte zur Explosion brachte. Die deutschen Sozialdemokraten, die aufgrund ihrer ökonomischen Erklärung des Imperialismus und aus wahltaktischen Motiven zu einer Unterschätzung des Eigengewichts außenpolitischer Faktoren neigten, konnten sich nicht vorstellen, dass dieser Anlass hinreichend gewichtig war, um einen Weltkrieg hervorzurufen.[264] Erst das österreichische Ultimatum, mit dem nicht nur eine Unterwerfung der Serben verlangt, sondern auch das in dieser Region engagierte Russland herausgefordert wurde, veranlasste die SPD am 25. Juli zu einem warnenden Protest: »Kein Tropfen Blut eines deutschen Soldaten darf dem Machtkitzel der österreichischen Gewalthaber, den imperialistischen Profitinteressen geopfert werden«.[265] In dieser Stellungnahme wurde der morsche Habsburger Vielvölkerstaat als das eigentliche Kriegsrisiko für das mit ihm verbündete Deutsche Reich betrachtet. Tatsächlich hatte die politische und militärische Führung Deutschlands jedoch ihren österreichisch-ungarischen Bundesgenossen längst eine Blankovollmacht für ein offensives Vorgehen erteilt – und sich damit erhebliche Verantwortung für den Ausbruch des Weltkriegs aufgeladen, ohne ihn planvoll vorbereitet zu haben.

Den von der SPD in vielen Städten initiierten Massendemonstrationen für den Frieden mangelte es an erreichbaren Adressaten außerhalb der eigenen Anhängerschaft. Überdies bestand innerhalb der Sozialdemokratie keineswegs Einvernehmen über die Ansatzpunkte einer Friedensstrategie. Ein internationaler Sozialistenkongress hatte sich im Jahre 1907 zu diesen Problemen trotz wortstarker Erklärungen nur auf die Ankündigung verständigen können, im Falle einer bedrohlichen Situation seitens der einzelnen Arbeiterbewegungen »alles aufzubieten, um durch die Anwendung der ihnen am wirksamsten erscheinenden Mittel den Ausbruch des Krieges zu verhindern«.[266] Die radikale Linke der SPD um Rosa Luxemburg hielt Kriege für eine unvermeidliche Konsequenz der imperialistischen Gegensätze und betrachtete Friedenspolitik auf dem Boden der kapitalistischen Gesellschaft als illusorisch. Der antimilitaristische Aktivismus des Rechtsanwalts Karl Liebknecht wird jedoch nur durch die lange übersehene Tatsache begreiflich, dass seine Propaganda sich im Geiste seines berühmten Vaters primär gegen den preußischen Obrigkeitsstaat richtete. Darin enthaltene radikaldemokratisch-humanistische Motive rückten ihn vor 1914 eher an die Seite des linken Zentrums als der radikalen Marxisten.[267]

Die Einbruchstelle in die sozialdemokratische Widerstandskraft fand die Reichsleitung in einer wirksamen Kombination von Faktoren politischer Einflussnahme. Angesichts der ohnehin vorhandenen strategischen Ratlosigkeit wog die Furcht der SPD vor den bereits vorbereiteten Verboten und Verhaftungen aufbegehrender Oppositioneller umso schwerer. Eine am 31. Juli verhängte Einschränkung der Pressefreiheit beraubte die Sozialdemokratie eines ihrer wichtigsten Instrumente: der Meinungsführerschaft im Hinblick auf die laufenden Ereignisse, die anfangs dazu geführt hatte, dass entgegen einer historischen Legende von allgemeiner Kriegsbegeisterung in der ersten Augusthälfte 1914 nicht die Rede sein kann.[268] Wenn auf eine Erzwingung des Friedens seitens der Arbeiterbewegung keine Hoffnungen mehr zu setzen waren und sich ein lähmendes Gefühl der Ohnmacht verbreitete, stieg die Anfälligkeit für arrangierte Rechtfertigungsideologien. Nach der Generalmobilmachung der russischen Truppen entstand die neue Konstellation. In dieser waren viele Sozialdemokraten unter Hinweis auf die notwendige Landesverteidigung gegen den Zarismus als »Hort der Reaktion« bereit, ihre gegenüber der Partei und den »wahren Interessen« des Volkes geübte Loyalität auf den bestehenden Nationalstaat zu übertragen.

Der Entscheidungsspielraum der SPD-Reichstagsfraktion für die auf den 4. August anberaumte Abstimmung über die Kriegskredite verengte sich zusätzlich dadurch, dass der rechte Flügel unwiderruflich auf die Bewilligung festgelegt war. Die tragende Säule dieses konfliktscheuen Verhältnisses zum übermächtigen Herrschaftssystem waren die Gewerkschaften. Mit ihrem Bekenntnis zum »Burgfrieden« hatten sie bereits am 2. August dokumentiert, wie sich die gewerkschaftlichen Funktionsträger verhalten würden, die immerhin ein Drittel aller SPD-

Abgeordneten im Reichstag stellten. Hinzu kam, dass einige besonders reichspatriotisch gestimmte Rechtssozialdemokraten hinter dem Rücken ihrer Partei die Regierung über das Fehlen jeglicher Aktionspläne für einen Widerstand informiert hatten. Ferner wirkte sich aus, dass die französische Bruderpartei die Idee einer gemeinsamen Stimmenthaltung nicht aufgegriffen hatte.

Die innerparteiliche Verhandlungsposition der Kriegskreditgegner in der Reichstagsfraktion wurde zusätzlich dadurch geschwächt, dass die SPD-Linke in den Jahren zuvor gegen jeden Disziplinbruch süddeutscher Reformisten auf der einheitlichen Linie der Partei bestanden hatte. Daher konnten die prinzipienfesten Antimilitaristen nicht überzeugend mit einem abweichenden Votum drohen, was der Tradition einheitlicher Abstimmung im Parlament widersprochen hätte. Der äußere Druck der deutschen Kriegsmobilisierung wurde also um innere Zwänge der Partei- und Fraktionseinheit ergänzt. So neigte sich die Meinung der ausschlaggebenden Zentristen allmählich von der zunächst favorisierten Stimmenthaltung zur Bewilligung der Kriegskredite. Die am Tage vor der entscheidenden Reichstagssitzung durchgeführte interne Abstimmung ergab mit 78 zu 14 Abgeordneten eine komfortable Mehrheit für diesen Standpunkt des »Burgfriedens« aller Deutschen. Sie sollten nach einem häufig missverstandenen Kaiserwort fortab »keine Parteien mehr« kennen, also letztlich auch der militärischen Führung freie Hand im Kriegsgeschehen lassen.

Obgleich er für die Ablehnung der Kriegskredite plädiert hatte, ließ sich der Parteivorsitzende Haase um der nach außen hervorgekehrten Einigkeit willen davon überzeugen, die Begründung für die einmütige Bewilligung im Reichstag zu verlesen. Die denkwürdige Erklärung des 4. August 1914 betonte zwar die Kontinuität zur Vorkriegspolitik der Partei, wandte sich gegen die imperialistischen Kriegstreiber und erwähnte die erfolglos gebliebenen Friedenskundgebungen. Doch fügten sich die Sozialdemokraten trotz dieser Schuldzuweisung dem Dilemma, entweder Mitverantwortung für den Kriegshaushalt zu übernehmen oder als »vaterlandslose Gesellen« den Vorwurf tragen zu müssen, die Bevölkerung wehrlos den Feinden ausliefern zu wollen: »Jetzt stehen wir vor der ehernen Tatsache des Krieges. Uns drohen die Schrecknisse feindlicher Invasionen. Nicht für oder gegen den Krieg haben wir heute zu entscheiden, sondern über die Frage der für die Verteidigung des Landes erforderlichen Mittel«.[269] Während diese Berufung auf die Eigendynamik der Handlungsbedingungen eine zentristische Argumentationsfigur war, enthielt die meistzitierte Wendung der sozialdemokratischen Stellungnahme ein Zugeständnis an die betont patriotischen Fraktionsmitglieder: »Wir lassen in der Stunde der Gefahr das eigene Vaterland nicht im Stich«.[270]

Bei der kritischen Durchleuchtung von realistischen Alternativen zur Politik des 4. August verdient ein Kompromissvorschlag Kautskys einige Beachtung, der die Erfahrungen von 1870/71 auf damaliger Linie Bebels in modifizierter Form zugrunde legte. Dieser Konzeption zufolge sollte die SPD-Fraktion die Kriegskredite nur unter dem Vorbehalt ihrer Verwendung zu Verteidigungszwecken bewilligen und zugleich ankündigen, dass im Falle eines Missbrauchs für Eroberungspläne mit dem Widerstand der Sozialdemokratie zu rechnen sei. Der einigungsorientierte Vorschlag Kautskys wurde aber nicht berücksichtigt, weil die Regierung in den Vorgesprächen energisch gegen solche Bloßstellung potenzieller Annexionsziele intervenierte. Die SPD-Führung schreckte mehrheitlich vor diesem begrenzten Konflikt zurück, um nicht für negative Konsequenzen in der öffentlichen Meinung des Auslands haftbar gemacht zu werden. In der Gruppierung von gemäßigten Kriegsgegnern um Haase gründete sich das eher nachgiebige Verhalten auf die verbreitete Zuversicht, der Krieg werde nur einige Monate dauern und insofern lediglich vorübergehend den Parteikurs beeinflussen.

Es gab aber nur wenige Indizien für die Chance, dass eine rasche Umorientierung der sozialdemokratischen Politik nach dem Vorbild des Jahres 1870 erfolgen könnte. Die vom unmittelbaren Entscheidungsdruck befreite Sicht auf die Ursachen des Krieges, wie sie Bernstein als einer der Parteiveteranen schon nach wenigen Wochen gewonnen hatte, blieb eine Minderheitsmeinung: »Die deutsche Regierung ist die Hauptschuldige am Krieg; wir sind eingeseift worden; die Bewilligung der Kredite war ein Fehler«.[271] Aus noch wesentlich größerem Abstand lässt sich aber sagen, dass problematischer als der symbolische Akt der Kreditbewilligung die Hinnahme des »Burgfriedens« war, der ab 1915/16 dann eher von rechts in Frage gestellt wurde. Denn so verzichtete die Mehrheitsgruppe der SPD zunächst auf die Propagierung eigener innen- und außenpolitischer Ziele im Konflikt mit anderen Parteien und der kaiserlichen Regierung.

Als Anfang Dezember 1914 eine zweite Kriegskreditvorlage in den Reichstag eingebracht wurde, durchbrach Karl Liebknecht erstmals die Fraktionsdisziplin und stimmte offen gegen die Regierung. In der Folgezeit nahm die Anzahl der innerparteilichen Kritiker fortlaufend zu. Dabei wählten die Oppositionellen mit Ausnahme von Liebknecht und Otto Rühle, die bald darauf aus der Fraktion ausgeschlossen wurden, eine mildere Variante des Protests in Form der Stimmenthaltung oder des Fernbleibens von der jeweiligen Reichstagssitzung. Eine neue Qualität des Widerstands gegen die Politik des 4. August wurde im Frühjahr 1915 erreicht, als imperialistische Kreise mit maßlosen Annexionszielen öffentlich hervortraten. Unter dem appellativen Titel »Das Gebot der Stunde« veröffentlichten Bernstein, Kautsky und Haase im Juni 1915 ein programmatisches Manifest der SPD-Opposition, das die friedenspolitischen Schlussfolgerungen aus der entstandenen Situation zog: »Nachdem die Eroberungspläne vor aller Welt offenkundig sind, hat die Sozialdemokratie die volle Freiheit, ihren gegensätzlichen Standpunkt in nachdrücklichster Weise geltend zu machen«.[272]

Anders als noch im deutsch-französischen Krieg von 1870/71 blieb jedoch die Loyalität gegenüber der eigenen Nation für die Mehrzahl der Sozialdemokraten das bestimmende Motiv. Mit Stolz wurde immer wieder auf die führende Position der deutschen Arbeiterbewegung verwiesen und die Anhängerschaft von Partei und Gewerkschaften in ihrer Überzeugung bestätigt, dass man inzwischen mehr zu verlieren hatte als nur die Ketten der Unterdrückung und Ausbeutung. Ein Vertreter des äußersten rechten Flügels wie Eduard David plädierte sogar frühzeitig für die Ausschaltung aller innerparteilichen Kritiker des neuen Kurses: »Bleiben diese Leute in der Partei, so werden sie die ganze Position des 4. August versauen«.[273] Während unter den Kriegskreditgegnern das ideologische Spektrum von einstigen Revisionisten bis zu Linksradikalen reichte, verharrte die rechtszentristische Strömung um den Parteivorsitzenden Ebert im Gegensatz zu den nationalen Eiferern zunächst auf dem Postulat der Parteieinheit.

Allerdings zeichnete sich der politische Bruch quer durch die Reihen der 110 Abgeordnete starken SPD-Fraktion immer deutlicher ab. So befürwortete im Dezember 1915 nur noch eine Mehrheit von 66 zu 44 Stimmen die Bewilligung weiterer Kriegskredite. Die organisatorische Spaltung vollzog sich im März 1916 wegen der Streitfrage, inwieweit die

Fraktionsminderheit ihren abweichenden Standpunkt offen im Reichstagsplenum darstellen konnte. Von der sozialdemokratischen Mehrheitsgruppe wurde dieser erneute Disziplinbruch, der den Schein der politischen Geschlossenheit auflöste, mit dem Entzug der Rechte solcher Dissidenten als Fraktionsmitglieder beantwortet. Die herausgedrängten Abgeordneten schlossen sich zur »Sozialdemokratischen Arbeitsgemeinschaft« zusammen, ohne in der Mehrzahl bereits eine Parteineugründung zu erstreben. Als im September 1916 eine sozialdemokratische Reichskonferenz beider Richtungen zusammentrat, prallten die Ansichten heftig aufeinander. »Zur Lähmung, zum Zusammenbruch der Partei muss es führen, wenn Disziplin und Vertrauen vernichtet und alle Grundlagen der Organisation zermürbt werden«[274], unterstrich Ebert das Verlangen der Mehrheit nach Durchsetzung ihrer Beschlüsse. Demgegenüber bekräftigte Haase die Forderung nach Gewissensfreiheit der Mitglieder und Abgeordneten: »Einen einheitlichen Organisationsrahmen der Partei zu bewahren, ist nur möglich, wenn Toleranz geübt wird«.[275] Dafür reichte schon ein Blick über die Landesgrenzen zu deutschsprachigen Nachbarn: Außer der schweizerischen nahm auch die unmittelbar kriegsbetroffene österreichische Sozialdemokratie zu diesem Zeitpunkt längst eine weithin gemeinsame, entschieden kriegsgegnerische Haltung ein und konnte so eine massenwirksame Linksabspaltung vermeiden. In weiteren Ländern, so in Frankreich, agierten solche kriegsgegnerischen Minderheiten innerhalb der Partei.

Ähnlich wie in der Fraktion erreichten die SPD-Oppositionellen auf einer von den Wahlkreisorganisationen beschickten Reichskonferenz etwa 40 % der Stimmen. Trotz dieser beachtlichen Verankerung in der Partei fand sich die Mehrheit zu keinen wesentlichen Zugeständnissen bereit. Vielmehr wurde der innerparteiliche Konflikt dadurch verschärft, dass der SPD-Vorstand die kriegsgegnerische Redaktion des »Vorwärts« im Herbst 1916 entließ, während das Zentralorgan einem Verbot seitens der Zensurbehörden infolge regimefeindlicher Artikel unterlag. Durch solche Praktiken der Entmündigung kritischer Minderheiten mit starkem Rückhalt an der Parteibasis wurden die linken Sozialdemokraten gegen ihre ursprünglichen Absichten gedrängt, ihre eigene Partei zu gründen, um überhaupt wieder über ein Sprachrohr für ihre Vorstellungen zu verfügen. Das den Ablösungsprozess beschleunigende Signal der russischen Februarrevolution von 1917 hatte unterdessen mit der Zarenherrschaft ein zentrales Rechtfertigungsmotiv der Politik des 4. August beseitigt. Der Anspruch auf das wahre Erbe der klassischen Sozialdemokratie, den Wilhelm Dittmann als Redner des Gründungsparteitags der »Unabhängigen« (USPD) im April 1917 mit den Worten einklagte: »In Wahrheit sind wir die Partei«[276], enthielt die Erwartung eines Meinungsumschwungs aus der breiten Mitgliedschaft.

Tatsächlich gab es seit der Jahreswende 1916/17 deutliche Anzeichen für eine zunehmende Kriegsverdrossenheit in der Bevölkerung. Im »Steckrübenwinter« hatte die Lebensmittelknappheit ein solches Ausmaß erreicht, dass neben der durch Kohlenmangel hervorgerufenen Kälte auch der Hunger zum täglichen Gast der Arbeiterhaushalte wurde. Bei erheblichen Differenzen zwischen Kriegs- und Friedensindustrien war im Vergleich zum Vorkriegsstand ein Reallohnverlust von durchschnittlich rund einem Drittel zu verzeichnen. Das soziale Elend der Arbeiter- und Soldatenfamilien geriet in einen immer stärkeren Kontrast zu der politischen Aufwertung, die führende Sozialdemokraten und Gewerkschafter als Verhandlungspartner der Regierung erfuhren: »Die Welt der Funktionäre unterschied sich von der Arbeitswelt der Betriebe im Krieg eher noch mehr als zuvor«.[277] Mit den politischen Streiks im April 1917, an denen sich vor allem in den USPD-Hochburgen Berlin und Leipzig insgesamt eine halbe Million Lohnabhängige beteiligte, protestierte die linksorientierte Arbeiterschaft deshalb nicht nur für »Brot, Frieden und Freiheit«, sondern zugleich gegen die Passivität ihrer traditionellen Interessenvertreter.

Zweifellos trug der Umbruch in der außen- und innenpolitischen Konstellation entscheidend dazu bei, dass die Mehrheitssozialdemokraten (MSPD) trotz ihres Festhaltens an den Grundsätzen der Landesverteidigung nunmehr energischer auf einen raschen Friedensschluss drängten. Falls sich die Herrschenden dieser Einsicht widersetzten, so warnte der zum führenden Reichstagsredner der MSPD aufgestiegene Philipp Scheidemann im Mai 1917, »dann haben Sie die Revolution im Lande«.[278] Dem erhöhten Handlungsbedarf war die nur zwei Monate später mit den Stimmen von Mehrheitssozialdemokraten, Zentrumspartei und Linksliberalen verabschiedete Friedensresolution des Reichstags zuzuschreiben, die eine Verhandlungslösung ohne Gebietseroberungen forderte. Es kennzeichnet die Tragweite unzureichend gewährter innerparteilicher Meinungsfreiheit in der Kriegskreditfrage, dass gerade zum

Zeitpunkt der USPD-Gründung die Chancen einer gemeinsamen Friedenspolitik wieder größer wurden. Die im Interfraktionellen Ausschuss begonnene Zusammenarbeit der MSPD mit den Parteien der bürgerlichen Mitte vertiefte jedoch die Kluft zu den Linkssozialisten.

Die russische Oktoberrevolution unter Führung von Lenins Bolschewiki rief selbst in MSPD-Kreisen zunächst ein positives Echo hervor, da sie – wie Ebert im Reichstag Ende November 1917 ausführte – »den ersten Schritt zum Frieden«[279] bedeutete. Den endgültigen Bruch mit dem sozialdemokratischen Erbe erblickten die MSPD- wie auch die Mehrheit der USPD-Politiker dann aber in einem diktatorischen Akt: Lenin hat die vom gesamten Volk gewählte Nationalversammlung gewaltsam aufgelöst, weil sie – bei überwältigender Mehrheit sozialistischer Parteien – nicht die ihm genehme Zusammensetzung zeigte. Außer der zur Winterszeit erneut katastrophalen Kohlen- und Lebensmittelversorgung war es die Empörung über einen der russischen Revolutionsregierung von den deutschen Machthabern aufgezwungenen Gewaltfrieden mit umfangreichen Gebietsabtretungen, die im Januar 1918 einen zweiten politischen Demonstrationsstreik in Deutschland auslöste. An ihm beteiligte sich nahezu eine Million Arbeiter, die über das Verlangen nach einem Verständigungsfrieden und sozialen Verbesserungen hinaus die Veränderung des politischen Systems forderten.

In die Streikleitung traten maßgebende Persönlichkeiten beider sozialdemokratischer Parteien ein: Ebert, Scheidemann und Otto Braun für die MSPD, Haase, Dittmann und Georg Ledebour seitens der USPD. Der Basisdruck in Richtung einer gemeinsamen Aktion veranlasste die Mehrheitssozialdemokraten, sich an die Spitze der Bewegung zu setzen, um deren Radikalisierung bis hin zur Konfrontation mit der Staatsgewalt zu verhindern. Das politische Dilemma, gleichzeitig dem Vorwurf des Arbeiterverrats wie des Landesverrats ausgesetzt zu sein, ließ die MSPD-Politiker auf einer mittleren Linie zwischen Klasseninteressen und Staatsraison ihren politischen Kompromisskurs beibehalten. Der feste Wille, den Anschluss an die Massenstimmung der Arbeiterschaft nicht zu verpassen, ohne den Umsturz des Herrschaftssystems aktiv zu betreiben, entsprang freilich in erster Linie nicht einer durchdachten Strategie. Vielmehr blieb die Politik der rechtszentristischen Sozialdemokraten auch am Vorabend einer historischen Entscheidungssituation stark organisationsgebunden. Als der preußisch-deutsche Obrigkeitsstaat infolge der militärischen Niederlage im Herbst 1918 tatsächlich zusammenbrach, stand die »revolutionäre, aber nicht Revolutionen machende Partei« (Kautsky) vor einer nahezu kampflosen Machtübernahme.

Von der Novemberrevolution zur Weimarer Staatsgründungspartei

Die im Sommer 1918 mit ihren Kriegsplänen gescheiterte Dritte Oberste Heeresleitung unter Hindenburg und Ludendorff suchte angesichts der ausweglosen Lage die Flucht aus der politischen Verantwortung. Entsprechend den Forderungen der Kriegsgegner wurde im Oktober 1918 eine neue Regierung aus den drei Parteien der Friedensresolution gebildet und eine Verfassungsänderung eingeleitet. Das Bindeglied von der alten zur neuen Ordnung bildete Reichskanzler Prinz Max von Baden. Das Verlangen nach grundlegenden politischen und gesellschaftlichen Reformen bekräftigte Ebert für die Reichstagsfraktion der MSPD am 22. Oktober mit einer deutlichen Warnung: »Wenn die Völker fortschreiten und die Verfassungen stillstehen, kommen die Revolutionen«.[280] Die akute Gefahr radikaler Volksbewegungen hat gewiss den letzten Anstoß gegeben, dass der Reichstag nur wenige Tage darauf die gesetzlichen Grundlagen einer parlamentarischen Monarchie schuf, in der jedoch die Militärgewalt weiterhin dem Kaiser unterstand. Als Koalitionspartner der Linksliberalen und der katholischen Zentrumspartei waren erstmals Sozialdemokraten in der Reichsregierung vertreten.

Das führende Sprachrohr der USPD ließ keinen Zweifel, dass der linke Flügel der Arbeiterbewegung mit einer Reform von oben nicht zufriedengestellt war: »Der Reichstag und die jetzige Regierung darf nur vorübergehend die Geschäfte des Landes führen. Es ist sofort eine Nationalversammlung einzuberufen, die auf Grund des allgemeinen, gleichen, geheimen und direkten Wahlrechts durch Männer und Frauen zu wählen ist. Diese Nationalversammlung hat eine Regierung des Volkes zu wählen, die allein und unumschränkt die Macht ausübt«.[281] Weit entfernt von diktatorischer Anmaßung bestanden diese linken Sozialdemokraten auf einem Neuaufbau des zerbrochenen Herrschaftssystems von unten, das heißt gestützt auf den in Wahlen manifestierten Volkswillen. Aus dem Forderungskatalog des amerikanischen Präsidenten Wilson war die Abdankung des Kaisers als Bedingung für den Abschluss des Waffenstillstandsabkommens herauszulesen. Folglich geriet das Kompromissmodell der parlamentarischen Monarchie schon vom Tage seiner verfassungsmäßigen Einführung an in eine Krise.

Die MSPD hat sich dem Drängen auf den Thronverzicht Wilhelms II. wegen dieses Zusammenhangs mit der Friedensfrage sowie der Massenstimmung angeschlossen, ohne insoweit der Staatsform ein wesentliches Eigengewicht beizumessen: »Die Sozialdemokratie ist eine grundsätzlich demokratische Partei, die aber – siehe Bebel – auf die bloße Form der repräsentativen Spitze bisher nie entscheidenden Wert gelegt hat«.[282] Auch die USPD behandelte die Kaiserfrage als nebensächliche Angelegenheit und gab zu erkennen, »dass wir nicht bei der Person stehen bleiben. Wir verlangen die Beseitigung des Systems«.[283] Den konkreten Anlass für den Beginn der Volkserhebung lieferte ein gegen den Willen der Regierung erteilter Befehl der Seekriegsleitung zu einer letzten Schlacht. Da die Matrosen nicht für die Prestigebedürfnisse ihrer Vorgesetzten sterben wollten, entwickelte sich, ausgehend von Kiel, Anfang November eine Militärrevolte. Gestützt auf soziales Protestpotenzial und verbreitet durch Zeitungsmeldungen erfasste sie in wenigen Tagen alle städtischen Zentren der Arbeiterbewegung.

Der Erfolg dieser weithin unblutigen Erhebung der Arbeiter und Soldaten gegen ein morsches Herrschaftsgefüge war auch für die linken Sozialdemokraten eindrucksvoll: »Es ist wie ein Wunder. Ein Volk, durch Jahrhunderte hindurch von den harten Händen des Militarismus und der Bürokratie niedergehalten, zu Knechtseligkeit und dumpfem Gehorsam erzogen, steht auf und handelt«.[284] Die Organisationsform der revolutionären Massen wurde durch die örtlichen Arbeiter- und Soldatenräte geschaffen, in denen ganz überwiegend Sozialdemokraten beider Richtungen und Gewerkschafter die politische Führung bildeten. Am 9. November erreichte diese Protestbewegung Berlin, so dass Prinz Max von Baden in einem letzten Akt der Revolution von oben eigenmächtig die Abdankung des Kaisers und die Ernennung Eberts zum Reichskanzler vollzog. Mit dem Rat der Volksbeauftragten, der sich paritätisch aus Ebert, Scheidemann und Otto Landsberg für die MSPD sowie Haase, Dittmann und Emil Barth seitens der USPD zusammensetzte, wurde schon am nächsten Tag eine – zunächst von den Berliner Arbeiter- und Soldatenräten legitimierte – Revolutionsregierung gebildet.

Um zuvor die oppositionelle USPD für die Mitarbeit im Kabinett zu gewinnen, hatte die MSPD in der Koalitionsvereinbarung die revolutionäre Neuordnung ausdrücklich anerkennen müssen: »Die politische Gewalt liegt in den Händen der Arbeiter- und Soldatenräte, die zu einer Vollversammlung aus dem ganzen Reiche alsbald zusammenzuberufen sind«.[285] Entgegen einem verbreiteten Bild, an dessen Zustandekommen einzelne Äußerungen führender MSPD-Politiker nicht unschuldig sind, hat auch die Mehrheitssozialdemokratie die Trennung vom überlieferten Verfassungsrecht selbstbewusst vollzogen. »Trotz aller Buchstabenjuristen ist die Revolution Rechtsquelle, das heißt der Ursprung neuen Rechtes, das sich auf sie gründet und von ihr seinen Anspruch auf Geltung nimmt«[286], erklärte der »Vorwärts« den vor nahezu sieben Jahren gewählten Reichstag für überlebt. Auf diese Weise sollte die Notwendigkeit eines verfassungsgebenden Revolutionsparlaments unterstrichen werden.

Allerdings darf die Einsicht, dass der Beginn des Neuordnungsprozesses eher unverhofft günstig als von vornherein zum Scheitern verurteilt war, nicht den Blick für die folgenden Fehlentscheidungen trüben. Bei rechten Sozialdemokraten ist in dieser Hinsicht insbesondere die Unfähigkeit zu nennen, den machtpolitischen Gehalt der vermeintlich nur technischen Mitarbeit von Vertretern des alten Regimes zu erkennen und entsprechende Reformschritte einzuleiten. Die vorrangige Sorge der MSPD-Volksbeauftragten, »dass die Regierungsmaschine glatt läuft«[287], machte sie zu Gefangenen einer Sachzwanglogik, die in Wirklichkeit häufig den Kompromiss mit bürokratischen und militärischen Herrschaftsträgern des bisherigen Obrigkeitsstaats bedeutete. Infolge solcher »Fachmannsideologie« blieben selbst erklärte Gegner der Sozialdemokratie in Minister- und Staatssekretärspositionen, über denen als »sechsköpfiger Reichskanzler« die nur im Abfassen von Dekreten allmächtigen Volksbeauftragten thronten.[288]

Auf dieser Stufe eines organisationsgebundenen Verhaltensmusters ist ebenso das vielzitierte »Bündnis« zwischen Ebert und General Groener, dem Nachfolger Ludendorffs als Stellvertreter Hindenburgs, politisch anzusiedeln. Die Rückversicherung gegen linksradikale Umsturzpläne hat dabei eine geringere Rolle gespielt als gemeinhin vermutet, da anfänglich die Regierung von dieser Seite her nicht gefährdet war. Tatsächlich wollte sich Ebert wohl eher vorsorglich gegen konterrevolutionäre Aktionen des Offizierskorps durch eine Umarmungstaktik schützen. Insbesondere sollte dessen zuverlässige Mitwirkung an einem geschlossenen und von Ausschreitungen freien Rückmarsch der millionenstarken Fronttruppen garantiert werden. Da in Eberts Tugendkatalog »Ordnung, Disziplin und Arbeit«[289] einen maßgebenden Stellenwert hatten, ergab sich mit den konservativen Verwaltungsbeamten und Militärs eine vordergründig reibungslosere Kooperation als im Verhältnis zu rebellischen Fraktionen der Arbeiterschaft. Ein großer Teil der einfachen Partei- und Gewerkschaftsmitglieder in den Räteorganen hat sich ähnlich verhalten, weil eine grundlegend neue Konzeption für die Bewältigung drückender Alltagssorgen nicht vorhanden war.

Der organisatorisch bei weitem schwächeren und mehr bewegungsorientiert aufgebauten USPD fehlte es an politischer Durchsetzungsfähigkeit, obgleich ihre leitenden Köpfe das Defizit des Koalitionspartners klar erfassten. So bekannte sich Haase ausdrücklich zu der Überzeugung, »dass das Proletariat die Aufgabe hat, jede Regierung, auch eine sozialistische Regierung, vorwärts und immer wieder vorwärts zu treiben. Jeder Regierung haftet es an, dass sie durch den Apparat etwas aufgehalten wird«.[290] Die um den Zusammenhalt ihrer heterogenen Partei besorgten USPD-Volksbeauftragten konnten aber nicht verhindern, dass Äußerungen aus den Reihen des linken Flügels das Demokratieverständnis der Arbeiterbewegung ins Zwielicht brachten. Zwar gab das von Rudolf Hilferding geleitete USPD-Zentralorgan im Hinblick auf die Mehrheitsverhältnisse in den Räteorganen zu bedenken, »dass eine Diktatur gegen den Willen der Diktatoren eine Unmöglichkeit ist«.[291] Doch entfaltete die Revolution der russischen Bolschewiki auch über den Rahmen des radikalen Spartakusbundes hinaus auf viele USPD-Mitglieder eine politische Anziehungskraft, die einen Bruch mit sozialdemokratischen Traditionen bewirkte.

Zwischen einer Vorstellung von konsequenter Demokratie, in der Räteorgane den Parlamentarismus auf kommunaler und betrieblicher Ebene ergänzen sollten, und der Gewaltherrschaft einer »proletarischen Diktatur« gab es in der Sache keinen Kompromiss. Deshalb wurden in der USPD nur ausweichende Antworten auf die aktuelle Frage der Nationalversammlung gefunden. Sie plädierte für einen möglichst späten Wahltermin, damit in der verbleibenden Zeitspanne bereits die Grundlagen einer sozialistischen Neuordnung geschaffen werden konnten. Außerdem sollte die eigene Partei hinreichende Agitationschancen erhalten, um ihren Bekanntheitsgrad gegenüber der als bewährte Sozialdemokratie auftretenden MSPD zu erhöhen. Was immer an guten Gründen für diese Haltung sprechen mochte – der ständige Widerstand gegen eine baldige Befragung des Volkswillens erleichterte politische Verdächtigungen. Das ließ die Chance ungenutzt, die in einer offensiven Propagierung der ursprünglich von der USPD eingebrachten Idee eines verfassungsgebenden Revolutionsparlaments gelegen hätte.[292] Stattdessen vermochten sich nicht nur die Mehrheitssozialdemokraten, sondern sogar antidemokratische Kräfte des Bürgertums als Anwalt der Volksrechte gegen bolschewistische Neigungen zu profilieren, ohne dass die Unabhängigen die Abspaltung der KPD zur Jahreswende 1918/19 vermeiden konnten.

In der Zielsetzung, »eine Sozialisierung unserer Industrie so weit und so bald als möglich zur Durchführung zu bringen«[293], wollte auch Ebert das Erbe des Erfurter Programms bewahren. Freilich zogen sich die Volksbeauftragten, denen es an Konzeptionen und Mut zum Risiko mangelte, mit der Überweisung der Sozialisierung an eine Expertenkommission aus der Affäre, wodurch die Entscheidungen verschleppt und entpolitisiert wurden. Gerade manchen MSPD-Politikern schwebten, wenn sie nicht zunächst den Wiederaufbau der Privatwirtschaft hinnehmen wollten, recht bürokratische Modelle staatlicher Planung vor, wogegen Kautsky für die USPD eine Produzentendemokratie favorisierte: »Nicht einen Staatssozialismus streben wir an, der von oben herab den Massen durch obrigkeitliche Dekrete geschenkt wird, sondern einen Sozialismus selbstdenkender und sich selbst verwaltender Arbeiter«.[294] Auf dem Mitte Dezember 1918 tagenden Reichskongress der Arbeiter- und Soldatenräte wurde die Regierung nahezu einstimmig beauftragt, »mit der Sozialisierung aller hierzu reifen Industrien, insbesondere des Bergbaus, unverzüglich zu beginnen«.[295] Auch verabschiedeten die Delegierten gegen die Bedenken von Ebert ein Militärprogramm, das die Errichtung einer Volkswehr mit Wahl der Truppenführer durch die Soldaten vorsah.

Die politische Beschlusskompetenz der gewählten Vertreter aus allen Teilen des Reiches wollte anfangs auch der »Vorwärts« nicht bestreiten: »Der Kongress der Arbeiter- und Soldatenräte hat heute die ganze Macht, denn er ist das Parlament der Revolution«.[296] Mit ihrer sicheren Mehrheit konnte die MSPD durchsetzen, dass die Rätedelegierten keinerlei Anspruch auf eine Diktatur erhoben und den Wahltermin zu einer Nationalversammlung bereits auf den 19. Januar 1919 festlegten. Diese Entscheidung wollte die USPD-Führung zumindest tolerieren, doch führte ein mit demokratischer Grundsatztreue kaum zu vereinbarender Antrag der MSPD-Fraktion einen tiefen Bruch herbei: Der als Kontrollgremium eingesetzte Zentralrat sollte nach dem Willen der MSPD im Konfliktfall die Regierung nicht an Entscheidungen mit Gesetzeskraft hindern können. Die Legitimation hatte so hinter Gesichtspunkten organisatorischer Funktionsfähigkeit um jeden Preis zurückzutreten. Letztlich war diese Kontroverse reiner Prinzipienstreit, denn in beiden Gremien mussten sich MSPD- und USPD-Vertreter einigen. Doch in der Atmosphäre der Rivalität und des Misstrauens setzten sich trotz eines Kompromissvorschlags von Haase die Koalitionsgegner innerhalb der USPD durch, die den Zentralrat boykottierten und ihn damit der MSPD allein überließen.

Während bei den Linkssozialisten die Flucht aus den Konsenszwängen und eine Verweigerungshaltung obsiegten, setzten sich unter den rechten Sozialdemokraten autoritäre Tendenzen im Umgang mit rebellierenden Arbeitern und Soldaten durch. Das Weihnachtsfest 1918 wurde in Berlin von einem Blutbad überschattet, dessen Hintergründe ein Grundmuster für viele ähnliche Vorfälle der Folgezeit aufdeckte: Einen Übergriff radikaler oder ausschließlich ihre Sonderinteressen verfolgender Minderheiten beantworteten die MSPD-Volksbeauftragten ohne hinreichend geduldiges Ringen um Verhandlungslösungen mit dem Einsatz von Militärgewalt. Da die USPD-Vertreter bei dieser Entscheidung unter Hinweis auf Zeitdruck übergangen worden waren und sie generell die Verwendung von zumeist revolutionsfeindlichen Regimentern als unerträglich empfanden, verließen Haase, Dittmann und Barth Ende Dezember 1918 das Kabinett.

Die von Hilferding beobachteten Charakterzüge einer »autoritär-bürokratischen Psychologie«[297] rechter Sozialdemokraten in für sie ungewohnten Machtstellungen erfuhren mit dem Eintritt von Gustav Noske in den Rat der Volksbeauftragten eine weitere Steigerung. Als es Anfang Januar 1919 anlässlich der Absetzung des linkssozialistischen Berliner Polizeipräsidenten Eichhorn zu Protestdemonstrationen und einem dilettantisch inszenierten Aufstandsversuch gegen die MSPD-Regierung kam, übernahm Noske den Auftrag zur militärischen Niederwerfung mit den von ihm selber überlieferten Worten: »Einer muss der Bluthund werden, ich scheue die Verantwortung nicht!«[298] Die trotz des Vorhandenseins republiktreuer Schutztruppen von Noske eingesetzten Freikorps schlugen unter dem Kommando rechtsgerichteter Offiziere den Aufstand nieder und steigerten sich teilweise in einen Blutrausch hinein. Nach der Ermordung von Rosa Luxemburg und Karl Liebknecht am 15. Januar 1919 wurden zugleich alle Hoffnungen auf eine spätere Annäherung des linken und rechten Flügels der Sozialdemokratie zu Grabe getragen. Bei den nur vier Tage darauf abgehaltenen Wahlen zur Nationalversammlung verfehlten die Sozialdemokraten mit 45,5 % (37,9 % MSPD, 7,6 % USPD) überdies die erhoffte absolute Mehrheit.

Die daraufhin gebildete Koalition mit der linksliberalen DDP und der Zentrumspartei bedeutete für die MSPD in gewisser Hinsicht eine Neuauflage ihrer Burgfriedenspolitik im Verhältnis zum Bürgertum. Allerdings war die Bewilligung der »Kriegskredite« für Freikorpstruppen in diesem Falle gegen einen inneren Feind gerichtet und nicht durch die Stärke des herrschenden Regimes, sondern eine zunehmende Furcht vor den unkalkulierbaren linksradikalen Kontrahenten motiviert. Ebenso wie die Politik des 4. August entsprang der Noske-Kurs der MSPD keiner strategischen Planung, entfaltete aber eine fatale Eigendynamik. Im Verein mit enttäuschten Reformhoffnungen wurde auf diese Weise das Potenzial des linken Antiparlamentarismus in der Arbeiterschaft fortlaufend erweitert und der Richtungsstreit zwischen MSPD, USPD und KPD zum offenen Hass eskaliert. Wer begreifen möchte, weshalb in Deutschland allmählich die wähler- und mitgliederstärkste kommunistische Massenpartei außerhalb der Sowjetunion emporwachsen konnte, findet bereits im Verlauf des Bürgerkriegs von 1919 wichtige Erklärungsmomente.

Dem administrativen Blickwinkel der koalitionsgebundenen Regierungssozialdemokraten war weitgehend entgangen, dass sich in den vordergründig wahrzunehmenden Unruhen und Gewalttätigkeiten soziale Protestbewegungen artikulierten. Nach viereinhalb bedrückenden Jahren materieller und psychischer Entbehrungen wollten große Teile der Arbeiterschaft »hier und jetzt« wieder ein menschenwürdiges Dasein erkämpfen. Der nahezu widerstandslos errungene Erfolg der Novemberrevolution hatte den Erwartungshorizont über den Rahmen der wirtschaftlichen Möglichkeiten hinaus gesteigert. Die auch von Linkssozialisten wie dem USPD-Volksbeauftragten Barth frühzeitig ausge-

Wahlplakat der SPD zu den Wahlen zur Weimarer Nationalversammlung am 19. Januar 1919.

sprochenen Mahnungen, die Revolution nicht auf das Niveau einer bloßen Lohnbewegung herabzudrücken, zielten insofern an der Bedürfnis- und Bewusstseinslage der eigenen Anhängerschaft vorbei.

Mit Schwerpunkten in den Industriegebieten und linkssozialistischen Hochburgen des mitteldeutschen Raumes, Berlins und des Ruhrreviers entwickelte sich im Frühjahr 1919 eine mächtige Streikwelle.

Diese sollte außer Lohnerhöhungen auch den unmittelbaren Einfluss der Arbeiter aufden Produktionsprozess durchsetzen. Unter dem vielbemühten Schlagwort der Sozialisierung verstanden gerade die besonders mobilisierungsfähigen Arbeiterschichten der genannten Regionen meist nicht bürokratische Planungskonzepte, sondern die Selbstverwaltung ihrer Betriebe. Dieser in der Geschichte der deutschen Arbeiterbewegung ungewohnte quasi-syndikalistische Einschlag der Streikaktionen wurde von führenden MSPD-Politikern vorschnell als Produkt spartakistischer Aufwiegelung abgetan. Tatsächlich manifestierte sich in den neuartigen Protestformen die Politisierung von Arbeitergruppen, die entweder vordem Krieg nur eine geringe gewerkschaftliche und sozialdemokratische Organisationsbindung aufgewiesen oder angesichts der Burgfriedenspolitik das Vertrauen zu traditionellen Interessenvertretern verloren hatten.

Ein betriebsnahes Rätesystem trug dem Bedürfnis nach Interessenartikulation dieser radikalisierten Arbeiterfraktionen organisationspolitisch Rechnung. Die These des linken USPD-Theoretikers Ernst Däumig, »dass die Parteien mit dem Rätegedanken nicht vereinbart werden können«[299], schlug sich in einer unverkennbaren Distanz dieses Protestpotenzials gegenüber den herkömmlichen Formen politischer Arbeit nieder. Der USPD ist die Eroberung des Proletariats der Industriemetropolen und Streikzentren vor allem deshalb gelungen, weil sie nicht nur eine Parteiorganisation war, sondern zugleich einen Bewegungscharakter aufwies. Hingegen scheiterten die Unabhängigen an der Aufgabe, der Protestbewegung konstruktive und erreichbare Ziele zu setzen. Das Unverständnis von sozialdemokratischen und gewerkschaftlichen Funktionsträgern des rechten Flügels gegenüber den ihnen unbehaglichen Aktionsformen erzeugten ein Feindbild, das den Einsatz von brutaler Militärgewalt zur Niederwerfung des Unruhepotenzials immer weniger problematisch erscheinen ließ.

Der bis zum blutigen Ende der Münchener Räterepublik im Mai 1919 eskalierende Bürgerkrieg zerstörte nicht nur die Hoffnungen auf eine sozialistische Erneuerung, sondern überschattete selbst die beachtlichen demokratischen und sozialpolitischen Fortschritte der Revolutionsmonate. Gewiss gingen mit der Einführung des allgemeinen und gleichen Stimmrechts von der Gemeinde bis zur Reichsebene für Frauen und Männer ab 20 Jahre sowie eines Achtstundentags langersehnte Forderungen der Sozialdemokratie in Erfüllung. Doch wie sollten regierungskritischen Arbeitern die Errungenschaften der Republik glaubwürdig vermittelt werden, wenn ein Wehrminister Noske von »juristischen Tüfteleien«[300] sprach, als Befehle zur Verhängung des Belagerungszustandes und damit verbundene willkürliche Erschießungen im Parlament einmal nachdrücklich angeprangert wurden? Die Empörung des USPD-Zentralorgans war daraufhin polemisch formuliert: »Noch nie hat eine Regierung so offen und brutal erklärt, dass sie auf das Gesetz pfeift«.[301] Nach Rosa Luxemburg und Karl Liebknecht fielen im Verlauf des Jahres 1919 auch die einflussreichsten USPD-Politiker, der Parteivorsitzende Haase und der Münchener Revolutionsführer Eisner, jeweils Mordanschlägen zum Opfer. Die Erbitterung über eine innenpolitische Entwicklung, die solche Terrorakte ermöglichte und soziale Bewegungen mit rücksichtsloser Militärgewalt erstickte, konnte nicht überraschen.

Im Sommer 1919 war die Dynamik der revolutionären Periode gebrochen und eine zwiespältige Grundentscheidung über das weitere Schicksal der Weimarer Republik gefallen. Die von den Siegermächten übermittelten Friedensbedingungen sind für die Verständigungspolitiker auf deutscher Seite eine schwerwiegende Enttäuschung gewesen. Entgegen dem während der Kriegszeit bemühten Schlagwort des Entente-Imperialismus hatten sich gerade die Sozialdemokraten bis zuletzt an die Hoffnung geklammert, dass ein milder Wilson-Frieden der Lohn ihres Mutes zur politischen Verantwortung werden könnte. Als die in den Gebietsabtretungen, Reparationslasten und der deutschen Alleinschuld am Weltkrieg drückend empfundenen Bestimmungen des Versailler Vertrags zur Unterzeichnung anstanden, zerfiel das Regierungslager in zwei nicht ideologisch abgrenzbare Gruppierungen. Die Linksliberalen und ein Teil der MSPD um den Reichskanzler Scheidemann betrachteten die Friedensbedingungen, kombiniert aus prinzipiellen und wahltaktischen Gründen, als völlig unannehmbar. Demgegenüber wurde die Position der Zentrumspartei, dass nur die Unterzeichnung eine Fortsetzung des Krieges verhindern und eine spätere Korrektur ungerechtfertigter Härten offenhalten könnte, vom seit dem Februar amtierenden Reichspräsidenten Ebert und anderen Sozialdemokraten im Kabinett wie David und Noske unterstützt.

Auch die im August 1919 von einer Mehrheit der Nationalversammlung aus MSPD, DDP und Zentrumspartei verabschiedete Weimarer Verfassung konnte der Republik noch keine stabile Grundlage verschaffen. Der Entwurf war mit ursprünglich stärkeren Neuordnungsimpulsen von dem sozialliberalen Verfassungsrechtler Hugo Preuß ausgearbeitet worden, trug aber zuletzt die Züge eines Kompromisses der MSPD mit einer überwiegend wenig von liberalen Vorkriegstraditionen abrückenden DDP und der katholischen Zentrumspartei. Die unversöhnliche Abstempelung als »Verfassung der Gegenrevolution« seitens der USPD brachte deren aufgestaute Verbitterung über die Kombination von stagnierender Reformarbeit und militärischer Gewaltanwendung zum Ausdruck. Nach Ansicht der Linkssozialisten war »keine demokratische Republik geschaffen worden, sondern ein neuer Obrigkeitsstaat, in dem der Reichspräsident im Verein mit der alten Bürokratie und der alten Klassenjustiz eine so beträchtliche Macht darstellt, dass von einer reinen Parlamentsherrschaft nicht gesprochen werden kann«.[302]

Gleichwohl war die Weimarer Verfassung, mit ihrem Anknüpfen am Grundrechtskatalog von 1848 und einer weitgehenden Offenheit für soziale Reformen, vor dem Hintergrund der bereits absehbaren Rechtsentwicklung im Bürgertum noch »geradezu eine radikale Tat«.[303] Die Schwäche der klassischen Arbeiterbewegung, allzu sehr auf das eigene Lager fixiert zu sein und politischen Entwicklungen in anderen Klassen und Parteien eine zu geringe Aufmerksamkeit zu widmen, verleitete MSPD und USPD gleichermaßen zu Fehlurteilen über die Kräfteverhältnisse. Auf der einen Seite mobilisierten die Linkssozialisten auch dann noch für eine zweite Revolution, als die demokratische Republik bereits im Abwehrkampf gegen Restaurationstendenzen stand und provozierende Aktionen nur zum Vorwand für Repressionsmaßnahmen wurden. Auf der anderen Seite zeigten sich die führenden MSPD-Politiker außerstande, die Gefahren ihres einseitigen Kampfes gegen die linksradikale Militanz, nämlich eine kontinuierliche Stärkung der bewaffneten Konterrevolution, rechtzeitig zu erkennen. Als Scheidemann im November 1919 verkündete: »Der Feind steht rechts!«[304], konnte diese verspätete Einsicht nicht mehr verhindern, dass die reaktionären Militärs zum ersten Staatsstreich gegen die Weimarer Demokratie ausholten.

»Mehr Demokratie wagen« hat in der Aufstiegsperiode vom Ende des Sozialistengesetzes bis zur Revolution 1918/19 also über das eigene Sozial- und Organisationsmilieu hinaus erstmals konkrete Gestaltungschancen bedeutet. Diese Entwicklungsperiode ließe sich unter die Stichworte »Theoriediskussion und Organisationspraxis« einordnen, wobei sich der Zusammenhang beider Aspekte zunächst schlüssiger als häufig angenommen darbot. Nachdem 1907 letztmalig eine politische Marginalisierung der SPD durch national-imperialistische Sammlung eines Regierungslagers erfolgt war, stand die Oppositionspartei mit 35 % Stimmenanteil als stärkste Fraktion von 1912 bereits im Vorzimmer der Macht. Als dem Herrschaftssystem auch die Flucht in ein Kriegsabenteuer gründlich misslungen war, glaubte die SPD trotz mancher Kompromisse für die Weimarer Republik in »der neuen deutschen Verfassung ... die demokratischste Demokratie der Welt«[305] mit geschaffen zu haben.

4. Krisen, Unterdrückung und Wiedergründung 1920–1950

Der Impuls zum Kapp-Lüttwitz-Putsch im März 1920 erwuchs aus dem Widerstand von Freikorpstruppen gegen ihre Reduzierung entsprechend den Bestimmungen des Versailler Vertrags. Dies war zugleich ein Versuch rechtsgerichteter Politiker, solchen Unmut von Militärs ihren konterrevolutionären Absichten dienstbar zu machen. Nach anfänglicher Bereitschaft einiger Regierungsmitglieder zu Verhandlungen mit den Putschisten entschlossen sich die Führungsgremien der Sozialdemokratie und Gewerkschaften zu energischen Abwehraktionen. Ein Generalstreik von zwölf Millionen Arbeitnehmern wurde als Machtmittel zur endgültigen Niederwerfung der illegalen Gewalthaber eingesetzt. Die gewerkschaftlichen Vorschläge zur Bildung einer reinen »Arbeiterregierung« im Ergebnis der erfolgreichen Massenmobilisierung hatten keine Chance, da das Misstrauen im Verhältnis von MSPD und USPD schon zu tief verwurzelt war. Stattdessen wurden Zehntausende radikalisierter linkssozialistischer und kommunistischer Arbeiter des Ruhrgebiets in einen Bürgerkrieg hineingetrieben. In diesem stützte sich die verfassungsmäßige Regierung der Weimarer Koalition auch auf solche Truppenverbände, die zuvor den Kapp-Lüttwitz-Putsch getragen hatten. Deshalb bedeutete es auch keinen Fortschritt, dass Noske wegen seiner Versäumnisse in der Zurückdrängung reaktionärer Kräfte zurücktreten musste, da eine Militärreform ausblieb und die Reichswehr seither bürgerlichen Ministern unterstellt war.

Das Ergebnis der Reichstagswahlen im Juni 1920 dokumentierte den einschneidenden Legitimationsverlust der Weimarer Republik. Mit einem Stimmenanteil von 18 % erreichte eine nach links gerückte USPD den Höhepunkt ihres Masseneinflusses. Solchen hatte die auf 2 % begrenzte KPD noch nicht vorzuweisen. Angesichts der geringeren Wahlbeteiligung bedeutete der magere Anteil von 21,7 % für die MSPD die Reduzierung der Stimmenzahl um knapp die Hälfte des Anteils von 1919. In Städten ab 10 000 Einwohnern war die USPD stärker als die MSPD.[306] Da sich der politische Schwerpunkt des Bürgertums infolge der Polarisierung nach rechts verlagerte, büßte die Weimarer Koalition ihre parlamentarische Mehrheit ein. Der Rückzug aus der unpopulären Regierungsposition fand auf dem MSPD-Parteitag noch im selben Jahr eine ausdrückliche Bestätigung: »Ein Wiedereintritt der Sozialdemokratischen Partei in die Reichsregierung kann nur in Frage kommen, wenn die Interessen des Proletariats, die vor allem die Demokratisierung der Verwaltung, die Republikanisierung der Reichswehr, die Sozialisierung der dafür reifen Wirtschaftszweige erheischen, ihn zwingend erfordern«.[307] Nach der schweren Wahlniederlage geriet die MSPD in ein Spannungsfeld von Bekenntnis zur demokratischen Verfassung und Distanz gegenüber den innenpolitischen Machtverhältnissen.

Zwischen Gefährdung und Stabilisierung der demokratischen Republik

Die negative Zäsur des Jahres 1920 kam zusätzlich darin zum Ausdruck, dass die Parteitagsmehrheit der USPD im Herbst den Übertritt zur kommunistischen III. Internationale vollzog. Dies geschah auf der Grundlage einer Urabstimmung der Mitglieder und war nun erst der Abschied aus der sozialdemokratischen Tradition. Der so erzielte Aufstieg der KPD zur Massenpartei mit zunächst mehr als 400 000 Mitgliedern verleitete die deutsche Sektion der Moskauer Zentrale zu einem Putsch-Abenteuer. Dieses scheiterte im März 1921 kläglich und rief die Halbierung der Organisationsstärke hervor. Die MSPD wurde im Mai 1921 veranlasst, zur Erfüllung eines Ultimatums der Siegermächte wieder in die Regierung einzutreten, um durch die Übernahme hoher Reparationslasten die Besetzung deutschen Territoriums abzuwenden. Unter der Kanzlerschaft Joseph Wirths, eines demokratischen Repräsentanten der Zentrumspartei, fand die MSPD zu ihrer Rolle als Staatsgründungspartei zurück. Der Görlitzer Parteitag im September 1921 verabschiedete den Leitsatz, dass die Gestaltung der Politik »am wirksamsten durch Teilnahme an der Regierung geschehen kann«[308], und bekannte sich damit zur Verantwortung für die von der Sozialdemokratie erkämpfte Republik.

Das auf diesem Parteitag beschlossene Görlitzer Programm sollte der veränderten Stellung der MSPD zur bestehenden Staats- und Verfassungsordnung entsprechen. Die durchaus zutreffende These, dass diese Plattform einen revisionistischen Charakter aufwies, muss freilich bei historisch angemessenem Begriffsverständnis zugleich heißen, dass der Boden marxistischer Programmtradition nicht grundsätzlich verlassen wurde. Als »Partei des arbeitenden Volkes in Stadt und Land« wollte die Sozialdemokratie weiterhin gegen das Großkapital »am Klassenkampf für die Befreiung des Proletariats« festhalten und die Forderung bekräftigen, »das kapitalistische System zu überwinden«. Der auf eine reformerische Strategie zugeschnittene detaillierte Forderungskatalog des zweiten Programmteils zog die Konsequenz aus der Überzeugung, dass die MSPD seit der Revolution den erreichten Rahmen der Legalität zu respektieren und aktiv zu verteidigen hatte: »Sie betrachtet die demokratische Republik als die durch die geschichtliche Entwicklung unwiderruflich gegebene Staatsform, jeden Angriff auf sie als ein Attentat auf die Lebensrechte des Volkes«.[309]

Schon die Ermordung des demokratischen Zentrumspolitikers Erzberger hatte 1921 zur erneuten Festigung der Weimarer Koalition beigetragen. Erst recht ließ die Nachricht über die Todesschüsse rechtsradikaler Attentäter auf den liberalen Außenminister Rathenau im Juni 1922 die Republikaner zunächst enger zusammenrücken. Insbesondere der Rathenau-Mord zog eine außerparlamentarische Massenbewegung zur Verteidigung der Republik von gewaltigen Dimensionen nach sich; auch die Kommunisten konnten und wollten sich dem nicht entziehen. Die Weimarer Republik war durchaus nicht »ohne Republikaner«, wenngleich viele von ihnen die Fortdauer der kapitalistischen Gesellschaftsordnung beklagten und das ungehinderte Treiben der antidemokratischen Gegenrevolution innerhalb und außerhalb des Staatsapparats scharf kritisierten.

Der SPD-Reichsjustizminister Gustav Radbruch bekannte sich offensiv zu einem Verfassungspatriotismus: »Wir Vaterlandslosen feiern unser schwarzrotgoldenes Vaterland, wir lieben es ... Die Verfassung ist uns ein unsichtbares Vaterland, der 11. August der Feiertag des Volkes, wie der 1. Mai der Feiertag der Menschheit ist«.[310] Die rote Maifeier-Internationale wurde symbolpolitisch also mit dem schwarzrotgoldenen Republikpatriotismus verbunden. Als vaterlandslos erschien die SPD ohnehin nur mehr der nationalistischen Rechten. Unter dem Eindruck der Mordanschläge rechtsradikaler Fanatiker entschied sich die stagnierende und finanziell ausgezehrte Rest-USPD zur Wiedervereinigung mit den Mehrheitssozialdemokraten. Noch am Ende desselben Jahres zeigte die vereinigte SPD mit über 1,2 Millionen Mitgliedern und 36 %

der Reichstagssitze wieder eine Stärke, die nunmehr immerhin den Vorkriegsstand übertraf. Gleichzeitig begünstigte die Nachkriegskonjunktur die Stabilisierung der Freien Gewerkschaften mit einer Mitgliederzahl von acht Millionen, die seit der Mobilisierungsaktion gegen den Kapp-Lüttwitz-Putsch erreicht waren. Aus der USPD-Spaltung war die große Mehrheit der Abgeordneten, Funktionäre und Redakteure zur Sozialdemokratie zurückgekehrt. Die Mehrzahl der Mitglieder ging zunächst an die KPD beziehungsweise durch völligen Rückzug aus der Parteipolitik verloren.

Hinsichtlich der Wählerschaft muss jedoch die häufig kurzschlüssige Zurechnung des überwiegenden USPD-Stimmenpotenzials von 1920 als spätere KPD-Massenbasis vermieden werden. Gerade auch in alten SPD-Hochburgen wie der Stadt Groß-Berlin sowie dem Reichstagswahlkreis Leipzig und Umgebung hatte die USPD mit 38 % und 43 % die MSPD auf 17 % und 9 % einschmelzen lassen.[311] Dass es sich in großer Mehrzahl weiterhin um (links-)sozialdemokratische Anhängerschaft handelte, ergab bereits die Wahl zum Preußischen Landtag im Februar 1921 nach der USPD-Spaltung: Die SPD war in Groß-Berlin mit 22 % wieder führend vor der USPD mit 17 % und lediglich 10 % der KPD, die somit nur ein Viertel der USPD-Wählerschaft übernommen hatte. Dass eine den Übergang zur KPD nicht mitvollziehende Wählerschaft der USPD dann auch die Vereinigung mit der SPD unterstützte, zeigte die genau an der Entscheidungssituation angesiedelte Wahl zum Sächsischen Landtag: Im November 1920 votierten bereits wieder 28 % für die SPD und weitere 14 % für die (»Rest«)-USPD, während KPD und deren USPD-Anschlussliste zusammen nicht einmal 9 % erreichten. Dieser linksradikale Anteil stieg bis zur erneuten Landtagswahl im November 1922 nur auf knapp über 10 %, während die wiedervereinigte SPD mit 42 % nun klar dominierte. Hinter der vereinigten SPD-Reichstagsfraktion stand im Herbst 1922 also kompakter Massenanhang, der allerdings nur unzureichend für eine damals noch mögliche Stärkung der Republik genutzt wurde.

Etwaige Chancen des verstärkten Einflusses der SPD wurden durch einen Fehlgriff des Reichspräsidenten Ebert und insbesondere den tiefen Kriseneinbruch des Jahres 1923 durchkreuzt. Auch wegen nie überwundener Aversionen gegen vormalige »Disziplinbrecher« der USPD wollte Ebert in der wiedervereinigten SPD keine erweiterte Basis für entschieden republikanische Politik sehen. Vielmehr hat er Wirth, der sich mit dem Ausruf im Reichstag »Dieser Feind steht rechts!« gegen das Umfeld der Rathenaumörder exponierte, im Herbst 1922 als Reichskanzler entlassen. Der demokratische Zentrumskatholik wurde von dem parteilos-wirtschaftsnahen Nachfolger Cuno ersetzt, von dem sich Ebert vergeblich Zugeständnisse der Siegermächte erhoffte. Stattdessen entfachte die Besetzung des Ruhrgebiets durch französische Truppen, infolge des Streites um die Erfüllung der Reparationspflichten, schon Anfang 1923 in der deutschen Bevölkerung eine nationale Abwehrstimmung, recht verbreitet auch nationalistische Leidenschaften. Während die KPD mit radikalen Parolen sowohl gegen die deutsche Bourgeoisie als auch gegen die westlichen »Imperialisten« um die Anhängerschaft der SPD wie der bürgerlichen Parteien in den Mittel- und Unterschichten warb, blieb die Sozialdemokratie bei einer Verhaltensmaxime außenpolitischer Mäßigung. Der durch passiven Widerstand gegen die Ruhrbesetzung, auch unterstützt von den Gewerkschaften und der SPD, noch zusätzlich verschärfte Geldwertschwund machte nicht nur alle Lohn- und Gehaltsempfänger zu bettelarmen »Milliardären« und am Ende gar »Billionären«, sondern enteignete zugleich faktisch die Streikkassen der Gewerkschaften. Teile der Mittelschichten, die keinen Realbesitz hatten, verarmten. Schon das soziale Elend der Kriegsjahre wurde nach einer Epoche des wirtschaftlichen Aufstiegs besonders drastisch erlebt. Nunmehr fand die im Sommer und Herbst 1923 eskalierende Hyperinflationskrise vor dem Hintergrund enttäuschter Erwartungen einer Verbesserung der Lebensbedingungen nach der Revolution statt.

Dennoch können einzelne Regionalwahlen auf dem Höhepunkt der Inflation nicht bereits die Schlussfolgerung tragen, dass die KPD zeitweilig das Protestpotenzial einer Mehrheit der Arbeiter gegen die SPD hinter sich versammelte.[312] Dieser Massenzulauf begünstigte aber bei den Kommunisten putschistische Tendenzen, die erstarkten Rechtskreisen das Geschäft der Errichtung einer Notstandsdiktatur erleichterten. Überdies wurde so die Zusammenarbeit der SPD mit der KPD in Sachsen und Thüringen diskreditiert. Gegen die widerspenstige Landesregierung Sachsens ist gar eine Reichsexekution vollstreckt worden. Hingegen erfreute sich das republikfeindliche Regime in Bayern auch nach dem Menetekel des fehlgeschlagenen Hitler-Putsches im Herbst 1923 des Privilegs einer verfassungsfremden Sonderrolle. Ein solches Missverhältnis sowie die kompromisslosen Angriffe des Unternehmerlagers auf sozialstaatliche Errungenschaften veranlassten die Sozialdemokraten, ihre Minister aus einem vorübergehend gebildeten Kabinett der Großen Koalition rasch wieder zurückzuziehen. Dieses konnte entstehen, nachdem die halbpräsidiale Regierung unter Kanzler Cuno innen- wie außenpolitisch gescheitert war. Die sozialdemokratischen (und auch die kommunistischen) Gewerkschafter hatten zu Streikaktionen gegen eine dermaßen politisch mitverschuldete Verelendungskrise mobilisiert.

Die Monate der Stabilisierung seit der Umstellung auf eine harte Währung zum Jahreswechsel 1923/24 waren von einer Abwälzung der Krisenlasten auf die arbeitende Bevölkerung gekennzeichnet. Eine hohe Arbeitslosenquote ging mit nunmehr zwar kaufkraftstabilen, aber weiterhin etwa ein Viertel unter dem Vorkriegsniveau angesiedelten Reallöhnen einher. Die seit dem November 1918 bestehende »Zentrale Arbeitsgemeinschaft« der Gewerkschaften und Unternehmerverbände zerbrach an der Offensive der Kapitalseite gegen den Achtstundentag sowie gegen die politischen und wirtschaftlichen Einflussmöglichkeiten der Arbeitervertreter. Die Wahl zum Thüringer Landtag zeigte im Februar 1924 die krisenbedingte Radikalisierung. Nur knapp behauptete sich die SPD mit 23 % vor der KPD (18 %), während rechtsaußen 9 % »Völkische« neben einem mit 48 % dominierenden »Ordnungsblock« der Rechten hervortraten. Noch besorgniserregender war der Rechtsruck in Bayern, wo im April 1924 der NSDAP-nahe »Völkische Block« mit 17 % auf das Niveau einer dort schwachen SPD anstieg, hinter der aber die KPD mit 9 % klar zurückblieb. Der Wahlkampf zum Reichstag im Frühjahr 1924 stand daher ganz im Zeichen einer sozialen Polarisierung, die im Konflikt um die außenpolitische Zwangslage der Ruhrbesetzung und der Reparationszahlungen noch zusätzlich vertieft wurde. Die SPD hatte in dieser Situation nach Ansicht ihres Theoretikers Kautsky »schwer daran zu tragen, dass sie seit 1918 fast stets an der Reichsregierung beteiligt war«.[313] Sie konnte auf diese Weise die Bürde der Mitverantwortung für den grauen Alltag verarmter Volksschichten nicht abstreifen.

Angesichts der wirtschaftlichen Misere und des sozialpolitischen Terrainverlusts fand sich die Sozialdemokratie nunmehr »in der Defensive gegen Arbeitermassen, die noch nicht eingesehen haben, dass es unter Umständen nützlicher ist, sich an der Regierung zu beteiligen, als alle Machtpositionen den Gegnern zu überlassen«.[314] Gemäß dieser strategischen Orientierung verstand sich die SPD auch noch in der Opposition als die »wahre Staatspartei«[315] der Weimarer Republik. Gerade dieses in sich spannungsreiche politische Profil erwies sich als nicht sehr wählerwirksam. Die Bilanz der Inflationsperiode fiel bei den Reichstagswahlen im Mai 1924 für die Sozialdemokraten geradewegs verheerend aus. Mit nur noch 20,5 % aller Stimmen und erheblich dezimierten potenziellen Bündnispartnern der bürgerlichen Mitte war die SPD fast wieder auf den Vorkriegsstand einer isolierten Minderheit zurückgeworfen. Als Wahlsieger konnten sich die einschließlich des Landbundes auf 21,5 % angeschwollenen Deutschnationalen und mit 12,6 % in zweiter Linie auch die Kommunisten betrachten.

Die anschließenden heftigen Auseinandersetzungen um die Annahme des Dawes-Planes, der Reparationszahlungen und die begrenzte Souveränität Deutschlands vertraglich neu regelte, brachten die Sozialdemokraten in eine günstigere Position. Aufgrund der erforderlichen Zweidrittelmehrheit des Reichstags war ihre Zustimmung in jedem Falle unverzichtbar. Umgekehrt gerieten die Deutschnationalen, die angesichts des grundsätzlich ablehnenden Abstimmungsverhaltens der deutschvölkischen Rechtsradikalen sowie der Kommunisten gleichfalls über die Sperrminorität verfügten, in eine innere Zerreißprobe. Die ungefähre Hälfte der wirtschaftlich interessengebundenen Fraktionsmitglieder votierte gegen die Stimmung der eigenen Massenbasis für dieses »zweite Versailles«. Da die bürgerlichen Parteien zur Bildung einer tragfähigen Regierung zunächst nicht in der Lage waren, erwuchs der SPD bereits im Dezember 1924 die Chance, verloren gegangene Wählergruppen teilweise zurückgewinnen zu können. Ein Stimmenanteil von 26 %, der großenteils zu Lasten der auf 9 % zurückgeworfenen KPD ging, bedeutete die Festigung des sozialdemokratischen Einflusses in der Arbeiterschaft. Etliche in der Revolutionsperiode vorübergehend für die SPD eroberten Stimmen von Angestellten, Landarbeitern und Kleingewerbetreibenden waren seit der Inflation jedoch zu nationalistischen Parteien und Standesorganisationen abgewandert.

Mit der Wahlparole »Der Feind steht rechts!«[316] hatte die Sozialdemokratie schon im Vorgriff auf den erwarteten »Bürgerblock« die Fronten markiert. Gleichzeitig sah man unter dem Eindruck der beginnenden wirtschaftlichen Stabilisierung die Organisationen von Partei und Gewerkschaften zu neuer Initiative erwachen: »Je besser es den Arbeitern geht, desto kampffähiger werden sie«.[317] In dieser These steckte

Wahlplakat der SPD zur Reichspräsidentenwahl am 29. März 1925.

zweifellos ein historischer Erfahrungsgehalt, aber zugleich die Abgrenzung von einer Politik der KPD, die alles auf die Karte einer revolutionären Endkrise des Kapitalismus setzte. Auch in der bevorstehenden Ära bürgerlicher Koalitionsregierungen wollte die SPD weiterhin die »eigentliche Staatspartei der Republik«[318] bleiben und sich im Wächteramt der verfassungstragenden Opposition bewähren. Allerdings verlor die SPD durch den frühen Tod des Reichspräsidenten Ebert, der indirekt auch ein Opfer der gegen ihn betriebenen Verleumdungskampagnen der Rechtskräfte wurde, im Februar 1925 ihre letzte wesentliche Machtposition auf gesamtstaatlicher Ebene. Die Reichstagspräsidentschaft von Paul Löbe (1875–1967), die zwischen 1920 und 1932 einen wichtigen parlamentarischen Kontinuitätsfaktor darstellte, beschränkte sich wesentlich auf repräsentative Aufgaben.

Die erforderliche Neuwahl des Staatsoberhaupts erbrachte einen Monat später im ersten Wahlgang bei einer Beteiligung von unter 70 % eine weitere Stärkung der republikanischen Parteien. Als Kandidat der SPD hatte Otto Braun (1872–1955) sehr respektable 29 % erhalten, die Bewerber von DDP und Zentrumspartei brachten es zusammen auf weitere 20 %. Die rechten Republikgegner konnten auf maximal 44 % der Stimmen vertrauen, und die KPD hatte für ihren Vorsitzenden Ernst Thälmann nur magere 7 % erhalten. Als Gegenleistung für die Wiederwahl Otto Brauns zum preußischen Ministerpräsidenten mit Hilfe der Zentrumsabgeordneten mobilisierte im zweiten Wahlgang die SPD für den Katholiken Wilhelm Marx, wodurch die Weimarer Koalition chancenreich zusammengeführt schien.

Den Rechtsparteien war es jedoch inzwischen gelungen, mit der Kandidatur des 77-jährigen Paul von Hindenburg einen »Kriegsmythos« aus dem Ruhestand zu reaktivieren. Dieser vermochte als verklärte Symbolfigur einstiger deutscher Größe und nationaler Einigkeit zusätzliche Wählerschichten anzusprechen. Die katholische Bayerische Volkspartei zog gemäß ihrer restaurativ-partikularistischen Grundeinstellung den preußisch-protestantischen Generalfeldmarschall a. D. dem republiktreuen Zentrumspolitiker vor. Zumal die KPD an der völlig aussichtslosen Zählkandidatur Thälmanns festhielt, gab letztlich wohl die um nahezu 10 % angestiegene Beteiligung parteipolitisch weniger gebundener sowie unpolitischer Wähler den Ausschlag für einen knappen Sieg Hindenburgs.

Nach ihrer Herausdrängung aus der Regierungsverantwortung auf Reichsebene und im Auftrieb einer verbesserten Wirtschaftslage besann sich die Sozialdemokratie zunehmend auf ihre Tradition einer milieuverdichteten Solidargemeinschaft. Diese akzentuierte gegenüber dem »Ersatzkaiser« Hindenburg und bürgerlichen Kabinetten ihren Charakter als Gegenkultur wieder deutlicher. Überhaupt findet sich – anders als beim ADGB und der SPD (dort 1922) – erst im Verlauf der 1920er-Jahre ein Höhepunkt in der Entwicklung von Milieuorganisationen der Arbeiterbewegung. So erreichten die Konsumgenossenschaften für den täglichen Einkauf als dritte Säule 1924 über 3,5 Millionen Mitglieder, während es vor 1922 und nach 1926 unter 3 Millionen waren.[319] Der zu 90 % SPD-nahe Republikschutzverband »Reichsbanner Schwarz Rot Gold«, dem solche Ziffern zur Abschreckung politischer Gegner wohl nur angedichtet worden sind, ist 1924 entstanden und konnte tatsächlich erst zu Beginn der 1930er-Jahre eindeutig zumindest eine Million Mitglieder zählen.[320] Über 200 000 weibliche Mitglieder hatte die SPD nach einem Beteiligungsschub um 1920 dann wieder ab 1929.[321] Neben den Konsumgenossenschaften entwickelte sich die AWO, die Ende 1919 zunächst als »Hauptausschuss für Arbeiterwohlwahrt in der SPD« gegründet und bis zum Verbot 1933 von Marie Juchacz (1879–1956) geleitet wurde, zum Hauptarbeitsfeld sozialdemokratischer Frauen.

Zwar fand das Beispiel des »roten Wien«, wo die Sozialdemokratie auch mit ihrer Wohnbau- und Mietenpolitik und dort eingelagerten Fürsorge-Einrichtungen bis auf 60 % Stimmenanteil anwachsende Mehrheiten erzielte, in keiner deutschen Großstadt annähernd komplette Entsprechung. In Österreich waren Mietshausbesitzer mit Inflationsopfern gleichgestellt worden. Das brachte zusätzliche Stimmen von dort mit profitierenden Mittelschichts-Mietern und verwies wegen mangelnder Rentabilität von Privatprojekten auf die Einbeziehung des Wohnungsneubaus in die kommunale Infrastruktur. In Deutschland hingegen überschritten die Mieten im Laufe der 1920er-Jahre den Vorkriegsstand. Denn neben teilweiser Wiederherstellung der Eigentümerrendite wurde die sogenannte Hauszinssteuer für die allgemeinen Landesfinanzen herangezogen. Dennoch ist es für die sozial- und kulturgeschichtliche Charakteristik der Epoche von großer Bedeutung, dass in den 1920er-Jahren das Bevölkerungswachstum gegenüber der Vorkriegszeit gebremst war und auch die Wohnortgebundenheit zunahm.

Vor allem die Stärke der fundamentaloppositionellen KPD in Großstädten muss als Grund dafür angesehen werden, dass in Deutschland – abweichend von Wien (1919–1934) und dann auch im weniger bekannten »roten Zürich« (1928–1938) – die Sozialdemokratie nicht schon damals kommunalpolitisch führend wurde. Die bekannteren Oberbürgermeister der Weimarer Republik blieben, sofern nicht im fortwirkenden Sinne der »Lebenslüge des Obrigkeitsstaates« (Gustav Radbruch) angeblich überparteilich, der DDP oder der DVP verbunden. Immerhin konnte die SPD in Mitte-Links-Bündnissen häufig vor allem bildungs-, infrastruktur- und sozialpolitische Fortschritte durchsetzen, wo solche auch der Klientel von gemäßigten bürgerlichen Parteien zugutekamen. Als wohl prominentester Bürgermeister in der Dekade nach dem Zweiten Weltkrieg ist Ernst Reuter (1889–1953) zugleich ein Beispiel für vorausgegangene Entwicklungen in der Weimarer Republik: Er amtierte von 1926 bis 1931 als Berliner Verkehrsstadtrat in einer »Etatsmehrheit« von der SPD bis zur DVP und wurde dann Oberbürgermeister in Madgeburg, wo die SPD immer besonders stark und die KPD schwächer geblieben war.[322]

Das Heidelberger Programm der SPD von 1925 bedeutete teilweise den theoretischen Ausdruck des krisenbedingten Wiederanknüpfens an die sozialen Erfahrungen der Vorkriegsära. Gewiss dürfte auch eine Rolle gespielt haben, dass die Vereinigung mit der USPD als Anlass einer Programmänderung den Rückgriff auf das marxistische Erbe nahelegte. Der Entwurf stammte von Kautsky und Hilferding als führenden Vertretern dieser Tradition. Allerdings wird der Unterschied zu »Görlitz« häufig überzeichnet, weil die schematische These des historischen Zwiespalts von Theorie und Praxis der Sozialdemokratie die Interpretation dominiert: »Das Görlitzer Programm zielte darauf ab, die Mehrheit der Wähler zu gewinnen. Das Heidelberger Programm wollte die Wahrheit der Theorie wiederherstellen«.[323] Darin wird offenbar der ohnehin überschätzte Eigenimpuls des Godesberger Programms von 1959 in ein grundlegend anderes geschichtliches Umfeld rückprojiziert. Die Wahlergebnisse boten aber in den 1920er-Jahren keine Anzeichen für unterschiedliche Wirkung beider SPD-Programme.

Eine überwältigende Mehrheit der Wählerschaft interessierte sich vermutlich kaum für Nuancen wie die Adressierung der sozialdemokratischen Botschaften an das »arbeitende Volk« oder die »Arbeiterklasse« – in die wahlstrategisch dann ohnehin ebenfalls Angestellte und »nicht-ausbeutende« kleine Selbstständige hineininterpretiert wurden. Bei den um das Jahr 1930 erstmals überlieferten Befragungen von Arbeitern nannten Sozialdemokraten und Linkssozialisten tatsächlich Marx am häufigsten unter den »größten Persönlichkeiten in der Geschichte«.[324] Außerdem ist hier, wie schon hinsichtlich der verhängnisvollen und vermeidbaren Spaltung in SPD und USPD, ein vergleichender Blick wenigstens zu deutschsprachigen Nachbarn hilfreich. Die schweizerische und verklausulierter auch die österreichische Sozialdemokratie befriedigte noch mehr als das Heidelberger Programm die von realen Klassengegensätzen stark inspirierten linken Strömungen mit marxistischer Terminologie. Dennoch gewannen auch die Nachbarparteien in den 1920er-Jahren erheblich an Stimmenanteilen hinzu. Gerade in Städten zeigte sich, dass Angestellte und Beamte teilweise gewerkschaftlich organisierbar und in ein sozialdemokratisches Ortsmilieu integrierbar waren. Dafür war jedoch erforderlich, dass über die Arbeitswelt hinaus ebenso auf kommunaler Ebene sichtbare Zeichen des Angebots neuer sozialer Leistungen gesetzt wurden.

Mit Urteilen der erwähnten Tendenz gegen das Heidelberger Programm ist hingegen die Vorstellung verbunden, die Weimarer SPD hätte nur rechtzeitig ideologischen Ballast abwerfen müssen, um den Einbruch in das Wählerpotenzial der Mittelschichten zu erzielen. Der realhistorische Prozess verlief aber eher umgekehrt: Das Scheitern der Kompromiss- und Koalitionspolitik der MSPD an »Bürgerblöcken« verwies die wiedervereinigte Sozialdemokratie auf die Oppositionsrolle in der ursprünglich von ihr begründeten, jedoch bis 1925 restaurativ umgeformten Republik. Auch der von Minderheiten der Linksliberalen und Zentrumskatholiken mit getragene Republikschutzbund formulierte seine im Kern staatstragende Haltung nuanciert: »Darum gilt unser Marsch und unser Ruf am Verfassungstag nicht dem republikanischen Staate, wie er unvollkommen und voller Gebrechen vor uns steht, sondern dem Staatswesen, das aus dieser Republik werden soll, dem Staatswesen, das die Parteien von Weimar wollten, als sie die Reichsverfassung schufen«.[325] Die Aussage des Heidelberger Programms, »die ökonomisch entscheidenden Produktionsmittel« seien »zum Monopol einer verhältnismäßig kleinen Zahl von Kapitalisten geworden, die damit die wirtschaftliche Herrschaft über die Gesellschaft erhalten«, schöpfte zusätzliche Plausibilität aus der Umverteilung des Besitzes zugunsten des Großkapitals in der Inflationsperiode. Entgegen dem Klischeebild eines Dogmatismus unterstrich das Programm nachdrücklich die »wachsende Bedeutung der Angestellten und Intellektuellen jeder Art«. In dem Hinweis, die sozialen Bedürfnisse dieser neuen Mittelschichten stimmten »in steigendem Maße mit denen der übrigen Arbeiterschaft überein«, wurden jedoch die weiterhin vorhandenen Bewusstseinsschranken gegenüber einer Interessensolidarität vernachlässigt.

Am deutlichsten trat die Orientierung am theoretischen Erbe des Erfurter Programms von 1891 in der Forderung hervor, »die Verwandlung des kapitalistischen Privateigentums an den Produktionsmitteln in gesellschaftliches Eigentum« als sozialistisches Endziel zu definieren. Gleichzeitig sollte aber die Arbeiterschaft dem »Klassenkampf zwischen den kapitalistischen Beherrschern der Wirtschaft und den Beherrschten« auf dem Boden der bestehenden Verfassungsordnung führen: »In der demokratischen Republik besitzt sie die Staatsform, deren Erhaltung und Ausbau für ihren Befreiungskampf eine unerlässliche Notwendigkeit ist«. Im anschließenden Aktionsprogramm fanden sich die bislang ausführlichsten und für die einzelnen gesellschaftlichen Handlungsfelder am genauesten spezifizierten Vorschläge zu einer ökonomischen, sozialen und kulturellen Neuordnung bis hin zur »Bildung der Vereinigten Staaten von Europa«.[326] Das Heidelberger Programm darf als Dokument eines demokratisch-marxistischen Reformsozialismus gelten. Dieser wies manche Berührungspunkte mit dem Konzept der österreichischen Sozialdemokraten auf, die zeitweise mit der USPD in der »Internationale Zweieinhalb« kooperiert hatten.

In den Jahren einer relativen Stabilisierung der wirtschaftlichen und politischen Verhältnisse seit 1924/25 erlebte die sozialdemokratische Arbeiterbewegung eine spürbare Regeneration. Die Organisationen von Partei und Gewerkschaften erholten sich allmählich von dem tiefen Einbruch der Inflationskrise, wenngleich sie nicht wieder die Stärke der Jahre 1920 bis 1922 erreichten. Auch die Reallöhne bewegten sich erstmals auf das Vorkriegsniveau zu, das unter Berücksichtigung der verkürzten Arbeitszeit sogar übertroffen wurde. Allerdings hatte die schon damals unter dem Stichwort Rationalisierung diskutierte Technisierung und Standardisierung des Produktionsprozesses das Arbeitstempo erhöht und den Bedarf an Arbeitskräften begrenzt. Selbst auf dem Gipfel des Wirtschaftsaufschwungs waren stets ein bis zwei Millionen beschäftigungslose Lohnabhängige zu verzeichnen. Immerhin gelang es den Gewerkschaften und der als Opposition starken SPD, über Kooperation mit dem vor allem in der Zentrumspartei aktiven Arbeitnehmerflügel der Regierung zu erreichen, dass 1927 eine gesetzliche Arbeitslosenversicherung geschaffen wurde.

Die Bewegungsfreiheit der SPD zeigte sich auch in ihrer Beteiligung am Volksentscheid zur Fürstenenteignung im Juni 1926, dem die Parteiführung gegen die Stimmung in der eigenen Mitglieder- und Wählerbasis zunächst skeptisch gegenüberstand. Die KPD hatte aber bereits eine Kampagne eingeleitet, und auch etliche linksbürgerliche Republikaner lehnten die Gewährung finanzieller Entschädigungen an die 1918 entmachteten Landesfürsten ab. So praktizierte die SPD in diesem Falle eine Kombination des parlamentarischen und außerparlamentarischen Vorgehens. Auf gesetzgeberischem Wege konnte in Übereinstimmung mit bürgerlichen Demokraten darauf hingewirkt werden, dass eine Kompromisslösung für die Republik nicht zu kostspielig ausfiel. Außerparlamentarisch setzte sich die SPD in der Mobilisierung der eigenen Anhängerschaft für die Übernahme des Vermögens in die Hände des neuen Staates ein. Die Abstimmung verlief wegen des Boykottaufrufs aller Parteien der Rechten und rechten Mitte nur noch formell geheim. Deshalb stand gerade in ländlichen Regionen der Anpassungsdruck einer hohen Beteiligungsrate entgegen. Dennoch übertraf das Ergebnis des Volksentscheids mit 14,5 Millionen Ja-Stimmen die addierten Wahlziffern von SPD und KPD von Ende 1924 um fast vier Millionen, zumal einige bürgerlich-republikanische Tageszeitungen den Volksentscheid unterstützten. Wenn auch die nahezu unerreichbare Schwelle einer absoluten Mehrheit aller Wahlberechtigten (etwa 20 Millionen Stimmen) verfehlt war, bedeutete dieser Zuwachs an Bündnispartnern einen Prestigeerfolg der gespaltenen Arbeiterbewegung. Die Zustimmungsraten von 52 bis 53 % der überhaupt Stimmberechtigten in den Wahlkreisen Hamburg und Leipzig und sogar 63 % in (Alt-)Berlin signalisierten ein sozialrepublikanisches Potenzial weit über die mobilisierbare Arbeiterschaft hinaus.

Auf dem Kieler Parteitag von 1927 nahm Hilferding mit einem Grundsatzreferat eine Standortbestimmung sozialdemokratischer Politik vor, die das Selbstverständnis einer im Aufwind befindlichen Weimarer SPD artikulierte. Als einer der führenden Theoretiker des zeitgenössischen Marxismus konnte sich Hilferding auf die Analysen seines Hauptwerkes »Das Finanzkapital« berufen und mit vollem Recht behaupten, er habe »immer zu denen gehört, die jede ökonomische Zusammenbruchstheorie ablehnten«.[327] Wie er bereits im Hinblick auf die Kriegsproduktion aufgezeigt hatte, war aufgrund der Konzentration des Kapitals und des technisch-wissenschaftlichen Fortschritts ein Entwicklungstrend »von der Wirtschaft des freien Spiels der Kräfte zur organisierten Wirtschaft«[328] zu verzeichnen. Die Konzeption Hilferdings, »mit Hilfe der bewussten gesellschaftlichen Regelung diese von den Kapitalisten organisierte und geleitete Wirtschaft in eine durch den demokratischen Staat geleitete Wirtschaft umzuwandeln«[329], formulierte den Zusammenhang seiner Theorie des Organisierten Kapitalismus mit einer reformsozialistischen Strategie.

In historischer Perspektive bekräftigte Hilferding die Überzeugung, dass »die Demokratie stets die Sache des Proletariats« gewesen sei und es deshalb »falsch und irreführend ist, von ›bürgerlicher Demokratie‹ zu reden«.[330] Vielmehr sah er klar die Rechtsentwicklung im Bürgertum und die bedrückende Aktualität der Alternative »Faschismus gegen Demokratie« voraus. Von einer damals nicht selbstverständlichen Erkenntnis ausgehend, »dass das wesentliche Element jedes modernen Staates die Parteien sind«, gelangte Hilferding zur These, dass »der Parteienkampf also der Ausdruck der Klassengegensätze ist«.[331] So ermutigte er die Parteigenossen unter Berufung auf Gedanken Otto Bauers zu einer kämpferischen Abwehrbereitschaft dergestalt, »dass kein Opfer gerade auch im Interesse der Arbeiterklasse zu groß wäre, um die Republik, die Demokratie zu erhalten«.[332] Während er in diesem Appell die Bedeutung des Schutzbundes »Reichsbanner Schwarz-Rot-Gold« unterstrich, lenkte Hilferding mit seinem Plädoyer für die Entfaltung einer »Betriebsdemokratie« und »Wirtschaftsdemokratie« die Aufmerksamkeit auf gewerkschaftliche Initiativen.[333] Anstatt sich in die Defensive drängen zu lassen, sollte die SPD das fast kontinuierlich von Otto Braun regierte Preußen der Weimarer Koalition als »eine stolze Feste im Lager der Republik«[334] im Kontrast zu restaurativen Tendenzen auf Reichsebene positiv herausstellen. Dieser an Führungsprofil den verstorbenen Reichspräsidenten Ebert übertreffende preußische Langzeit-Ministerpräsident hatte dort mit seinem Innenminister Carl Severing einige Fortschritte in der Ersetzung von republikfeindlichen politischen Beamten durch Mitglieder der Weimarer Koalition erzielt.[335]

Letztlich verabschiedete der Kieler Parteitag eine Resolution, die den Weg zu politischen Kompromissen offenhielt: »Die Entscheidung über die Teilnahme an der Regierung ist eine taktische Frage, deren Beantwortung nicht durch bestimmte Formeln ein für allemal festgelegt werden kann«.[336] In dem Aufruf zu den Reichstagswahlen des Mai 1928 mobilisierte die SPD »gegen Militarismus und Kriegsgefahr« und stellte die Alternative »Fortführung oder Stillstand der Sozialpolitik« in den

Mittelpunkt.[337] Mit 29,8 % aller Stimmen erzielte die Sozialdemokratie einen beachtlichen Zuwachs, wobei die Kommunisten ebenfalls Gewinne verbuchten und 10,6 % der Wähler auf sich vereinigten. Der parallele Stimmengewinn der SPD bei den Wahlen zum Preußischen Landtag kann als Indiz dafür gewertet werden, dass die Sozialdemokraten in der Regierung ebenso wie aus der Opposition politisches Terrain erobern konnten.

Vom Niedergang des parlamentarischen Systems zur Machtübergabe an Hitler

Die Regierungsbildung nach dem sozialdemokratischen Wahlerfolg von 1928 gestaltete sich außerordentlich schwierig. Auf sich allein gestellt verfügte die Weimarer Koalition, die in Preußen weiterhin stabile Verhältnisse schaffen konnte, im Reichstag nicht über eine regierungsfähige Mehrheit. Außerdem bewirkten die beträchtlichen Einbußen katholischer Arbeiterstimmen zugunsten der SPD bei der Zentrumspartei einen Rechtsruck, der zu einer schärferen Profilierung eines konservativen Christentums führte. Hinzu kam, dass die auch mit Blick auf ihren langjährigen Außenminister Stresemann für eine Große Koalition benötigten Rechtsliberalen dem Sozialstaat mit wachsendem Unbehagen gegenübertraten. Folglich konnte man sich nur auf die Entsendung von Vertrauensleuten der einzelnen Parteien in das Kabinett des SPD-Kanzlers Hermann Müller (1876–1931) verständigen. Es kam aber nicht zu einer formellen Koalitionsbildung mit verlässlicher parlamentarischer Mehrheitsbasis.

Ebenso wie im katholischen und rechtsliberalen Spektrum wandten sich große Teile des linken Flügels der Sozialdemokratie gegen eine Zusammenarbeit mit Kräften des anderen Lagers in der gegebenen Situation. Auch Paul Levi, einstmals Gründungsmitglied der KPD und nach dem Bruch mit deren Kurs ein Wortführer der SPD-Linken, wollte die Koalitionsproblematik nur als »taktische Frage« behandeln. Doch sah er das wesentliche Argument für eine Regierungsbeteiligung der eigenen Partei als gegenstandslos an: »Sicherung der Republik im allgemeinen? Die Frage ist gelöst«.[338] Die Überzeugung, dass bis zu einer neuerlichen revolutionären Chance die Staatsmacht ohne Gefahr für die Arbeiterbewegung den bürgerlichen Parteien überlassen werden konnte, war die Grundlage der kompromisslosen Oppositionsstrategie dieser sozialdemokratischen Linken. Die Mehrheit der SPD, zu deren theoretischen Exponenten nun auch einstige USPD-Politiker wie Hilferding gehörten, sah die Republik gefährdet und deshalb auf eine tragende Regierungsmitverantwortung der Sozialdemokraten angewiesen.

Der Zwiespalt solcher Grundhaltungen, die vielfach selbst in den Überlegungen vieler Sozialdemokraten außerhalb starrer Flügelbildungen konträr liefen, erfasste das Kabinett Müller unmittelbar nach Übernahme der Amtsgeschäfte. Die Bewilligung der Finanzmittel für den noch von der Bürgerblock-Regierung beschlossenen Bau des Panzerkreuzers A stürzte die SPD-Minister in ein Entscheidungsdilemma. Im Wahlkampf war die Partei mit der populären Forderung aufgetreten, diese Rüstungsgelder zugunsten der Schulspeisung unterernährter Kinder zu verwenden. Das besonders die Wählerinnen ansprechende Stichwort »Kinderspeisung statt Panzerkreuzer« stammte ursprünglich vom linksbürgerlichen Publizisten Hellmut von Gerlach. Die SPD konnte in der Regierung ohne tiefgreifenden Verlust an politischer Glaubwürdigkeit nicht plötzlich das genaue Gegenteil beschließen. Die gegenüber dem Panzerkreuzerbau gleichfalls skeptische DDP wollte aber den SPD-Ministern nicht den Fluchtweg eröffnen, sich im Kabinett von den bürgerlichen Parteien überstimmen zu lassen und den Vollzug der Entscheidung unter Vorbehalt hinzunehmen. Daher konnten die Sozialdemokraten nur zwischen der Sprengung des Regierungsbündnisses durch die rüstungsfreundliche rechtsliberale DVP und dem politischen »Umfall« wählen.

Die Regierungsmitglieder der SPD entschieden sich wiederum für die Staatsraison und nahmen im Kabinett den eklatanten Widerspruch zu den Wahlversprechen in Kauf. Der unter den Parteimitgliedern entfesselte Proteststurm konnte lediglich noch bewirken, dass die eigenen Minister bei der Abstimmung im Reichstag aufgrund des Fraktionszwangs gegen die zuvor von ihnen zähneknirschend akzeptierte Regierungsvorlage votieren mussten. Dies war angesichts der parlamentarischen Mehrheitsverhältnisse als folgenlose Demonstration einzuschätzen. Die Regierungsmitglieder der SPD hatten sich im Urteil der Parteibasis durch ein Übermaß an Kabinettsloyalität kompromittiert. Dafür blieb ihnen im Gegenzug die Blamage eines widersprüchlichen Abstimmungsverhaltens nicht erspart, das sie in den Augen der bürgerlichen Bündnispartner diskreditierte.

Ein erstes Symptom der radikalen Abwendung der Großindustrie von einer Politik der Klassenkompromisse trat im Spätherbst 1928 mit der Ruhreisen-Aussperrung hervor. Diese sollte nicht nur Verbesserungen des Lohnniveaus verhindern, sondern zugleich das staatliche Schlichtungswesen in Tarifauseinandersetzungen untergraben. Die Abwehrfähigkeit der Arbeiterbewegung wurde in der Folgezeit durch die Hinwendung der KPD zu einem ultralinken Kurs entscheidend beeinträchtigt. Darin war die Diffamierung der SPD als »sozialfaschistisch« eingeschlossen. Auch wurde die Spaltung der Gewerkschaften sowie der Kulturorganisationen der Arbeiterschaft herbeigeführt. Anstatt jedoch diese sektiererische Strategie der Kommunisten für eine Abwerbung des Massenanhangs zugunsten der Sozialdemokratie zu nutzen, verfielen manche SPD-Politiker in administrative Methoden der Bekämpfung von KPD-Propaganda. Ähnlich wie in den Bürgerkriegsaktionen der Revolutionsära entstand das Blutbad am 1. Mai 1929 in Berlin aus dem Zusammenprall des gewaltbereiten Linksradikalismus mit der Ordnungsmacht. Dass der Polizeipräsident Zörgiebel ausgerechnet die Demonstrationen zum 1. Mai aus Sorge um den inneren Frieden untersagte, musste provozierend wirken.

Die zwei Dutzend Todesopfer eines sinnlosen Machtkampfes auf den Straßen der Reichshauptstadt waren der Preis beiderseitiger Unfähigkeit zu gewaltfreiem Konfliktaustrag. »Die Kommunisten waren verbrecherisch genug, Unschuldige vor die Flinten und Gummiknüppel der Polizeibeamten zu treiben. Und die Polizei kannte nur den schlagenden Knüppel und die schießende Flinte« – mit dieser nach beiden Richtungen kritischen Darstellung kennzeichnete Kurt Rosenfeld aus der Sicht eines linken Sozialdemokraten die Konfrontation und zeigte für das bewusst herausfordernde Vorgehen der KPD keinerlei Verständnis. Nach der Beobachtung seines Gesinnungsgenossen Levi wurde die SPD-Linke allein schon durch das entlarvende Auftreten von KPD und NSDAP im Reichstag vor Einheitsfront-Illusionen bewahrt: »Beider Reden Inhalt war ein wüstes Geschimpf auf die Sozialdemokratie und nur im Schlusssatz unterschieden sie sich. Da schwören die einen auf Moskau und die anderen auf die deutsche Seele«.[339]

Bereits im Verlauf des Jahres 1929 hatte die auch in den Sommermonaten hohe Arbeitslosigkeit zu Finanzierungsengpässen in der Arbeitslosenversicherung geführt. Über deren Ausgleich entstanden wachsende

Meinungsverschiedenheiten zwischen den Industrie- und den Gewerkschaftspositionen, vertreten von der DVP und der SPD. Obgleich die Kontroverse im Herbst 1929 mit einem Kompromiss beigelegt werden konnte, zeichnete sich ab, dass die Zusammenarbeit nur noch bis zur Annahme des von der nationalistischen Rechten erbittert bekämpften Young-Plans über die endgültige Regelung der Reparationszahlungen zu stabilisieren war. Denn das übergeordnete politische Motiv, den Bruch des Kabinetts im Interesse der Funktionsfähigkeit des parlamentarischen Systems möglichst zu vermeiden, galt lediglich für die SPD, aber nach Stresemanns Tod im Oktober 1929 nicht mehr für die DVP. Der Rücktritt Hilferdings als Finanzminister war zu diesem Zeitpunkt der Preis eines Verbleibs der Rechtsliberalen in der Regierung. Darin kam aus sozialdemokratischem Blickwinkel zum Vorschein, »dass das Gebäude der gegenwärtigen Koalition schwer erschüttert ist und durch den leisesten Wind zum Einstürzen gebracht werden kann«.[340]

Nach einem Kurssturz der New Yorker Börse, der die Weltwirtschaftskrise einleitete, bewirkte der erste Krisenwinter 1929/30 die endgültige Trennung zwischen den Strategien der Problembewältigung. Die Entscheidung über die Streitfrage, ob zur Sanierung der Finanzen die Beiträge der Arbeitslosenversicherung erhöht oder die Leistungen gekürzt werden sollten, wurde von beiden Kontrahenten als Ansatzpunkt für eine politische Schuldzuweisung betrachtet. Ein letzter Versuch aus Kreisen der Zentrumspartei, durch eine Übergangslösung den Bruch um einige Monate zu verzögern, scheiterte am Einspruch des Gewerkschaftsflügels der SPD. Dieser konnte, als innerparteilich mächtigste Gruppierung, die sozialdemokratischen Minister von einem nachgiebigen Verhandlungskurs abhalten. Tatsächlich drängte ohnehin der jetzt dominierende rechte Flügel der DVP auf den Koalitionsbruch. Die Erfahrung des Panzerkreuzer-Konflikts sollte sich auf keinen Fall wiederholen, wenn die Sozialdemokratie den Weg in die Opposition nicht mit gebrochenem Selbstbewusstsein antreten wollte. Als im März 1930 das Kabinett Müller zurücktrat, musste die SPD einstweilen zufrieden sein, dass ihre von den Rechtskräften seit längerem angestrebte Entmachtung nicht auch noch von einer inneren Vertrauenskrise überschattet wurde.

Die Gegnerschaft zum Kabinett des konservativen Zentrumskanzlers Brüning, der sich angesichts fehlender parlamentarischer Mehrheitsbasis auf den Reichspräsidenten stützte, war für die SPD zunächst die

Konsequenz aus dem politischen Krisenverlauf. Dem Auftakt jener Deflations- und Sparpolitik, mit deren verhängnisvollen Resultaten der Name Brüning bis heute verbunden ist, widersetzte sich die sozialdemokratische Reichstagsfraktion. Zusammen mit den anderen Oppositionsparteien erzwang sie eine Aufhebung der finanzpolitischen Notverordnungen. Daraufhin griffen Brüning und Hindenburg zum Kampfmittel der Reichstagsauflösung, das ein widerstrebendes Parlament gefügig machen sollte. Das widersprach nach Auffassung der SPD dem Gehalt der Weimarer Verfassung: »Eine Regierung, die in die Minderheit geraten ist, handelt nach einer Auflösung des Parlaments nur dann im Sinne des parlamentarischen Systems, wenn sie von den Wahlen eine Verwandlung ihrer Minderheit in eine Mehrheit erwartet. Da die Regierung Brüning von der Reichstagsauflösung dergleichen kaum erwarten konnte, lag nach sozialdemokratischer Überzeugung ihr Vorgehen nicht mehr im Rahmen der Verfassung«. Dagegen sah die SPD nur »in der parlamentarischen Demokratie den Boden, auf dem sich der Ausgleich der miteinander ringenden Kräfte ohne Schädigung des Volksganzen vollziehen kann«.[341] Die etwaige Hoffnung Brünings auf eine Kräfteverschiebung zugunsten der Regierungsparteien war tatsächlich vollkommen unrealistisch. Denn anders als noch im Kaiserreich vermochte keine zugkräftige nationale Parole die sozialen Spannungen zu überdecken. Vielmehr hatten die ein halbes Jahr zurückliegenden Agitationsfeldzüge gegen den Young-Plan und die in ihrem Umkreis stattfindenden Regionalwahlen bewiesen: die NSDAP war als die radikalste Kraft der »nationalen Opposition« auf dem Weg zur führenden republikfeindlichen Massenpartei.

Im Werben um die Stimmen der arbeitenden Bevölkerung empfahl die SPD nach den Worten Kautskys eine »Politik der Verständigung im Innern wie nach außen«.[342] Dabei waren aus sozialdemokratischer Sicht auf der einen Seite die Nationalsozialisten als »Totschläger« und »Berufsmörder«[343], auf der anderen Seite aber zugleich die ultralinken Kommunisten eine schwerwiegende Belastung: »Der Kommunismus hat seinen Nährboden in Geisteszuständen aus den Anfangszeiten des Klassenkampfes, in denen ein Fluch oder ein Steinwurf ohnmächtigen Proletariern als einziges Mittel erschien, sich zu wehren«.[344] Die weitere Zuspitzung der Weltwirtschaftskrise, die in Deutschland bereits zu mehr als drei Millionen offiziell erfassten Arbeitslosen geführt hatte, begünstigte jedoch die extremen Standpunkte weitaus mehr als die Appelle an Vernunft und Mäßigung. Bei den Reichstagswahlen am 14. September 1930 schnellte der Stimmenanteil der NSDAP von 2,6 % auf 18,3 % empor. Die KPD verbesserte sich in weitaus bescheidenerem Umfange von 10,8 % auf 13,3 %. Neben den traditionellen bürgerlichen Parteien ging die SPD, für die nach einem Verlust von 5,3 % nur noch 24,5 % der Stimmen abgegeben wurden, erheblich geschwächt aus diesen Krisenwahlen hervor.

Auf den ersten Blick hatten die Sozialdemokraten eine leicht abgemilderte Wiederholung der schmerzlichen Erfahrungen aus den Inflationswahlen erlebt. Im Vergleich mit 1923/24 war die Arbeiterbewegung im Jahre 1930 noch relativ gefestigt. Den lärmenden Nationalsozialisten mochte überdies weniger als den mit Unterstützung der alten Herrschaftsschichten agierenden Deutschnationalen der erfolgreiche Griff nach der Staatsmacht zugetraut werden. Das Kalkül der SPD, aus der Opposition wichtige Elemente der Regierungspolitik mitgestalten zu können und gleichzeitig von der Unzufriedenheit über die unsozialen Sparmaßnahmen zu profitieren, erwies sich freilich in doppelter Hinsicht als verfehlt. Zum einen zeigte die wirtschaftliche Depression nicht nur chronische, sondern zunehmend tiefer in soziale Abgründe hineinführende Charakterzüge. So konnte von einer baldigen Stabilisierung der innenpolitischen Verhältnisse keine Rede sein. Zum anderen fehlte angesichts der grundsätzlich jede Mitverantwortung ablehnenden Haltung der NSDAP die Möglichkeit, durch einen bürgerlichen Parteienblock auch gegen die SPD auf dem Boden der parlamentarischen Ordnung zu regieren.

Eine historisch angemessene Erklärung dafür, warum die Sozialdemokratie seit 1930 nicht mehr aus der politischen Defensive herausfand, kann auf drei Ebenen ansetzen. Einmal enthielt die parlamentarische Konstellation die bedrückende Alternative, entweder das Präsidialkabinett Brüning zu tolerieren oder aber dessen Annäherung an die Nationalsozialisten beziehungsweise ein Regieren außerhalb der Verfassung zu riskieren. Die Entscheidung für die erstgenannte Variante erfolgte in dem zwiespältigen Bewusstsein, »dass diese Tolerierungspolitik eine scharf ausgeprägte Politik des kleineren Übels ist«[345] – und deshalb wenig massenwirksam erschien. Des weiteren gelang es der SPD nicht, die ebenfalls krisenbedrängten Mittelschichten neu für sich zu gewinnen.

Erwerbslose in Frankfurt am Main bei einer Demonstration Anfang der 1930er-Jahre.

Unter einer Million SPD-Mitgliedern waren 1930 weiterhin 59 % Arbeiter gegenüber 10 % Angestellten und 3 % Beamten anzutreffen (17 % Hausfrauen, 5 % Rentner und 6 % Sonstige konnten nicht genauer zugerechnet werden).[346] Wenn in Werbebeilagen des »Vorwärts« zu den Reichstagswahlen 1930 der Kampfruf lautete: »Die Klasse ist alles – Der Stand ist nichts! Angestellte und Beamte – kämpft unter den roten Fahnen!«[347], war diese traditionelle Form der Agitation außerhalb der freigewerkschaftlich Organisierten wenig aussichtsreich. Allerdings hätte wohl auch ein die Mentalität der neuen Mittelschichten stärker berücksichtigendes Auftreten der SPD nicht viel mehr wahlpolitische Aussichten geboten. Dort waren in vielen Regionen die republikfeindlichen und nationalistischen Ressentiments neben dem Standesdenken noch zu tief verwurzelt.

Deshalb ist der Blick auf das Spannungsverhältnis zwischen der organisationsgebundenen Unbeweglichkeit der SPD und den neuen Herausforderungen seitens der nationalsozialistischen Massenbewegung zu lenken. Schon die Politik des 4. August hatte im Ersten Weltkrieg nicht durch den Verlust alter sozialdemokratischer Tugenden, sondern aufgrund deren Unzulänglichkeit in Entscheidungssituationen in die

Sackgasse geführt. Ganz ähnlich bestand das vielfach gebrandmarkte Versagen der SPD am Ende der Weimarer Republik wesentlich darin, die bisherigen Verhaltensweisen unter veränderten gesellschaftlichen Handlungsbedingungen fortgesetzt zu haben. Entgegen dem Anspruch, die »Partei der Jugend«[348] zu sein, fehlte der Sozialdemokratie gerade der Nachwuchs in den Altersgruppen bis 30 Jahre, die überproportional zur KPD und NSDAP strömten.[349] Die im ersten Augenschein plausible These, die zuletzt fatale Krise der SPD sei »in dem Verlust ihres ursprünglichen Bewegungscharakters zu erblicken«[350], bedarf einer Präzisierung. Der Umformungsprozess von der sozialen Protestbewegung des Kaiserreiches zur staatstragenden Verfassungspartei der Weimarer Republik nahm Jahrzehnte in Anspruch und verlief keineswegs geradlinig. Das besondere Defizit einer nunmehr etablierten Partei wurde erst durch die Vehemenz einer von links- und rechtsaußen betriebenen neuen Politik der Straße vollends offenkundig.

Im Zuge der weiteren Verschärfung der Wirtschaftskrise und einer Durchsetzung der NSDAP als republikfeindliche Sammlungsbewegung entschlossen sich SPD und Gewerkschaften erst Ende 1931, dem wachsenden Straßenterror der SA ein wirkungsvolleres Bündnis entgegenzusetzen. Die um das »Reichsbanner« gruppierte »Eiserne Front« der sozialdemokratisch beeinflussten Arbeiterorganisationen trat durch Massenaufmärsche eindrucksvoll hervor. Das »Reichsbanner« stellte militante »Schutzformationen« auf, ohne jedoch die Gewaltsamkeit der paramilitärischen Konkurrenz erreichen zu können oder auch nur zu erstreben. In der illusionslosen Erkenntnis, »dass der Nationalsozialismus die Vernichtung seiner Gegner will«, sollte der Republikschutz bei den Organisationen von SPD und Gewerkschaften dem Grundsatz folgen, »den Feind mit denjenigen Mitteln zu bekämpfen, die er ihnen gegenüber anwendet«.[351] Die Ankündigung einer »wirtschaftspolitischen Offensive« in Verbindung von sozialistischen Transformationszielen mit kurzfristig wirksamen Maßnahmen der »Arbeitsbeschaffung«[352] war in der Parteipublizistik Anfang 1932 durchaus vertreten.

Ein lange vorherrschendes Bild passiver Hinnahme des kapitalistischen Wirtschaftselends seitens einer in marxistischer Krisenorthodoxie befangenen SPD muss insofern teilweise korrigiert werden, ebenso die Vorstellung, auch dies hätte an Problemen der NS-Analyse gelegen. In Nordeuropa gaben die Weltwirtschaftskrise und dann auch die Entwicklung im Deutschen Reich den Anstoß zu einer parteipolitischen Umgruppierung sowie einer wirtschafts- und gesellschaftspolitischen Umorientierung. Neu entstanden waren Bündnisse der in Wahlen siegreichen Arbeiterparteien – wobei die Norweger mit ihrer linkssozialistischen Tradition dem in Dänemark und Schweden von gemäßigten Sozialdemokraten vorgezeichneten Weg 1935 folgten – mit den Parteien und Interessenorganisationen der durch die Krise schwer getroffenen Bauern. Dabei verständigte man sich über ein Programm, das Agrarprotektionismus und quasi keynesianische Wirtschaftssteuerung mit Arbeitsbeschaffungsmaßnahmen und dem Ausbau des Sozialstaats kombinierte und so auch psychologisch eine Wende einleitete. Es ist sehr fraglich, ob dieser Ansatz auf Deutschland mit seiner weitaus schwereren Wirtschaftskrise, der viel gravierenderen faschistischen Bedrohung und der ganz anderen politischen Kultur – gerade auch in der Bauernschaft – übertragbar gewesen wäre. Doch gab die skandinavische Sozialdemokratie ein Beispiel für politische Phantasie, Beweglichkeit und Initiative, woran es der SPD zu Beginn der 1930er-Jahre offenkundig mangelte.

Die Versuche einer Aktivierung des sozialdemokratischen Massenanhangs stießen in Deutschland rasch an die Grenzen fehlenden Einflusses auf die Reichspolitik. Die Krisenlasten wurden auch unter den abhängig Beschäftigten unter dem Brüningschen Deflationsregime sehr ungleich verteilt: Die Beamten hatten von 1929 bis 1932 keine Einbußen an Realeinkommen hinzunehmen, während Angestellte schmerzliche 15 % und Arbeiter schlechthin katastrophale 38 % verloren.[353] Wie wenig die SPD selbst für das Aktionsfeld des Stimmzettels noch zu eigenständigen Initiativen fähig war, trat anlässlich der Reichspräsidentenwahlen im Frühjahr 1932 zutage. Aus Furcht vor den Konsequenzen einer Wahl Hitlers in das höchste Staatsamt setzte sich die SPD für das kleinere Übel der erneuten Kandidatur des inzwischen 84-jährigen Hindenburg ein. Nur verschiedene Modelle der antidemokratischen Umformung standen noch zur Abstimmung.

Die verhängnisvolle Kettenreaktion nach der Wiederwahl Hindenburgs bestätigte, dass seither alle politischen Weichen auf einen Kurs in die Diktatur gestellt waren. Zwei Wochen später büßte die demokratische Preußenkoalition bei der fälligen Landtagswahl ihre parlamentarische Mehrheit ein und konnte nur noch geschäftsführend amtieren.

Infolge der ständigen Einflüsterung der Reichswehrführung und der Großagrarier im Umkreis Hindenburgs wurde auch Brüning das Opfer seiner Leichtgläubigkeit gegenüber dem Staatsoberhaupt und Anfang Juni 1932 durch den ultrakonservativen Kanzler Franz von Papen ersetzt. Auf diese Weise war binnen kürzester Frist die Situation reif für den Staatsstreich gegen die letzte Bastion der Republik geworden. Die seit dem Amtsantritt des Papen-Kabinetts kursierenden Gerüchte über eine Ersetzung der Regierung in Preußen durch einen Staatskommissar mit diktatorischen Vollmachten wurden am 20. Juli 1932 bittere Realität: Aus dem Reichskanzler wurde der Reichskommissar von Papen. Der Verzicht auf aktiven Widerstand gegen diesen Gewaltakt, der einen schwerwiegenden Verfassungsbruch darstellte, gab der NSDAP nach den Worten ihres Propagandachefs Goebbels letzte Gewissheit über die Mobilisierungsschwäche ihres gefährlichsten Gegners: »Man muss den Roten nur die Zähne zeigen, dann kuschen sie. SPD und Gewerkschaften rühren nicht einen Finger … Die Roten haben ihre große Stunde verpasst. Die kommt nie wieder«.[354]

Das passive Verhalten nach dem »Preußenschlag« zeigte die Sozialdemokratie als Gefangene ihrer defensiven Politik. Es hätte eine grundlegende Kurskorrektur erfordert, nunmehr denselben Hindenburg als Zerstörer der demokratischen Verfassungsordnung zu bekämpfen, den man noch vor wenigen Monaten als Garanten des Rechtsfriedens gegen die Gesetzlosigkeit der NSDAP im höchsten Staatsamt bestätigt hatte. Gemäß einem freimütigen Bekenntnis des Parteivorsitzenden Otto Wels (1873–1939) entstand bei den Beratungen über eine gebührende Antwort auf die Provokation des 20. Juli der fatale Eindruck, »dass man allgemein ratlos war, was zu tun sei«.[355] Zwar deuten Berichte aus den Hochburgen der Arbeiterbewegung darauf hin, »dass in weiten Kreisen der Eisernen Front der Kampf mit allen verfügbaren Mitteln als etwas Selbstverständliches erwartet wurde«.[356] Doch reichten die Waffen der republikanischen Schutzformationen auch in Verbindung mit der preußischen Polizei (deren Loyalität zweifelhaft war) nicht aus, um gleichzeitig Hitlers SA-Banden und die von Hindenburg befehligte Reichswehr zu bekämpfen.

Schließlich musste in einer ökonomischen Krise mit inzwischen sechs Millionen registrierten Arbeitslosen das im Kapp-Lüttwitz-Putsch bewährte Kampfmittel des Generalstreiks versagen. Nationalsozialistische

Streikbrecher hätten massenhaft zur Verfügung gestanden. Wie wenig die Einheitsfront von SPD und KPD im Zeichen der faschistischen Gefahr eine sichere Perspektive bot, zeigte das Schicksal der im Oktober 1931 gegründeten »Sozialistischen Arbeiterpartei Deutschlands« (SAPD) sowie der KPD-Opposition. Beide versuchten als Vermittler eines Aktionsbündnisses der großen Arbeiterparteien aufzutreten, fanden aber kaum politische Resonanz, wenngleich es in den Wohnbezirken auch Beispiele einer gemeinsamen Abwehr gab. Das Misstrauen gegenüber den Kommunisten, die im Jahre 1931 sogar einen Volksentscheid der Deutschnationalen und Nationalsozialisten zur Abwahl der preußischen Regierung unterstützt hatten, war ebenso auf Seiten der Sozialdemokraten verfestigt wie der Hass auf die »Sozialfaschisten« seitens der KPD.

Einen wesentlichen Stellenwert in der öffentlichen Rechtfertigung des sozialdemokratischen Verhaltens nahmen die am 31. Juli vorgesehenen Reichstagswahlen ein, um deren Durchführung die Partei beim Ausbruch von außerparlamentarischen Machtkämpfen fürchtete. Den von der Eisernen Front in den Betrieben gebildeten »Hammerschaften« dürfte freilich die Ratlosigkeit nicht verborgen geblieben sein, wenn ihre »Reichskampfleitung« die Parole ausgab: »Der Stimmzettel ist jetzt der Hammer in eurer Hand«.[357] Der Aktionsunfähigkeit folgte in den bewegten Zeiten der Wirtschafts- und Staatskrise unvermeidlich der Wählerschwund. Mit nur noch 21,6 % war die SPD bei den Juliwahlen hoffnungslos hinter die auf 37,3 % emporgewachsene NSDAP zurückgefallen. Als im November 1932 aufgrund der fehlenden parlamentarischen Mehrheit des autoritären Papen-Kabinetts erneut Reichstagswahlen stattfanden, sank die von inneren Konflikten erschütterte NSDAP zwar auf 33,1 % ab. Doch erhielt die SPD nur noch 20,4 %, während die KPD im Zuge der Verelendung der Arbeitslosen mit 16,9 % bedrohlich nahe an das sozialdemokratische Wählerpotenzial heranrückte.

Die sozialdemokratische Politik bestand zuletzt in einer Kombination aus richtigen Einsichten und einiger Verlegenheit, was deren Umsetzung in erfolgversprechenden Widerstand gegen die Übernahme der Regierungsgewalt durch die NSDAP betrifft.[358] In der Parteiagitation war frühzeitig vor einer nationalsozialistischen »Methode der Scheinlegalität« gewarnt und an das Lassallesche Stichwort »Verfassungsfragen sind Machtfragen!« erinnert worden.[359] Ebenso gab es kritische Stimmen, die eine politische Neuorientierung infolge der veränderten Bedingungen für dringend erforderlich hielten: »Da die sozialdemokratische Politik bisher ausschließlich parlamentarisch orientiert war, droht mit der Ausschaltung des Parlaments ein gefährliches Vakuum«.[360] Der Parteivorstand verschanzte sich jedoch getreu dem von Wels auf einer Sitzung nach den Novemberwahlen formulierten Grundsatz: »Wir machen keine Revolution, sie kommt«[361], hinter den Mauern einer Fluchtburg des Wartens auf bessere Zeiten. Dennoch schien es um die Jahreswende 1932/33 so, als ob das Kalkül der SPD-Führung doch noch aufginge: nämlich die eigenen Kerntruppen zusammen und die NSDAP so lange von der Macht fernzuhalten, bis nach ersten Misserfolgen innere Konflikte das heterogene »braune« Gebilde auseinandertreiben würden. Tatsächlich steckte die Hitler-Partei in Geldnot und musste nach den reichsweiten Verlusten am 6. November bei Kommunalwahlen weitere und tiefere Einbrüche hinnehmen.

Die Papens isoliertes Kabinett Anfang Dezember 1932 ablösende Regierung des Reichswehrgenerals Kurt von Schleicher bot nach Vorbildern der Burgfriedenspolitik des Weltkriegs eine Kooperation zwischen autoritärer Staatsführung und einer die Parteien übergreifenden »Gewerkschaftsachse« an. Dieser wurden zur Jahreswende 1932/33 von nationalsozialistischer ebenso wie von sozialdemokratischer Seite eindeutige Absagen erteilt. Nachdem auch diese Variante gescheitert war, gab der lange widerstrebende Hindenburg den Weg für die Ernennung Hitlers zum Reichskanzler frei – gedrängt von Großgrundbesitzern und Schwerindustriellen, beeinflusst von einer reaktionären Clique um Papen, zugleich auf den Weltkriegsmythos der »Volksgemeinschaft« fixiert und die NSDAP in solche nationale Front einreihend.[362] Die legale Fassade dieser Nominierung bezog sich auf den Führer der stärksten Reichstagsfraktion, die aber dort nur Obstruktionskrawall betrieben hatte und selbst in Kombination mit den Deutschnationalen von einer Mehrheit weit entfernt war.

Eine Rückkehr von Ministern des Papen- und Schleicher-Kabinetts in diese Regierung der »nationalen Konzentration« trug dazu bei, die Tragweite der Machtverschiebung zu verschleiern. So lieferte diese Prozedur den verbliebenen demokratischen Kräften keine Ansatzpunkte zur entschiedenen Gegenwehr, sondern eher den Vorwand für Legalitätsillusionen: »Die Sozialdemokratie und die Eiserne Front stehen mit beiden Füßen auf dem Boden des Gesetzes und der Verfassung«.[363] Eine solche Beschwörung von Spielregeln, an die der politische Gegner sich in keiner Weise gebunden fühlte, war letztlich nur noch ein mit anspruchsvollen Prinzipien angereichertes Dokument der Ohnmacht. Gegenüber der Hilflosigkeit der Führungen geriet schnell in Vergessenheit, dass unmittelbar nach dem 30. Januar 1933 die Arbeiterschaft vielerorts in Demonstrationen, die in manchen Fällen die größten seit 1918 waren, ihre ablehnende Einstellung gegen das Hitler-Regime zum Ausdruck brachte.

Sozialdemokratische Politik in Widerstand und Exil

Die Zuversicht vieler Sozialdemokraten, dass der braune Spuk nicht lange andauern könne, fand sich rasch mit der harten Wirklichkeit des entschlossenen Repressionskurses der neuen Machthaber konfrontiert. Nach dem Reichstagsbrand wurden Ende Februar 1933 bereits wesentliche Grundrechte der Verfassung außer Kraft gesetzt. Die als Plebiszit für das Kabinett Hitler inszenierten Neuwahlen zum Reichstag am 5. März 1933 waren deshalb nicht mehr der Ausdruck des freien Volkswillens. Dennoch verfehlte die NSDAP mit 43,9 % die angestrebte absolute Mehrheit, während die katholischen Parteien sowie die SPD (18,3 %) lediglich infolge der Wahlbeteiligung (fast 89 %) leicht an Boden verloren. Die vielfach schon in die Illegalität gedrängte KPD musste bei einem Verlust von 4,6 % Stimmenanteil einen Rückgang auf 12,3 % hinnehmen. So verfügte das Bündnis aus NSDAP und DNVP (8 %) nunmehr über eine parlamentarische Mehrheit, die diesem Kabinett der Diktatur und des Verfassungsbruches eine scheinlegale Grundlage verschaffte.

Für eine »legale« Zerstörung des demokratischen Rechtsstaats benötigte Hitler freilich eine verfassungsändernde Zweidrittelmehrheit der Reichstagsabgeordneten. Der Abstimmung über das Ermächtigungsgesetz am 23. März 1933 war die Verhaftung oder Flucht der kommunistischen und etlicher sozialdemokratischer Parlamentarier vorausgegangen. Während die kommunistischen Mandate bereits annulliert waren und sämtliche bürgerlichen Parteien mit der Zustimmung zum Ermächtigungsgesetz vor der nationalsozialistischen Diktatur kapitulierten, bekräftigte der SPD-Vorsitzende Wels die ablehnende Haltung seiner Fraktion mit denkwürdigen Worten: »Wir deutschen Sozialdemokraten bekennen uns in dieser geschichtlichen Stunde feierlich zu den Grundsätzen der Menschlichkeit und der Gerechtigkeit, der Freiheit und des

Sozialismus. Kein Ermächtigungsgesetz gibt Ihnen die Macht, Ideen, die ewig und unzerstörbar sind, zu vernichten«.[364] Im Rahmen ihrer parlamentarischen Möglichkeiten hat sich die SPD also dem Anpassungsdruck widersetzt und an den Prinzipien der Weimarer Verfassung festgehalten.

Unter Berücksichtigung des beginnenden Terrors gegen prominente und unzählige einfache Sozialdemokraten war das eindeutige Nein zu der von Hitler beantragten Legalisierung des politischen Ausnahmezustands durchaus bemerkenswert. Wenn man weiterhin die vor der Rede von Wels angedrohten Repressalien gegen ihn und andere SPD-Politiker bedenkt, lässt sich behaupten, »dass es dem Parteiführer und den Männern, die mit ihm die Verantwortung für die passive Defensivpolitik der Sozialdemokratie teilten, nicht an persönlichem Mut gebrach, für ihre Überzeugungen einzutreten«.[365] Doch blieb diese gesinnungsfeste Abwehrbereitschaft nur solange erhalten, wie Hoffnungen auf eine gemäßigte Variante der Illegalisierung gemäß dem Vorbild des Sozialistengesetzes bestanden. Mit zunehmender Verschärfung der Unterdrückungs- und Verfolgungsmaßnahmen und der Verlagerung des Kampffeldes auf den einzig noch verfügbaren außerparlamentarischen Bereich verfiel der SPD-Vorstand in eine resignative Grundstimmung. Als Ende April 1933 von Wels für die deutsche Sozialdemokratie der Austritt aus der Sozialistischen Arbeiter-Internationale erklärt wurde, war dieser Schritt zwar auch durch Rücksichten auf das Schicksal der im Lande verbliebenen aktiven Parteimitglieder motiviert, aber objektiv ein Zeichen des Zurückweichens vor diktatorischen Zumutungen.

Den Tiefpunkt erreichte diese Politik der Konzessionen gegenüber dem NS-Regime als Mittel des eigenen Überlebens im Mai 1933. Nachdem in den vorausgegangenen Wochen mehrfach schwerwiegende Übergriffe zu verzeichnen waren, glaubten die Freien Gewerkschaften, ihre legale Existenz dadurch absichern zu können, dass sie sich von der SPD distanzierten und zum 1. Mai die Teilnahme an einem staatlich kontrollierten »Feiertag der nationalen Arbeit« zugestanden. Die Vergeblichkeit dieser Anbiederung mussten die Gewerkschafter jedoch schon am nächsten Tage als bittere Lektion erfahren. Der seit längerem vorbereitete erste Akt ihrer Gleichschaltung wurde planmäßig begonnen, indem SA-Schergen die Gewerkschaftshäuser besetzten und zahlreiche Funktionäre verhafteten. Die dezimierte sozialdemokratische Reichstagsfraktion gab sich daraufhin am 17. Mai in einer Mischung aus Resignation und Festklammern an der Legalitätsillusion dazu her, einer gemäßigt formulierten »Friedensresolution« Hitlers zuzustimmen. Das offizielle Verbot der SPD am 22. Juni setzte auch dieser bis zur Selbstpreisgabe reichenden Politik ein unsentimentales Ende.

In noch wesentlich zugespitzterer Form hatten sich im Verhältnis zu dem übermächtigen Gegner der nationalsozialistischen Diktatur die Anpassungsprozesse von 1914 wiederholt. Die im ersten Stadium der politischen Krise proklamierten sozialdemokratischen Grundsätze erwiesen sich als entkernt, sobald die Organisationsraison alle Bemühungen vom Protest gegen unabwendbar erscheinende Entwicklungen auf das Überleben des Parteiapparats umlenkte. Neben diesem letzthin erfolglosen Reaktionsmuster der Anpassungsbereitschaft sind drei wesentliche Verhaltensstrategien von Sozialdemokraten in den ersten Monaten der NS-Machtergreifung zu registrieren. Ein großer Teil der Parteimitglieder bewahrte die »gesellige und freundschaftliche Verbundenheit« im sozialen Milieu ihrer Subkultur, die gerade unter einem repressiven Regime dem »Bedürfnis der Sozialdemokraten nach menschlich-politischem Zusammenhalt« entgegenkam.[366] Nicht selten gelang es sozialdemokratischen Diskussionszirkeln, zum Beispiel als Gesangverein getarnt, über längere Zeit unentdeckt zu arbeiten.

Die zweite Verhaltensmöglichkeit des aktiven Widerstands im illegalen Untergrund stellte eine Massenpartei, die auf ein funktionierendes öffentliches Kommunikationsnetz angewiesen war, vor erhebliche Probleme. Aus diesem Grunde gewannen kleine linkssozialistische Gruppierungen, die in der Weimarer Republik über wenig Einfluss verfügt hatten, seit 1933 eine wachsende politisch-moralische Bedeutung. Unter ihnen besaß die Gruppe »Neu Beginnen« trotz einer ideologisch dominierenden Stellung früherer KPD-Oppositioneller in sozialdemokratischen Kreisen den relativ stärksten Einfluss. Denn es war ihr bereits im Jahre 1932 gelungen, die Berliner Jugendorganisation der SPD konspirativ zu erobern. Die im September 1933 veröffentlichte Programmschrift dieser nach leninistischen Prinzipien straff organisierten Widerstandsgruppe ließ erkennen, dass als Konsequenz aus der Niederlage gegen die NSDAP ein Bruch mit sozialdemokratischen Gedanken beabsichtigt war. So wurde der SPD die »Bejahung der bürgerlich-demokratischen Republik« als der »erste entscheidende Fehler« vorgeworfen und die »Alleinherrschaft der sozialistischen Partei« in der Zielsetzung angestrebt, »um damit alle Klassenherrschaft sowie auch alle Parteien und Parteienherrschaft absterben zu lassen«.[367] Eine programmatische Radikalisierung war indessen auch bei solchen Widerstandsgruppen festzustellen, die aus der Mitte der Partei kamen und sich jetzt Namen gaben wie »Sozialistische Front« (Hannover) und »Roter Stoßtrupp« (Berlin). Angehörige des linken Flügels der SPD bildeten eine gesonderte Organisation, die sie – analog der Selbstbezeichnung der österreichischen Partei nach dem Verbot 1934 – »Revolutionäre Sozialisten Deutschlands« nannten.

Neben der Ende 1931 von der SPD abgespaltenen SAPD machte sich auch der »Internationale Sozialistische Kampfbund« (ISK) die Vorteile zunutze, die eine in sich fest geschlossene Gemeinschaft von Gleichgesinnten für den Widerstand gegen eine mächtige staatliche Unterdrückungsmaschinerie aufzubieten vermochte. Anders als die benachbarten linkssozialistischen Gruppen verstand sich der ISK seit der Gründung im Jahre 1925 nach dem Ausschluss seiner ideologischen Vorläufer aus der SPD nicht als marxistisch, sondern knüpfte an die neukantische Philosophie Leonard Nelsons an. Dieser geistigen Grundhaltung des ethischen Sozialismus mit revolutionärer Stoßrichtung entsprang das Bewusstsein einer moralischen Elite, die eine träge Masse wachzurütteln und durch die Konsequenz eines zu persönlichen Opfern bereiten Lebensstils zu überzeugen hatte. Es spricht nicht gerade für die fortwirkende Attraktivität und Integrationskraft der Weimarer Sozialdemokratie, dass sich aktivistische Minderheiten vor allem der jüngeren Generation außerhalb der Partei zu politischen Initiativen zusammenfanden. Der Bedeutungsgewinn von »Neu Beginnen«, SAPD und ISK fand historisch letztlich darin seinen Niederschlag, dass nach 1945 ehemalige Widerstandskämpfer aus diesen Gruppierungen weit überproportional in Führungspositionen der SPD aufrücken sollten.

Eine weitere Konfliktlinie entwickelte sich – nach dem heftig umstrittenen Austritt aus der Internationalen und dem zustimmenden Votum zu Hitlers »Friedensresolution« – zwischen in Deutschland verbliebenen und den ins Exil gegangenen Vorstandsmitgliedern der SPD. In dem Streit darüber, ob eine Konzessionsbereitschaft gegenüber vorgefundenen Machtverhältnissen lediglich Pragmatismus oder schlicht Opportunismus sei, traten einige Parallelen zu den Richtungskämpfen in der Epoche des Sozialistengesetzes hervor. Mit einer von dem Verhalten der Inlandsfraktion abrückenden Erklärung zeigte sich die in Prag ansässige Exilgruppe der SPD »nicht bereit, den letzten Schein einer öffentlichen Betätigungsmöglichkeit in Deutschland für die Wirklichkeit zu nehmen und damit dem Gegner die Gelegenheit zu schaffen, zu der organisatorischen Vernichtung der Partei auch noch ihre politische und moralische Diffamierung vor den Augen der Arbeiter und der Welt hinzuzufügen«.[368] Diese von beiden Seiten polemisch geführte Auseinandersetzung blieb aber nur Episode, da die NS-Diktatur die Verfechter der Legalstrategie drastisch ins Unrecht setzte.

Im Prager Exil erschien seit dem 18. Juni 1933 wieder ein »Neuer Vorwärts«, der bereits mit seiner ersten Ausgabe das Stichwort der politischen Ziele des sozialdemokratischen Widerstands unter der NS-Herrschaft gab: »Wir erheben uns gegen die Tyrannei und rufen zum Kampf für die Freiheit«.[369] Gleichzeitig wurden aus der scheinlegalen Zerstörung der Weimarer Republik nunmehr politische Konsequenzen gezogen, die eine Radikalisierung der Gesellschaftstheorie ankündigten: »Es gibt keine wahre Demokratie ohne die Herrschaft der Arbeiterklasse! Es gibt keine wahre Demokratie ohne den Sozialismus!«[370] Nach dem unwiderruflichen Scheitern der Bemühungen um minimale Bewegungsfreiheit im Reichsgebiet musste sich auch die Sozialdemokratie, deren Kürzel zur äußeren Kennzeichnung der neuen Exil-Situation vorübergehend auf »Sopade« erweitert wurde, zu systematischer illegaler Arbeit entschließen. Als Koordinationsstellen für den Transport von Nachrichten und Agitationsmaterial auf deutschem Boden wurden in mehreren Nachbarländern Grenzsekretariate geschaffen, um die Verbindungen zu den Widerstandsgruppen im Reichsgebiet aufrechtzuerhalten.

Mit der Veröffentlichung des Prager Manifests im Januar 1934 zeigte der sozialdemokratische Exilvorstand auch in programmatischer Hinsicht eine revitalisierte Führungskraft. Der Text des Aufrufs unter dem Stichwort »Kampf und Ziel des revolutionären Sozialismus« ging auf einen Entwurf Hilferdings zurück. Wenn das Prager Manifest »eine Elite von Revolutionären« sowie eine »Dezentralisation der illegalen Arbeit« für erforderlich hielt, war darin die Annäherung an das Konzept der linkssozialistischen Aktivisten des Widerstands unverkennbar. Als ehemaliger USPD-Politiker konnte Hilferding vorbehaltlos einräumen, dass nach dem November 1918 »schwere historische Fehler« eine restaurative Entwicklung ermöglicht hatten. Das Programm einer »dauernden völligen Entmachtung des besiegten Gegners« enthielt deshalb eine Reihe »einschneidender politischer und sozialer Maßnahmen«. Unter ihnen beanspruchten die »Aburteilung der Staatsverbrecher«, »Aufhebung der Unabsetzbarkeit der Richter«, »Reinigung der Bürokratie« und »Unterbindung jeder konterrevolutionären Agitation« höchste Dringlichkeit.

Darüber hinaus sollte die »entschädigungslose Enteignung« der Großgrundbesitzer und der Schwerindustrie umgehend in Angriff genommen und die Vergesellschaftung der Großbanken durchgeführt werden. »Erst nach der Sicherung der revolutionären Macht und nach restloser Zerstörung der kapitalistisch-feudalen und politischen Machtpositionen der Gegenrevolution beginnt der Aufbau des freien Staatswesens mit der Einberufung einer Volksvertretung«. Um allen Versuchungen eines diktatorischen Zentralismus zu widerstehen, wurde die »Herstellung einer echten, freiheitlichen Selbstverwaltung innerhalb des gegliederten Einheitsstaates« angestrebt. Das Plädoyer zugunsten einer »Front aller antifaschistischen Schichten« vermied bewusst die Erwähnung der noch in ultralinker Propaganda befangenen KPD und zielte auf linksbürgerliche Regimegegner sowie die »Anhänger der zahllosen Splittergruppen« von Linkssozialisten. Mit der abschließenden Kampfparole »Durch Freiheit zum Sozialismus, durch Sozialismus zur Freiheit!« entwarf die »deutsche revolutionäre Sozialdemokratie« ein Kontrastbild zur faschistischen Tyrannei.[371]

Bei einer historischen Würdigung des Prager Manifests darf seine politische Funktion nicht aus dem Blick geraten. Die Unzufriedenheit der aktiven Widerstandsgruppen mit der passiven Haltung des SPD-Vorstands sollte durch eine Kurskorrektur aufgefangen werden. Zudem waren die radikaleren Töne aus dem Exil unter den gegebenen Umständen glaubwürdig angesichts des Scheiterns der eigenen Politik vor 1933 und der Etablierung der Diktatur. Der problematische Aspekt der neuen Standortbestimmung lag in der Erwartung, dass die Lebensdauer des NS-Regimes relativ kurz bemessen sei. So wurden detaillierte Neuordnungsziele diskutiert statt zunächst ein Aktionsprogramm des Widerstands zu formulieren. Ein solcher politischer Zweckoptimismus war gleichfalls noch einer Denkschrift des SPD-Vorstands an das Büro der Sozialistischen Internationale vom März 1935 zu entnehmen, in der das Leitprinzip der Arbeiteremanzipation auf die nationale Aufgabe des

Sturzes der NS-Diktatur übertragen wurde: »Die Befreiung Deutschlands kann nur das Werk des deutschen Volkes selbst sein«.[372]

Der Gefahr des außenpolitischen Expansionismus widmete die SPD-Führung besondere Aufmerksamkeit, die den sozialdemokratischen Parteien der Nachbarländer einen wirklichkeitsgetreuen Eindruck zu vermitteln suchte: »Hitler braucht den Frieden, um besser zum Krieg rüsten zu können. Daraus ist nicht zu schlussfolgern, dass man ihm mit dem Krieg zuvorkommen soll, wohl aber, dass die Furcht, ein entschiedenes Auftreten könnte den Frieden gefährden, wenigstens zur Zeit nicht begründet ist«.[373] Aus diesem Urteil war – außer dem Verzicht auf Interventionen von außen – die Empfehlung abzuleiten, das NS-Regime durch rechtzeitige und wirksame Abschreckung von allen Eroberungszielen fernzuhalten, um ihm damit zugleich den Fluchtweg aus innenpolitischen Krisen zu versperren.

Nachdem die Kommunistische Internationale die Sozialfaschismustheorie zurückgenommen und durch eine Einheitsfront- und Volksfrontstrategie ersetzt hatte, wurden im Herbst 1935 erstmals Gespräche zwischen den Exilvorständen beider deutscher Arbeiterparteien möglich. Erst die offizielle Beendigung des ultralinken Kurses der Kommunisten eröffnete den Sozialdemokraten den Weg zu Verhandlungen mit der KPD, gedrängt von einem Teil der Illegalen im Reich und manchen Flüchtlingen aus den Reihen der SPD, nicht nur Parteilinken. Immerhin waren bei einem Zusammentreffen im November 1935 beide Seiten zu verbalen Zugeständnissen bereit. So betonte das SPD-Vorstandsmitglied Hans Vogel, »dass die Einheit der sozialdemokratischen und kommunistischen Arbeiter eine der wichtigsten Voraussetzungen zum Sturz des Faschismus ist«.[374] Auf der anderen Seite zeigte sich Franz Dahlem für das Zentralkomitee der KPD zu selbstkritischen Äußerungen ermächtigt: »Es war ein Fehler von uns, dass wir nicht ab 1932 Verbindung mit der Sozialdemokratie gesucht haben. Sie war die Hauptmacht«.[375] Die tiefe Skepsis der Sopade blieb jedoch bestehen und fand neue Nahrung in den Folgejahren, als die Euphorie über die Einheit der Linken in Frankreich und Spanien im Zeichen der Volksfront verflog. Erst recht zerstörten die »Großen Säuberungen« in der Sowjetunion, mit Schauprozessen gegen einst führende Kommunisten als Höhepunkten, alle Illusionen über eine Zivilisierung des stalinistischen Regimes. Der von der KPD, ebenso wie der Stalinsche Terror, verteidigte Hitler-Stalin-Pakt vom August 1939 erschien vor diesem Hintergrund als letzter Beweis der Wesensverwandtschaft zweier totalitärer Systeme und trug wesentlich zur Annäherung der verschiedenen linkssozialistischen Gruppen an die Sopade bei.

Unter den Reichstagsabgeordneten waren ungefähr ebenso viele sozialdemokratische Opfer wie kommunistische.[376] An der Basis kann wegen in der Regel vorsichtigerer Formen der Aktivität eine größere Dunkelziffer der sozialdemokratischen und linkssozialistischen Illegalität angenommen werden. Doch trotz dieser Relativierungen besteht kaum ein Zweifel an der besonderen Rolle von Kommunisten und KPD-Sympathisanten im Widerstand, der zudem – vor allem in den Vorkriegsjahren – sozial wie politisch ganz überwiegend ein Widerstand aus der Arbeiterbewegung war. Es waren insgesamt Zehntausende daran beteiligt, bevor er bis Mitte der 1930er-Jahre unter dem Zugriff immer effektiverer Verfolgungsmaßnahmen überwiegend zerschlagen wurde. Wenngleich sie niemals ganz ausgeschaltet werden konnten – es entstanden stets neue, »härtere«, auch stärker gemischt zusammengesetzte Gruppen –, waren die Widerstandszirkel nicht imstande, in die Loyalitätskrisen des Regimes 1934/35, 1938/39 und 1943/44 zu intervenieren. Individueller und kollektiver sozialer Protest, bis hin zu kleineren Streiks, der im »Dritten Reich« zeitweise beachtliche Ausmaße annahm, hatte mit der organisierten politischen Opposition der alten Arbeiterbewegung nur wenig zu tun und ging meist von Arbeitergruppen aus, die mit ihrer Tradition kaum verbunden waren.

Die betrieblichen »Vertrauensräte«-Wahlen 1934 und 1935 hatten dem NS-Regime deutliche Schlappen zugefügt. Sie wurden 1936 abgebrochen, während sie im Gange waren, und danach nicht mehr durchgeführt. Nach der Zertrümmerung beziehungsweise »Gleichschaltung« der parteipolitischen, gewerkschaftlichen und betrieblichen Vertretungskörperschaften wurden die Durchschnittslöhne zunächst noch unter das Niveau der Wirtschaftskrise gedrückt, begannen aber wegen der Erhöhung der Arbeitszeit, auf die Woche gerechnet, bald wieder zu steigen. Überdies verfehlte die Beseitigung der Arbeitslosigkeit bis 1937 – anfangs mit teilweise eher kosmetischer Arbeitsbeschaffung, dann durch Aufrüstung – nicht ihren Eindruck. Im Zweiten Weltkrieg trug eine verglichen mit dem Ersten relativ günstige Versorgungslage, ermöglicht durch die Ausplünderung des halben Kontinents, dazu bei, dass sich der

Unmut der in der Heimat verbliebenen Arbeiter gegenüber den Arbeits- und Lebensbedingungen in Grenzen hielt.

Die Verbindungen der Sopade ins Reich rissen mit Kriegsbeginn weitgehend ab. Der Exil-Vorstand musste seinen Sitz aus Prag, wo er bis 1938 residierte, über Paris nach London verlegen, wo im März 1941 die »Union deutscher sozialistischer Organisationen in Großbritannien« als entscheidender Schritt zu einer Einheit der nichtkommunistischen Arbeiterbewegung gegründet wurde.[377] Der Union gehörten neben der SPD die Gruppe »Neu Beginnen«, die SAPD und der ISK an. Eine parallele Annäherung vollzog sich im schwedischen Exil. Obwohl die Hoffnungen auf eine Erhebung der deutschen Arbeiter im Verlauf des Krieges schwanden, ging man bis in dessen Endphase davon aus, dass die deutschen Antifaschisten im Zuge einer von den Alliierten geduldeten »Dependent Revolution« wenigstens als Juniorpartner der weltweiten Anti-Hitler-Koalition eine eigene Rolle spielen würden. Man sah die Notwendigkeit einer radikalen demokratischen Umwälzung in Deutschland, die die Macht der alten Eliten, auch mit dem Mittel von ausgedehnten Teilenteignungen, brechen und die Grundlage für eine erneuerte, kämpferische und sozial akzentuierte Demokratie mit sozialistischer Entwicklungsperspektive legen sollte. Ein durch Selbstverwaltung und Masseninitiative modifizierter Parlamentarismus sollte allerdings erst nach einer revolutionären Übergangsphase in Kraft treten. Auch der frühere Vorwärts-Chefredakteur Friedrich Stampfer, ein Vertreter des rechten Parteiflügels, hoffte noch 1943 auf eine Revolution, »die bis an die Wurzeln geht«.[378]

Anfänglicher Solidarität folgte dann – bis zur offenen Diskriminierung – ab 1942 eine immer unfreundlicher werdende Haltung der britischen Labour Party und anderer Bruderparteien, obwohl deren Kriegsziele mit denen der SPD in hohem Maß identisch waren. Die Sorge des sozialdemokratischen und linkssozialistischen Exils galt zunehmend einem alliierten »Karthago«-Frieden, der Verhinderung der für erforderlich gehaltenen Eingriffe in die Sozialordnung durch konservative Kräfte der Westalliierten sowie der sowjetischen Machtpolitik ohne Rücksicht auf die deutsche Arbeiterbewegung. Die Notwendigkeit deutscher Wiedergutmachungsleistungen und strikter alliierter Kontrollen wurde angesichts der NS-Verbrechen nicht bestritten. Das Werben um Verständnis für die schwierige Situation des deutschen Widerstands und

Der ehemalige hessische Innenminister Wilhelm Leuschner vor dem »Volksgerichtshof« im September 1944.

die Warnung seitens der exilierten Gruppierungen vor Zerstückelung- und Unterdrückungsmaßnahmen gegenüber dem besiegten Deutschland führte dennoch zu heftigem Meinungsstreit. Eine kleine, aber lautstarke Gruppe dissidenter Sozialdemokraten wollte, analog den Ansichten des konservativen britischen Staatssekretärs Lord Robert Vansittart und dessen Anhängern in der Labour-Party, keinen Unterschied zwischen dem Hitler-Faschismus und dem deutschen Volk machen. Man sah vielmehr die Hauptaufgabe darin, einen angeblichen Pangermanismus ihrer ehemaligen Genossen anzugreifen. Auch an dieser Front standen aber nunmehr Sopade und Linkssozialisten zusammen.[379]

Hervorgehoben zu werden verdient schließlich die oftmals unterschätzte Mitwirkung von Sozialdemokraten und Gewerkschaftern am Umsturzversuch des 20. Juli 1944, an dem tatsächlich Angehörige sämtlicher regimegegnerischen Sozialgruppen aus dem deutschen Volk beteiligt waren. Auch zu den 1943/44 beachtlichen Reorganisationsanstrengungen der Inlands-KPD wurden schließlich Verbindungen hergestellt. Julius Leber (1891–1945) war, nicht zuletzt durch seine Freundschaft mit Graf Stauffenberg, eine der Schlüsselfiguren der Erhebung außerhalb des Kreises der beteiligten Militärs.[380] Ein im Frühjahr 1943 von Carlo

Mierendorff für den Kreisauer Kreis verfasster Aufruf proklamierte eine »Volksbewegung«, die »für die Befreiung des deutschen Volkes von der Hitlerdiktatur, für die Wiederherstellung seiner durch die Verbrechen des Nazismus niedergetretenen Ehre und für seine Freiheit in der sozialistischen Ordnung« kämpfen sollte.[381]

Die Mitwirkung von Sozialdemokraten am 20. Juli wurde dadurch erleichtert, dass die Beteiligten den Schwächen der Weimarer Republik und den alten politischen Parteien – einschließlich der eigenen – kritisch gegenüberstanden. Auch wenn diese Kritik teilweise in eine andere Richtung ging als bei den Bürgerlichen und Militärs, gab es doch programmatische Berührungspunkte, zumal mit denjenigen Verschwörern, die der jüngeren Generation angehörten und nicht umstandslos dem national-konservativen Spektrum zuzuordnen waren. Bemerkenswert sind angesichts der gänzlich abweichenden Existenzbedingungen und der kriegsbedingten Kontaktsperre indessen nicht die Unterschiede im Agieren und im Ton der Äußerungen seitens der im Reich wie der im Exil lebenden Sozialdemokraten. Es überwog vielmehr trotzdem der Grad an programmatischer Übereinstimmung hinsichtlich der nach der erhofften Selbstbefreiung zu ergreifenden gesellschaftspolitischen Maßnahmen.

Wiederaufbau der Partei und gescheiterte Neuordnung der Gesellschaft

Nach den Verheerungen des Faschismus und des Zweiten Weltkriegs, namentlich in Deutschland, schien es einige Zeit so, als würde die Arbeiterbewegung zur bestimmenden politischen Kraft im befreiten Europa werden. Ab 1943/44 ging von der militärischen Wende und dem Aufschwung der nationalen Widerstandsbewegungen, die eben auch für die Unabhängigkeit ihrer Länder kämpften, eine schwere Krise der bürgerlichen Ordnung in den von deutschen Truppen besetzten Ländern aus. Der Großbesitz und die tragenden Schichten des alten Regimes waren dort wegen der Zusammenarbeit mit der nationalsozialistischen Besatzungs- beziehungsweise Hegemonialmacht diskreditiert. Nicht zuletzt Wahlergebnisse liefern klare Indizien dafür, dass die Mehrheit der Bevölkerung die antifaschistische Neuordnung nicht auf die Demokratisierung der politischen Institutionen beschränken wollte. Die Macht des großen Kapitals sollte gebrochen und ein Entwicklungsweg »jenseits des Kapitalismus« – so der Titel des damals verbreiteten Buches von Paul Sering[382] (= Richard Löwenthal) geöffnet werden. Dabei wurde der Wahlsieg der britischen Labour Party im Juli 1945 als ein Signal wahrgenommen. Die Labour-Regierung, auf die sich große Hoffnungen richteten, war indessen weder willens noch (wegen ihrer finanziellen Abhängigkeit von Washington) imstande, eine von den USA unabhängige Führungsrolle in Europa zu übernehmen. Sie wurde vielmehr zur Vorreiterin einer pro-amerikanischen, von den US-Gewerkschaften massiv unterstützten Orientierung der westeuropäischen Sozialdemokratie einschließlich der sozialdemokratisch geführten Gewerkschaften.

Erfolgreich konnte die Ablenkung der sozialdemokratischen Arbeiterbewegung vom Primat der sozialistischen Neuordnung deshalb sein, weil die reale Umwälzung im östlichen Mitteleuropa und in Südosteuropa mehr und mehr, von Anbeginn sichtbar, auf eine Angleichung an die Methoden und Strukturen der Stalinschen Diktatur in der Sowjetunion gerichtet war. Diese stalinistische Überformung der »antifaschistisch-demokratischen« beziehungsweise »volksdemokratischen« Umgestaltung schlug direkt und indirekt auf Westeuropa durch. Die Neuformierung und Disziplinierung der kommunistischen Parteien unter Moskauer Anleitung trug dazu bei, die anfangs vielfach breite und lebendige Aktionsgemeinschaft in der Arbeiterbewegung zu zerstören. Der stalinistische Kommunismus erschien den sozialdemokratischen Parteien mehrheitlich bald als die vorrangige Gefahr. Jedenfalls konnte ihre auf soziale Neuordnung gerichtete Politik diesen Faktor nicht ignorieren, wo die kommunistischen Parteien über Einfluss verfügten.

In Deutschland fühlte sich die Mehrheit 1945 »erobert, nicht befreit«.[383] Die Tage der Kapitulation der NS-Diktatur bis zum 8. Mai 1945 und die Übernahme der Staatsgewalt durch die Besatzungsmächte waren in politischer Hinsicht und im Lebensalltag der Bevölkerung einer der tiefsten Einschnitte der deutschen Geschichte. Aus einer langfristigen Perspektive der sozialdemokratischen Politik waren die ersten Nachkriegsjahre jedoch von der Problematik des Scheiterns der Weimarer Republik und der bitteren Erfahrung der nationalsozialistischen Tyrannei geprägt. Sie bildeten insofern auch den Endpunkt eines historischen Umbruchprozesses der SPD. In einem »Manifest der demokratischen Sozialisten des ehemaligen Konzentrationslagers Buchenwald« sind wesentliche Elemente des politischen Bewusstseins der ersten Stunde programmatisch formuliert worden: Eine radikale Beseitigung sämtlicher Überreste der NS-Herrschaft und eine sozialistische Neuordnung der Gesellschaft sollten die Erblast der deutschen Geschichte abtragen und den Weg in eine bessere Zukunft ebnen. Durch ein »Bündnis aller antifaschistischen Kräfte« wollte man »einen neuen Typ der Demokratie« ermöglichen, »die sich nicht in einem leeren, formelhaften Parlamentarismus erschöpft«, und ein »europäisches Gesamtbewusstsein« schaffen, das ein friedliches Zusammenwirken mit den Siegermächten und einstigen Kriegsgegnern in Ost und West gestattete.[384]

Allerdings war der Erfahrungs- und Bewusstseinshorizont der ins normale politische Leben zurückkehrenden sozialdemokratischen KZ-Häftlinge, Widerstands- und Exilgruppen untypisch für die große Mehrheit der Bevölkerung. Der akute Problemdruck der »Zusammenbruchsgesellschaft«[385] erforderte zunächst eine Reorganisation der elementaren Lebensbedingungen: »Es galt, Flüchtlinge unterzubringen, die Versorgung der Bevölkerung wenigstens notdürftig sicherzustellen, Wohnungen soweit wie möglich zu reparieren, Trümmer zu beseitigen und die Versorgungsbetriebe wieder in Gang zu setzen«.[386] Anders als im Nachkriegsdeutschland von 1918/19 fehlten nach der Befreiung von der NS-Diktatur die gesellschaftlichen Voraussetzungen für eine revolutionäre Bewegung. Die in Hunderten von Orten im Umbruch spontan entstandenen Antifaschistischen Ausschüsse hatten in Einzelfällen Tausende von Mitgliedern, entsprachen insgesamt indessen mehr »Initiativorganen von Kadern« der alten Linksparteien, die sich hauptsächlich der Wiederbelebung eines elementaren gesellschaftlichen Zusammenhangs widmeten. Sie bildeten insofern lediglich eine »Durchgangsstufe im Aufbau der Arbeiterbewegung«[387], die für einige Wochen bis Monate manche Hoffnung auf einen Neubeginn jenseits der traditionellen Organisationen nährte.

Die Möglichkeit eines Wiederaufbaus der Parteien und ein zügiges Fortschreiten dieses Prozesses blieben für mehrere Jahre an die Zustimmung der Besatzungsmächte und damit zugleich an deren Zielsetzungen gebunden. Folglich konnten die Kommunisten der Sowjetischen Zone bereits am 11. Juni 1945 ihren Gründungsaufruf veröffentlichen, der ein betont gemäßigtes »antifaschistisch-demokratisches« Profil zeigte und auf ein Bündnis mit der SPD sowie christlichen und liberalen Strömungen des Bürgertums abzielte. Die separate Konstituierung der KPD enttäuschte von vornherein die bei vielen Sozialdemokraten vorhandene Hoffnung, die als verhängnisvoll erlebte Spaltung der Arbeiterbewegung könne durch Initiative von unten überwunden werden. Die Erinnerung an die einheitliche Bebelsche Sozialdemokratie vor 1914 war bei den Älteren noch lebendig.

Immerhin konnte sich die SPD der Sowjetischen Zone als Antwort auf die KPD-Gründung nur wenige Tage darauf ebenfalls als Partei neu konstituieren. Eine Gruppe um Otto Grotewohl, den späteren DDR-Ministerpräsidenten, erhob als Berliner »Zentralausschuss« einen Führungsanspruch beim Wiederaufbau der Sozialdemokratie. Man wolle als »eine moralische Wiedergutmachung politischer Fehler der Vergangenheit« das Bündnisangebot der KPD annehmen, wie ein Aufruf vom 15. Juni voller Pathos verkündete: »Die Fahne der Einheit muss als leuchtendes Symbol in der politischen Aktion des werktätigen Volkes vorangetragen werden!«[388] Dieser politische Kurs war nicht nur der Ausdruck eines Glaubens an eine wirkliche Neuorientierung kommunistischer Strategie und des Werbens um die Gunst der sowjetischen Administration, sondern zu einem gewissen Teil auch in historischen Traditionen begründet: Gerade Berlin und der sächsisch-thüringische Raum gehörten in der Weimarer Republik zu den Hochburgen der KPD sowie des linken Flügels der SPD. In der Sowjetischen Zone war zudem der politische Katholizismus völlig einflusslos, stattdessen fiel die soziale Polarisierung gegenüber dem ausgedehnten ostelbischen Großgrundbesitz ins Gewicht. Folglich bestanden dort günstigere Voraussetzungen für ein Neuordnungsmodell unter wohlwollender Förderung durch die Besatzungsmacht.

Auf andere Weise problematisch gestalteten sich anfänglich die Wirkungschancen der Sozialdemokratie in den Westzonen, wo auf dem Territorium der späteren Bundesrepublik von den Westalliierten nur ganz allmählich wieder parteipolitische Aktivität zugelassen wurde. Während für die Sowjetunion die Garantie ihrer Sicherheit und Machtstellung ein von den Kommunisten kontrolliertes »volksdemokratisches« Regime darstellte, misstrauten die Westmächte den Deutschen als Kollektiv und wollten nur in vorsichtigen Schritten an deutsche Politiker eigenständige Entscheidungen abtreten. Die Besatzungsherrschaft und regionale Zersplitterung des politischen und gesellschaftlichen Lebens schufen Voraussetzungen für einen Konstituierungsprozess der SPD in den Westzonen, welcher teilweise eher an das Modell der 1860er-Jahre als an Organisationsstrukturen der Weimarer Periode erinnerte.

In die Rolle des neuen Lassalle der Sozialdemokratie wuchs als intellektueller Volkstribun der Nachkriegsära unbestritten Kurt Schumacher (1895–1952) hinein.[389] Diese Analogie kann ihre Plausibilität sogar aus dem bewussten Anknüpfen an dieses historische Vorbild schöpfen. In seiner Dissertation aus dem Jahre 1920 hatte Schumacher, der 1914 freiwillig in den Krieg gezogen war und einen Arm verloren hatte, den »Kampf um den Staatsgedanken in der deutschen Sozialdemokratie« aufgenommen und dabei die nationale Aufgabe der SPD im Sinne eines demokratischen Machtwillens interpretiert.[390] Schon als junger Reichstagsabgeordneter bescheinigte er 1932 in einer der schärfsten jemals in einem deutschen Parlament gehaltenen Reden dem Nationalsozialismus voller Hohn, »dass ihm zum erstenmal in der deutschen Politik die restlose Mobilisierung der menschlichen Dummheit gelungen« sei, und überschüttete die Fraktion der lärmenden Braunhemden mit Worten abgrundtiefer Verachtung: »Die ganze nationalsozialistische Agitation ist ein dauernder Appell an den inneren Schweinehund im Menschen«.[391]

Diesen persönlichen Mut musste Schumacher mit zehn Jahren qualvoller Haft in Konzentrationslagern bezahlen, die für seinen frühzeitigen Tod mitverantwortlich zu machen sind. Ein solcher Lebensweg in Verbindung mit einem scharf konturierten politischen Profil prädestinierte ihn zu einer Symbolfigur des antifaschistischen Deutschland: »Die Sozialdemokratie war eine Partei der Märtyrer, Schumacher selbst ihre sprechende Verkörperung«.[392] Schumacher scheiterte letztlich daran, dass seine historische Mission nicht das Bewusstsein jener Bevölkerungsmehrheit erreichte, die sich unter der neuen wie bereits in der alten Ordnung mit der Rolle von politischen Mitläufern zufriedengab. Dennoch machte er bei einer Minderheit auch des Bürgertums mit seiner Willenstärke, Eindeutigkeit und »graniten Konzeption« (Theo Pirker) starken Eindruck. Im eigenen Lager trug Schumacher wesentlich zu einer selbstbewussten »Wiedergeburt der SPD«[393] auf den Trümmern der Diktatur und des Krieges bei. Als mitreißender Redner und geistreicher Kritiker der konservativen wie der kommunistischen Strömungen hat er seine Führungsposition in unzähligen Parteiversammlungen erworben. Das »Büro Dr. Schumacher« führte die Sozialdemokratie der Westzonen nahezu ähnlich souverän wie einst Lassalle den ADAV.

Ein entscheidendes Antriebsmotiv dieses zielstrebigen Vorgehens war zweifellos das Konkurrenzverhältnis zum Berliner »Zentralausschuss« Grotewohls. Diesen hat Schumacher von vornherein in gefährlicher Abhängigkeit von den Wünschen der sowjetischen Besatzungsmacht gesehen. In der bereits im Mai 1945 bekundeten Absicht, die SPD solle als »Magnet auf alle Splitter« anziehend wirken,[394] setzte Schumacher den im Exil begonnenen Integrationskurs fort. Gerade weil er als Volkstribun auftrat und ein Kontrastbild zu den Funktionären der Weimarer SPD verkörperte, hat Schumacher früheren Linkssozialisten oder auch ehemaligen Kommunisten wie Herbert Wehner (1906–1990) nach eigenem Bekunden »geholfen, Sozialdemokrat sein zu können, weil er so großartig kämpferisch war«.[395] Entgegen der Stereotype eines geradezu blindwütigen Antikommunismus befürwortete Schumacher Ende August 1945 durchaus »ohne Vorbehalt die praktische Zusammenarbeit mit der Kommunistischen Partei in allen sozialen Fragen und in allen Dingen der Austilgung des Faschismus«.[396] Der Wille zur Selbstbehauptung und eine negative Beurteilung der KPD-Politik als Außenfiliale des Sowjetstaats, den er für eine totalitäre staatskapitalistische Macht hielt, war aber seiner Ansicht nach die Voraussetzung einer gestaltenden Rolle der SPD bei der Neuordnung Deutschlands.

Von seinem unmittelbaren Wirkungsfeld in Hannover aus organisierte das Büro Dr. Schumacher im Oktober 1945 eine Zusammenkunft, der als »Konferenz von Wennigsen« konstitutive Bedeutung für den Wiederaufbau der SPD beizumessen ist. Obwohl lediglich für den Bereich der Britischen Zone (Nord- und Westdeutschland) eine reguläre Delegiertenwahl möglich war, gelang es Schumacher, auch von den formell als Gäste anwesenden SPD-Vertretern des amerikanischen und französischen Besatzungsgebiets ein Führungsmandat für die Westzonen zu erhalten. Gleichzeitig wurde der Berliner »Zentralausschuss« nur mit einer kleinen Delegation zugelassen und allein für die Sowjetische Zone als provisorisches Gremium anerkannt. Es ist bis heute umstritten, ob die hauptsächlich auf Abgrenzung bedachte Verabredung von Wennigsen, die die Westzonen-SPD vor kommunistischen Fusionsbestrebungen abgeschirmt hat, damit auch die mittlerweile auf mehr Eigenständigkeit gegenüber der KPD bedachte Ostzonen-SPD in ihrem Manövrierspielraum eingeschränkt oder gar preisgegeben hat. Schumacher konnte sich jedenfalls auch auf die Unterstützung der Londoner Exilgruppe des alten SPD-Vorstandes um den ehemaligen Jugendsekretär Erich Ollenhauer verlassen, die noch am ehesten legitimiert war, als Träger der Parteikontinuität aufzutreten.

Die SPD sollte nach dem Willen Schumachers im Kampf gegen bürgerliche Restaurationstendenzen die klare Alternative formulieren, »ob wir in Deutschland einen Neubau oder einen Wiederaufbau vornehmen wollen«.[397] Ausgehend von der Überzeugung, dass die Demokratie »erst in einem sozialistischen Deutschland gesichert« sein könne, forderte Schumacher im Oktober 1945 eine radikale Neuordnungsinitiative: »Auf der Tagesordnung steht heute als der entscheidende Punkt die Abschaffung der kapitalistischen Ausbeutung und die Überführung der Produktionsmittel aus der Hand der großen Besitzenden in gesellschaftliches Eigentum«.[398] Gleichzeitig wollte er die SPD durch weltanschauliche Toleranz für zusätzliche Wählerschichten öffnen: »Es ist gleichgültig, ob jemand durch die Methoden marxistischer Wirtschaftsanalyse, ob er aus philosophischen oder ethischen Gründen oder ob er aus dem Geist der Bergpredigt Sozialdemokrat geworden ist«.[399] Weit entfernt von engherzigem Nationalismus glaubte Schumacher die von ihm beharrlich verlangte Souveränität und territoriale Unversehrtheit des eigenen Landes in eine Staatengemeinschaft einbringen zu können: »Es gibt keine deutsche Frage, die nicht zugleich eine europäische Frage wäre«.[400]

Die eigene Kampf- und Leidensgeschichte bestärkte Schumacher in dem Selbstbewusstsein, mit dem er nicht nur den innenpolitischen Gegnern, sondern auch den Besatzungsmächten entgegentrat, dabei jede Kollektivschuld-Unterstellung brüsk zurückweisend. Mit dem Beharren auf streng abgestufter Differenzierung zwischen führenden Nationalsozialisten samt den sie stützenden gesellschaftlichen Eliten, den milde zu behandelnden Mitläufern ohne gravierende persönliche Schuld, namentlich den Jüngeren, den Unbelasteten und den Antinazis traf er den Nerv nicht nur derjenigen, die – im Reich verblieben – der SPD in der Zeit der Diktatur die Treue gehalten hatten. Er sprach damit auch denjenigen aus dem Herzen, die, wie Willi Eichler auf dem ersten Nachkriegsparteitag klagte, sich im Exil mit wenig Erfolg »den Mund fusslig geredet und die Finger krumm geschrieben« hatten, »um die Völker auf die Kriegsgefahr hinzuweisen, die von Hitler drohte«.[401]

Allerdings mangelte es Schumacher, anders als Sozialdemokraten mit langjähriger Auslandserfahrung wie Ernst Reuter, an Einfühlungsver-

Wahlkampf der SPD zu den Stadtratswahlen in Frankfurt am Main am 26. Mai 1946.

mögen im Hinblick auf die Mentalität der Nachbarvölker. Diese waren über seine – wie berechtigt auch immer – oftmals schroff vorgetragenen, auf nationale Integrität Deutschlands gerichteten Forderungen irritiert. Das zeigte sich auch bei der Wiederanbahnung der Zusammenarbeit der verschiedenen sozialdemokratischen Parteien. Erst Ende 1947 wurde die SPD in das internationale Komitee der sozialistischen Parteien (COSIMO) aufgenommen; 1951 durfte sie dann den Gründungskongress der daraus hervorgegangenen Sozialistischen Internationale in Frankfurt am Main ausrichten. In der Frankfurter Resolution der europäischen Sozialisten wurde die Position Schumachers gegenüber den spätstalinistischen Machthabern und ihren Gefolgsleuten ausdrücklich bekräftigt: »Die Kommunisten berufen sich zu Unrecht auf sozialistische Traditionen. In Wirklichkeit haben sie diese Traditionen bis zur Unkenntlichkeit verzerrt. Der Kommunismus ist zu einem Dogmatismus erstarrt, der in unvereinbarem Gegensatz zum kritischen Geist des Marxismus steht«. Gleichzeitig wollten die Parteien der Internationale das »kapitalistische System überwinden« und damit die staatsbürgerlichen Freiheitsrechte durch soziale und wirtschaftliche ergänzen: »Der Sozialismus kann nur durch die Demokratie verwirklicht, die Demokratie nur durch den Sozialismus vollendet werden.«[402]

Im September 1945 startete die KPD, die zunächst auf die Wiedererrichtung einer separaten Parteiorganisation und deren ideologische Ausrichtung bedacht gewesen war, mit Unterstützung der sowjetischen Besatzungsmacht ihre Einheitskampagne. Die verheerende Niederlage der Kommunisten bei den österreichischen Parlamentswahlen im November 1945 bestätigte die Erwartung vieler Sozialdemokraten, dass nach einer Periode eigenständigen Auftretens beider Parteien die KPD zu größeren Zugeständnissen in der Bündnispolitik bereit sein müsste. Es ist für die Besatzungsherrschaft symptomatisch, dass die SPD-Mitglieder weder in der Ost- noch in den Westzonen befragt werden konnten. Nur in Berlin als Schnittpunkt beider Einflusssphären fand Ende März 1946 unter den Sozialdemokraten eine von den unteren Funktionären erzwungene Urabstimmung über die Einheitsfrage statt. Diese blieb aber wegen der ablehnenden Haltung der Sowjetischen Militäradministration auf die Westsektoren beschränkt. Bei einer Beteiligung von 73 % sprachen sich 82 % der abstimmenden Sozialdemokraten gegen eine sofortige Verschmelzung mit der KPD aus, während 62 % ein Bündnis beider Arbeiterparteien befürworteten.[403]

Das Ergebnis dieser Mitgliederbefragung, die zumeist in der einen oder anderen Richtung einseitig interpretiert wird, zeigte die starke Ambivalenz im sozialdemokratischen Bewusstsein. Wenn man die Berliner Verhältnisse zugrunde legt, entsprach Schumachers Kampf um die Eigenständigkeit der SPD ebenso dem Willen der von ihm vertretenen Parteimitglieder wie Grotewohls Bemühen um ein politisches Bündnis mit den Kommunisten. Mehr noch: Es spricht vieles dafür, dass im Frühjahr und Sommer 1945, vor Wirksam- und Bekanntwerden der sowjetischen und parteikommunistischen Methoden, eine weitaus größere Zahl, wenn nicht die Mehrheit der deutschen Sozialdemokraten eine Einheitspartei der Arbeiterbewegung befürwortet hätte: als eine demokratisch-sozialistische Partei, unabhängig von außen. Der radikale Bruch ist endgültig an der im April 1946 in der Sowjetischen Besatzungszone vollzogenen Verschmelzung von KPD und SPD zur SED festzumachen. Sie zeigte hinsichtlich des auf die Sozialdemokraten ausgeübten Drucks manche Züge einer Zwangsvereinigung, ohne in dieser Bezeichnung aufzugehen. Die bis zu Verboten und Verhaftungen betriebene Ausschaltung der verbliebenen SPD-Anhänger im sowjetischen Machtbereich verschärfte den Abgrenzungskurs in den Westzonen. Die KPD war für Schumacher seit

Anfang 1946 in diesem Verhalten »nicht eine deutsche Klassen-, sondern eine fremde Staatspartei«.[404]

Der im Mai 1946 in einer Hannoveraner Fabrikhalle abgehaltene erste reguläre Nachkriegsparteitag wählte Schumacher mit überwältigendem Votum (244 von 245 Stimmen) zum SPD-Vorsitzenden und brachte die Gründungsphase zum Abschluss. Die Resultate der von den westlichen Besatzungsmächten 1946/47 wieder zugelassenen Kommunal- und Regionalwahlen ließen jedoch erkennen, dass der Führungsanspruch Schumachers nur in der eigenen Partei durchzusetzen war. Im Durchschnitt der Westzonen hatte die CDU/CSU mit 37,7 % aller Stimmen die SPD (35 %) bereits überrundet, weitere 9,4 % entfielen auf die KPD. Auch Nordrhein-Westfalen als das weitaus größte Land mit einer starken industriellen, aber mehrheitlich katholischen Bevölkerung wies im April 1947 einen Vorsprung der CDU (37,5 %) gegenüber der SPD (32 %) auf. Dabei konnte die KPD, gestützt auf Hochburgen im Ruhrgebiet, mit 14 % ihr weitaus bestes Nachkriegsergebnis erreichen.[405] Gemessen am weitgesteckten Erwartungshorizont war dieses Abschneiden in der Wählergunst eine Enttäuschung für die SPD. In konsequenter Gegnerschaft zur faschistischen und stalinistischen Diktatur hatte sie auf breitere Sympathien gehofft.

Tatsächlich konnte ihr jedoch sogar bezogen auf das günstigste Wahlergebnis der Weimarer Periode (1928) ein durchaus beachtlicher Zuwachs bescheinigt werden. Auf dem Territorium der Westzonen hatte sich die SPD im Vergleich von 1928 bis 1946/47 um 8 bis 9 % der Stimmen verbessert. Die Erfolge der CDU/CSU waren zu diesem Zeitpunkt trotz der erweiterten konfessionellen Basis nur geringfügig höher zu veranschlagen. Der feste Wählerstamm der katholischen Parteien Zentrum/BVP machte, umgerechnet auf das Gebiet der späteren Westzonen, schon in der Weimarer Periode nahezu 25 % aus. Daher haben die beiden großen demokratischen Integrationsparteien ungefähr gleichmäßig von der Konkursmasse der Splittergruppen sowie von der Tatsache profitiert, dass ein erheblicher Teil der ehemaligen NSDAP-Anhänger anfänglich der Wahlurne fernblieb oder fernbleiben musste. Über ihre alten Hochburgen östlich der Elbe hätte die SPD, wie ein Berliner Wahlergebnis von 48,7 % im Oktober 1946 nahelegte (CDU 22,2 %, SED 19,8 %), vermutlich die Führungsrolle einer gesamtdeutschen Staatsgründung erobern können.

Das Ende der selbstständigen Existenz der SPD im sowjetisch besetzten Teil Deutschlands beraubte sie deshalb auch in den Westzonen mancher Chance zur politischen Gestaltung. Dies erklärt die Heftigkeit der Kritik an den Kommunisten und die für mehr als ein Jahrzehnt verbindliche sozialdemokratische Haltung, die Entwicklung zu einem separaten Weststaat nur als Provisorium zu betrachten. Auch in Deutschland war, über die Kräfte der Arbeiterbewegung hinaus, nach Kriegsende eine – fragile und diffuse – antifaschistische und antikapitalistische Massenstimmung spürbar, neben der Fortdauer autoritärer sowie »volksgemeinschaftlicher« Einstellungsdispositionen und der Wiederbelebung traditioneller, insbesondere kirchlicher Bindungen. Die bis weit in die Mitglieder- und Anhängerschaft der CDU verbreitete Kapitalismuskritik schlug sich politisch in einer Reihe von Sozialisierungs- und Mitbestimmungsgesetzen auf Landesebene nieder, die in den Westzonen durchweg von den Besatzungsmächten suspendiert wurden. Ein die Neuordnungsgesetze für die Bundesrepublik legitimierendes Wählervotum hätten diese, auch die USA, wahrscheinlich toleriert, und darauf hoffte die Schumacher-SPD. So ist das von den Sozialdemokraten unterschätzte traditionelle Wähler- und Machtpotenzial der bürgerlichen Kräfte der wichtigste Faktor dafür gewesen, dass die SPD ihre Vorstellungen nicht durchsetzen konnte und umso stärker auf eine gesamtdeutsche Perspektive setzte.

Die Kriegszerstörungen und der Regimezusammenbruch, die Güterbewirtschaftung, kompensiert durch »schwarze« und »graue« Märkte, sowie eine zeitweilige Suspendierung von Eigentümerrechten in einigen Bereichen auch der Westzonen waren von vielen Funktionären der Arbeiterbewegung so gedeutet worden, als habe der Kapitalismus damit sein Ende gefunden. Dieser Eindruck war bestärkt worden durch die bedeutende Rolle der Kernbelegschaften und der frühen Betriebsräte beim Wiederingangsetzen der Produktion. Spätestens mit der die Sachwertbesitzer begünstigenden westzonalen Währungsreform im Juni 1948 sollte sich zeigen, dass die Eigentumsverhältnisse und die soziale Hierarchie in der Zeit der unmittelbaren Besatzungsherrschaft und der vom Mangel bestimmten »währungslosen Wirtschaft« nur überlagert, aber nicht aufgehoben waren.

Dennoch verdeckt die Formel der »Restauration« (besser: Rekonsolidierung) der bürgerlich-kapitalistischen Gesellschaft, dass nach dem

Verständnis der SPD auf etlichen Politikfeldern ein »demokratischer Neubeginn« zu verzeichnen war.[406] Nicht zuletzt gilt das für die Sozialdemokratie und die Gewerkschaftsbewegung selbst, deren Mitgliederrekrutierung in einem bemerkenswerten Tempo verlief. Mit 875 000 Mitgliedern am Ende des Jahres 1947 (1946: 711 000) lag die SPD für das betreffende Gebiet weit über den Zahlen vor 1933; in der Sowjetzone hatte die Partei bis zu ihrem Aufgehen in der SED rund 700 000 Mitglieder gewonnen, von denen in den folgenden acht Jahren 280 000 »hinausgesäubert« wurden.[407]

Auf Länderebene wurde zunächst eine Zusammenarbeit aller lizenzierten Parteien praktiziert, und die SPD stellte überwiegend den Wirtschaftsminister. So war sie in der gemeinsamen Verwaltungsinstanz der Amerikanischen und Britischen Zone seit Anfang 1947 mit Victor Agartz, einem profilierten marxistischen Ökonomen, in diesem Ressort vertreten. Als jedoch im Zuge des beginnenden Kalten Krieges der von den Länderparlamenten beschickte Wirtschaftsrat im Frühsommer 1947 seine Arbeit aufnehmen konnte, wurde Agartz von einer bürgerlichen Mehrheit als untragbar angesehen und durch Ludwig Erhard ersetzt. Die Forderung der CDU/CSU, in den Ländern wirtschaftspolitischen Einfluss als Gegenleistung für eine mögliche Weiterführung des Wirtschaftsamtes der Bizone durch Agartz abzutreten, hatte die SPD zuvor abgelehnt. Bei dieser ersten grundsätzlichen Entscheidung für die Oppositionsrolle fiel auch die sozialdemokratische Erwartung ins Gewicht, dass die unter den gegebenen Bedingungen allenfalls begrenzt zu beeinflussenden desolaten ökonomischen Verhältnisse ähnlich wie in der Weimarer Republik den jeweils regierenden Parteien angelastet werden müssten. Tatsächlich waren in der ersten Jahreshälfte 1947 und dann wieder 1948 vielerorts Hungerunruhen zu verzeichnen, die ein elementares Protestverhalten nach dem Muster früherer Epochen reaktivierten.[408] Als es infolge der von Erhard eingeleiteten Währungsreform seit Sommer 1948 bei fortbestehendem Lohnstopp zu spürbaren Preissteigerungen kam, initiierten die Gewerkschaften der Bizone im November 1948 sogar einen Generalstreik. Dieser war auf einen Tag befristet und konnte prinzipielle Änderungen der Wirtschaftspolitik nicht herbeiführen.

Die Gestaltung des Grundgesetzes der aufgrund der westalliierten Londoner Empfehlungen entstehenden Bundesrepublik erfolgte in dem aus den Länderparlamenten beschickten Parlamentarischen Rat. Diesen internen Willensbildungsprozess vermochte die SPD durch Politiker wie Carlo Schmid (1896–1979) wesentlich mit zu beeinflussen. Einerseits gelang es den Sozialdemokraten angesichts der unbeugsamen Haltung Schumachers, den Westmächten größere Kompetenzen für die Bundesregierung und den Bundestag als ursprünglich vorgesehen abzutrotzen. Andererseits war die SPD infolge ihrer »Provisoriumsideologie« bereit, die Verfassung auf den traditionellen Grundrechtekatalog sowie ein »Organisationsstatut« des neuen Staates zu beschränken. Gerade die nicht konsensfähigen sozioökonomischen Neuordnungsziele wurden auf die spätere Konstituierung eines souveränen deutschen Nationalstaates vertagt, den – so nahm man an – die Sozialdemokratie dominieren würde.[409] Dem seither verbindlichen, aber mehrfach geänderten Text des Grundgesetzes der Bundesrepublik Deutschland stimmten im Mai 1949 neben der SPD nur die CDU und die FDP als politische Erben der Weimarer Staatsgründungskoalition geschlossen zu. Hingegen votierten die CSU mehrheitlich und die KPD, die Restfraktion der Zentrumspartei und die rechtsgerichtete Deutsche Partei einmütig ablehnend. Die Gesamtzahl der Nein-Stimmen war damit prozentual kaum schwächer als 1919, doch angesichts partikular-föderalistischer Bedenken der CSU und des Rest-Zentrums heterogener zusammengesetzt.

Bei den im August 1949 stattfindenden ersten Wahlen zum Bundestag bestätigten sich weitgehend die Kräfteverhältnisse in den Länderparlamenten. Allerdings brachte die Eingliederung vieler Millionen Flüchtlinge und Vertriebener aus den Gebieten jenseits von Oder und Neiße sowie einstiger NSDAP-Anhänger ins politische Leben eine Zunahme der Parteienzersplitterung mit sich. Daher konnte die CDU/CSU nur noch 31,0 % und die SPD enttäuschende 29,2 % verbuchen. Unter Berücksichtigung des Rückgangs der KPD-Stimmen auf 5,7 % war das Gesamtpotenzial der Arbeiterbewegung, bezogen auf das Territorium der Bundesrepublik, nunmehr mit dem Wahlergebnis von 1928 identisch. Da Adenauer gegen die Sozialdemokratie nur im Bündnis mit mehreren kleineren Parteien die Kanzlermehrheit denkbar knapp erreichte, blieb eine erhebliche Skepsis, ob Bonn nicht doch Weimar werden könnte. Das ungewisse Schicksal eines vom Krieg zerrütteten, von den Besatzungsmächten geteilten Deutschland ließ die SPD aus der bitteren Erfahrung einer Generation auf die Chancen der entschiedenen, aber konstruktiven Opposition setzen. Deren staatspolitische Bedeutung, auch durchaus bereits im Sinne von »mehr Demokratie wagen« gegenüber den bald hervortretenden autoritätsbewussten Zügen von Adenauers »Kanzlerdemokratie«, wurde gerade von Schumacher besonders nachdrücklich betont.

5. Vom »Besitzverteidigungsstaat« zum »Modell Deutschland« 1950–1980

Mit der ersten Bundestagswahl und der doppelten Staatsgründung waren die Bedingungen geklärt, unter denen die SPD ihre Politik entfalten musste. Die Herausbildung der Blockstruktur des Ost-West-Konflikts in Europa erfuhr einen weiteren Schub durch den Ausbruch des Koreakriegs im Juni 1950. Dieser setzte die bis dahin hypothetische Frage eines deutschen Beitrags zur militärischen Verteidigung des Westens auf die Tagesordnung. Wirtschaftlich befeuerte der Krieg im Fernen Osten den Aufschwung in der Bundesrepublik, wo bald von einem »Korea-Boom« die Rede war. In den folgenden Jahren wurde dann zunehmend klar, dass die Erwartung der Sozialdemokraten, der marktwirtschaftliche Kurs Ludwig Erhards würde scheitern, nicht eintraf – im Gegenteil.

Die im Zweiten Weltkrieg errungene Hegemonie innerhalb der weiterhin außerhalb sowjetischen beziehungsweise kommunistischen Einflusses bleibenden Welt erlaubte den USA, die globale Wirtschaft auch institutionell neu zu ordnen. Die Weltbank und der Internationale Währungsfonds regulierten eine auf internationalen Freihandel zielende Wiederaufbau- und Prosperitätspolitik. Wie die anderen westlichen Industrieländer startete die Bundesrepublik, die wegen der schweren Kriegszerstörungen den Vorgang als »Wirtschaftswunder« erlebte, 1948 in eine fast ununterbrochene, zweieinhalb Jahrzehnte anhaltende Periode starken Wachstums. Dieses hatte zur Folge, dass ein Abbau der Arbeitslosigkeit bis fast auf Null Mitte der 1960er-Jahre zu verzeichnen war. Das Wachstum und die Ablösung imperialistischer Rivalitäten durch eine neue Blockarchitektur begünstigten auf nationaler Ebene das gesellschaftspolitische Arrangement im Sinne eines Klassenkompromisses zwischen Kapital und Arbeit. Dies galt für die (kooperationsbereiten) Gewerkschaften sowie – abgesehen von Nordeuropa etwas verzögert – die mit ihnen verbundenen sozialdemokratischen Parteien.

In den industriell hoch entwickelten Ländern nahmen seit den 1950er-Jahren erstmals die breiten Schichten des Volkes, speziell der Arbeiterschaft, als Konsumenten auch langlebiger Güter am Wirtschaftswachstum teil. Infolge der hohen Produktivitätssteigerung wuchs der durchschnittliche Reallohn bei abhängiger Beschäftigung über einen langen Zeitraum in einer Geschwindigkeit und in Höhen, die frühere Generationen nicht für möglich gehalten hätten. Die durchschnittliche Wochen-, Jahres- und Lebensarbeitszeit – bei allerdings erheblich steigender Arbeitsintensität – sank beachtlich. Der Anteil des Familieneinkommens, den Arbeiter für Ernährung und Kleidung ausgeben mussten, nahm drastisch ab. Die deutliche Verbesserung des Wohnstandards in weiterer Entfernung von den Arbeitsplätzen wurde durch Steigerung desjenigen Anteils vom Lohn erkauft, der für Transportkosten zum Arbeitsplatz aufgewendet werden musste. Das Symbol des Konsumkapitalismus wurde der private PKW, noch undenkbar auch in besseren Jahren der Weimarer Republik.

Der Kern des »fordistischen« Modells war der Übergang von extensiver zu intensiver, auf »tayloristischer« Arbeitsorganisation und Massenproduktion von Gebrauchsgütern basierender Industrieproduktion. Der traditionelle Facharbeiter, der in der ersten Hälfte des 20. Jahrhunderts innerhalb der Klasse der Lohnabhängigen bestimmend gewesen war, verschwand nicht, wurde aber in den mechanisierten Großbetrieben allmählich durch den für Europa neuen Typ des angelernten Massenarbeiters verdrängt. Dieser trug zunehmend das Gesicht in- oder ausländischer Migranten. Neben die klassischen Wachstumsindustrien Kohle, Stahl, Maschinenbau, Chemie und Elektro trat als neue dynamische Branche die Automobilindustrie.

Der Fordismus wurde durch den Ausbau der – jetzt auch verstärkt als vorsorgend konzipierten – sozialstaatlichen Systeme in einem Ausmaß ergänzt, dass eine neue Qualität der Sicherung erreicht wurde. Die einschlägigen Verbesserungen beinhalteten in der Regel die Garantierung eines materiellen Minimums, ein neues – den Lebensstandard verstärkt sicherndes – Konzept der Altersrente, die zumindest teilweise Finanzierung der Sozialsysteme aus Steuern und das Prinzip des einklagbaren Rechts auf die betreffenden Leistungen.

Stagnation und Niederlagen in der Restaurationsära

Die von orthodoxen Marxisten unterschiedlicher Couleur erwartete Entwicklung des Klassenbewusstseins aller abhängig Beschäftigten und damit einhergehender Verschärfung der Klassenkämpfe fand im Zeichen der Prosperität nicht statt. Vielmehr wurden durch nivellierende Standards in Wohnungsbau und Konsumverhalten die Restbestände eines gesellschaftlichen Gettos der Arbeiterschaft überlagert. So reduzierte sich das Klassenbewusstsein weitgehend auf den alltagspraktisch erlebten Gegensatz von »unten« und »oben« in der Betriebshierarchie.[410] Auch die in der Weimarer Republik noch bedeutsame sozialdemokratische Subkultur konnte nach dem Kontinuitätsbruch der NS-Zeit nicht wieder aufleben. An ihre Stelle trat als Integrationsmilieu teilweise die kommunal- und landespolitische Arbeit von SPD-Mitgliedern, die der konkreten Verbesserung der sozialen Lebenswelt arbeitender Menschen diente.

Alles das war zu Beginn der 1950er-Jahre erst andeutungsweise zu erkennen. Prägend wurden die Konsumgesellschaft und der avancierte Wohlfahrtsstaat nicht vor den 1960er-Jahren. Zunächst ergab sich in Verbindung mit der Rekonsolidierung der Eigentums- und sozialen Herrschaftsverhältnisse eher der Eindruck einer »Restauration« vorfaschistischer Verhältnisse des Kapitalismus im »autoritären Besitzverteidigungsstaat«.[411] Von der Beendigung der alliierten Entnazifizierung profitierten vor allem die schwereren Fälle. Die ziemlich einvernehmliche Wiedereinstellung zahlreicher früherer NSDAP-Mitglieder in den Öffentlichen Dienst 1951 dokumentierte und zementierte das konservative Meinungsklima dieser Jahre. Vor allem die Arbeiter und unteren Angestellten, zudem vor allem die Masse der Kriegsopfer, Flüchtlinge und Vertriebenen sowie der Rentner, lebten während der 1950er-Jahre noch in sehr verschiedenen, zunächst kümmerlichen, wenn auch im Vergleich zur ersten Hälfte des 20. Jahrhunderts zunehmend besseren und sichereren Umständen.

An der Gestaltung der bundesdeutschen Gesellschaft hatten die Gewerkschaften – als Tarifpartner und in der Mitverwaltung der Sozialversicherungssysteme – und die SPD über die Regierungspraxis in Ländern und Gemeinden einen erheblichen Anteil. Dies bewegte sich allerdings in einem von ihnen anfangs nicht akzeptierten ordnungspolitischen Rahmen. Mit einem Organisationsgrad von 36 % nach Gründung der Bundesrepublik, in den 1960er-Jahren etwas absinkend, lagen die DGB-Gewerkschaften in Kontinentaleuropa relativ gut. Notorisch schlecht organisiert waren, neben den Frauen, Beamte und Angestellte, wobei Letztere in Gestalt der DAG eine eigene gewerkschaftliche Vertretung aufrechterhielten. Stärker als in der Weimarer Republik sahen sich die Gewerkschaften, über die Vertretung unmittelbarer Interessen hinaus,

Protestdemonstration von 20 000 Metallarbeitern auf dem Frankfurter Römerberg am 12. September 1950.

dem Schutz und der Weiterentwicklung des demokratischen Gemeinwesens verpflichtet, dessen wirtschaftlich-soziale Neuordnung man indessen ausdrücklich anstrebte. Als sich die de facto unter sozialdemokratischer Führung stehenden DGB-Verbände, namentlich die von Otto Brenner geleitete IG Metall, eine »expansive Lohnpolitik« auf die Fahne schrieben, war das bereits eine Reaktion auf das offenkundige Scheitern der Neuordnungsvorstellungen, gewissermaßen als Ersatz. In der Praxis kam es in der frühen Bundesrepublik wegen der Flächentarifverträge, der inneren Struktur der Gewerkschaftsbewegung und hohen Abstimmungshürden selten zu Streikkämpfen. Zuweilen wurden diese aber, manchmal über eine längere Periode, in großer Disziplin als exemplarische Auseinandersetzungen geführt, so 1956/57 in der Metallindustrie Schleswig-Holsteins über die Lohnfortzahlung im Krankheitsfall für Arbeiter.

Die SPD war trotz ihrer Oppositionsstellung im Bund von Anfang an darauf eingestellt, den westdeutschen Staat mitzugestalten. Das geschah durch die praktische Regierungs- beziehungsweise Verwaltungsarbeit in Ländern und Gemeinden, wo die Partei stetig Kompetenz und Ansehen erwarb. Es war aber auch der Fall auf Bundesebene; wichtige Vorhaben und Gesetze wie der Soziale Wohnungsbau, der Lastenausgleich und die Dynamisierung der Renten wurden von der SPD unterstützt und mitgeprägt.

Doch war die Diskrepanz zwischen der gesellschaftlichen Realität und der sozialdemokratischen Programmatik nach 1949 so groß, dass die SPD die Bundesrepublik Deutschland zunächst nur sehr bedingt als ihren Staat empfinden konnte. Immerhin bestand während der ersten Legislaturperiode noch ein gewisser gesellschaftspolitischer Spielraum. Zwar war es bei den gegebenen Mehrheiten ausgeschlossen, etwaige Sozialisierungsvorhaben parlamentarisch durchzusetzen. Doch bei der Mitbestimmung der Arbeitnehmer schienen sich Perspektiven zu ergeben, die Kurt Schumacher in die Worte fasste: »Wir sind der Meinung, dass dieses wirtschaftliche Mitbestimmungsrecht in dem Prozess der großen klassenpolitischen Auseinandersetzung in allernächster Zeit schon eine ähnliche Rolle spielen wird wie der Kampf um das allgemeine Wahlrecht zu Zeiten Ferdinand Lassalles«.[412] Angesichts gewerkschaftlicher Streikdrohungen und einer noch ungefestigten parlamentarischen Regierungsbasis scheute Bundeskanzler Adenauer das Risiko eines Zusammenstoßes mit den Arbeitnehmerorganisationen, als sich Ende 1950 die Kontroverse um die Sicherung der 1947 eingeführten paritätischen Mitbestimmung in der nordrhein-westfälischen Montanindustrie zuspitzte. Ein für beide Seiten akzeptables Verhandlungsergebnis ermöglichte im April 1951 die Verabschiedung eines von CDU/CSU und SPD gemeinsam getragenen Gesetzentwurfs. Die Gewerkschaften hatten der Bundesregierung als Preis für das Entgegenkommen bei der Montanmitbestimmung den Verzicht auf außerparlamentarische Kampfformen gegen die Wiederbewaffnung zugesagt.

Bei der gesetzlichen Regelung der Betriebsverfassung, wo es um die Ausweitung der paritätischen Mitbestimmung auf alle Wirtschaftszweige gegangen wäre, konnten Gewerkschaften und Sozialdemokratie 1952 kein Entgegenkommen erreichen. Der breite Protest gegen den Regierungsentwurf wurde nicht weiter getrieben, sondern demobilisiert. Diese die gesellschaftlichen Machtverhältnisse besiegelnde Niederlage fand im Folgejahr ihre Bestätigung in der zweiten Bundestagswahl. Trotz Rückgangs der KPD büßte die SPD mit 28,8 % sogar 0,4 % des Stimmenanteils ein, während die CDU/CSU mit 45,2 % einen großen Sprung nach vorn machte. Es bestätigte sich, dass die Sozialdemokratie unter den sozialen, kulturellen und konfessionellen Bedingungen der Bundesrepublik strukturell im Nachteil war, trotz eines Arbeiteranteils der erwerbstätigen Bevölkerung von rund 50 %. Die Fixierung der SPD auf die Wiederherstellung der Einheit Deutschlands war – in Erkenntnis dieses Tatbestands – also nicht nur Ausdruck eines elementaren Nationalgefühls und des Prinzips demokratischer Selbstbestimmung. Darüber hinaus war sie auch dem Eindruck geschuldet, dass aufgrund der Teilung die sozialdemokratische Arbeiterbewegung »nur auf einem Lungenflügel« atme.[413]

Deshalb fühlte sich die SPD durch den Arbeiter- und Volksaufstand vom 16. bis 18. Juni 1953 in der DDR bestätigt. Es seien die »Kernschichten der alten ... Arbeiterbewegung« gewesen, die sich im Zentrum der Erhebung befunden hätten.[414] In der Tat stand die Streik- und Demonstrationsbewegung in Form und Inhalt unverkennbar in dieser Tradition. Mancherorts machten sich darüber hinaus auch unmittelbar sozialdemokratische Einflüsse geltend, wenn auch meist nicht so dezidiert wie in einem von Magdeburger Bahnhofsarbeitern für Interzonenreisende aufgespannten Transparent: »Fort mit Ulbricht und Adenauer, wir verhandeln nur mit Ollenhauer!«[415] Bei der Mehrheit der westdeutschen Bevölkerung wurde indessen der Aufstand beziehungsweise dessen Niederschlagung durch die Sowjetarmee eher als Bestätigung der Politik der CDU/CSU aufgefasst. Auch in den Folgejahren konnte die SPD erleben, dass ihr Engagement für die Wiedervereinigung zwar wohlwollend registriert wurde.[416] Doch überwogen nach den Erfahrungen der beiden Weltkriege, der Inflation, der Weltwirtschaftskrise und der NS-Herrschaft sowie angesichts des Kalten Krieges das Bedürfnis nach Sicherheit und die Abneigung, für die Erlangung der nationalen Einheit Risiken einzugehen.

Eines immerhin gelang der SPD ganz überwiegend schon vor dem Verbot der KPD im Jahr 1956: Sie vermochte, beginnend ungefähr mit dem Jahr 1948, den nicht unbeträchtlichen Einfluss der von ihren Kollegen meist als entschiedene Interessenvertreter gewählten Kommunisten in Betriebsräten und Gewerkschaftsvorständen zu marginalisieren und die KPD nach und nach auch aus den Parlamenten zu verdrängen. Neben der repressiven Praxis in der SBZ/DDR spielte dabei auch eine ultraradikale Wendung der von der Westabteilung der SED angeleiteten KPD um 1950 eine Rolle, die Anklänge an die »Sozialfaschismus«-Polemik zwei Jahrzehnte zuvor enthielt. Auch seitens der SPD, deren Betriebsgruppen darin eines ihrer Hauptbetätigungsfelder fanden, wurde gegen die KPD mit harten Bandagen gekämpft. Um die Mitte der 1950er-Jahre war die Sozialdemokratie faktisch zur Einheitspartei der Arbeiterbewegung in der Bundesrepublik geworden.

Als die KPD durch ihr Verbot von der dritten Bundestagswahl 1957 ausgeschlossen war und die Gesamtdeutsche Volkspartei Gustav Heinemanns zugunsten der SPD nicht mehr antrat, konnte die SPD ihren Stimmenanteil um 3 % auf 31,8 % erhöhen. Doch war das, gemessen an der absoluten Stimmenmehrheit der CDU/CSU (50,2 %) – ein einmaliges Ereignis in der deutschen Wahl- und Parteiengeschichte auf gesamtstaatlicher Ebene – mehr als bescheiden und wurde von der Partei auch als weitere schwere Niederlage wahrgenommen. Unter Hinweis auf die blutige Niederschlagung des Ungarn-Aufstands vom Herbst 1956 – »Denkt an Ungarn! Wählt Adenauer!« – hatte es die Hauptregierungspartei vermocht, die Furcht vor einem »Untergang Deutschlands« gegen die SPD zu wenden. Die Sozialdemokratie fand mit ihren Warnungen vor Kriegsgefahr, Inflation und »dauernder Einparteienherrschaft«[417] weniger Resonanz.

Mit der Bundestagswahl 1957 war das achtjährige Ringen um den außen-, sicherheits- und deutschlandpolitischen Kurs der Bonner Republik entschieden. Im Kern handelte es sich um das Verhältnis zwischen dem Ziel der Wiedervereinigung, konkretisiert in der Forderung aller Bundestagsparteien nach Wahlen zu einer gesamtdeutschen Nationalversammlung, und der Westbindung. Während Adenauers CDU die Einheit Deutschlands letztlich nur als Angliederung der DDR an den unwiderruflich in die westliche Gemeinschaft integrierten bundesdeutschen Kernstaat konzipieren konnte, um sie der Sowjetunion aus einer Position der Stärke des Westens abzuhandeln, setzte die SPD unter Führung Schumachers die Priorität anders. Man befürwortete grundsätzlich ein vereintes, demokratisches, sozial möglichst fortschrittliches Europa. Die Sozialdemokraten hätten sich »stets eindeutig für den menschlichen und kulturellen Stil des Westens entschieden«.[418] Eine damit verbundene Aufgabe nationaler Souveränitätsrechte wurde akzeptiert, diese müsse aber gleichermaßen von allen Beteiligten vorgenommen werden. Nur unter der Bedingung voller Gleichberechtigung von Anfang an und unter dem Vorbehalt voller Entscheidungsfreiheit hinsichtlich der Wiedervereinigung Deutschlands wollte die SPD konkreten (west-)europäischen Einigungsschritten zustimmen. Unter diesem doppelten Kriterium lehnte die sozialdemokratische Bundestagsfraktion in der ersten Hälfte der 1950er-Jahre den Beitritt zum Europarat, zur Montanunion, zur Europäischen Verteidigungsgemeinschaft (die dann vom französischen Parlament zu Fall gebracht wurde) und zur NATO ab. Hingegen stimmte sie 1957 dem Beitritt zur EWG, zum Gemeinsamen Markt, zu. In den parlamentarischen Debatten traten die Abgeordneten der SPD keineswegs nur als nörgelnde Neinsager auf, sondern brachten viele substanzielle Argumente vor, etwa im Hinblick auf das Demokratie-Defizit der europäischen Institutionen.

Rückblickend kann man feststellen, dass Konrad Adenauer und die CDU/CSU die Dynamik und innere Logik der weltpolitischen Entwicklung klarer erkannten als Kurt Schumacher und die SPD. Die Vorleistungen der Bundesregierung zahlten sich schnell aus, und die Bundesrepublik erlangte mit dem NATO-Beitritt ein hohes Maß an Souveränität. Faktisch half die SPD der Regierung Adenauer bei ihren Verhandlungen mit den Westmächten, indem sie wiederholt Maximalpositionen formulierte. Recht behielt die SPD vor allem mit ihren Warnungen vor den Folgen bedingungsloser, auch militärischer Westbindung für die Einheit Deutschlands, die »dringendste politische Forderung des deutschen Volkes«[419], wie das Dortmunder Aktionsprogramm 1952 feststellte. Diese sollte gemäß Schumachers politischem Testament vom Juli desselben Jahres »kein Fernziel, sondern ein Nahziel« sein.[420] Das war keine Schumachersche Marotte, sondern drückte einen breiten innerparteilichen Konsens aus, der von gelegentlichen Abweichungen prominenter Amtsträger, vor allem seitens des Bürgermeister-Flügels mit Wilhelm Kaisen, Max Brauer und Ernst Reuter, nicht berührt wurde.

Die 1950er-Jahre waren erfüllt von dem – zunehmend verzweifelten – Bemühen der Sozialdemokraten um eine für alle Siegermächte, auch für die Sowjetunion, akzeptable Lösung des Wiedervereinigungsproblems. Davon erhoffte man sich ein SPD-geführtes, durch Wählerentscheid herbeigeführtes demokratisch-sozialistisches Gesamtdeutschland. Manches musste dabei im Unklaren bleiben, auch die Varianten einer Suche nach dem Ausweg. Dazu gehörte ein unabhängiger, paktfreier Nationalstaat, wie ihn die Stalin-Noten vom Frühjahr 1952 in Aussicht stellten – sei es als Bestandteil eines die Blöcke überwölbenden Sicherheitssystems.

Ebenso war an eine mitteleuropäische Zone der Entspannung und militärischen Entflechtung, frei von atomaren Waffen, mit dem vereinten Deutschland sei es als Kern gedacht (anknüpfend an entsprechende Vorschläge unter anderem des polnischen Außenministers Rapacki seit 1956). In dem damit verbundenen Meinungsstreit standen Nonkonformisten aus dem bürgerlichen Spektrum wie Rudolf Augstein (Der Spiegel), Paul Sethe (FAZ), Thomas Dehler (FDP) und Jakob Kaiser (CDU) eher an der Seite der Sozialdemokraten. Das Kernargument formulierte der SPD-Wehrexperte Fritz Erler am 23. Januar 1958 im Bundestag: »Wer für immer die Truppen der Vereinigten Staaten auf dem deutschen Boden festhalten will, hält damit automatisch auch die sowjetischen Truppen auf deutschem Boden fest«.[421]

Diese Äußerung Erlers fiel in einer Debatte über die atomare Bewaffnung der NATO auf westdeutschem Territorium, die allgemein als Erfolg der Sozialdemokratie verbucht wurde. Die Meinungsprofile in der Wahlbevölkerung signalisierten eine geradezu optimale Ausgangssituation der SPD. In Repräsentativbefragungen vom Februar 1958 sprachen sich mehr als 80 % der Bundesbürger – sogar 70 % der CDU/CSU-Anhänger – gegen die »Errichtung von Abschussstellen für Atomraketen« im eigenen Land aus; zur gleichen Zeit waren die Parteipräferenzen aber nur geringfügig zugunsten der SPD verschoben, und der Vorsprung des Regierungslagers blieb weiterhin unangefochten.[422] Gleichwohl konnten die Sozialdemokraten auf spürbaren Sympathiegewinn hoffen, als sie die Initiative zur Gründung der Kampagne »Kampf dem Atomtod« ergriffen. Das Bündnis dieser außerparlamentarischen Mobilisierung war noch breiter als in der Bewegung gegen den NATO-Beitritt drei Jahre zuvor angelegt und umfasste außer SPD- und FDP-Politikern sowie Gewerkschaftern auch regierungskritische Gruppen von Christen beider Konfessionen, Schriftsteller, Wissenschaftler und andere Persönlichkeiten des öffentlichen Lebens.[423]

»Das deutsche Volk diesseits und jenseits der Zonengrenze ist im Falle eines Krieges zwischen Ost und West dem sicheren Atomtod ausgeliefert«, mahnte der Ausschuss.[424] In den folgenden Monaten fanden in den meisten Großstädten der Bundesrepublik beteiligungsstarke Protestkundgebungen statt, von denen die umfangreichste Veranstaltung in Hamburg aufgrund der offiziellen Unterstützung durch den SPD-Senat weit über 100 000 Demonstranten zählte. Geplante Volksabstimmungen in den sozialdemokratisch regierten Stadtstaaten Bremen und Hamburg verbot das Bundesverfassungsgericht. Die Kampagne »Kampf dem Atomtod«, die an die früheren außerparlamentarischen Mobilisierungen gegen die Wiederbewaffnung anknüpfen konnte, verlor jedoch rasch ihre Mobilisierungskraft, als im Juli 1958 nach der Eroberung einer absoluten Stimmenmehrheit der CDU in Nordrhein-Westfalen die mangelnde wahlpolitische Bedeutung selbst dieser Lebensfrage für die Sozialdemokraten offenkundig wurde.[425] Zwar hatte die SPD im größten Bundesland ebenfalls Stimmengewinne verzeichnen können. Doch lagen diese im üblichen Bereich des Oppositionseffektes während einer Amtsperiode der CDU/CSU-Regierung in Bonn.

Die Anti-Atom-Kampagne war jedenfalls kein Indiz für eine Abschließung der SPD, sondern im Gegenteil ein Anzeichen ihrer Öffnung und eines Lernprozesses. Die Zusammenarbeit mit kirchlichen und intellektuellen Gruppen, die in Kritik beziehungsweise Selbstkritik der Traditionen des deutschen Bürgertums an die Seite der deutschen Arbeiterbewegung traten, und die größtenteils erstmalige Aufgeschlossenheit zahlreicher intelligenzbürgerlicher Meinungsmultiplikatoren erleichterten den Weg zur Volkspartei. Ein wichtiger Schritt war im Vorfeld des Kampfes gegen den »Atomtod« durch den Übertritt einer beträchtlichen Zahl protestantischer Theologen und Intellektueller (vereinzelt auch Katholiken) erfolgt, als die national-pazifistische Gesamtdeutsche Volkspartei sich auflöste. Neben Gustav Heinemann und Helene Wessel, die einst dem Rest-Zentrum vorgestanden hatte, waren damit spätere wichtige Politiker für die SPD gewonnen worden; am bekanntesten wurden Erhard Eppler und Johannes Rau. Dieser Vorgang trug dazu bei, die protestantische Prägung der SPD für die folgenden Jahrzehnte noch deutlicher zu markieren.

Den letzten Vorstoß ihrer politischen Opposition gegen die militärische Westintegration unternahmen die Sozialdemokraten im März 1959 mit der Vorlage des »Deutschlandplans«. Der Anstoß zu dieser Initiative ging von dem Versuch aus, in die von der Sowjetunion mit dem Berlin-Ultimatum erzwungenen Verhandlungen über Statusfragen deutsche Interessen und sozialdemokratische Vorstellungen einzubringen. Dem Deutschlandplan der SPD lag die Überzeugung zugrunde, »dass die Teilung Deutschlands den Weltfrieden bedroht« und folglich die »Festlegung einer Entspannungszone, die vorerst beide Teile Deutschlands,

Polen, die Tschechoslowakei und Ungarn umfasst«, einen Weg aus der Blockkonfrontation weisen sollte.[426] Mit einem Stufenplan der deutschen Einheit über eine Konföderation beider Staaten mit paritätisch besetzten Entscheidungsorganen kam die SPD der SED weiter entgegen als früher, wobei man unter anderem auf verborgene reformerische und gesamtdeutsche Störungen in der DDR setzte, auch in deren Staatspartei. Wie Herbert Wehner als der eigentliche Inspirator des Deutschlandplans in einem Interview zu bedenken gab, konnte für einen Kenner der Materie nicht zweifelhaft sein, »dass, wenn man weitere zwei Jahre verstreichen lässt, wahrscheinlich auch diese Ansatzpunkte keine mehr sein werden«.[427]

Godesberg und der Weg zur Regierungsbeteiligung

Ein wichtiger Aspekt zur Erneuerung der deutschen Sozialdemokratie wurde, der Verabschiedung des neuen Grundsatzprogramms sogar zeitlich vorgelagert, die Organisationsreform, die von der führenden Gruppe der Bundestagsfraktion vorangetrieben worden war. Deren wesentlichen Inhalt bildete die Entmachtung der verdienten, doch in der Vorstellungswelt der Weimarer Republik verhafteten Funktionäre, deren Prototyp Fritz Heine war, im Parteivorstand zuständig für Presse und Propaganda. Indem der Parteivorstand, der Parteiausschuss (ein Konsultationsgremium zwischen den Parteitagen) und die Kontrollkommission sowie dann auch ein Zehntel der Bundestagsfraktion auf den Parteitagen der 1950er-Jahre automatisch stimmberechtigt waren, entfiel fast ein Viertel der Delegiertenstimmen auf Hauptamtliche.

Die Beschlüsse des Stuttgarter Parteitags von 1958 reduzierten die Beteiligung der Vertreter der Bundestagsfraktion und des Parteiausschusses (jetzt: Parteirats) auf eine beratende Stimme. An die Stelle der besoldeten Vorstandsmitglieder, die bislang eher pro forma vom Parteitag bestätigt worden waren, trat als ein geschäftsführendes Gremium das aus der Mitte des Vorstands gewählte Präsidium. Weitergehend demokratisierende Bestrebungen drangen nicht durch; vielmehr nahm zeitweise die Praxis überhand, durch statuarisch irrelevante, aber Richtung gebende Fachkonferenzen die Parteitage, die seit jeher die höchste Instanz der Sozialdemokratie waren, zu entmachten und zu entwerten. Herbert Wehner leitete als einer der neu gewählten stellvertretenden Parteivorsitzenden die wichtigen Abteilungen Internationale Beziehungen, Organisation und Öffentlichkeitsarbeit, die er in den kommenden Jahren effektivierte. An die Spitze der Partei trat – nach dem Tod Erich Ollenhauers – 1964 Willy Brandt; die Führung der Fraktion übernahm Fritz Erler, nach dessen frühem Tod 1967 Helmut Schmidt, 1969 dann Herbert Wehner. Zu dem Reformerkreis gehörte auch der Bildungsbürger Carlo Schmid, seit 1957 als Stellvertreter im Fraktionsvorstand.[428]

Der dem Parteitag im Mai 1958 vorgelegte Entwurf zu einem neuen Grundsatzprogramm bedeutete keinen Bruch in der Kontinuitätslinie der Nachkriegsdebatten. Zur Ergänzung der bereits im Dortmunder Aktionsprogramm von 1952 und – mehr noch – in dessen Neufassung 1954 enthaltenen Revision früherer Vorstellungen wurde die Tradition der Sozialdemokratie durchaus nicht verleugnet: »Das Bewusstsein der Arbeiterschaft und die Entwicklung der Arbeiterbewegung sind durch das Werk von Karl Marx und Friedrich Engels wesentlich beeinflusst worden«.[429] Einige Kernelemente marxistischer Analyse wurden sogar für die Gegenwart weiterhin als tragfähig betrachtet: »Aber diese Gesellschaft ist noch immer eine Klassengesellschaft, trotz aller Veränderungen, der sich auch die kapitalistische Gesellschaft nicht hat entziehen können«.[430] Bemerkenswert war schließlich die Bereitschaft zur kritischen Auseinandersetzung nicht nur mit radikalen, sondern auch mit »opportunistischen« Problemlagen der eigenen Partei: »Die andere Gefahr für die Arbeiterbewegung bestand darin, dass sie sich an die bestehenden Verhältnisse anpasste und den Sinn des sozialistischen Kampfes darin sah, die Lebenslage der Arbeiterschaft innerhalb der gegebenen Ordnung zu verbessern«.[431]

Dieses vielgestaltige Profil des Entwurfs wird auch daraus verständlich, dass Willi Eichler, der Vorsitzende der Programmkommission und einer der geistigen Väter des Godesberger Kurses, kein altgedienter Funktionär, sondern ein früherer ISK-Rebell war. Sein ethischer Sozialismus blieb deshalb nicht ohne kulturrevolutionäre Untertöne. Ähnliches lässt sich über Waldemar von Knoeringen sagen, der – ebenso wie Fritz Erler – aus einer Widerstandsgruppe von »Neu Beginnen« stammte und 1958 neben Wehner zum stellvertretenden Parteivorsitzenden gewählt wurde. Die neue Führungsspitze der SPD war mithin nicht einfach innerparteilich »rechts« anzusiedeln, aber davon überzeugt, dass eine immobile Sozialdemokratie wie am Ende der Weimarer Republik endgültig der Vergangenheit angehören sollte. Der Alternativentwurf einer linkssozialistischen Gruppierung um den Marburger Politikwissenschaftler Wolfgang Abendroth bestand demgegenüber wesentlich aus einer Fortschreibung des Heidelberger Programms.[432] Ein von Peter von Oertzen quasi im letzten Moment unternommener Versuch, unter Anknüpfung an die Grundideen und die Formulierungen des Vorstandsentwurfs einige ältere programmatische Kernelemente zu bewahren, hatte ebenfalls keinen Erfolg.

In seiner endgültigen Form sollte sich das gekürzte und überarbeitete Programm nach dem Willen der Parteiführung von dem ursprünglichen Entwurf durch den »Verzicht auf die Zeitanalyse« sowie eine »Beseitigung verbalradikaler Restbestände« unterscheiden.[433] Wenn die sozialistische Tradition letztlich nur noch »in christlicher Ethik, im Humanismus und in der klassischen Philosophie verwurzelt« gesehen und der Marxismus schlicht unterschlagen wurde, mussten »auch taktische Überlegungen bei der Wahl dieser Formulierung eine Rolle gespielt« haben.[434] Das Programm sollte zweifellos auch der Verbesserung des Bildes der SPD in der Öffentlichkeit dienen.

In den einleitenden Passagen des Godesberger Programms, nach intensiver Diskussion auf allen Ebenen der Partei schließlich mit 324 gegen 16 Stimmen angenommen, werden »Freiheit, Gerechtigkeit und Solidarität« als die »Grundwerte des sozialistischen Wollens« fixiert und die Bemühungen um die gesellschaftliche Umgestaltung in diesem Sinne als »eine dauernde Aufgabe« bezeichnet. Unter den »Grundforderungen für eine menschenwürdige Gesellschaft« nimmt das Bekenntnis zur Demokratie als der »allgemeinen Staats- und Lebensordnung« einen zentralen Stellenwert ein, der auch den ökonomischen Bereich umfasst: »In der vom Gewinn- und Machtstreben bestimmten Wirtschaft und Gesellschaft sind Demokratie, soziale Sicherheit und freie Persönlichkeit gefährdet. Der demokratische Sozialismus erstrebt darum eine neue Wirtschafts- und Sozialordnung«. Die konkreten wirtschafts- und sozialpolitischen Leitlinien enthalten einen vielfältigen Katalog von Steuerungsinstrumenten, die »freie Unternehmerinitiative« ebenso einschließen wie »Investitionskontrolle«. Mit der Formel »Wettbewerb soweit wie möglich – Planung soweit wie nötig!« wird eine gemischtwirtschaftliche Perspektive skizziert.

Trotz dieses bewusst breit angelegten Spektrums von Interpretationsmöglichkeiten lässt sich eine unterschiedliche Bewertung der Eigentumsformen feststellen. Einerseits wird den Großkonzernen ein spürbarer »Einfluss auf Staat und Politik« zugeschrieben, »der mit demokratischen Grundsätzen nicht vereinbar ist. Sie usurpieren Staatsgewalt«. Auf diese Machtstrukturen der Kapitalkonzentration sind die Forderungen nach gesellschaftlicher Kontrolle gemünzt: »Wo mit anderen Mitteln eine gesunde Ordnung der wirtschaftlichen Machtverhältnisse nicht gewährleistet werden kann, ist Gemeineigentum zweckmäßig und notwendig«. Andererseits soll eine aktive Wettbewerbspolitik betrieben werden, die den Gedanken einer sozialen Marktwirtschaft beim Worte nimmt: »Das private Eigentum an Produktionsmitteln hat Anspruch auf Schutz und Förderung, soweit es nicht den Aufbau einer gerechten Sozialordnung hindert. Leistungsfähige mittlere und kleine Unternehmen sind zu stärken, damit sie die wirtschaftliche Auseinandersetzung mit den Großunternehmen bestehen können«.

Die für sozialdemokratische Reformpolitik grundlegende These des Zwiespalts von privatem Reichtum und öffentlicher Armut im kapitalistischen Gesellschaftssystem wird im Godesberger Programm pointiert eingeführt: »Es ist ein Zeichen unserer Zeit, dass sich das private Wohlleben privilegierter Schichten schrankenlos entfaltet, während wichtige Gemeinschaftsaufgaben, vor allem Wissenschaft, Forschung und Erziehung, in einer Weise vernachlässigt werden, die einer Kulturnation unwürdig ist«. Gleichzeitig sollte das Bildungswesen durch Förderung demokratischer Verhaltensformen die »Widerstandskraft gegen die konformistischen Tendenzen unserer Zeit stärken«. Unter den vielen Einzelaspekten sei abschließend eine dringliche Problematik angeführt: »Jeder hat ein Recht auf eine menschenwürdige Wohnung ... Der Mietzins ist nach sozialen Gesichtspunkten zu beeinflussen. Die Bodenspekulation ist zu unterbinden, ungerechtfertigte Gewinne aus Bodenverkäufen sind abzuschöpfen«.

Aus der Sicht des von 1952 bis 1963 amtierenden Parteivorsitzenden Erich Ollenhauer war es ein hoch zu bewertendes Verdienst des Godesberger Programms, »dass in ihm die Brücke von der großen Tradition der deutschen Sozialdemokratie und der deutschen Arbeiterbewegung zu dem Wollen und Denken und Fühlen der jungen Generation von heute geschlagen worden ist«.[435] Auch wenn schließlich nur 5 % der Parteitagsdelegierten gegen dieses Grundsatzdokument der SPD votierten, war die Opposition bei manchen umstrittenen Entscheidungen doch erheblich stärker. Vor allem der gegenüber dem ursprünglichen Entwurf von 1958 zu registrierende Verzicht auf eine Gesellschaftsanalyse und auf daraus resultierende Forderungen nach Sozialisierung von Schlüsselindustrien stieß auf Kritik. Diese konnte im Bereich der wirtschaftspolitischen Leitlinien nahezu 30 % der Delegiertenstimmen auf sich vereinigen. Der Widerstand gegen die Programmrevision war jedoch unter vielen älteren Parteigenossen unterschwellig vorhanden. Sie hatten teilweise den Eindruck, dass ihr Aufbauwerk von Jahrzehnten in der modernen Sozialdemokratie nicht mehr die gebührende Anerkennung finden werde.

Entgegen einer verbreiteten Vorstellung wurde 1959 das Spannungsverhältnis von Theorie und Praxis der SPD nicht überwunden, sondern vielmehr durch Anerkennung seiner nur begrenzten Lösbarkeit entschärft. Die Orientierung an sehr allgemein gehaltenen Grundwerten und Grundforderungen ist von vornherein nicht auf ihre Realisierung in praktischer Politik überprüfbar. Durch die Relativierung des sozialistischen Zukunftsmodells als »dauernde Aufgabe« und ein Selbstverständnis als »Partei der Freiheit des Geistes« hat sich die SPD des Godesberger Programms von früheren Erwartungen entlastet, in denen ein Scheitern an eigenen Ansprüchen vorprogrammiert war.

Es blieb dem – bis 1958/59 eher als Mann des linken Flügels geltenden – stellvertretenden Parteivorsitzenden Wehner vorbehalten, die Preisgabe unerreichbarer Vorstellungen auch für die Deutschland- und Außenpolitik öffentlich zu verkünden. Nachdem eine geplante Vier-Mächte-Konferenz über den Status Deutschlands nicht einmal mehr zustande gekommen war, geschweige denn, dass in absehbarer Zeit konkrete Fortschritte in Richtung einer Wiedervereinigung absehbar waren, nannte Wehner in seiner Bundestagsrede am 30. Juli 1960 den Deutschlandplan einen »Vorschlag, der der Vergangenheit angehört«.[436] Forthin wollte seinen Worten gemäß die SPD das »höchsterreichbare Maß an Übereinstimmung bei der Bewältigung der deutschen Lebensfragen« anstreben und davon ausgehen, »dass das europäische und das atlantische Vertragssystem, dem die Bundesrepublik angehört, Grundlage und Rahmen für alle Bemühungen der deutschen Außen- und Wiedervereinigungspolitik ist«.[437]

Als Neuorientierung, zumindest als Klarstellung, wurde in der Öffentlichkeit das eindeutige Bekenntnis des Godesberger Programms zur

Mitglieder der Parteiführung der SPD (von links nach rechts: Herbert Wehner, Willy Brandt, Erich Ollenhauer, Fritz Erler, Carlo Schmid) am 6. Februar 1961.

Landesverteidigung empfunden, obwohl die wesentliche Weichenstellung schon ein Jahr zuvor beim Stuttgarter Parteitag erfolgt war. Tatsächlich hatte die SPD, an deren Basis eine pazifistische Unterströmung wirksam blieb, von Anfang an kein unbedingtes Nein zur Wiederbewaffnung der Bundesrepublik gesprochen, sondern alle möglichen Vorbehalte geäußert, die sich aus dem Verlangen nach Gleichberechtigung und nach Vorrang der Wiedervereinigung speisten. Trotz Ablehnung der Pariser Verträge von 1954 war die Bundestagsfraktion bereit, an der Gestaltung der inneren Verfassung und der Organisation der Bundeswehr mitzuarbeiten.

Nachdem Mitte 1960 die außen- und sicherheitspolitischen Weichenstellungen der ersten beiden Regierungen Adenauer von der SPD als Basis künftiger eigener Bemühungen anerkannt worden waren, wurde die Parteiführung einige Jahre lang zur Verfechterin eines – bis zur Kritiklosigkeit gehenden – pro-amerikanischen Atlantizismus. Dieser erhielt besonderen Auftrieb durch die Regierungsübernahme der jungen »Liberals« um John F. Kennedy im Jahr 1961. Die westdeutschen Sozialdemokraten sekundierten – in Absetzung von den deutschen »Gaullisten« in der CDU/CSU – der amerikanischen Europapolitik und Verteidigungskonzeption, bis hin zur Unterstützung einer von den USA zwischenzeitlich betriebenen multilateralen westlichen Atomstreitmacht unter Beteiligung der Bundesrepublik. In dieses Bild passt auch die in dieser Periode äußerst zurückhaltende Beurteilung der Rolle der USA in der Dritten Welt.

Mit der Nominierung des populären Berliner Regierenden Bürgermeisters Willy Brandt zum Kanzlerkandidaten wurden im November 1960 auch die personellen Voraussetzungen für eine größere politische Ausstrahlungskraft der SPD geschaffen. Für den Wahlkampf von 1961 verabschiedete der Parteitag einen Aufruf, der statt pointierter Auseinandersetzung mit der CDU/CSU vornehmlich programmatisch unverbindliche Sympathiewerbung für die Sozialdemokratie und ihren Kandidaten enthielt und in dem Motto gipfelte: »Miteinander – nicht gegeneinander«.[438] Das Wahlergebnis blieb mit 36,2 % für die SPD zwar hinter den Erwartungen zurück. Doch war der Zuwachs von 4,4 % ein deutlicher Trendbruch zugunsten der SPD, da sie zugleich eine Absplitterung von nahezu 2 % Stimmen zur linksgerichteten »Deutschen Friedens-Union« (DFU) verkraften musste und trotzdem den Abstand zur CDU/CSU (45,2 %) gegenüber 1957 ziemlich genau halbierte. Angesichts dieser Wählerbewegung und des kurz zuvor erfolgten Baus der Berliner Mauer setzte sich die SPD für die Bildung eines Allparteienkabinetts ein, um nationale Verantwortung zeigen und die eigene »Regierungsfähigkeit nachweisen« zu können.[439]

Mit der Wiederwahl des farblosen Bundespräsidenten Heinrich Lübke (CDU), der als Anhänger einer Großen Koalition galt, erreichte 1964 der sozialdemokratische Kurs der Gemeinsamkeit – Kritiker sprachen von »Umarmungstaktik« – und des Strebens nach der Regierungsbeteiligung einen vorläufigen Höhepunkt. Die SPD-Führung war aufgrund negativer Erfahrungen seit 1949 zu der Überzeugung gelangt, dass Profilierung in Sachfragen trotz messbarer Resonanz bei einzelnen Bevölkerungsgruppen nicht zur Regierungsmacht führen konnte, solange unpolitische Wählerschichten den Ausschlag zugunsten des Kanzlerbonus gaben. Folgerichtig wollte sie den Versuch unternehmen, durch eine Regierungsbeteiligung den Startvorteil der Wiederaufbau-Parteien CDU/CSU auszugleichen und ihre Minister zunächst als eine zeitgemäßere Variante der bisherigen Politik zu empfehlen. Da die Gewinnung der absoluten Mehrheit illusorisch blieb und die FDP der Ära Mende als Koalitionspartner wenig einladend schien, führte der einzige gangbare Weg dieser insbesondere Wehner zugeschriebenen Machtstrategie über eine Große Koalition. In den Bundestagswahlen des September 1965 kam die SPD ihrem Ziel mit einem Stimmenzuwachs von 3,1 % jedoch nur geringfügig näher. Die CDU/CSU hatte unter ihrem seit Herbst 1963 amtierenden Kanzler Ludwig Erhard, dem »Vater des Wirtschaftswunders«, FDP-Stimmen zurückerobert und konnte mit 47,6 % Wähleranteil den Abstand zur Sozialdemokratie nahezu stabilisieren.

In Widerspruch zur SPD war nach dem Abbruch der Anti-Atom-Kampagne zunehmend der Sozialistische Deutsche Studentenbund (SDS) geraten.[440] In ihm gab es neben einer SPD-konformen Fraktion, die dann 1960 den Sozialdemokratischen Hochschulbund (SHB) gründete, eine pro-kommunistische Minderheit um die Zeitschrift »Konkret« und eine SED-kritische linkssozialdemokratisch-linkssozialistische Mehrheit, die ebenfalls Front gegen die wachsende Bereitschaft der Parteiführung zum politischen Einlenken gegenüber der CDU machte. Als die SPD ihre in den 1950er-Jahren verfolgte Politik hinter sich ließ, geriet die Mehrheitsgruppe des SDS in immer schärferen Gegensatz zur Partei. Im November 1961 kulminierte der Konflikt in einem Beschluss des SPD-Vorstands, der die Mitgliedschaft im SDS und in einer Fördergemeinschaft für unvereinbar mit der Mitgliedschaft in der SPD erklärte.

Eine sozialistische Partei links von der SPD entstand daraus nicht und wurde von den meisten Dissidenten auch nicht angestrebt – so wenig wie ein Jahrzehnt davor seitens der unter SED-Einfluss stehenden »Sozialdemokratischen Aktion« und dem in den mittleren 1950er-Jahren aktiven Kreis um den früheren »Vorwärts«-Chefredakteur Gerhard Gleissberg, dessen »Andere Zeitung« bis zu 100 000 Auflage erzielte. Deutlicher DDR-kritisch war das Profil der Zeitschriften »Funken« (1950–1959) und »Sozialistische Politik« (1954–1966). Zustande kam im Vorfeld der Bundestagswahl 1961 indessen die Gründung der »Deutschen Friedens-Union« (DFU), an der, neben etlichen anderen Sozialdemokraten, auch der SPD-Bundestagsabgeordnete Arno Behrisch beteiligt war. Die DFU versammelte Pazifisten und National-Neutralisten unterschiedlicher Ausrichtung und nicht zuletzt Mitglieder oder Sympathisanten der illegalen KPD. Von der DFU abgesehen, waren die Versuche der SED und des MfS, die Protestbewegungen und die linkssozialistische Szenerie in der Bundesrepublik entscheidend zu beeinflussen, während der 1950er-Jahre und auch in der Folgezeit wenig erfolgreich.

Die allermeisten reformstrategisch ausgerichteten Marxisten und sonstigen Linkssozialisten blieben weiter in der SPD. Doch befand sich um die Mitte der 1960er-Jahre ihr politischer Einfluss auf dem Tiefpunkt. Es war die Zeit der ausgeprägten Gemeinsamkeitspolitik und – gelegentlich rigoroser – Disziplinierung vermeintlicher Abweichler. Dabei war insbesondere die Tendenz spürbar, den mit dem Godesberger Programm abgesteckten Rahmen durch einseitige Hervorhebung der marktwirtschaftlichen Aspekte zu verengen, gleichzeitig auch kirchenkritische und militärblockunabhängige Positionen auszugrenzen.

Bereits 1954 war ein auszehrender Mitgliederrückgang der SPD zum Stillstand gekommen. Doch erst zehn Jahre später war ein deutlicher Zustrom zu verzeichnen, wodurch sich auch die ungünstige Alterszusammensetzung der Partei zu ändern begann. Eindeutiger als in den frühen 1950er-Jahren, wo es neben Erfolgen auch schwere Einbrüche gegeben hatte, machte sich zudem seit etwa 1955 bei den Landtagswahlen ein Trend zugunsten der SPD geltend, der sich in der ersten Hälfte der 1960er-Jahre verstärkte. Sogar in Baden-Württemberg und Bayern erreichte die Partei Werte bis zu 37,3 % (1964) beziehungsweise 35,8 % (1966). Den Höhepunkt dieser Erfolgsserie bildete die Wahl in Nordrhein-Westfalen im Juli 1966, als die Partei mit 49,5 % fast die absolute Mehrheit der Stimmen erhielt. Erst jetzt wurde NRW das »SPD-Land«. Die nach einem ersten Anlauf 1956 bis 1958 in Düsseldorf 1966 beschlossene sozial-liberale Koalition nahm die spätere Bonner Konstellation vorweg und testete sie gewissermaßen.

Auf dem Dortmunder Parteitag im Juni 1966 hatte sich die SPD der Öffentlichkeit in stabiler Verfassung aufstrebend präsentiert und dabei ein teilweise verändertes deutschlandpolitisches Konzept vorgestellt. Dieses reflektierte die Festigung der Zweistaatlichkeit bei gleichzeitig begonnener Entspannung zwischen den Weltmächten. Helmut Schmidt forderte einen eigenen Entspannungsbeitrag der Bundesrepublik in Mitteleuropa: »Eine Wiedervereinigung in einem Akt mit anschließender freier Aushandlung des Friedensvertrags ist … ein irreales Konzept geworden. Ein Versuch der Vereinbarung einer Sequenz von Stufen, bei der das Betreten der ersten Stufe voraussetzt, dass rechtliche Bindungen auch schon hinsichtlich der letzten eingegangen sind, ist in der gegenwärtigen Lage Europas ebenfalls irreal ... Wir Deutschen selbst müssen vielmehr, das Ziel fixierend, bereit sein, Schritte zu tun, obgleich die weiteren Stadien des Weges nicht im voraus einzeln festgelegt sind«.[441] Insbesondere forderte der Parteitag, den »Handlungsspielraum gegenüber dem Regime in der SBZ« im Bereich der innerdeutschen Kommunikation voll auszuschöpfen. »Es dient dem Zusammenhalt unseres Volkes und der Bewahrung unserer nationalen Substanz«. Einige Wochen hatte es sogar so ausgesehen, als ob es zu einem öffentlichen Redneraustausch zwischen der SPD und der SED käme. Mit diesem Vorschlag reagierte der Parteivorstand auf die in einem »Offenen Brief« des Zentralkomitees der ostdeutschen Staatspartei gemachten Avancen.

Ausprobiert worden war eine »Politik der kleinen Schritte« in Berlin, wozu es gedankliche Vorläufer in den 1950er-Jahren gab. Bei Willy Brandt und seinem engeren Beraterkreis setzte kurz nach dem unter westalliierter Duldung erfolgten, von Brandt in schärfsten Formulierungen gegeißelten Mauerbau vom 13. August 1961 ein Umdenken ein. Dieses ging von der Erkenntnis aus, dass die Deutschlandpolitik neuer Anstöße bedürfte, wenn der Anspruch auf die Einheit der Nation nicht zum alleinigen Gegenstand von »Sonntagsreden« werden sollte. Geprägt war es überdies von der Einsicht, dass es gelte, die Mauer durchlässiger zu machen, wenn man bis auf Weiteres gezwungen war, mit ihr zu leben. Gleichzeitig sollte die Lage der Westberliner Halbstadt nach Beendigung der akuten Bedrohung (mit dem Abschluss der Kuba-Krise vom Herbst 1962) so weit wie möglich normalisiert werden. Mehrere Passierschein-Abkommen des Westberliner Senats mit der Regierung der DDR in den Jahren 1963 bis 1966 bedeuteten greifbare, von den Menschen dankbar begrüßte Erfolge. Willy Brandts Berater Egon Bahr äußerte im Juli 1963 die Überzeugung, dass »die bisherige Politik des Drucks und Gegendrucks nur zu einer Erstarrung des Status quo geführt hat«, und prägte die berühmte Formel vom »Wandel durch Annäherung«. Es gelte, die kommunistische Herrschaft zu verändern, wenn man sie nicht abschaffen könne, und zwar auch in der DDR. Eine gewisse Stabilisierung der politischen Ordnung im Osten sei gerade erwünscht, denn sie mache den Wiederannäherungs- und Wiedervereinigungsprozess »mit vielen Schritten und vielen Stationen« kontrollierbar und somit für die UdSSR erträglich. »Die Zone muss mit Zustimmung der Sowjets transformiert werden«.[442]

Es kam dem neuen Denkansatz zugute, dass in der Öffentlichkeit auch jenseits der Sozialdemokratie die deutschlandpolitischen Dogmen der Ära Adenauer zunehmend infrage gestellt wurden. Auf Regierungsebene unternahm Bundesaußenminister Gerhard Schröder (CDU) erste Schritte, um die Beziehungen zu den Staaten des Warschauer Pakts – unter Aussparung der DDR – zu verbessern. Allerdings waren die Bedenken gegen eine den gesamtdeutschen Alleinvertretungsanspruch der Bundesrepublik unterminierende »Politik der kleinen Schritte« auch in der SPD zunächst nicht unerheblich.

Große Koalition, Reformära und historischer Wahlsieg 1972

Als das Regierungsbündnis von CDU/CSU und FDP im Streit über Wirtschafts- und Finanzfragen Ende Oktober 1966 zerbrach, fanden die Befürworter einer Großen Koalition unter den Sozialdemokraten günstige Bedingungen für die Durchsetzung dieser in den eigenen Reihen umstrittenen Operation vor. Wahlerfolge der NPD, die bei allen unmittelbar vor und während der Großen Koalition stattfindenden Landtagswahlen die Fünfprozenthürde übersprang, signalisierten die Gefahr, dass die Wirtschaftskrise erneut zu einer Destabilisierung demokratischer Verhältnisse führen könnte. Das Trauma des Scheiterns der Weimarer Republik legte deshalb vielen SPD-Politikern die Konsequenz nahe, gerade in einer gesellschaftlichen Krisensituation politische Verantwortung zu übernehmen, um auf diese Weise die Reform- und Handlungsfähigkeit von demokratischen Parteien zu unterstreichen. Eine Regierungsbildung mit der FDP musste – abgesehen von sachlichen Differenzen – angesichts kaum zu sichernder Mehrheit noch als unvertretbares Risiko erscheinen.

So kam es im Dezember 1966 nach einem zustimmenden Votum der sozialdemokratischen Führungsgremien (jeweils mit Zweidrittelmehrheit) zur Bildung eines Kabinetts der Großen Koalition unter dem CDU-Kanzler Kurt Georg Kiesinger. Dessen frühere NSDAP-Mitgliedschaft sollte zu einer politisch-moralischen Belastung werden. Mit dem Parteivorsitzenden Willy Brandt übernahm erstmals in der deutschen Geschichte ein Sozialdemokrat für einen längeren Zeitraum das Außenministerium. In der Person des Bundesministers für gesamtdeutsche Fragen, Herbert Wehner, gehörte auch der »Architekt« der Großen Koalition der Regierung an. Gustav Heinemann übernahm das Justizressort und leitete die Justizreformen der folgenden Jahre ein. Der Einzug von Karl Schiller ins Wirtschaftsministerium sicherte der SPD ein zweites Schlüsselressort und sollte zugleich den umworbenen Mittelschichten die marktwirtschaftliche Bekehrung der Sozialdemokratie demonstrieren. Von der einstigen Polarisierung der Ära Schumacher und Adenauer waren die großen Volksparteien zum innenpolitischen Schulterschluss gelangt. Dies geschah jedoch in einer Phase, da die Gemeinsamkeitsrhetorik ihren Höhepunkt überschritten hatte und die SPD dabei war, wieder ein deutlicheres Profil zu gewinnen.

Eine Mehrheit der Bundesbürger, die sich angesichts der ersten und deshalb als einschneidend wahrgenommenen Nachkriegsrezession (mit lediglich 2 % Arbeitslosen) nach stabilen Verhältnissen oder gar einem starken Staat sehnte, nahm das Zusammenrücken der großen Parteien eher mit Erleichterung auf. Gleichzeitig mussten aber CDU/CSU und SPD ihren Pakt der Mitte zunehmend mit Wählerverlusten bei Minderheiten bezahlen. Einerseits gab es rechts Verluste an die NPD, andererseits hinterließ der sozialdemokratische Regierungseintritt auf dem linken Flügel des politischen Spektrums ein Vakuum. Die Entstehung der Großen Koalition wurde insbesondere von linken Intellektuellen vielfach nicht als taktischer Schachzug der SPD-Führung, sondern als erster Schritt in einen autoritären Wohlfahrtsstaat ohne wirkliche Opposition interpretiert.

Die sich seit Mitte der 1960er-Jahre entfaltende antiautoritäre Revolte großer Teile der Jugend fand hierzulande im Protest gegen die NPD wie gegen die Große Koalition, dann vor allem gegen den Vietnam-Krieg der USA ihre ersten allgemeinpolitischen Bezugspunkte. Zunächst mit Ausstrahlung auf parteipolitische, gewerkschaftliche, kirchliche und andere Jugendverbände radikaldemokratisch orientiert, ab 1969 zunehmend in konkurrierende, teils gewaltbereite anarchistische und kommunistische Sekten zersplittert, wurde die »Außerparlamentarische Opposition« (APO) zu einem ernst zu nehmenden Faktor der bundesdeutschen Innenpolitik. Der von der Sozialdemokratie 1961 verstoßene SDS fungierte bis zu seinem im Jahr 1968 einsetzenden Zerfall als der organisatorische und ideologische Kern der Bewegung. Neben dem Studentenbund verkörperten die Ostermärsche der »Kampagne für Demokratie und Abrüstung« die Verbindung zwischen den Protestbewegungen der 1950er-Jahre und der Jugendradikalisierung von 1967/68.

Das Experiment der Großen Koalition hat die SPD ohne Abspaltungen überstanden und die Herausforderung durch die APO teils durch Abwehr, teils durch Integration von Exponenten dieser Neuen Linken relativ gut bewältigt. Einer der wichtigsten Gründe hierfür ist darin zu suchen, dass die APO mit wachsender quantitativer Stärke zunehmend ideologisch zerstritten auftrat. Die im Herbst 1968 anstelle einer Wiederzulassung der KPD neu konstituierte DKP war nach der kurz zuvor erfolgten Niederschlagung des »Prager Frühlings« durch Truppen des Warschauer Paktes von vornherein als Propagandainstrument sowjetischer Großmachtpolitik abgestempelt. Die etwas später entstehenden maoistischen Kleinparteien (KPD/ML usw.) mussten außerhalb des studentischen Milieus allzu exotisch erscheinen. Die größte Gruppe der APO-Aktivisten wurde von einem solchen Parteigründungsfieber nicht erfasst, sondern blieb antiautoritär, parlamentarismuskritisch und deshalb auch parteifeindlich eingestellt. Nicht wenige dieser radikalen Linkssozialisten begaben sich auf den von Dutschke propagierten »langen Marsch durch die Institutionen«, wozu auch die SPD gehörte, nachdem die kurzlebige Revolutionseuphorie bald der Ernüchterung gewichen war.[443]

Bei der Verabschiedung der verfassungsändernden Notstandsgesetze im Mai 1968 überschnitten sich die Massendemonstrationen der APO mit der seit jeher ablehnenden Haltung der Mehrheit der DGB-Gewerkschaften, namentlich der IG Metall. Diese befürchteten, die Notstandsgesetze könnten im arbeitnehmer- und demokratiefeindlichen Sinn missbraucht werden. Die partielle Allianz dazu war älter: Schon Mitte der 1960er-Jahre hatten Gewerkschaften und linke Intelligenz eine breite Kampagne gegen die Pläne einer Notstandsregelung gestartet. Eines der zentralen Argumente für die Notwendigkeit einer gesetzlichen Regelung, die Ablösung der alliierten Eingreifrechte, spielte bei den Gegnern keine wesentliche Rolle. Deren politischer Druck trug jedoch immerhin dazu bei, dass die SPD in der seit den frühen 1960er-Jahren laufenden Diskussion eine ganz beträchtliche Veränderung der ursprünglichen, von CDU/CSU-Politikern inspirierten Entwürfe erreichen konnte. Seit Ende 1967 spielte der innerparteiliche Willensbildungsprozess der SPD dabei eine beträchtliche Rolle und zwang die Parteispitze, einige zwischenzeitlich gemachte Konzessionen an die CDU/CSU zurückzunehmen.[444]

Bestärkt fühlten sich antikapitalistische Gruppierungen außerhalb und innerhalb der SPD auch durch die im September 1969, ausgehend von den Dortmunder Hoesch-Stahlwerken, spontan ausbrechende Streikwelle. In dieser forderten die Belegschaften – größtenteils erfolgreich – höhere Anteile an dem nach der Rezession von 1966/67 wieder kräftig angezogenen wirtschaftlichen Wachstum ein. Den Gewerkschaften waren die Hände gebunden, da sie sich auf lange tarifvertragliche Laufzeiten eingelassen hatten. Angesichts von Massenstreikbewegungen in anderen Ländern Westeuropas, worunter der von Studentenunruhen ausgelöste französische Generalstreik vom Mai/Juni 1968 herausragte, hoffte man: Es könne nun der Zeitpunkt gekommen sein, wo auch die deutschen Arbeiter beginnen würden, wieder selbsttätig und entschieden ihre Interessen zu vertreten.

Das politische »Establishment« verständigte sich im mutmaßlichen Konsens mit einer »schweigenden Mehrheit« bereits in einer Situation relativ geringfügiger Krisenerscheinungen auf ein dermaßen umfassendes Programm der Problembewältigung, als hätte man damals einen Ausnahmezustand überwinden müssen. Es ist charakteristisch, dass zu den wichtigsten innenpolitischen Vorhaben der Großen Koalition noch vor den Notstandsgesetzen die Verabschiedung des »Stabilitätsgesetzes« zur Konjunktursteuerung (Juni 1967) gehörte. Um keinen Preis sollte sich eine ähnlich zugespitzte Lage wie zu Beginn der 1930er-Jahre ergeben, ohne dass ein ausgefeiltes wirtschafts- und staatspolitisches Instrumentarium des Krisenmanagements bereitstand. Umgekehrt reagierte die außerparlamentarische Linksopposition auf jegliche Abweichung von ihrem Idealbild der Demokratie mit einem Pathos des Widerstands, als gelte es einen neuen Faschismus zu verhindern. Beiderseits wurden Gespenster aus dunklen Tagen deutscher Geschichte beschworen, so dass hinter den Kulissen einer Konsumgesellschaft mühsam verdrängte Identitätsprobleme hervortraten.

In gesellschaftsgeschichtlicher Sicht kann die Jugendradikalisierung nur als Teilaspekt eines breiteren und vorher einsetzenden allgemeinen Wertewandels verstanden werden. Dieser hat traditionelle, pflichtbestimmte, autoritäre und obrigkeitliche Orientierungen zurücktreten lassen zugunsten stärker individualistischer, auf Lebensgenuss und Selbstverwirklichung zielender Lebensweisen (namentlich in der Sexualität, der Partnerschaft und der Kindererziehung). Dies konnte indessen durchaus mit einem nachweisbar vermehrten politischen Interesse und einer wachsenden Bereitschaft zu gemeinschaftlichem Engagement Hand in Hand gehen. Der für alle westlichen Länder zu konstatierende Werte- und Verhaltenswandel machte sich in Deutschland besonders geltend, weil er auf einen obrigkeitsstaatlichen geschichtlichen Überhang traf. Darüber hinaus begann, nach der diesbezüglichen Stille der 1950er-Jahre, mit einer Wiederaufnahme und Zuspitzung die intensivere Auseinandersetzung mit der NS-Zeit, wie sie seit den Frankfurter Auschwitz-Prozessen von 1963 bis 1965 auch öffentlich langsam in Fahrt kam.

Doch bedeuteten die Jahre 1967/68 nicht nur das Ende einer trügerischen Entideologisierung der Politik, sondern gleichermaßen den Beginn einer Modernisierung verkrusteter Strukturen der bundesdeutschen Gesellschaft. Die von Schiller eingeführte konjunkturelle Globalsteuerung des Staates, ergänzt durch eine Konzertierte Aktion der Gewerkschaften und Unternehmerverbände, entsprach den differenzierten Bedürfnissen der Wirtschaftspolitik offenkundig besser als das dogmatische Festhalten am Vorrang der Privatinitiative. Der Kompromiss von Lohnarbeit und Kapital, auf den sich die politische Stabilität und ökonomische Prosperität der Bundesrepublik vor allem gründete, sollte forthin nicht allein dem freien Spiel der Kräfte überantwortet bleiben, sondern staatlich garantiert und durch Vorgaben angeleitet werden. Das Bündnis von CDU/CSU und SPD hatte in dieser Hinsicht die Funktion, einem weiteren Abbau sozialer Polarisierung den Weg zu ebnen. Auch auf anderen Politikfeldern »kam während dieser Großen Koalition das technokratische Denken in Deutschland zum Durchbruch«.[445] Insbesondere für die Verkehrs-, Forschungs- und Bildungspolitik, also die Leitsektoren der Infrastruktur einer fortgeschrittenen Industriegesellschaft, wurden umfassende Pläne einer quantitativen Ausweitung und qualitativen Effektivierung von Ressourcen entworfen. Doch waren die Reformanstrengungen der Regierung der Großen Koalition, etwa im Bereich des Ehe- und Familienrechts, keineswegs nur technokratischer Art.

Die zwischenzeitlich stagnierenden Mitgliederzahlen und die Wählerverluste, die in den Jahren 1967/68 durchschnittlich fast 5 % ausmachten,[446] signalisierten den Sozialdemokraten jedoch ein kritisches Stadium der Koalitionspolitik. In diesem waren neue Bevölkerungsschichten noch nicht gewonnen, enttäuschte Minderheiten aber bereits abgestoßen worden. Der im März 1968 stattfindende Parteitag der SPD markierte den Höhepunkt der innerparteilichen Kritik an der Großen Koalition. Nachdem der Versuch des linken Flügels, sich mit dem Antrag auf Billigung der Regierungsbeteiligung nicht zu befassen und damit das Bündnis mit der CDU/CSU als Alleingang der Führungsgremien zu desavouieren, nur ganz knapp gescheitert war, fand das Verlangen des SPD-Vorstands nach einem klaren Regierungsauftrag doch noch eine Mehrheit von 173 gegen 129 Delegiertenstimmen.[447] Eine dermaßen starke Opposition gegen eine wichtige Entscheidung hatte es in der SPD seit 1945 nicht mehr gegeben.

Anders als in der Weimarer Republik spielten dabei aber grundsätzliche Vorbehalte gegenüber Bündnissen mit bürgerlichen Parteien keine wesentliche Rolle mehr. Denn schließlich hatte die SPD in den Ländern ohne größere innerparteiliche Kontroversen zahlreiche Regierungen gemeinsam mit der CDU, der FDP, dem »Bund der Heimatvertriebenen und Entrechteten«, sogar mit der rechtskonservativen »Deutschen Partei« gebildet. Vielmehr erschienen den Gegnern der Großen Koalition die verfassungspolitischen und wahltaktischen Folgewirkungen der »Elefantenhochzeit« mit der CDU/CSU als problematisch. Unter dem Eindruck der zunehmend das System der parlamentarischen Demokratie prinzipiell attackierenden APO wollten diese Sozialdemokraten erreichen, dass ihre Partei ihre Eigenständigkeit wieder stärker betonte.

Wie wenig der Konflikt um die Koalitionsfrage mit einer Infragestellung von »Godesberg« einherging, unterstrich die nicht besonders stark umstrittene Verabschiedung der »Sozialdemokratischen Perspektiven im Übergang zu den siebziger Jahren«. Dieses auf die künftige Gestaltung der Regierungspolitik abzielende Dokument enthielt kein Bekenntnis zu jenen klassischen sozialistischen Zielen, die im Godesberger Programm immerhin noch als ethische Postulate verankert waren. Es beschränkte sich auf einen Katalog von einzelnen Reformvorschlägen und ließ anklingen, dass die SPD des Jahres 1968 anstelle früherer reformsozialistischer nunmehr eher sozialliberale Vorstellungen vertrat. Die Propagierung einer »Politik der Vorausschau und der mittel- und langfristigen Planung« sollte vornehmlich darauf hinwirken, den »privaten und öffentlichen Wohlstand in ein ausgewogenes Verhältnis zueinander zu bringen«.[448] Den kritischen Hinweis, die geplanten Maßnahmen ersetzten »die Grundvorstellungen des Sozialismus durch ein technokratisches Rezept«[449], konnte Horst Ehmke als Berichterstatter der »Perspektiven«-Kommission nur schwer entkräften.

Nur wenige Wochen nach Beendigung des SPD-Parteitags erreichte die Protestbewegung der APO ihren Mobilisierungshöhepunkt. In unmittelbarer Reaktion auf den Mordanschlag auf Rudi Dutschke, die Symbolfigur des SDS, kam es 1968 in verschiedenen Städten zu gewalttätigen Auseinandersetzungen.[450] Bei den Ende April 1968 unter dem Eindruck dieser Ereignisse stattfindenden Landtagswahlen in Baden-Württemberg erzielte die NPD mit 9,8 % ihren höchsten Stimmenanteil, während die SPD eine schmerzliche Niederlage (minus 8,3 %) hinnehmen musste und auf 29 % absank. Das Wahldebakel löste eine schwere innerparteiliche Krise der baden-württembergischen Landespartei aus. Die NPD hatte vor allem in der sozialdemokratischen Wählerschaft Simmen gewinnen können.[451] Auf der anderen Seite hatte sich die FDP, in Opposition zur Großen Koalition, mittlerweile ein stärker linksliberales Profil gegeben, so dass auch sie einen Teil der enttäuschten SPD-Wähler zu sich hinüberziehen konnte.

Die Sozialdemokratie löste sich 1968/69 allmählich aus den Fesseln der Großen Koalition und begann, die Konturen ihrer eigenständigen Position gegenüber der CDU/CSU deutlicher zu kennzeichnen, als im dritten Jahr der Koalition das Verhältnis der beiden Regierungsparteien zunehmend konfrontative Züge annahm. Als Generalprobe auf die Tragfähigkeit einer eventuellen sozialliberalen Koalition wurde vielfach die von der FDP unterstützte Wahl Gustav Heinemanns zum Bundespräsidenten im März 1969 betrachtet. Der unmittelbar danach abgehaltene SPD-Parteitag stand bereits im Zeichen optimistischer Erwartungen für die bevorstehenden Bundestagswahlen. Mit seinem dringenden Appell, »das Aufbegehren junger Menschen gegen das Establishment ernst zu nehmen«[452], machte sich der sozialdemokratische Kanzlerkandidat Willy Brandt zum Fürsprecher eines flexiblen Integrationskurses. Der Wirtschaftsminister Schiller repräsentierte ergänzend dazu die unbedingte Systemloyalität von SPD-Politikern, die das Spannungsverhältnis von kapitalistischer Gegenwart und demokratisch-sozialistischen Zukunftszielen sogar aus ihrem politischen Wortschatz getilgt hatten: »Wir befinden uns in einer Industriegesellschaft, die sich nur als Leistungsgesellschaft behaupten kann, die nur in der permanenten Steigerung ihrer Produktion, die nur in wirtschaftlichem Wachstum leben kann. Stillstand heißt hier Rückfall gegenüber anderen Nationen und Volkswirtschaften«.[453]

Zwar versuchte Willy Brandt, diese von qualitativen Veränderungen und sozialen Interessengegensätzen abstrahierende Wachstumsideologie Schillers einem gemeinsamen Parteiprofil einzugliedern: »Meine aktive Friedenspolitik und seine moderne Wirtschaftspolitik sind die Elemente sozialdemokratischer Politik aus einem Guss«.[454] Im Urteil der Wählerschaft ergab sich über Meinungsbildung durch Leitmedien jedoch zeitweise ein ganz anderes Bild: Karl Schiller erreichte in Meinungsumfragen eine nahezu doppelt so hohe Popularität wie Willy Brandt.[455] Die Ergebnisse der Bundestagswahlen vom September 1969, bei denen sich die SPD mit ihrem unverfänglichen Slogan »Wir schaffen das moderne Deutschland« auf 42,7 % verbesserte und zusammen mit der FDP (5,8 %) einen geringen Vorsprung gegenüber der CDU/CSU (46,1 %) erzielte, wobei die NPD mit 4,3 % knapp den Einzug ins Bonner Parlament verfehlte, sind auch in einem solchen Kontext zu interpretieren. Abgesehen davon, dass die Parteien rechts von der Mitte die Mehrheit der Stimmen (50,4 %) auf sich vereinigt hatten, bestand die FDP-Fraktion keineswegs nur aus Linksliberalen. Im Wahlkampf hatte sich der SPD-Wirtschaftsminister vor allem mit der ideologiefernen, aber wirtschaftspolitisch relevanten Fachfrage der DM-Aufwertung profiliert. Damit sollte durch Importverbilligung etwaiger Inflationsdruck aus dem kräftigen Aufschwung 1968/69 genommen werden. Gleichzeitig wird das Publikum auch ohne Einblick in derartige Zusammenhänge mit dem Begriff der Aufwertung der eigenen Währung positive Assoziationen verbunden haben.

Im Bundestag verfügten SPD und FDP nur über zwölf Abgeordnete mehr als CDU und CSU, so dass schon ein abweichendes Stimmverhalten von sechs eher nationalliberalen Parlamentariern das Scheitern der Regierungsübernahme bedeutet hätte. Bei der Wahl Willy Brandts entfielen 251 Stimmen (zwei mehr als unbedingt erforderlich) auf den ersten sozialdemokratischen Kanzler der Bundesrepublik. Die Kabinettsbildung und das Regierungsprogramm beruhten auf einem sorgfältig ausbalancierten Kompromiss zwischen den inhaltlichen Konzeptionen und Parteiinteressen von SPD und FDP. Indem die Sozialdemokraten den Liberalen das Außen- und das Innenministerium (Scheel und Genscher) überließen, aber neben dem Wirtschaftsminister Schiller auch das Finanzressort mit einem betont marktwirtschaftlichen Politiker, dem »Genossen Generaldirektor« (einer Versicherungsgesellschaft) Alex Möller besetzten, sollten die Freien Demokraten von einer wirtschafts- und sozialpolitischen Rolle als Bremser ferngehalten werden. Allerdings hatte die SPD als Geschäftsgrundlage des sozialliberalen Bündnisses den Verzicht auf Gesetzesvorlagen zur Ausweitung der paritätischen Mitbestimmung zusichern müssen.[456] Die Novellierung des Betriebsverfassungsgesetzes 1971 brachte aber wenigstens teilweise verbesserte Mitbestimmungsmöglichkeiten. Nicht konsensfähige Politikfelder waren somit durch Ausklammern als möglicher Konfliktanlass im Koalitionsalltag entschärft, um die Aufmerksamkeit ganz den gemeinsamen Vorhaben widmen zu können.

In seiner Regierungserklärung stellte Willy Brandt den umfangreichen Katalog von inneren Reformen unter das Leitmotiv: »Wir wollen mehr Demokratie wagen«.[457] Die außenpolitische Zielsetzung, die Westintegration der Bundesrepublik um eine Aussöhnung mit den Völkern Osteuropas auf der Grundlage gesicherter Grenzen und friedensfördernder Kooperation zu ergänzen, wurde gleichfalls hervorgehoben: »Wir wollen ein Volk der guten Nachbarn sein und werden, im Inneren und nach außen«.[458] Für eine aktive Ostpolitik war die Ausgangssituation besonders günstig. Als Außenminister der Großen Koalition hatte Willy Brandt bereits erste Schritte eines flexibleren Kurses einleiten und weitere vorbereiten können. Auf der Basis eines tendenziellen militärischen Gleichgewichts waren die beiden Weltmächte seit der gefährlichen Doppelkrise um Berlin und Kuba 1961/62 zunehmend daran interessiert, die jeweiligen Einflusszonen und Führungspositionen in ihren Bündnissen gegeneinander abzugrenzen und den Status quo durch gewisse Entspannung zu sichern. Der deutsche Sonderkonflikt drohte dabei zum letzten großen Hindernis einer Stabilisierung der Nachkriegsordnung zu werden – mit der Gefahr einer Selbstisolierung der Bundesrepublik.

Die neue Ostpolitik der sozialliberalen Koalition nutzte die Chancen dieser internationalen Lage, indem sie – ohne Verletzung der Bündnisloyalität – in der Außenpolitik einen eigenständigen und selbstbewussten Stil entwickelte. Sie fand sich zur Anerkennung der Grenzen in Europa bereit, trachtete gleichzeitig aber danach, die menschlichen Kontakte im geteilten Deutschland zu intensivieren. Dabei wurde darauf geachtet, die »deutsche Frage« im Sinne eines Friedensvertrags- und

Selbstbestimmungsvorbehalts offenzuhalten. Insofern enthielt die sozialdemokratische Entspannungspolitik eine über die Intentionen der Weltmächte hinausgehende dynamische Komponente, die dem Gedanken des »Wandels durch Annäherung« entsprang: »Um den Status quo politisch in Bewegung zu bringen, mussten wir uns den territorialen Status quo zu eigen machen«.[459] Durch eine auf die großen Linien der internationalen Beziehungen konzentrierte Verhandlungsführung, die sich nicht mehr als unbedingt nötig in Detailfragen verstricken ließ, gelang bereits 1970 die Unterzeichnung des Moskauer und anschließend des Warschauer Vertrages über Gewaltverzicht und Zusammenarbeit. Das Fernziel der bundesdeutschen Entspannungspolitik bestand, so Willy Brandt 1968, in einer »europäischen Friedensordnung« mit blocküberwindender Tendenz, in deren Rahmen dann irgendeine Art der deutschen Neuvereinigung möglich sein würde.[460] In dieser Perspektive wurde jetzt auch die (1973 um Großbritannien, Irland und Dänemark erweiterte) westeuropäische Wirtschaftsgemeinschaft gesehen, die eine Emanzipation der beiden Hälften Europas von den Führungsmächten befördern sollte.

Als Willy Brandt bei seinem Besuch in Warschau am 7. Dezember 1970 vor dem Mahnmal des jüdischen Gettos niederkniete, um symbolisch für die unter dem NS-Regime begangenen Verbrechen um Vergebung zu bitten, empfand die europäische Öffentlichkeit diese Geste als »einen Moment solcher Größe, die man nur auf Knien erlebt«.[461] Im Herbst 1971 trug die Vertrauensbildung ihre auch für den Fortbestand der sozialliberalen Koalition wichtigen Früchte. Das Vier-Mächte-Abkommen über Berlin zog den Schlussstrich unter eine Serie von Drohungen und Krisen um diese Stadt und ermöglichte in einem seit dem Mauerbau undenkbaren Ausmaß menschliche Begegnungen, wenn auch fast ausschließlich in eine Richtung. Die Verleihung des Friedensnobelpreises an Willy Brandt krönte das Werk eines sozialdemokratischen Bundeskanzlers, der selbst in den von deutschen Truppen verwüsteten Nachbarstaaten nicht nur Respekt und Anerkennung, sondern auch offene Sympathien fand. Das galt erst recht bei den Landsleuten in der DDR: Bei seinem Besuch in Erfurt am 19. März 1970 kam es zu spontanen Massenkundgebungen für die Person und die Politik des Kanzlers.

Gemessen an den eindrucksvollen Erfolgen der Ostpolitik, aber auch an den bereits während der Großen Koalition eingeleiteten Zukunftsplanungen, fielen die greifbaren Resultate der inneren Reformen seit 1969 »vergleichsweise bescheiden aus«.[462] Von einer Verwirklichung wesentlicher Elemente der SPD-Programmatik konnte am ehesten noch beim Ausbau des Sozialstaats gesprochen werden, der durch einen günstigen Konjunkturtrend der Jahre 1968 bis 1973 gefördert wurde. Auf bildungs- und rechtspolitischem Terrain ließen sich ebenfalls manche Fortschritte erzielen, da SPD und FDP in diesen Fragen einig waren und sich zudem auf die Unterstützung einer liberalen Öffentlichkeit verlassen konnten. Eine Übersicht der wichtigsten Reformgesetze wie der Veränderungen der Haushaltsprioritäten führt übereinstimmend zu dem Befund, dass die Verbesserung von Sozialleistungen und verstärkte Investitionen für Bildung und Wissenschaft die hervorstechenden Merkmale der Reformära nach 1969 waren.[463] Dabei ist über den konkreten Nutzen dieser Maßnahmen für die betroffenen Bevölkerungsgruppen hinaus auch deren wahlpolitischer Ertrag zu bedenken. Die wohlfahrtsstaatlichen Leistungen berücksichtigten gleichermaßen die Klientel von SPD und FDP, was auch für die Bildungspolitik galt: Diese brachte weiterhin nicht das vielzitierte katholische Arbeitermädchen vom Lande, aber die Angestellten- und Beamtenkinder (sogar zunehmend beiderlei Geschlechts) in den Städten zum Studium. So erschien die Bildungsoffensive nicht nur als ein geeigneter Ansatzpunkt, um traditionelle konservative Vorstellungen aufzubrechen, sondern eröffnete auch Chancen zum sozialen Aufstieg von der unteren zur gehobenen Mittelschicht.[464]

Dagegen verliefen die sozialdemokratischen Versuche, wenigstens die gröbsten Ungerechtigkeiten in der Vermögens- und ökonomischen Machtverteilung zu korrigieren, weithin ergebnislos. Wenn Willy Brandt auf dem Saarbrücker SPD-Parteitag im Mai 1970 die Leitidee der »Demokratisierung« dahingehend interpretierte, dass ein »zielstrebiger Abbau von Privilegien auf allen Gebieten« stattfinden sollte, verschwieg er nicht die Kehrseite der Medaille: »Ohne wirtschaftliches Wachstum keine inneren Reformen«.[465] Angesichts der gesellschaftlichen Kräfteverhältnisse und Koalitionszwänge in der Bundesrepublik konnte die SPD mit einiger Aussicht auf Erfolg lediglich bestrebt sein, den Zuwachs des Bruttosozialproduktes als Manövriermasse für einen größeren Anteil der Arbeitnehmerschaft am erwirtschafteten Volkseinkommen einzusetzen.

Der zunehmende Erwartungsdruck in den eigenen Reihen, dass die inneren Reformen ähnlich zielstrebig wie die Ostpolitik voranzutreiben seien, veranlasste die SPD-Führung aus Rücksicht auf den Koalitionspartner und Teile der sozialliberalen Wählerschaft zu Abwehrmaßnahmen gegen den befürchteten Linkskurs. Bereits im November 1970 hatte der Parteivorstand klare Richtlinien zur Abgrenzung der Sozialdemokratie von den Kommunisten verabschiedet, die dem Missverständnis vorbeugen sollten, dass die neue Ostpolitik auch innenpolitisch eine Öffnung zum System des »realen Sozialismus« bewirken könnte. Der Ende Januar 1972 zwischen den Ministerpräsidenten der Länder sowie der Bundesregierung vereinbarte »Radikalenerlass« weitete das Bemühen um ideologische Distanzierung zu persönlichen Sanktionen gegen Bewerber für den Öffentlichen Dienst aus. Schon diese Bezeichnung, die sich geradezu ignorant gegenüber dem Wortverständnis von »Radikalen« als entschiedene Liberale in vielen europäischen politischen Sprachkulturen verhält, zeigte Restbefangenheit in obrigkeitsstaatlicher Beamtentradition. Nur wenige führende SPD-Politiker sahen aber damals die Fragwürdigkeit der Absicht, die Splitterpartei DKP und andere Gruppen mit administrativen Mitteln zu bekämpfen, so deutlich wie Herbert Wehner, der eine Woche vor dem Beschluss im Informationsdienst der SPD-Bundestagsfraktion kritisch anmerkte: »Ich sehe keinen Sinn darin, die freiheitliche Grundordnung durch einen ersten Schritt zu ihrer Beseitigung schützen zu wollen«.[466]

Eine angemessene Beurteilung der erlahmenden Widerstandskraft der sozialliberalen Koalition gegenüber konservativen Forderungen wird jedoch berücksichtigen müssen, dass die Regierung in der zweiten Hälfte der Legislaturperiode ständig den Verlust ihrer Parlamentsmehrheit vor Augen hatte. Dem Übertritt dreier FDP-Abgeordneter zur CDU/CSU-Fraktion im Oktober 1970, die wahrscheinlich schon bei der Kanzlerwahl ihre Stimme verweigert hatten, folgte ein Jahr später die Mandatsübertragung eines Berliner SPD-Parlamentariers, die keinen Einfluss auf die Mehrheitsverhältnisse hatte. Als aber Ende Januar 1972 der Vorsitzende der Landsmannschaft Schlesien, Herbert Hupka, aus Protest gegen die Ostverträge den Übertritt zur CDU vollzog, wurde die Lage allmählich prekär.

Schon vor der Bundestagswahl 1969 war der Vorsitzende der Dachorganisation der Landsmannschaften des Bundes der Vertriebenen (BdV), Reinhold Rehs, ebenfalls für die SPD im Bundestag sitzend, zur CDU gewechselt. Der offene Konflikt mit dem BdV betraf auch die eigenen Reihen der SPD. In den 1950er- und der ersten Hälfte der 1960er-Jahre hatte die SPD, ebenso wie die anderen Bundestagsparteien, auf der Nichtanerkennung der provisorisch festgelegten Oder-Neiße-Grenze bestanden. Dass es sich dabei um eine völkerrechtliche Ausgangsposition der Bundesrepublik und nicht um die Erwartung handelte, die früheren deutschen Ostgebiete ganz oder überwiegend zurückgewinnen zu können, blieb aus wahltaktischen Gründen unausgesprochen und deutete sich erst 1965/66 in verschiedenen Äußerungen, etwa von Fritz Erler, und in der deutschlandpolitischen Resolution des Dortmunder Parteitags an. Erst 1968 erfolgte der Durchbruch mit dem Hinweis Willy Brandts in der Nürnberger Parteitagsrede auf die Notwendigkeit der faktischen »Anerkennung beziehungsweise Respektierung der Oder-Neiße-Linie« durch die Bundesrepublik.[467]

Bei den im April 1972 abgehaltenen Landtagswahlen in Baden-Württemberg erreichte die CDU, obwohl die SPD ihre Verluste von 1968 wett machte, die absolute Mehrheit und damit auch eine Blockadeposition im Bundesrat. Da am Wahltag ein weiterer Abgeordneter die FDP verließ, sah die CDU/CSU nunmehr die Chance zur Regierungsübernahme und brachte ein konstruktives Misstrauensvotum ein. Vor dem Hintergrund von Warnstreiks, spontanen Sympathiekundgebungen für Willy Brandt und Gerüchten über die Bestechung von Abgeordneten scheiterte die Wahl des Oppositionsführers Rainer Barzel zum Bundeskanzler an zwei fehlenden Stimmen aus den eigenen Reihen. Während die Annahme der gezielten Abwerbung von FDP-Abgeordneten nie bewiesen werden konnte, stellte sich später heraus, dass zumindest die Stimme eines CDU-Abgeordneten, wahrscheinlich sogar eines zweiten, vom Parlamentarischen Geschäftsführer der SPD, Karl Wienand, mit Unterstützung aus der DDR gekauft worden war. Daraufhin verfügten weder Regierung noch Opposition über eine parlamentarische Mehrheit, so dass der Weg zu vorgezogenen Neuwahlen beschritten werden musste. Der Bruch mit dem Doppelminister Schiller, der seit dem Ausscheiden Möllers aus dem Kabinett im Mai 1971 auch das Finanzressort geleitet hatte, signalisierte die Gefahr des Verlusts von Stimmen aus den Mittelschichten. Schiller erklärte im Juli 1972 seinen Rücktritt und verließ zwei Monate später auch die SPD (der er aber 1980 wieder beitrat). Im Wahlkampf 1972 hat sich Schiller an gemeinsamen Anzeigenserien mit Ludwig Erhard beteiligt, was als indirekte Wahlempfehlung für dessen Partei gelesen wurde.

Rund 7000 Menschen versammeln sich am 26. April 1972 auf der Hamburger Moorweide zu einer Solidaritätskundgebung für die Regierung Brandt-Scheel. Die Demonstranten halten Ausgaben der »Hamburger Morgenpost« mit der Schlagzeile »Willy muss Kanzler bleiben« in die Höhe.

Umso mehr musste sich die Sozialdemokratie auf ihre eigene Stärke besinnen und – entsprechend einer im Wahlkampf gern benutzten Formulierung – der Spendenfreudigkeit von Millionären zugunsten der CDU/CSU die Mobilisierung der Millionen von Arbeitnehmern entgegensetzen. Der Aufwärtstrend in der Mitgliederentwicklung erfuhr im Wahlkampf von 1972 eine sprunghafte Beschleunigung, die nicht zuletzt auf den ungewöhnlich starken Zustrom von unter 25-Jährigen zurückzuführen war.[468] Diese breite Welle der Sympathie in der jüngeren Generation und das unermüdliche Engagement vieler prominenter und ungezählter namenloser Wahlhelfer brachten die SPD zum richtigen Zeitpunkt auf den »Höhepunkt der Politisierung in der deutschen Nachkriegsgeschichte«.[469] Öffentlichkeitswirksam war das schon im Verlauf der 1960er-Jahre zunehmende Engagement von Künstlern, Schriftstellern und Wissenschaftlern, mündend in der maßgeblich von Günter Grass initiierten Sozialdemokratischen Wählerinitiative. Da außerdem knapp zwei Wochen vor dem Wahltermin der Grundlagenvertrag mit der DDR, der wesentlich verbesserte Reise- und Besuchsmöglichkeiten versprach, unterzeichnet werden konnte, spitzte sich die 1972er Wahl zum »Volksentscheid über die Ostpolitik«[470] und ihre Symbolfigur Willy Brandt zu.

Das Ergebnis der am 19. November 1972 stattfindenden vorgezogenen Neuwahl zum Bundestag war für die SPD überwältigend: Bei einer Rekordbeteiligung von 91 % hatten die Sozialdemokraten mit 48,9 % der Erst- und 45,8 % der Zweitstimmen erstmals die CDU/CSU überflügelt und mehr als drei Millionen Stimmen hinzugewonnen. Aus Wahlanalysen geht hervor, dass die SPD insbesondere bei Jungwählern, katholischen Arbeitern und Frauen überproportionale Gewinne verbuchen konnte, während sie in den Mittelschichten an die auf 8,4 % der Zweitstimmen angewachsene FDP Wähler abgeben musste.[471] Nunmehr hatte sich, wie im »Vorwärts« triumphierend festgestellt wurde, der »Genosse Trend« durchgesetzt; im Überschwang des Sieges wurde – gestützt auf den sozialen Strukturwandel – sogar die »wohlbegründete Prognose« formuliert, »dass die CDU, dann wohl auch die CSU, bei den nächsten Bundestagswahlen noch mehr verlieren wird als 1972«.[472] Der Traum von schwedischen Verhältnissen, das heißt von einer jahrzehntelangen Regierungsperiode mit gelegentlichen absoluten Mehrheiten, erfasste im ersten Enthusiasmus des historischen Durchbruchs zur dominierenden Partei der Bundesrepublik viele Sozialdemokraten.

Ökonomische Wachstumsschwäche und Identitätskrise der SPD

In der kurzen Zeitspanne vom Frühsommer 1972 bis zum Jahresanfang 1973 wiederholten sich für die Sozialdemokratie zwei wesentliche Erfahrungen ihrer geschichtlichen Entwicklung. Aus der Defensive des Verlusts der Parlamentsmehrheit hatte die SPD den Impuls zu einer Gegenoffensive geschöpft, die den Mobilisierungserfolg des Wahlkampfs ermöglichte. Der unerwartet eindeutige sozialdemokratische Triumph in der Eroberung von Massenunterstützung verleitete jedoch zur Selbstüberschätzung und rief die Gegner auf den Plan. Auch im Hinblick auf die sozialliberale Koalition muss aus der Rückschau konstatiert werden, dass die Überlebenskrise der FDP und der Regierung Brandt-Scheel den Zusammenhalt gefördert hatte. Hingegen kündigten gerade die raschen Erfolge in der Ostpolitik, teilweise auch der Bildungs- und Rechtsreform, für die kommende Legislaturperiode eine Akzentverschiebung auf die konfliktträchtigeren wirtschafts- und sozialpolitischen Themen an. Die Besetzung des Wirtschaftsressorts mit einem weiteren FDP-Politiker, dem eher rechtsliberalen Hans Friderichs, signalisierte den Anspruch des Koalitionspartners auf das der SPD entglittene Potenzial der Schiller-Wähler von 1969. Das mit den »Freiburger Thesen« von 1971 akzentuiert sozialliberale Programmprofil der FDP erwies sich als relativ kurzlebig und nicht allzu viele Landesverbände wirklich in der Breite erfassend.

Die im Januar 1973 vor dem Bundestag abgegebene Regierungserklärung war Ausdruck des von der FDP dringend geforderten, aber auch für viele SPD-Politiker kennzeichnenden Bestrebens, die mit dem Wahlsieg verknüpften Reformerwartungen zu dämpfen. Obgleich der November 1972 das am stärksten nach links profilierte Votum der deutschen Geschichte seit den Revolutionswahlen von 1919 gebracht hatte, präsentierte sich das zweite Kabinett Brandt-Scheel als die »neue Mitte« und erteilte kostspieligen Reformvorhaben von vornherein eine deutliche Absage: »Wer nur neue Forderungen stellt, ohne zu neuen Leistungen bereit zu sein, wird der Lage, auch der eigenen Interessenlage, nicht gerecht und kann nicht erwarten, ernst genommen zu werden ... Reformgerede, hinter dem sich nur Gehaltsforderungen tarnen, taugt wenig«.[473] Schon in der noch relativ günstigen, lediglich durch inflationäre Tendenzen getrübten Konjunkturlage der Jahreswende 1972/73 trat das Dilemma in den Vordergrund, dass die parallele Erhöhung der Realeinkommen und der staatlichen Ausgaben nur über eine Beschneidung von Privilegien zu finanzieren gewesen wäre. Das hätte die SPD in der Koalition, gegenüber wesentlichen Teilen der veröffentlichen Meinung sowie im Verhältnis zu den wirtschaftlichen Machteliten vor eine innenpolitische Zerreißprobe mit Klassenkampfcharakter gestellt.

Der fast dramatisch anmutende Sympathieverlust der SPD, die in den Umfragen bis zur Jahreswende 1973/74 auf 35 % des Wählerpotenzials (bei absoluter Mehrheit der CDU/CSU) abrutschte,[474] kann nicht in erster Linie auf innerparteiliche Entwicklungen zurückgeführt werden. Das Fehlen von zukunftsträchtigen Perspektiven, wie sie in der Legislaturperiode 1969 bis 1972 durch die Ostverträge und die Ankündigung einer Politik der inneren Reformen vorhanden waren, ergänzte den Abstrom vieler Schiller-Wähler von 1969 um die Enttäuschung der Willy-Wähler von 1972. Günter Grass klagte Ende November 1973 öffentlich über den »schlafmützigen Trott« der Koalition.[475] Der zunächst als vorübergehendes Formtief des Kabinetts Brandt-Scheel wahrgenommene Befund, dass der Vorrat an sozialliberalen Gemeinsamkeiten und spektakulären Reformprojekten erschöpft war, traf im Winter 1973/74 zusätzlich auf die Unwägbarkeiten einer Wirtschaftslage, die sich durch den Ölpreisschock nach dem vierten Nahost-Krieg entschieden verschlechterte. Während die SPD lange Zeit von optimistischen Zukunftserwartungen der Wählerschaft profitiert hatte, entstand nunmehr eine umso deutlicher ausgeprägte Angstlücke. Diese bildete das mentale Fundament der wirkungsvollen konservativen und rechtsliberalen Polemik gegen Reformillusionen.

Mit größerem Abstand ist die Bedeutung des Einbruchs im Herbst 1973 noch deutlicher zu erkennen als von den Zeitgenossen. Die internationale Konjunkturkrise leitete über in eine Periode langsameren, ungleichmäßigeren Wachstums und erhöhter Rezessionsanfälligkeit. Selbst in den Erholungsphasen blieb eine verglichen mit den 1960er- und frühen 1970er-Jahren hohe Sockelarbeitslosigkeit bestehen. In der Bundesrepublik verachtfachte sich zwischen 1973 und 1983 die Summe der Zahlungen an Erwerbslose.[476] Die zuvor unbedeutende Staatsverschuldung stieg bereits sprunghaft an. Die Kapitalseite geriet angesichts der etablierten starken Stellung der Gewerkschaften und des avancierten Wohlfahrtsstaats wegen der geringeren Produktivitätssteigerungen in eine Profitklemme. Ein neuartiges Phänomen, die »Stagflation« genannte Gleichzeitigkeit von schwachem Wachstum und Geldentwertung, erschwerte den Einsatz keynesianischer Instrumente der Konjunktur- und Beschäftigungspolitik.

Diese beginnende Trendwende führte in Verbindung mit einer Serie von Misserfolgen im Frühjahr 1974 zum Ende der Ära Brandt-Scheel. Ein Streik im Öffentlichen Dienst, mit dem die Gewerkschaft ÖTV lineare Lohnerhöhungen um 11 % durchsetzte, wurde in den Medien zumeist als Zeichen des Autoritätsverlusts der Regierung dargestellt. Bei den kurz darauf stattfindenden Bürgerschafts- und Kommunalwahlen in Hamburg und Schleswig-Holstein büßte die SPD jeweils rund 10 % ihrer Stimmen ein. Damit bestätigten sich, hochgerechnet auf das Bundesgebiet, die um 35 % pendelnden Umfrageergebnisse. Nach der Verhaftung des zuletzt im Kanzleramt platzierten DDR-Spions Guillaume und SPD-internen Krisengesprächen sah Willy Brandt seinen Rücktritt vom Kanzleramt als unumgänglich an; dieser Schritt erfolgte dann am

6. Mai 1974. Mit der unmittelbar im Anschluss daran stattfindenden Wahl Scheels zum Bundespräsidenten und der Bildung des Kabinetts Schmidt-Genscher wurden das wachsende Gewicht der FDP und die Umstellung der SPD von Reformzielen auf Krisenmanagement auch personell dokumentiert. Nach den Versäumnissen des vergangenen Jahres konnten die Sozialdemokraten seit diesem Zeitpunkt in der Tat nur noch zwischen einer Anpassung an die verschlechterten Rahmenbedingungen und einem baldigen Ende der Regierungsbeteiligung wählen. »Die Zeit von 1974 bis 1980 kann als Auslaufphase der Reformpolitik aufgefasst werden«.[477]

Der große Wahlsieg vom November 1972, mit daran geknüpften unterschiedlichen Erwartungen, ebenso wie die Verdüsterung der wirtschaftlichen Aussichten ein Jahr danach, waren dazu angetan, die innerparteilichen Gegensätze zu verschärfen. Schon seit 1966/67 hatte der durchaus heterogene linke Flügel begonnen, sich überregional neu zu formieren. Dabei kam ihm zugute, dass der innerparteilichen Demokratie gegenüber dem Geschlossenheitsprinzip wieder mehr Gewicht beigemessen wurde. So fiel auf dem Nürnberger Parteitag 1968 das Instrument des Sofortausschlusses durch Vorstandsentscheid. Die Kritik an der Ämterhäufung von »Multifunktionären« nahm zu. Vereinzelte Übertritte zur DKP oder Ausschlüsse wegen zu großer DKP-Nähe änderten nichts an der Tendenz zur Tolerierung linker Positionen. Der 1960 als Alternative zum SDS gegründete, ab Mitte der 1960er-Jahre ebenfalls in den Sog der entstehenden APO und später in die Rolle eines Bündnispartners der DKP-Studentenorganisation geratene Sozialdemokratische Hochschulbund (SHB) wurde nicht mehr mit einem Unvereinbarkeitsbeschluss bedacht, sondern mit dem Entzug der finanziellen Unterstützung und des Namenspartikels »sozialdemokratisch«. Die große Mehrheit der SPD-Linken hatte mit dem »realen Sozialismus« des Sowjetblocks nichts im Sinn, sondern stand diesem mehr oder weniger entschieden ablehnend gegenüber. Dabei setzte man auf dessen innere Differenzierung nach dem Muster des jugoslawischen Modells oder des tschechoslowakischen Reformkommunismus (Prager Frühling). Der linke schleswig-holsteinische Landesvorsitzende Jochen Steffen sprach von einem »Zweifrontenkampf« der SPD gegen die CDU und die Gesellschaft der Privilegien einerseits, den Sowjetkommunismus andererseits.[476]

Am wenigsten galt diese Distanzierung vom »realen Sozialismus« für Teile der sich im Verlauf der 1970er-Jahre formierenden sogenannten »Stamokap«-Fraktion der Jusos, benannt nach einer in den 1960er-Jahren hauptsächlich von sowjetischen, ostdeutschen und französischen kommunistischen Parteien in Anknüpfung an Lenins Imperialismustheorie entwickelten Deutung des Nachkriegskapitalismus. Sie zielte auf das Verhältnis von Großwirtschaft und Staat, womit man die relative Stabilität der entwickelten westlichen Länder erklären und die Politik des »antimonopolistischen Bündnisses« begründen wollte. Gemeinsam und im Streit mit einer anderen Version der Juso-Linken, den sogenannten »Antirevisionisten«, verlagerten die »Stamokaps« die Aktivität der Arbeitsgemeinschaft der Jungsozialisten auf die Ebene von ideologischen Haarspaltereien. Diese standen den bisweilen rabulistischen Auseinandersetzungen zwischen den Zerfallsprodukten der APO in nichts nach. Die Quittung für ein solches Politikverständnis, deren Maßstab für Erfolg hauptsächlich die Durchsetzung bestimmter Formulierungen in Papieren war, erhielten die Jungsozialisten 1977: Der Ausschluss ihres Vorsitzenden Klaus Uwe Benneter aus der SPD (wegen vermeintlich unakzeptabler Äußerungen zur CDU/CSU einerseits, zur DKP andererseits) wurde selbst innerhalb seines Verbands relativ fatalistisch hingenommen.

Unter Benneters Nachfolger Gerhard Schröder normalisierte sich das Verhältnis zur Mutterpartei. Doch sollten die Jungsozialisten nie mehr die Bedeutung aus der ersten Hälfte der 1970er-Jahre erlangen. Nachdem die reformstrategische Linke 1969 die Führung der Arbeitsgemeinschaft übernommen hatte, waren von den Jusos zahlreiche Impulse auf die Gesamtpartei ausgegangen, die gleichermaßen die Theoriediskussion und den Stil der politischen Arbeit wie auch manche Praxisfelder, etwa die Kommunalpolitik, nachhaltig befruchteten. Zu Beginn der 1970er-Jahre hatte sich der parteilinke »Frankfurter Kreis« (parallel dazu in der Bundestagsfraktion ein »Leverkusener Kreis«) unter maßgeblicher Mitwirkung von Juso-Vertretern verfestigt. Die von diesen propagierten »systemüberwindenden« Reformen, statt sich auf systemerhaltende Reformen zu beschränken, widersprachen zwar dem Selbstverständnis der Parteimehrheit. Aber immerhin blieb klar, dass mit dem »System«, dessen Grenzen überschritten werden sollten, nicht die parlamentarische Demokratie, sondern der Kapitalismus gemeint war. Die Parteilinke als

Ganze erreichte den Höhepunkt ihres Einflusses auf dem Hannoveraner Parteitag 1973. Mit der bis auf die untersten Ebenen der SPD durchschlagenden Fraktionierung verbanden sich häufig generationelle und sozial-kulturelle Gegensätze, die sich in Sprache und Stil niederschlugen. Auf dem rechten Flügel der SPD existierte schon seit den frühen 1960er-Jahren der Zusammenschluss der traditionalistischen »Kanalarbeiter«, den man als theoriefeindlich bezeichnen darf. Den 1972 auf der Parteirechten um den Bundestagsabgeordneten Günther Metzger entstehenden »Godesberger (später: Seeheimer) Kreis« verließen Hans-Jochen Vogel und andere Gemäßigte im weiteren Verlauf.

Extreme Formen nahm der innerparteiliche Kampf zwischen Links und Rechts in München an, worunter offenkundig auch die Wahlergebnisse litten (einschließlich des zeitweiligen Verlusts des Oberbürgermeisteramts). 1972 und 1977 in München gebildete Rechtsabspaltungen der SPD blieben aber ebenso chancenlos wie ähnlich gelagerte überregionale Versuche, so die 1977 hauptsächlich von früheren Mandatsträgern gegründete »Soziale Demokratische Union«. Die Nähe zur CDU – beziehungsweise zur CSU mit ihrer zeitweise verfolgten Idee einer »Vierten Partei« – kam hier schon im Namen zum Ausdruck. Wegen offen gezeigter Sympathie für die Union ging die SPD auch gegen die 1975 gegründete »Fritz-Erler-Gesellschaft« vor. Am weitesten auf dem Weg zur Vierten Partei gelangte der in Berlin vor der Abgeordnetenhaus-Wahl von 1975 von betont antikommunistischen Sozialdemokraten maßgeblich mit gegründete, seitens der CSU, des Verlegers Axel Springer und anderer Publizisten unterstützte »Bund Freies Deutschland«, der in West-Berlin einmalig 3,4 % der Stimmen auf sich vereinigte.[479]

Der seit 1971, im zweiten Anlauf ab 1973 unter Vorsitz Peter von Oertzens, von einer Programmkommission erarbeitete »Orientierungsrahmen '85« hätte unter anderen Umständen der SPD eine gemeinsame Plattform für die Fortsetzung der Reformpolitik verschaffen können. Im Vorfeld waren die Gegensätze zwischen den Parteiflügeln durch Diskussionen und Formelkompromisse gedämpft worden. Der Orientierungsrahmen ging nicht über »Godesberg« hinaus, setzte aber Akzente, die als eine Bekräftigung sozialemanzipatorischer Ziele und staatsinterventionistischer Instrumente aufgefasst werden konnten. Unterdessen stieg aber die Arbeitslosigkeit im Winter 1975/76 erstmals deutlich über die Millionengrenze und lenkte die Aufmerksamkeit der regierenden Sozialdemokraten auf Maßnahmen zur unmittelbaren Krisenbekämpfung.

Angesichts des negativen Trends bei sämtlichen Landtagswahlen dieser Jahre konnte die SPD/FDP-Koalition die CDU/CSU-Mehrheit im Bundesrat nicht brechen. So mussten alle zustimmungspflichtigen Gesetzesvorhaben im Allparteien-Konsens beraten und beschlossen werden. In Niedersachsen, wo die – dort nach knappem Wahlausgang im Sommer 1974 gebildete – sozialliberale Regierung nach dem altersbedingten Rücktritt Alfred Kubels die erforderliche Neuwahl des Ministerpräsidenten nicht überstand, verlor die SPD Anfang 1976 sogar in einem großen Bundesland die politische Führung. Zudem hatte es die Sozialdemokratie mit einer höchsten Instanz der Rechtsprechung zu tun, deren Tendenz zur Fixierung des gesellschaftlichen Status quo damals unübersehbar war. Im Mai 1973 erklärte das Bundesverfassungsgericht das niedersächsische Vorschaltgesetz zur Hochschulreform im Hinblick auf die dort vorgesehene Drittelparität in Hochschulgremien für verfassungswidrig und die Professorenmehrheit in wesentlichen Fragen für unabdingbar. Im Februar 1975 setzte das Gericht die vorgesehene Änderung des § 218 im Sinne der Fristenlösung bei Schwangerschaftsabbruch außer Kraft.

Die volle paritätische Mitbestimmung der Arbeitnehmer in den Betrieben nach dem Modell der Montanindustrie stand nach wie vor auf der sozialdemokratischen Agenda. Es war sogar gelungen, einen komplizierten, doch substanziellen Fortschritt ermöglichenden Kompromiss mit der FDP zu finden, als aus dem Unternehmerlager eine massive Gegenkampagne einsetzte. Indem das im Juli 1976 schließlich verabschiedete Gesetz hinter der Parität zurückblieb, wurden insbesondere die Gewerkschafter enttäuscht. Dass die unternehmerische Klage vor dem Bundesverfassungsgericht hier nicht durchdrang, war ein schwacher Trost. Mittlerweile hatten Reformkräfte in der CDU um den Generalsekretär Heiner Geissler mit Thematisierung einer »Neuen Sozialen Frage« (1975) versucht, die gewerkschaftsnahen Anliegen der SPD als überholt darzustellen.

Unter dem Druck einer konservativen Tendenzwende in der veröffentlichten Meinung glaubte die SPD-Führung die offensiven Programmaussagen des »Orientierungsrahmens '85« zurückstellen zu müssen, um die sozialliberale Koalition über den nächsten Wahltermin zu retten. Die

Außerordentlicher Parteitag der SPD in der Westfalenhalle Dortmund am 19. Juni 1976: Helmut Schmidt steht am Rednerpult, dahinter das Parteitags-Motto »Modell Deutschland, Freiheit, Sicherheit, Soziale Demokratie«.

wachsende Bereitschaft einiger FDP-Landesverbände zum Bündnis mit der CDU nährte Zweifel an der Zuverlässigkeit der Liberalen, die zusätzlich als Disziplinierungsmittel gegen Forderungen aus den Reihen der SPD eingesetzt werden konnten. Nach der bayerischen CSU (62,1 % im November 1974) erzielte die rechtslastige baden-württembergische CDU mit Hans Filbinger als Ministerpräsidenten und ihrem Wahlslogan »Freiheit oder Sozialismus« im April 1976 einen triumphalen Erfolg (56,7 % gegenüber 33,3 % der SPD). Gegen diese ideologische Mobilmachung des konservativen Lagers wollte sich die SPD durch besonderes Hervorheben ihrer staatstragenden Rolle verteidigen. Das vom Wahlparteitag im Juni 1976 beschlossene Regierungsprogramm 1976–1980 verbreitete die Zuversicht, »die Weltwirtschaftskrise gut gemeistert« zu haben und deshalb das »Weiterarbeiten am Modell Deutschland«[480] als Motto für den Wahlkampf ausgeben zu können.

Obgleich Kanzler Schmidt in allen Meinungsumfragen seinen Widersacher Helmut Kohl, vor allem hinsichtlich seiner außen- und wirtschaftspolitischen Kompetenz, weit hinter sich ließ, entging die SPD im Oktober 1976 nur knapp einer Wahlniederlage. Bei einer wiederum über 90 % liegenden Beteiligungsrate, die ein Gradmesser der in diesem Falle eher rechts von der Mitte vorangetriebenen innenpolitischen Polarisierung war, fiel die SPD mit 42,6 % wieder auf ihren Wähleranteil von 1969 zurück. Bedenkt man weiterhin, dass sich die FDP mit 7,9 % stabilisierte, hatte die CDU/CSU (48,6 %) die absolute Mehrheit nur knapp verfehlt. Ein aggressives Auftreten des rechten Flügels der Unionsparteien, das in der vorübergehenden Aufkündigung der Fraktionsgemeinschaft durch die CSU unmittelbar nach der Wahl gipfelte, erleichterte der sozialliberalen Koalition jedoch den unbeschädigten Fortbestand. Allerdings wurde die spezifisch sozialdemokratische Komponente der Regierungspolitik weniger sichtbar als in der vorausgegangenen Legislaturperiode. Anhand der staatlichen Ausgaben lässt sich nachweisen, dass aufgrund der ökonomischen Wachstumsschwäche der Spielraum für kostenaufwendige Reformprojekte reduziert war und die Unterschiede zu einer liberal-konservativen Wirtschafts- und Sozialpolitik nur noch in Nuancen hervortraten.[481] Mit ihrer »Freiheit oder Sozialismus«- beziehungsweise »Freiheit statt Sozialismus«-Kampagne hatte die Union erreicht, dass die SPD in die Defensive geraten war und ihre Hoffnungen fast nur noch auf das Ansehen von Kanzler Schmidt als welterfahrenem Staatsmann und Wirtschaftsexperten setzte. Auf diese Weise wurde zwar das Anhängerpotenzial in den neuen Mittelschichten konsolidiert, gleichzeitig aber Unzufriedenheit in Wählergruppen erzeugt, die zuvor gerade mit deutlichem sozialdemokratischem Programmprofil zu mobilisieren gewesen waren.

In der Ostpolitik, die für die SPD eine identitätsstiftende Bedeutung erlangt hatte, traten die dynamischen Aspekte gegenüber den stabilisierenden ab 1973 deutlich zurück. Die Lockerung des Machtgefüges der NATO, im ursprünglichen Fahrplan der sozialdemokratischen Entspannungspolitik zumindest implizit enthalten, erschien nun als Gefahr, der feste Zusammenhalt der Allianz als vorrangiges Ziel, dem der faktische Erfolg der Wiener Verhandlungen zur Truppenreduktion untergeordnet wurde. Wenn der Hamburger Parteitag 1977 als »langfristiges Ziel« die »Überwindung der Blöcke« postulierte und dieses sogar mit der Entwicklung zu einem »Europa der sozialen Demokratie« als »Alternative zu Kapitalismus und Kommunismus« in Verbindung brachte, entsprach das der Position des sozialdemokratischen Bundeskanzlers nur bedingt. Dieser meinte 1976, der (nach der Konferenz von Helsinki) »nun in Gang gekommene Prozess der Entspannung in Europa ... hat ...

nicht die Auflösung der Blöcke, der beiden militärischen Bündnissysteme zum Ziel. Im Gegenteil.« Nur auf der Basis eines europäischen und globalen Gleichgewichts könnten Verständigung und Zusammenarbeit zwischen Ost und West vorankommen.[482]

Zu diesem Unterschied in der Akzentuierung der längerfristigen Perspektive trat eine gewisse Differenz bezüglich des Hauptadressaten der Bonner Ostpolitik. Während für Willy Brandt und Egon Bahr stets Moskau die wichtigste Adresse blieb, wollte Herbert Wehner die DDR ins Zentrum der Bemühungen rücken. Der ostdeutsche Staat sollte in seiner Eigenständigkeit gegenüber der Vormacht gezielt aufgewertet und unterstützt werden, um den Spielraum für deutsch-deutsche Bindungen zu erweitern. Der Öffentlichkeit wurde die Wehnersche Variante vor Augen geführt, als der SPD-Fraktionsvorsitzende Ende Mai 1973 überraschend zu politischen Gesprächen bei Erich Honecker in der Schorfheide auftauchte. Er wollte der Blockierung der Annäherung entgegenarbeiten, die aus dem – im Hinblick auf die Wirkungen der innerdeutschen Entspannung (»Aggression auf Filzlatschen«) verschärften – Abgrenzungskurs der SED drohte. Diese von Wehner im besonderen Maß vertretene, doch auch von der SPD-Spitze insgesamt geteilte Motivation geriet immer wieder in die öffentliche Kritik, wenn konkrete Vorfälle die Aufmerksamkeit auf das Grenzregime der DDR und auf deren innere Repression, nicht zuletzt gegen linke Dissidenten, lenkten.

Zum vielleicht wichtigsten Gegenspieler Helmut Schmidts und Kritiker des von diesem repräsentierten Politikverständnisses wurde Erhard Eppler, nach dem Rücktritt vom Amt des Bundesministers für wirtschaftliche Zusammenarbeit, das er von 1968 bis 1974 ausübte. Er war ein ethischer Sozialist mit einem ausgeprägten Sensus für die menschheitlichen und existenziellen Themen, namentlich die ökologische Problematik und die Bedrohung des Weltfriedens durch den Ost-West-Konflikt.[483] Eppler sah die gesamtgesellschaftliche Aufgabe der SPD darin, die Kontroversen um oft divergierende progressive Strömungen und Ideen in einem organisierten, auf klar definierte Ziele und auf Entscheidungsfindung orientierten Diskussionsforum öffentlich auszutragen.

Nachdem die 1976er-Wahl den Verlust überproportional vieler Arbeiterstimmen mit sich gebracht hatte, musste die SPD in den folgenden Jahren im linken Milieu erhebliche Einbußen hinnehmen. Die wachsende Stärke der Ökologiebewegung, deren Protest sich gegen einen im

Zeichen der Ölkrise beschlossenen forcierten Ausbau der Kernenergie richtete, trug zur Formierung einer neuen außerparlamentarischen Opposition bei. Die Blütezeit des aus der APO von 1967/68 hervorgegangenen, an Spielarten des dogmatischen Marxismus ausgerichteten Linksradikalismus war vorüber. Bürgerinitiativen im Umweltbereich, Anhänger eines alternativen Lebensstils, Frauengruppen und ähnliche auf subjektive Betroffenheit gegründete Formen des Engagements wurden bedeutsamer. Der politische Bruch zwischen der SPD und linksintellektuellen Kreisen sowie kritischen Minderheiten der jüngeren Generation nahm im sogenannten »Deutschen Herbst« des Jahres 1977 sogar Züge offener Feindseligkeit an. Unter der schwerwiegenden psychischen Belastung mehrerer politisch motivierter Morde (so an dem Generalbundesanwalt Buback und an dem Arbeitgeberpräsidenten Schleyer) drohte Kritikern staatlicher Überreaktionen die Abstempelung als Sympathisanten des Terrorismus. Umgekehrt wurden Sozialdemokraten von linksaußen als Wegbereiter eines Polizei- und Überwachungsstaates diffamiert, weil sie sich angesichts einer nicht nur eingebildeten Gefahr und einer aggressiven Stimmung in der Bevölkerung am Zustandekommen problematischer Anti-Terror-Gesetze beteiligten. Der Herbst 1977 brachte mit der Entführung und geglückten Befreiung einer Lufthansa-Maschine sowie den Selbstmorden mehrerer inhaftierter Mitglieder der »Rote-Armee-Fraktion« den Höhe- und Wendepunkt des linksradikal motivierten Terrors.

Auch in dem andauernden Streit um politische Berufsverbote waren auf beiden Seiten die Dimensionen ins Irrationale verschoben. Das Missverhältnis zwischen dem durch die Regelanfrage betriebenen bürokratischen Perfektionismus und der Anzahl tatsächlich abgelehnter Bewerber für den Öffentlichen Dienst war – mit etwa einem Promille – grotesk und belastete die freiheitlich-demokratische Grundordnung mehr als die isolierten Sekten orthodoxer Kommunisten. Ebenso war bei manchen Organisatoren von Berufsverbots-Kampagnen auch politische Heuchelei im Spiel, wenn sie in Staaten des »realen Sozialismus« die Anwendung weitaus härterer Zwangsmittel gegen Regimekritiker billigten, jedenfalls duldeten. Vor allem die Überprüfungspraxis einschließlich der mit dem Verfahren oft verbundenen Gesinnungsschnüffelei und die Ausdehnung der Sanktionen auf Postboten und Lokomotivführer stellten ein bedenkliches Stück deutscher, obrigkeitsstaatlicher Tradition dar.

Dazu kam, dass sich zwischen CDU/CSU- und SPD-geführten Ländern bald eine recht unterschiedliche Praxis entwickelte, was mit dem Ministerpräsidenten-Erlass von 1972 gerade hatte verhindert werden sollen. Von den Jusos und anderen Teilen der Partei von Anfang an unter Druck gesetzt, begann sich die SPD seit Mitte der 1970er-Jahre vom »Radikalenerlass« zu distanzieren. Willy Brandt erklärte unumwunden, er habe sich hier »geirrt«.[484]

Die Kombination aus ökologischer Zivilisations- und linker Staatskritik bewirkte in den Jahren 1978 bis 1980 nur deshalb keine deutlicheren Verluste an Wählern, weil die SPD ihre Position in der politischen Mitte festigen konnte. Da die mit staatlichen Investitionsprogrammen gestützte Konjunkturbelebung eine leichte Verminderung der Arbeitslosigkeit ermöglichte und die wirtschaftliche Situation der Bundesrepublik im internationalen Vergleich relativ günstig erschien, konnte das sozialliberale »Modell Deutschland« zwischenzeitlich auf wachsende Wahlattraktivität bauen. Angesichts des insgesamt positiven Trends für die SPD bei den Landtagswahlen dieses Zeitraums wurde häufig übersehen, dass die Grünen, Bunten oder Alternativen Listen steigende Stimmenanteile verbuchten. Deren Einstieg erfolgte bei 3 bis 4 % im Juni 1978 (Hamburg und Niedersachsen), der ein Jahr später in Berlin (3,7 %) und bei den ersten Direktwahlen zum Europäischen Parlament (3 %) bundesweit bestätigt wurde. Danach gelang den – betont gemäßigten – Grünen Bremens und Baden-Württembergs im Herbst 1979 beziehungsweise Frühjahr 1980 der Sprung über die Fünfprozenthürde.

Unter dem Einfluss der starken Ökologiebewegung blieb ein Antrag auf dem Berliner SPD-Parteitag im Dezember 1979, den Ausstieg aus der Kernenergie vorzubereiten, mit über 40 % der Delegiertenstimmen nur knapp in der Minderheit. Auch das Mehrheitskonzept enthielt als Priorität die »Einsparung von Energie«, eine »vorrangige Erschließung neuer Energiequellen« sowie den »Vorrang der heimischen Kohle«, wogegen im kontroversen Bereich die Alternative vorgesehen war, »dass die Option für Kernenergie offen gehalten und die Option, künftig auf Kernenergie verzichten zu können, geöffnet werden soll«.[485]

Gemessen an einem für die USA wie die Sowjetunion gleichermaßen typischen Automatismus von Rüstungen und Nachrüstungen ließ sich der sozialdemokratische Vorbehalt, dass Verhandlungen zur Rüstungsbegrenzung geführt werden müssten, durchaus als Fortsetzung der Entspannungspolitik interpretieren. Im Vorfeld der Bundestagswahlen von 1980 konnte sich die sozialliberale Koalition daher erneut als Garant der Friedenssicherung in Europa profilieren. Die sozialdemokratische Ausgangssituation wurde zusätzlich durch die Nominierung von Franz-Josef Strauß als Kanzlerkandidat der CDU/CSU verbessert. Mit ihrem Wahlslogan »Sicherheit für Deutschland« glaubte die SPD, wählerwirksam vor den Risiken einer Regierungsübernahme durch eine auf Rechtskurs abdriftende Opposition warnen zu können.

Diese Rechnung versprach zunächst in einem weitreichenden Umfange aufzugehen. Bei den Landtagswahlen in Nordrhein-Westfalen erzielte die SPD im Mai 1980 mit 48,5 % eine klare absolute Mehrheit der Mandate, da FDP (4,98 %) und Grüne (3 %) den Einzug ins Parlament verfehlten, während die CDU 43,2 % der Stimmen auf sich vereinigte. Allerdings waren Spekulationen über die Möglichkeit eines ähnlichen Resultats für die Bundestagswahlen im Oktober 1980 unter Berücksichtigung der für die SPD günstigeren Bevölkerungsstruktur in Nordrhein-Westfalen wesentlich ein Propagandamittel von CDU/CSU und FDP. Es ging ihnen darum, der Wählerschaft einen SPD-Staat zu suggerieren und sie damit von einer Stimmabgabe für die Sozialdemokratie abzuhalten. Der Einzug der FDP in den Bundestag war jedoch angesichts der Kandidatur von Strauß nicht zweifelhaft, diese Frage also lediglich zur Abwerbung von Zweitstimmen der großen Parteien geeignet.

Das Wahlergebnis bestätigte die Wirkungen des Anti-Strauß-Effekts, die für die SPD zwiespältig waren. Ein Stimmenanteil von 42,9 % bedeutete im Vergleich zu 1976 eine leicht enttäuschende Stagnation, zumal die Grünen mit 1,5 % weit hinter ihrer potenziellen Stärke zurückblieben. Die 44,5 % für die CDU/CSU mussten demgegenüber als harter Kern des konservativen Lagers betrachtet werden. Der unerwartet hohe Stimmenanteil von 10,6 % für die FDP entstammte nicht nur liberalen Wählerschichten, sondern darüber hinaus etwa zu gleichen Teilen der Klientel von CDU- und SPD-Sympathisanten, die einen Kanzler Strauß oder eine sozialdemokratische Alleinregierung nicht wollten. Die FDP hatte mithin eine Schlüsselposition erreicht, die das Risiko eines Koalitionswechsels weitaus geringer als jemals zuvor seit 1969 erscheinen ließ. Sobald die SPD in der Wählergunst wieder absinken und eine interessenpolitische Kontroverse das Regierungsbündnis belasten würde, war damit zu rechnen, dass die FDP der befürchteten Möglichkeit einer absoluten Mehrheit der Unionsparteien durch den Bruch der sozialliberalen Koalition zuvorkommen würde.

Zwischenbilanz: Personelle, strukturelle und programmatische Konturen

Ungeachtet weiterer Führungspersonen, nicht zuletzt der hochkarätigen Bundesgeschäftsführer Wischnewski (1968–1972), Börner (1972–1976) und Bahr (1976–1981), beruhte die Durchführung der sozialdemokratischen Politik in der Bundesrepublik während der 1970er-Jahre auf der Zusammenarbeit der legendären »Troika«.[486] Diese bestand aus in Temperament, Sozialisation und politischem Stil unterschiedlichen, aber sich ergänzenden Persönlichkeiten. Die inhaltlichen Differenzen waren weniger gravierend, wenn auch nicht irrelevant. Während Schmidt in einem aufstrebenden mittelbürgerlich-unpolitischen Elternhaus groß geworden war und wie die Masse seiner Altersgenossen in der Wehrmacht gedient hatte, kamen Brandt und Wehner aus der klassischen Arbeiterbewegung. Diese hatten sie, vor allem Wehner als der älteste der drei, noch in der Vor-Hitler-Zeit kennengelernt und in jungen Jahren mitgestaltet. Sowohl Brandt als auch Wehner hatten sich damals dem revolutionären Sozialismus verschrieben (allerdings mit wesentlichem Unterschied: bei Wehner in Gestalt der KPD, bei Brandt in der linkssozialistischen SAPD). Davon hatten sie sich aufgrund ihrer Erfahrungen im Widerstand und im Exil zugunsten eines Engagements für einen demokratischen Reformsozialismus abgewandt.

Die Arbeitsteilung zwischen den drei Führungsfiguren der SPD war stets klar markiert, weshalb die Friktionen innerhalb der späteren Wahlkampf-»Troika« 1994 aus Lafontaine, Scharping und Schröder nicht auf die Generation davor zurückprojiziert werden dürfen. Einerseits ist Wehner aufgrund seines Lebenswegs und öffentlichen Profils wohl bewusst gewesen, nicht selbst Kanzler werden zu können. Andererseits wollte Schmidt nicht Brandt als Kanzler ablösen, hielt vielmehr dessen Rücktritt 1974 für unnötig, so wie nach dem Kanzlerwechsel zu Schmidt der Vorgänger nicht in dieses – fast übermenschliche Last auferlegende – Amt zurückdrängte. Brandt hat im Amt des Parteivorsitzenden die SPD in einer Art Dauermoderation angeleitet, womit er durch breite Integrationsarbeit dem Kanzler auch Spielräume verschaffte. Während der Parteivorsitzende durch gelegentliche deutliche Positionierungen eigene

Akzente setzte und der Kanzler nach Abschluss von Diskussionen auf verbindliche Entscheidungen drang, hatte Wehner die Organisation der Partei und ihre Bundestagsfraktion fest im Griff. Dessen Vorstellung von rigider Parteidisziplin und politischer Führung stimmte eher mit der Helmut Schmidts überein, der solches jedoch stärker im Primat des Regierungshandelns begründete. Beiden gemeinsam war auch die Skepsis gegenüber der von Brandt befürworteten Öffnung der SPD für die »Achtundsechziger« beziehungsweise die neuen sozialen Bewegungen, jedenfalls aber für deren Themen. In der gesellschaftspolitischen Grundorientierung, dem Streben nach einer neuen Gesellschaft, und auch bezüglich des Weitertreibens der Ostpolitik lagen Brandt und Wehner näher beieinander. Alle Drei blieben aber daran interessiert und bemühten sich auf ihre Weise darum, die Regierungsmacht der SPD zu bewahren und – damit verbunden – die Koalition solange wie möglich zu stützen.

Alle drei verfügten über ein jeweils spezifisches Charisma, ohne die eigene Person über die gemeinsamen Aufgaben zu stellen. Sie hatten jeweils ihre eigene Rolle auszufüllen, die bei Wehner mehr als bei den beiden anderen auf die innerdeutsche politische Szenerie konzentriert war. Er war der scharfzüngige Redner, der »Einpeitscher« der Fraktion und fleißige Parlamentarier sowie der unermüdliche Kärrner der SPD. Schmidt verkörperte Führungsstärke durch überlegte Entscheidungsfreudigkeit und wirtschaftspolitische Kompetenz. Mit seiner – im engen Einvernehmen mit Frankreichs liberal-konservativem Präsidenten Giscard d'Estaing praktizierten – ökonomischen Europa- und Weltpolitik versuchte er zu verhindern, dass die globale Wirtschaftskrise der mittleren 1970er-Jahre einen ähnlich katastrophalen Verlauf nehmen könnte wie viereinhalb Jahrzehnte früher. Auch Willy Brandts internationales Ansehen blieb ungebrochen, wurde eher noch größer, als er 1976/77 den Vorsitz der Sozialistischen Internationale, die er für verwandte Parteien in der Dritten Welt öffnete, und die Leitung der Nord-Süd-Kommission übernahm. Beim Übergang Griechenlands, Portugals und Spaniens zur Demokratie seit 1974/75, und schon vorher bei der Neubelebung und Unterstützung der dortigen sozialistischen Parteien, trat die SPD, namentlich ihr Vorsitzender, unmittelbar in Aktion.

In den späten 1960er- und den 1970er-Jahren wandelte sich die soziale und die Alterszusammensetzung der SPD wie niemals zuvor. Dabei handelte es sich zwar auch um die Widerspiegelung gesellschaftlicher Entwicklungen, doch fanden diese jetzt sogar einen beschleunigten und verstärkten Ausdruck in der SPD. Bei den Neuaufnahmen lag der Arbeiteranteil bis Mitte der 1960er-Jahre jährlich zwischen 57 % und 51 %, um nach 1966 rapide abzusinken, besonders zwischen 1972 und 1974. Danach erhöhte er sich sogar wieder leicht. Lehrlinge, Schüler und Studenten, seit 1972 extra gezählt, machten zusammen zwischen 14 % und 20 % der Neuaufnahmen aus. Von sämtlichen Mitgliedern, deren Zahl 1976 die Millionengrenze überstieg, stellten Arbeiter 1978 nur noch 27,4 % (1952: 45 %), Angestellte 23,4 % (17 %) und Beamte 9,4 % (5 %). Lehrlinge, Schüler und Studenten machten 1978 zusammen 12,7 % aus. Mitglieder mit Abitur und Hochschulstudium waren mit 15 % bereits überrepräsentiert. Über die Hälfte der Mitglieder von 1978 war erst nach 1969 eingetreten. Auf den Ebenen der Funktionsträger dominierten Beschäftigte des Öffentlichen Dienstes mit 50 bis 75 %. Arbeiter besetzten desto weniger Posten, je höher diese in der organisatorischen Hierarchie angesiedelt waren. Eine Arbeitnehmerpartei im weiteren soziologischen Sinn war die SPD jedoch nach wie vor; dazu gehörte die quasi organische Verbindung mit den Gewerkschaften. Sie unterschied sich in ihrer Programmatik, Politik und Tradition weiterhin von den »bürgerlichen« Parteien.[487]

Als unerschütterliches Kernelement der sozialdemokratischen Programmatik und Identität erhielten die Grundwerte »Freiheit, Gerechtigkeit und Solidarität« während der 1970er-Jahre zunehmend einen kanonischen Rang. Weder das Godesberger Programm noch das Etikett der »Volkspartei« waren ernsthaft umstritten. Selbst bei den Jusos überwogen dezidiert sozialistische Interpretationen des Programms zumeist seine Kritik. Allerdings deutete die verbreitete Hinzufügung des Adjektivs »links« zur »Volkspartei« auf ein Verständnis des »Volkes« als der Menge der einfachen, nicht privilegierten Menschen, der Arbeitnehmer und der kleinen Selbstständigen hin. Statt der Deutung als »Catch-All-Party« nach US-amerikanischem Vorbild wurde also – eher unbewusst – an den Volksbegriff der Demokraten und Sozialisten des 19. Jahrhunderts angeknüpft. Damit wurde auch eine historische Brücke des Grundverständnisses von »mehr Demokratie wagen« über mehrere Bevölkerungs- und Parteigenerationen geschlagen.

6. »Ende des sozialdemokratischen Jahrhunderts« oder neue Umbruchszeit 1980–2010?

Im Übergang von den 1970er- zu den 1980er-Jahren fand ein Epochenumbruch statt, der die Handlungsbedingungen der europäischen Sozialdemokratie stark verändern sollte. Dies wurde politisch greifbar in den Regierungswechseln zu den Tories in Großbritannien unter Premierministerin Margaret Thatcher und dem republikanischen Präsidenten Ronald Reagan in den USA. Dagegen konnte sich die gewissermaßen neu-keynesianische Politik der französischen Linksregierung unter der Präsidentschaft François Mitterands (seit 1981) nicht behaupten und musste schon bald einlenken. Wenn die Wirtschaftslehre des John Maynard Keynes zum Negativsymbol einer angeblichen »Sozialdemokratisierung« Europas wurde, ist das nicht ohne historische Ironie: Keynes war kein Labour-Politiker, sondern ein britischer Reformliberaler. Dessen Ideen der Konjunktursteuerung hatten einen in manchen Ländern durchaus erfolgreich praktizierten Ausweg aus der Weltwirtschaftskrise der 1930er-Jahre gewiesen.

Wirtschafts- und gesellschaftspolitisch ging es dem »Thatcherismus« und den »Reaganomics« um die Entfesselung der Wachstumsimpulse des zuvor sozialstaatlich gebändigten Marktkapitalismus. Die neoliberale »Globalisierung« wurde vorbereitet und begleitet von einer – wegen mancher Stagnations- und Krisenerscheinungen letztlich erfolgreichen – ideologischen Kampagne. Wie ein Katalysator wirkte die beginnende Umwälzung der Kommunikationstechnologien hin zu einem »digitalen Kapitalismus« (Peter Glotz). Deregulierte Vorherrschaft der Finanzmärkte förderte die zunehmende spekulative Ablösung des Finanzsektors von der Realwirtschaft und die weltweite Umverteilung von unten nach oben. Gegen den weltpolitischen Trend konnte die SPD den »Rheinischen Kapitalismus« einer sozialstaatlich eingehegten und koordinierten Marktwirtschaft nicht ohne starke Verbündete behaupten.

Auch in der Außen-, insbesondere der Ost- und Sicherheitspolitik, fand eine internationale Tendenzwende statt. Die Entspannung zwischen den Weltmächten und den von ihnen geführten Bündnissen während der 1960er- und 1970er-Jahre war spätestens seit 1979/80 dabei, in einen neuen Kalten Krieg umzukippen. Dafür war nicht allein die Konfrontationspolitik der US-Administration verantwortlich, sondern auch die unflexible, maximalistische Militär- beziehungsweise Sicherheitspolitik der Sowjetunion wie zum Beispiel bei der Afghanistan-Invasion. Die UdSSR wollte die trotz vereinbarter Parität der Langstreckenraketen weiterhin bestehende globale militärstrategische Dominanz der USA durch ein Übergewicht der sowjetischen Militärmacht in Europa ausbalancieren, auch im Bereich der Atomwaffen. Offenbar war das sowjetische Vorgehen diesbezüglich von der illusionären Annahme geleitet, mit indirekter Hilfe der sich in Westeuropa formierenden Friedensbewegung westliche (»Nach«-)Rüstungsmaßnahmen ohne eigene substanzielle Konzessionen vereiteln zu können.

Tendenzwende und Verlust der Regierungsmacht

In der ersten Hälfte der 1980er-Jahre änderte sich die Wahrnehmung des Ost-West-Konflikts durch die SPD nicht unerheblich. Insbesondere seit dem Regierungsantritt des Präsidenten Reagan wurde ein insoweit teils konjunkturell, teils aber auch strukturell und langfristig verstandener Dissens zwischen amerikanischen Hegemonial- und westeuropäischen Entspannungs- und Selbstbehauptungsinteressen konstatiert. Demgegenüber registrierte die SPD frühzeitig das »Neue Denken« in der sowjetischen Innen- und Außenpolitik unter Gorbatschow (ab 1985) und setzte auf die Festigung des Reformprozesses, auch durch seine Unterstützung von außen.

Die Zuspitzung des Ost-West-Konflikts erhielt einen zusätzlichen dramatischen Akzent durch die Ausbreitung politischer Dissidenz in den Staaten des Warschauer Pakts, nicht zuletzt erleichtert durch den Helsinki-Prozess. Eine millionenfache Arbeiter- und Volksbewegung entstand 1980/81 in Polen und konnte schließlich nur durch die Verhängung des Kriegsrechts unterdrückt werden. Zwischen der SPD und der Gewerkschaft Solidarność – weniger gegenüber Dissidentengruppen in den anderen Ländern – gab es Verständigungsprobleme. Die gesellschaftspolitischen Ziele der Solidarnoość waren zunächst eher sozialemanzipatorisch und radikaldemokratisch akzentuiert. Auch deshalb mahnten innersozialdemokratische Kritiker, so Peter von Oertzen[488], im eigenen Interesse der SPD und ihrer Entspannungspolitik einen solidarischeren, jedenfalls offeneren und sensibleren Umgang mit der mittel- und osteuropäischen Opposition an.

Eine besondere Schärfe und zugleich Kompliziertheit erhielt das Orientierungsdilemma der SPD durch die anstehende Entscheidung in der atomaren Ausrüstung des westlichen Bündnisses. Zum Fokus der innerparteilichen Debatte der SPD wurde ab 1979 der Brüsseler Doppelbeschluss der NATO. Dieser sah für den Fall, dass keine Verhandlungslösung mit der UdSSR über einen beiderseitigen Verzicht auf atomare Mittelstreckenwaffen zustande käme, die Stationierung von Präzisionswaffen neuer Art hauptsächlich auf dem Territorium der Bundesrepublik vor.

Angesichts der Destabilisierung des militärischen Kräfteverhältnisses in Europa nach einer Ersetzung der alten sowjetischen Mittelstreckenraketen durch die SS 20 hatte Helmut Schmidt in den Vorjahren die US-Regierung und dann auch die westliche Öffentlichkeit auf die Lücke im Waffenarsenal der NATO hingewiesen. Das geschah anfangs noch in der Erwartung, Waffen dieser Kategorie in die Rüstungskontrollverhandlungen der Supermächte einzubeziehen. Das besondere Problem der Brüsseler »Nachrüstung« bestand indessen darin, dass – trotz der begrenzten Zahl der zur Stationierung vorgesehenen Raketen – die technische Qualität und der strategische Vorteil die sowjetische Vorrüstung mehr als ausgleichen würden: Die USA konnten mit ihren seit Anfang der 1970er-Jahre entwickelten neuen Waffen den Hauptkontrahenten UdSSR direkt bedrohen, während die sowjetischen Mittelstreckenraketen ein Drohpotenzial gegen Westeuropa darstellten. Je nach Perspektive konnte man in den neuen, »eurostrategischen« US-Raketen entweder (wie Helmut Schmidt) eine Ankoppelung der USA an Europa sehen, da die Amerikaner aus der Alternative massiven Gegenschlags mit der Folge atomarer Vernichtung auch der eigenen Bevölkerung beziehungsweise Kapitulation befreit würden. Oder es überwog, wie bei den Nachrüstungsgegnern, die Sorge, dass gerade ein Instrument der militärischen Abkoppelung durch Schaffung der Option eines auf Europa begrenzten Atomkriegs entstehen könnte.

In der Zielsetzung, einen neuen Kalten Krieg zu vermeiden, die Entspannung weiterzuführen und zu substanziellen Rüstungskontroll- und Abrüstungsmaßnahmen zu kommen, waren sich die Sozialdemokraten einig. Unmittelbar vor dem Brüsseler Doppelbeschluss der NATO-Außen- und Verteidigungsminister hatte sich Helmut Schmidt, der die Supermächte an den Verhandlungstisch bringen wollte, mit Unterstützung Willy Brandts auf dem Berliner Parteitag durchgesetzt. Das war jedoch erst möglich, nachdem der Leitantrag unter dem Druck der Parteibasis so stark abgeändert worden war, dass er auch die Zustimmung eines Teils von Nachrüstungsskeptikern hatte finden können. Der Beschluss der SPD enthielt für den Fall eines Scheiterns der Verhandlungen keinen Automatismus, lehnte diesen sogar ausdrücklich ab[489]. Er sollte nach Ansicht seiner Befürworter die Stationierung überflüssig machen und Abrüstung ermöglichen.

Die sozialdemokratische Sicherheits- und Friedensdiskussion entfaltete sich in den vier Jahren zwischen dem Berliner und dem Kölner Parteitag 1983 in einer Atmosphäre, die durch die Ausbreitung einer atompazifistischen Massenbewegung geprägt war. Die in ihrer Mehrheit auch sowjetkritische Friedensbewegung der frühen 1980er-Jahre erfasste erhebliche Teile der westdeutschen Bevölkerung, insbesondere der evangelischen Kirche, und schloss große Teile der sozialdemokratischen und gewerkschaftlichen Basis ein. Die innerparteilichen Kritiker des NATO-Doppelbeschlusses, allen voran Erhard Eppler und Oskar Lafontaine, sowie die Arbeitsgemeinschaften der Frauen und der Jungsozialisten, nahmen in vorderster Linie an den Aktivitäten der Friedensbewegung teil. Auf deutliche Skepsis stieß die Friedensbewegung bei Helmut Schmidt und Sozialdemokraten des rechten Flügels. Willy Brandt wurde unter anderem von Egon Bahr, Horst Ehmke und Peter Glotz, ab 1981 Bundesgeschäftsführer, aber auch von dem – aus der Generation des Juso-Vorstands von 1969 kommenden – Sicherheitsexperten Karsten Voigt in seiner Konsensstrategie unterstützt. Diese Parteimitte bemühte sich um einen aktiven Dialog mit der Friedensbewegung, verteidigte aber weiterhin den Parteitagsbeschluss von 1979 mit der starken Betonung der Verhandlungskomponente als den aussichtsreichsten Weg zur Null-Lösung im Mittelstreckenbereich.

Auf dem Münchener Parteitag im Frühjahr 1982 folgte die SPD noch einmal Helmut Schmidt, der sein politisches Schicksal mit der Nachrüstung verknüpft hatte. Der Leitantrag, unter Vorsitz Egon Bahrs erarbeitet, stellte fest, die Genfer Verhandlungen der Supermächte müssten zu einer »Verminderung der Europa bedrohenden Mittelstreckenwaffen« führen und hob zugleich allgemeine Ziele hervor wie insbesondere ein

Die größte Kundgebung der Friedensbewegung in der Bundesrepublik Deutschland am 10. Oktober 1981 im Bonner Hofgarten: 300 000 Menschen demonstrieren für Frieden und Abrüstung. Erhard Eppler (SPD) spricht zu den Teilnehmern.

»atomwaffenfreies Europa«.[490] Gegen wenige Stimmen des engeren Kreises um Helmut Schmidt erfolgte aber letztlich 1983 die Ablehnung der Stationierung auf einem Außerordentlichen Parteitag in Köln, gut ein Jahr nach dem Verlust der Regierungsmacht.

Innenpolitisch geriet die SPD schon bald in Konflikte mit der in den Bundestagswahlen 1980 erstarkten FDP. Diese hatte die – ohnehin in deren Tiefenwirkung überschätzten – sozial-liberalen Bestrebungen des Freiburger Programms von 1971 längst hinter sich gelassen. Die FDP forcierte in Gestalt des von ihr gestellten Wirtschaftsministers Graf Lambsdorff nun während der Rezession 1981/82 einen Kurs der Haushaltskonsolidierung und der Entlastung der Unternehmen. Es ging, ähnlich wie ein halbes Jahrhundert zuvor in einer freilich damals weit dramatischeren Situation, um einen Interessenkonflikt und die Verteilung der Krisenlasten. Das Vorgehen des Bundeskanzlers Helmut Schmidt und der sozialdemokratischen Minister lief darauf hinaus, den Faden der Regierungsarbeit weiterzuspinnen, solange es überhaupt möglich war, um nicht das Odium des Bruchs der Koalition auf sich zu nehmen. Die FDP-Minister konzentrierten sich unter formaler Beibehaltung der Zusammenarbeit darauf, immer weitere Zugeständnisse der SPD-Seite in der

Wirtschafts- und Sozialpolitik zu erwirken. Inhaltlich bereiteten sie längst schon den Übergang in die liberal-konservative Koalition mit der CDU/CSU vor.

In der SPD konnte ein Zusammenstoß zwischen ihren Regierungsmitgliedern sowie deren Unterstützern und den soziale Einschnitte ablehnenden, dabei zugleich um die Identität der Sozialdemokratie besorgten Strömungen nur mühsam vermieden werden. Solcher Dissens beschränkte sich nicht auf die Parteilinke, sondern umfasste auch Teile der Gewerkschaften (namentlich der IG Metall), die sogar gegen den »Sozialabbau« der Regierung Schmidt-Genscher auf die Straße gingen. Hingegen stützten andere Teile der Gewerkschaften wie zum Beispiel die IG Chemie weiterhin die Regierungslinie. Nach dem Wechsel zu Schwarz-Gelb weiteten sich die Proteste des DGB noch aus: Ende Oktober 1982 richteten sie sich gegen angekündigte wirtschafts- und sozialpolitische Maßnahmen der neuen Koalition.

Der SPD-Parteivorsitzende, der in Medienberichten zum Gegenspieler des Bundeskanzlers stilisiert wurde, sah seine Aufgabe vorrangig in der Moderation, um ein Auseinanderbrechen der Partei zu verhindern. Dieser Bruch erschien vorstellbar, wenn sich die wirtschafts- und sozialpolitischen Kontroversen mit umwelt- und sicherheitspolitischen vermengten und wechselseitig anheizten. Ein Mitte-Links-Spektrum der Partei trat dafür ein, die Themen der neuen sozialen Bewegungen aufzugreifen, ihre Anliegen ernst zu nehmen und mit den klassischen Zielen der Arbeiterbewegung zu vermitteln. Willy Brandt förderte behutsam eine solche Herangehensweise gegenüber den »neuen, ›angegrünten‹ Schichten«, bei denen es sich ja nicht zuletzt um enttäuschte SPD-Wähler handelte.[491] Ein traditionellerer Teil der SPD fand gerade dadurch den Wesenskern der Partei gefährdet. So forderte der Berliner Politikwissenschaftler Richard Löwenthal Ende 1981, unterstützt von prominenten Sozialdemokraten des rechten Flügels, aber auch von Herbert Wehner, sich nicht durch vermeintlich irrationale und gegen die industrielle Moderne gerichtete Stimmungen beeinflussen zu lassen.[492]

Die dramatischen Verluste der SPD bei Kommunal- und Landtagswahlen – im Juni 1982 in Hamburg und Niedersachsen um 10 % – wurden von den Flügeln der SPD konträr gedeutet. Die Abwanderung sowohl in die Wahlenthaltung als auch zur CDU entsprang unterschiedlichen Motiven, wenngleich die Arbeitslosigkeit und als nicht hinreichend ausgewogen empfundene Sparmaßnahmen die wichtigsten Faktoren gebildet haben dürften. Im September 1982 drohte der Verlust der Regierungsmacht in Hessen und damit die Blockade durch die Opposition, die so eine Zwei-Drittel-Mehrheit im Bundesrat erlangt hätte. Als Helmut Schmidt im Sommer und Frühherbst die Beendigung der Bonner Koalition mit der FDP zunehmend als unausweichlich wahrnahm, markierte er deutlich die Bruchstellen zu den Liberalen. Daraufhin traten die FDP-Minister am 17. September 1982 zurück.

Das als »Verrat« empfundene Überwechseln der FDP in die neue Koalition unter Helmut Kohl einte die sozialdemokratische Basis und sorgte für ein zwischenzeitliches Stimmungshoch, das der SPD in Hessen mit 42,8 % ein noch Monate zuvor undenkbares Wahlergebnis bescherte. Hingegen wurde die FDP aus dem Landtag katapultiert, und es kamen stattdessen die Grünen mit beachtlichen 8 % hinzu. Bei der Neuwahl des Bundestags am 6. März 1983 erhielt die neue Bundesregierung allerdings die von ihr angestrebte Bestätigung, wobei die CDU/CSU, wie schon 1976, nicht weit von einer eigenen Mehrheit entfernt war. Die Grünen zogen erstmals in den Bundestag ein, während die SPD, die Hans-Jochen Vogel als Kanzlerkandidaten nominiert hatte, mit 38,2 % noch unter dem Ergebnis von 1965 blieb. Die kurz danach stattfindende Wiederholung der Hamburger Bürgerschaftswahl nach langwierigen, letztlich gescheiterten Tolerierungsverhandlungen, die Klaus von Dohnanyi, kein Mann des linken Flügels, im Bewusstsein des Risikos mit der Grün-Alternativen Liste geführt hatte, brachte triumphale 51,3 %. Diese Erfahrung war, ebenso wie die schlichte Tatsache der allmählichen Etablierung der Grünen, wichtig für die Enttabuisierung jedenfalls des Versuchs der engeren Tuchfühlung mit dieser neuen Parteiformation. Willy Brandt hatte schon am Abend der Hessen-Wahl die Existenz einer »Mehrheit links von der Union« konstatiert.[493]

Auf Profilsuche in den 1980er-Jahren

Obwohl der Spagat zwischen Regierungs- und Parteiprofil, den die SPD bis zum Herbst 1982 machen musste, jetzt nicht mehr erforderlich war, löste der Verlust der Regierungsfunktionen nach immerhin 16 Jahren gewisse Ratlosigkeit aus. Sie konnte auch Züge von Demoralisierung annehmen, nachdem sich die Euphorie des Herbstes 1982 als bloßes Zwischenhoch erwiesen hatte. Erst nach und nach richtete die Partei sich auf eine längere Oppositionszeit ein. Es entsprach der politischen Logik des föderalen Systems der Bundesrepublik, dass die jeweilige Opposition im Bund bei Landtagswahlen üblicherweise zulegen konnte. Insofern boten diesbezügliche Erfolge der SPD noch keine Hinweise auf eine schnelle Ablösung der Regierung Kohl, der auch die Aufdeckung langjähriger (halb) illegaler Parteienfinanzierung durch den Flick-Konzern 1984/85 nicht erheblich schadete. Die SPD war mitbetroffen, wenn auch nachrangig. Doch nährten insbesondere zwei Landeserfolge neue Hoffnungen auf Chancen der Mehrheitsfähigkeit auf Bundesebene: der Wechsel im Saarland (absolute Mehrheit mit dem Spitzenkandidaten Lafontaine) und der parallele Ausbau der unter Führung Johannes Raus schon 1980 errungenen absoluten Mehrheit der Sitze zur absoluten Stimmenmehrheit der SPD 1985 in Nordrhein-Westfalen. Anders als in den industriellen Ballungszentren an Ruhr und Saar ließ sich jedoch der immer noch etwas patriarchalisch daherkommende Anspruch der Sozialdemokratie, die »Schutzmacht der kleinen Leute« zu sein, und die Verbindung dieser Funktion mit einem landespolitisch populären »Wir«-Gefühl nicht bundesweit verallgemeinern.

In Nordrhein-Westfalen, dem an Bevölkerungszahl mit Abstand größten Bundesland, hatte sich die SPD als seit 1966 führende Regierungspartei mittlerweile im Verbund mit den Gewerkschaften breit und fest in den Betrieben, Büros und Wohnorten verankert. Man hat treffend von einem »personalistisch und lokalistisch geprägten Politikmodell« des Anknüpfens an »kleinräumige Interessen« und »kleinräumige Identitäten« gesprochen.[494] Neben der Ausweitung der Rekrutierung von klassischen Arbeitnehmerwählern, etwa durch Einbrüche ins katholische Milieu, gelang es der NRW-SPD, protestantisch geprägte Wählergruppen und große Teile der neuen Mittelschichten an sich zu binden. In den Städten insbesondere des Ruhrgebiets konnten absolute Mehrheiten behauptet, teilweise noch ausgebaut werden. Das gelang auch infolge der Bemühungen, die schon seit den 1960er-Jahren sichtbare, Mitte der 1980er-Jahre ihren Höhepunkt erreichende strukturelle Krise des Bergbaus und der Stahlindustrie sozialverträglich abzufedern. Das Ruhrgebiet wurde über diverse Infrastrukturmaßnahmen zu einem international konkurrenzfähigen Technologie-Standort.

Der durch Presseberichte (zuerst Anfang 1982) publik gewordene Skandal um die Neue Heimat, und dann um die gewerkschaftliche Gemeinwirtschaft überhaupt, betraf die SPD zwar nicht direkt. Er berührte aber mit der Entwertung der unternehmerischen Aktivität der Arbeiterbewegung – es ging um Misswirtschaft, aber zugleich um persönliche Bereicherung – zweifellos auch die Legitimität der Sozialdemokratie. Außer dem Einzelhandelskonzern Co-op (1985), der Bank für Gemeinwirtschaft (1986) und der Versicherungsgesellschaft Volksfürsorge (1988) mussten 470 000 Wohnungen der Neuen Heimat mit Milliardenverlust verkauft werden.

Zwar hatte die Orientierung des Kanzlerkandidaten für 1987, Johannes Rau, auf die »eigene Mehrheit« der SPD zunächst, abstrakt gesehen, den Vorteil, parteiinterne Debatten über Koalitionsfragen in der Öffentlichkeit abblocken zu können. Doch wurde die offizielle Zielmarke in den Monaten vor der Bundestagswahl, vor allem nach dem schlechten Ergebnis in Bayern am 12. Oktober 1986 (27,5 %), immer unglaubwürdiger. Schon zuvor ist die nuanciert eigene Sicht des Parteivorsitzenden journalistisch lanciert worden. »Auch 43 Prozent für seine Partei, so hört man bei Willy Brandt heraus, wären bei der Ausgangslage (1983: 38,2 Prozent) ein schöner Erfolg«.[495] Damit wollte er sich offenbar auch von einer Verweigerung jeglichen Gedankens an rot-grüne Zusammenarbeit absetzen. Weniger Rau selbst als Berater im Umfeld wie Wolfgang Clement und Bodo Hombach waren Gegner etwaiger Öffnung zu den Grünen. Aber dennoch blieb die SPD mangels Koalitionsoption, ohne zusätzliche Resonanz in einer »Mitte« von Wechselwählern, am 25. Januar 1987 bei 37 % hängen und damit noch unter dem Resultat vier Jahre davor.

Wenn die Orientierung auf die eigene SPD-Mehrheit im Bund als unrealistisch ausschied und die FDP mit ihrer gesellschaftspolitischen Ausrichtung bis auf Weiteres als Koalitionspartner kaum infrage kam, stellte sich nun die Frage nach dem Verhältnis zu den Grünen in zunehmender Dringlichkeit. Ende der 1970er-Jahre äußerten noch fast drei Viertel der repräsentativ befragten Sozialdemokraten im mittleren Bereich der Parteihierarchie, sie fänden die Grünen beziehungsweise deren Vorformen »unsympathisch« oder »sehr unsympathisch«[496]. Doch konstituierten sich in den Folgejahren zunehmend Regierungsbündnisse auf lokaler Ebene, wodurch mancherorts verlorene Rathäuser zurückgewonnen werden konnten. Als Länder folgten Hessen, mit dem schwierigen Bündnis des Traditionssozialdemokraten Holger Börner und dem Ex-Spontilinken Joschka Fischer, dann Niedersachsen und West-Berlin.

Dort konnte Walter Momper den seit den späten 1960er-Jahren fast ununterbrochen anhaltenden Negativtrend bei den Wahlen zum Abgeordnetenhaus am 29. Januar 1989 erstmals brechen.

Die Voraussetzung einer größeren Offenheit gegenüber der neuen Partei war, neben der beiderseitigen Überwindung allzu simpler Bilder vom jeweils Anderen und einer gewissen »realpolitischen Mauserung« der Grünen, die inhaltliche Neupositionierung der SPD in der Umwelt- und insbesondere der Energiepolitik. In zum Teil erbitterten Diskussionen näherten sich auch die eng mit der Arbeitswelt verbundenen Mitglieder- und Funktionärsschichten der ökologischen Problematik und den Kritikern der Kernkrafttechnologie an. Sie lernten allmählich dann auch die ökonomischen Chancen einer sozial-ökologischen Umsteuerung schätzen. Als der mächtige und eher traditionalistische SPD-Bezirk Westliches Westfalen 1986 beschloss, auch aus der Thorium-Hochtemperaturreaktorlinie auszusteigen, welche die Landesregierung in Hamm-Uentrop lange gepflegt hatte, konnte die energiepolitische Wende der deutschen Sozialdemokratie als vollzogen gelten.

Der konzeptionelle Wandel kam nicht zuletzt zum Ausdruck im neuen Grundsatzprogramm, mit dessen Ausarbeitung die SPD aufgrund eines Beschlusses schon des Münchener Parteitags von 1982 den Rest des Jahrzehnts beschäftigt war. Nachdem der Parteivorstand 1983 die Grundwertekommission mit der Zusammenstellung der Defizite des Godesberger Programms beauftragt hatte, setzte zu Beginn des Jahres 1985 eine breite und rege Diskussion in der Gesamtpartei und ihren Gliederungen ein. Der Irseer Entwurf vom Juni 1986 markierte ein Zwischenergebnis, das namentlich bei entschiedenen Parteilinken auf Kritik stieß. Anschließend kam es, geradezu erstaunlich sogar für die Beteiligten, zu einer weitgehenden programmatischen Annäherung und Konsensbildung, in dessen Zentrum die Idee der ökologischen Modernisierung der Industriegesellschaft bei gleichzeitiger Forcierung wirtschaftsdemokratischer Umgestaltungen und eines zeitgerechten Aus- und Umbaus des Sozialstaats stand. Der Entwurf der zweiten Programmkommission vom März 1989 formulierte das Ergebnis des mehrjährigen Diskussionsprozesses, den die Abstimmung auf dem Berliner Parteitag im Dezember 1989 formell beendete.[497] Das Interesse einer breiteren Öffentlichkeit für diese erweiterte Fortschreibung des Godesberger Programms litt jedoch unter der vorrangigen Aufmerksamkeit für den historischen Umbruch von 1989/90 in Deutschland und Europa, der zu diesem Zeitpunkt konzeptionell noch gar nicht verarbeitet sein konnte. Außerdem war in den 1980er- und dann weiter in den 1990er-Jahren unter dem Vorrang von Effizienz- gegenüber Wertorientierungen im Rahmen einer globalistisch ökonomisierten Politik ein publizistisches Meinungsklima entstanden, das Nichtbeachtung von Programmen und Parteibeschlüssen geradewegs als Eignungskriterium für Regierungsfunktionen stilisierte.

Inhaltliche und organisatorische Erneuerungsanstöße waren in den 1980er-Jahren hauptsächlich aus den Arbeitsgemeinschaften gekommen, wobei aber die Jungsozialisten, weiterhin eine Hochburg der Parteilinken, gegenüber den 1970er-Jahren mit öffentlicher Aufmerksamkeit auch an eigenständiger Bedeutung verloren. Die 1973 gegründete Arbeitsgemeinschaft für Arbeitnehmerfragen (AfA) suchte die ursprüngliche sozialdemokratische Anhänger- und Aktivistenklientel – Gewerkschaftsfunktionäre, Betriebs- und Personalräte, Industriearbeiter und untere Angestellte – in einer Situation zusammenzufassen, die diesen Kerngruppen das Gefühl gab, an den Rand der Partei geraten zu sein.[498] Dabei spielte nicht allein der Zulauf von jüngeren, akademisch gebildeten Mitgliedern mit Neigungen zu Grundsatzdiskussionen in die Ortsvereine seit den späten 1960er-Jahren eine Rolle. Parallel dazu verlief der Zustrom etablierter Angehöriger des Öffentlichen Dienstes, seien es Sozialarbeiter, Lehrer und Hochschullehrer oder andererseits kommunale und staatliche Verwaltungsbeamte mit Aufstiegsambitionen. Arbeiter fanden sich unter den Funktionsträgern der SPD schon um 1980 nur noch im einstelligen Prozentanteil. In der Mitgliedschaft betrug der Anteil hingegen gut ein Viertel.

Die Lockerung des Verhältnisses der SPD zu ihrer traditionellen sozialen Basis drückte sich auch in einer größeren Distanz zu den DGB-Gewerkschaften aus. Diese hatten mit ihrem neuen Grundsatzprogramm von 1981 und dem Aktionsprogramm von 1988 ihrerseits einen – streng genommen schon aus dem Überparteilichkeitsgebot der Einheitsgewerkschaft resultierenden – Anspruch auf Autonomie markiert. Allerdings waren wesentliche gesellschaftspolitische Differenzen auch in den 1980er-Jahren nicht zu erkennen, wie auch das Wahlverhalten gewerkschaftlich orientierter Arbeitnehmer keine erhebliche Änderung erfuhr. Zwar musste die SPD 1983 nicht nur Verluste unter kleinen und mittleren Angestellten sowie Wählern mit mittlerer und höherer Schulbildung hinnehmen, also von Gruppen, die erst in der vorangegangenen Aufstiegsphase der Partei gewonnen worden waren, sondern auch unter nicht gewerkschaftlich gebundenen Arbeitern. Doch 1987 behauptete sich die SPD in ihren Hochburgen, verzeichnete in Wohngebieten mit hohem Angestellten- und Beamtenanteil indessen teilweise beträchtliche Einbußen. Regional konzentrierten sich die Wählerverluste der SPD während der 1980er-Jahre hauptsächlich auf die Stadtstaaten, in denen sie traditionell stark war, aber nun bei den neuen Mittelschichten in schwarz-gelber und grüner Richtung einbüsste, und auf den Süden der Bundesrepublik, wo Strukturschwächen der Partei gerade im ländlichen und kleinstädtischen Raum bestanden.[499]

Einen heftigen Streit mit den Gewerkschaften beziehungsweise gewerkschaftlich ausgerichteten Sozialdemokraten brach zu Beginn der Tarifrunde des Jahres 1988 Oskar Lafontaine vom Zaun, indem er zur Bekämpfung der Erwerbslosigkeit eine Arbeitszeitverkürzung ohne vollen Lohnausgleich, wie ihn die Gewerkschaften forderten, ins Gespräch brachte.[500] Nach dem Vorbild der IG Metall 1977 hatten sich die meisten Einzelgewerkschaften zu Beginn der 1980er-Jahre die Forderung nach der 35-Stunden-Woche zueigen gemacht. Zunächst war 1978/79 ein sechswöchiger Streik in der Eisen- und Stahlindustrie Nordrhein-Westfalens in diesem zentralen Punkt erfolglos geblieben. Dann hatte aber ein Arbeitskampf im streikerprobten Herzland der Metallindustrie Nordwürttemberg/Nordbaden sowie in Hessen 1984 nach einem Schlichtungsverfahren mit der stufenweisen Einführung einer flexiblen 38,5-Stunden-Woche den »Einstieg« in die 35-Stunden-Woche zustande gebracht. Daraus ergaben sich indessen keine größeren Wirkungen für den Arbeitsmarkt, da gleichzeitig Rationalisierungsmaßnahmen die Arbeitsprozesse verdichteten.

Die AfA wurde meist als innerparteilich »rechts« wahrgenommen, war von manchen der Protagonisten auch so gedacht. Tatsächlich stand sie im Hinblick auf ihre Beschlüsse und Äußerungen eher »links«, allerdings in einem traditionellen Sinn und verbunden mit kulturell bedingter Aversion gegen die Intellektualisierung der Partei, die mit der Linken identifiziert wurde. Während Arbeitsgemeinschaften wie die der Selbstständigen, der Juristen usw. auch im Hinblick auf ihr zahlenmäßiges Gewicht wenig öffentliche und relativ geringe innerparteiliche Aufmerksamkeit fanden, erlangte die ungefähr gleichzeitig mit der AfA entstandene Arbeitsgemeinschaft sozialdemokratischer Frauen (ASF) einen beträchtlichen Einfluss. Der meinungsbildende Druck, der von der ASF ausging – und gespeist wurde aus der Frauenbewegung mit der unabweisbaren Forderung nach faktischer, nicht nur rechtlicher Gleichstellung der Geschlechter – zeigte Ergebnisse: Die SPD beschloss auf ihrem Münsteraner Bundesparteitag 1988 die stufenweise Einführung einer 40-prozentigen Frauenquote für alle Entscheidungsgremien der Partei und die Kandidatenlisten bei allgemeinen Wahlen auf sämtlichen Ebenen. Die teilweise schon vorher eingeleitete Erhöhung des Frauenanteils in den Vorstandsgremien hat erheblich zur Mobilisierung des inneren Parteilebens und zur Feminisierung des äußeren Erscheinungsbilds der SPD beigetragen. Dennoch hat es bis 1993 gedauert, bevor mit Heide Simonis in Schleswig-Holstein erstmals eine Frau Ministerpräsidentin wurde.

Fehlstart in die neue deutsche Einheit

Während der Debatte über die Neue Ostpolitik zu Beginn der 1970er-Jahre hatte die SPD stets einer Deutung der CDU/CSU-Opposition widersprochen, durch die Ostverträge werde die Teilung Deutschlands und die Vorherrschaft der Sowjetunion über das östliche Europa als unabänderlich anerkannt. Im Verlauf der 1970er-Jahre trat aber die auf langfristige Überwindung des Status quo gerichtete Zielsetzung der ursprünglichen Architekten der Ostpolitik in den Äußerungen der Regierung wie der Partei weit zurück. Von den bundesrepublikanisch sozialisierten Altersgruppen, deren emotionale Bindung an Gesamtdeutschland – entsprechend der Tendenz in der westdeutschen Gesellschaft überhaupt – ohnehin weniger ausgeprägt war als bei den Älteren, wurde sie kaum noch wahrgenommen, jedenfalls nicht so verstanden. Alle Sozialdemokraten wünschten eine Demokratisierung Ostmittel-, Ost- und Südosteuropas, insbesondere der DDR, und sahen in der Ost-West-Entspannung eine der Voraussetzungen dafür. Repressionsmaßnahmen der Regierungen im »realen Sozialismus« gegenüber oppositionellen Kräften wurden von Sprechern der Partei kritisch benannt. Doch geschah das mit großer Behutsamkeit, denn man fürchtete angesichts wiederholter Sowjetinterventionen (DDR 1953, Ungarn 1956, Tschechoslowakei 1968) eine Destabilisierung der politisch-militärischen Blocksysteme in Europa. Immerhin waren unter diesen Prämissen dennoch Antworten auf die »deutsche Frage« möglich, die sich nicht nur in Nuancen unterschieden.

Im Entwurf für ein neues Grundsatzprogramm war eine über verbesserte zwischenstaatliche Beziehungen hinausweisende nationale Zielperspektive – gegen eher vereinzelten Einspruch aus unterschiedlichen Richtungen – weitgehend eliminiert. Mit ihrer Deutschlandpolitik wolle die SPD »die Chance der Selbstbestimmung erhalten, die den Deutschen zusteht wie anderen Nationen«.[501] Die demokratische Umwälzung in der DDR kam gerade noch rechtzeitig, um in den deutschlandpolitischen Passagen des Berliner Programms und einer ergänzenden Klärung berücksichtigt zu werden.

Gemeinsame Kommissionen von SPD und SED legten seit 1985 mehrere Vertragsentwürfe für ein militärisches Auseinanderrücken der Paktsysteme und die Eliminierung von Massenvernichtungswaffen in Teilen Europas vor. Intensive Beziehungen zur SED wie zu anderen regierenden kommunistischen Parteien existierten zu diesem Zeitpunkt bereits auf verschiedenen Ebenen, auch auf Länderebene. Eine Grenzmauer glaubte die SPD mit dem am 27. August 1987 der Öffentlichkeit vorgestellten Grundsatzpapier »Der Streit der Ideologien und die gemeinsame Sicherheit« durchstoßen zu haben, das die Grundwertekommission beim Parteivorstand der SPD und die Akademie für Gesellschaftswissenschaften beim ZK der SED zusammen erarbeitet hatten.[502] Das Papier sollte einen Rahmen für die sozialdemokratisch-kommunistische Auseinandersetzung im Angesicht der drohenden Selbstzerstörung der Menschheit abstecken und dabei auch den Spielraum für einen DDR-internen Dialog der SED mit kritischen und oppositionellen Gruppen erweitern.

Die Relativierung von Grundpositionen, etwa durch wechselseitige Anerkennung des jeweils anderen Systems, war für die kommunistische Staatspartei mindestens so problematisch wie für die Sozialdemokratie. Das Papier musste in der Presse veröffentlicht werden und ermöglichte es kritischen DDR-Bürgern, sich darauf zu berufen. Es war daher die SED-Spitze, die das Papier zuerst uminterpretierte und dann den inhaltlichen Dialog mit der SPD wieder einfror. Der von den Sozialdemokraten angestrebte Liberalisierungs- und Demokratisierungsprozess war selbst in seinen frühesten Stadien nicht so berechenbar, wie es die beschwörende Formel suggerierte, man dürfe die DDR nicht »destabilisieren«. Gut ein Jahr nachdem die Ostberliner Führung um die Jahreswende 1987/88 mit

Durchsuchungen, Verhaftungen und Ausbürgerungen gegen Oppositionelle vorgegangen war, musste die SPD die »Einengung des gesellschaftlichen Dialogs in der DDR« registrieren. Die Feststellungen des gemeinsamen Papiers über die Bedingungen des zwischengesellschaftlichen und des innergesellschaftlichen Dialogs seien »weder vage noch zweideutig«.[503]

Spätestens im Frühsommer 1989 ist denen, die es wissen wollten, klar geworden, dass die DDR auf eine Existenzkrise zusteuerte. Die DDR hatte unter Führung Erich Honeckers, der 1971 Walter Ulbricht als SED-Chef abgelöst hatte, wirtschaftlich mindestens ein Jahrzehnt lang von der Substanz und von westlicher Hilfe gelebt. Notwendige Investitionen waren unterblieben, um mit der Sozialpolitik Massenloyalität zu sichern. Trotzdem sank nunmehr der Lebensstandard, der sich in den 1960er- und 1970er-Jahren deutlich gebessert, was auch westlicherseits zu Überschätzungen geführt hatte. Ab Mitte der 1980er-Jahre wandte sich namentlich die arbeitende Jugend mehr und mehr vom »realen Sozialismus« ab. Gleichzeitig übten die Reformen in der Sowjetunion und anderen osteuropäischen Staaten einen Veränderungsdruck auf die SED-Führung aus, dem mit rein kosmetischen Korrekturen nicht zu begegnen war.

Einerseits konnte Erhard Epplers Rede zum 17. Juni 1989, dem »Tag der deutschen Einheit«, vor dem Bundestag mit seiner kritischen Analyse der Lage eine deutschlandpolitische Umorientierung der SPD andeuten[504]. Andererseits lag zugleich das Beharren auf den sicherheitspolitischen Grundannahmen für die SPD umso näher, als das Neue Denken in der Sowjetunion weitreichende Abrüstungsvereinbarungen, die Überwindung der Militärpakte, ja eine Art Sozialdemokratisierung des früheren Ostblocks in den Bereich des Möglichen zu rücken schien. Wenn man die deutschlandpolitischen Stellungnahmen der SPD wie auch die internen Diskussionen der Führungsgremien seit dem Sommer 1989 in ihrem Ablauf verfolgt, wird man kaum sagen können, die Partei habe nicht den Umschwung gespürt, der sich in Deutschland anbahnte. Sie reagierte aber mehr auf die laufenden Ereignisse, als dass sie als Ganze versucht hätte, durch eigene Initiativen der Entwicklung eine Richtung zu geben, so wie es Bundeskanzler Kohl mit seinem Zehn-Punkte-Plan vom 28. November 1989[505] (dem die SPD-Bundestagsfraktion zustimmte) vermochte.

Die am 7. Oktober 1989 gegründete ostdeutsche Sozialdemokratische Partei (SDP, ab Januar 1990 SPD) verstand sich zunächst als eigenständige DDR-Partei. Den Umbau des »realen Sozialismus« in eine demokratisch verfasste, gemischtwirtschaftliche und ökologisch ausgerichtete Ordnung nannte sie als Ziel. Sie strebte mit Hinweis auf die nationale Gemeinsamkeit »besondere« Beziehungen zur Bundesrepublik an, ging aber von der Zweistaatlichkeit aus. Eine Veränderung hielt sie im Rahmen einer europäischen Friedensordnung für denkbar.[506] Die zögernde, auf die freie Entscheidung der Ostdeutschen abhebende Haltung der West-SPD zur staatlichen Einigung fand ihre Legitimation also in entsprechend zurückhaltenden Stellungnahmen der Reformgruppen in der DDR, nicht nur der SDP. Tatsächlich war die Stoßrichtung der Volksbewegung im Herbst 1989 zunächst nahezu ausschließlich auf die innerstaatliche Demokratisierung bezogen, was sich mit deren Ausweitung jedoch seit November 1989 zu ändern begann. Dieser Umschlag war bis etwa zum Jahreswechsel nicht klar erkennbar, aber es war in jedem Fall abzusehen, dass die deutsche Frage durch die Ereignisse in der DDR wieder aktualisiert werden würde. Am 20. Februar 1990 stellte eine gemeinsame Kommission der SPD-West und der SPD-Ost fest, die beiden deutschen Staaten seien auf dem Weg zur Einheit, den es »zügig, aber ohne Überstürzung« zu organisieren gelte. Zwei Wochen später legte der Parteivorstand der West-SPD im Anschluss an den Leipziger Parteitag den ostdeutschen Sozialdemokraten Vorschläge für konkrete Schritte zur »bundesstaatlichen Einheit« vor. Dazu gehöre die baldige Vereinbarung einer »sozial abgesicherten Wirtschafts- und Währungsunion«.[507]

Das schlechte Wahlergebnis der SPD – der zunächst bis zu 53 % der Stimmen vorhergesagt worden waren und die nur rund 22 % erhielt – bei der DDR-Volkskammerwahl am 18. März 1990 bildete einen gewissen Kontrast zur offenkundigen Popularität von Willy Brandt. Er war seit November 1989 in der DDR unterwegs gewesen und hatte in vielen großen Massenversammlungen zu den Ostdeutschen gesprochen. Brandts Diktum am 10. November 1989: »Jetzt wächst zusammen, was zusammengehört«[508], war parteiübergreifend zu einer Parole geworden, die das Ziel der deutschen Einheit unaggressiv und eingängig formulierte. Doch mit nur gut einem Fünftel der Stimmen war es der Ost-SPD und mit ihr der gesamten Sozialdemokratie versagt, eine maßgebende Rolle in der letzten DDR-Regierung und im Einigungsprozess zu spielen.

Das Bild der sozialdemokratischen Deutschlandpolitik zwischen Jahresmitte 1989 und der ersten gesamtdeutschen Bundestagswahl Ende 1990 wurde in hohem Maß bestimmt durch den saarländischen Ministerpräsidenten und späteren Kanzlerkandidaten Oskar Lafontaine. Vor dem Umbruch in Ostdeutschland schien Lafontaine als Verfechter einer sozialökologischen Erneuerung der Gesellschaft am ehesten geeignet, als Herausforderer Helmut Kohls der SPD wieder über die 40-Prozent-Hürde zu verhelfen. Dass die Partei an ihm orientiert blieb und ihn trotz vollständig veränderter Rahmenbedingungen zum Kandidaten nominierte, ist ein deutliches Anzeichen dafür, dass er eine Position vertrat, die in breiteren Schichten der Mitglieder und der Anhängerschaft der SPD geteilt wurde. Es wäre allerdings irreführend, von der Bildung fester deutschlandpolitischer Flügel in der SPD 1989/90 zu sprechen. Die Delegierten der einschlägigen Parteitage feierten Brandt und Lafontaine gleichermaßen.

Anders als die Konstrukteure der Neuen Ostpolitik um 1970 wie Bahr stellte Lafontaine die Zukunft des Nationalstaats überhaupt infrage, der sich nicht einmal als Baustein für ein vereintes Europa eigne.[509] Die Hochschätzung des Werts der Freiheit teilte Lafontaine durchaus mit Brandt. Die staatliche Einheit lehnte er, nachdem sich seine Partei dazu bekannt hatte, nicht ab, vermittelte aber den Eindruck, dass die SPD sie eher hinnehme als fördere. Gegen die konkrete Einigungspolitik der Bundesregierung brachte er viele stichhaltige Einwände vor und kritisierte ihren – allerdings nicht zuletzt von der anhaltenden Übersiedlerwelle erzwungenen – »hektischen Galopp«.[510] Aber er stellte die »soziale Frage« der »nationalen« schematisch entgegen[511], statt nach ihrer beider Verbindung im Geiste sozialdemokratischer Tradition zu suchen. Jedenfalls wurde die SPD mehr als Bedenkenträgerin denn als gestaltende Kraft wahrgenommen, deren Einwände zudem durch außenpolitische Absicherung der Vereinigung seitens der Bundesregierung immer weniger überzeugten.

Logisch ließen sich die Anliegen Lafontaines, zentriert um die Herstellung gleicher Lebensverhältnisse (»soziale Gerechtigkeit«), mit der Kernforderung Willy Brandts, der Selbstbestimmung der Deutschen, insbesondere der sich befreienden Ostdeutschen, durchaus vereinbaren. Allerdings standen hinter den sachlichen Kontroversen, etwa um die Währungsunion und den Einigungsvertrag, auch abweichende politisch-

SPD-Vereinigungsparteitag am 28. September 1990 in Berlin (von links nach rechts: Hans-Jochen Vogel, Willy Brandt, Wolfgang Thierse, Oskar Lafontaine).

psychologische Dispositionen. Wichtiger als die Links-Rechts-Zuordnung, wenn auch nicht absolut bestimmend, war auf dieser Ebene die Generationserfahrung. Der offenkundige Zerfall der DDR, der eindeutige Wille der Ostdeutschen, auch der ostdeutschen Sozialdemokraten, und die absehbare faktische Möglichkeit der Neuvereinigung Deutschlands ließen dann die Bedenken der Skeptiker in den Hintergrund treten, die überwiegend aus der Alterskohorte der Juso-Aktivisten aus den späten 1960er- und 1970er-Jahre kamen.[512] An der Spitze der ostdeutschen Sozialdemokraten stand zunächst Ibrahim Böhme, der Anfang April wegen Stasi-Vorwürfen zurücktreten musste. Ihm folgte der SDP-Mitgründer und letzte DDR-Außenminister Markus Meckel und seit Juni 1990 Wolfgang Thierse, dem als Einzigem jener Gruppe der dauerhafte Aufstieg in die oberste Führung der Gesamtpartei bis hin zum Bundestagspräsidenten (1998–2005) gelang.

Am Ende des Jahres 1990 sah die Bilanz der »friedlichen Revolution« in der DDR – als Teilvorgang des Zusammenbruchs des Sowjet-Systems und der Wiederherstellung der staatlichen Einheit Deutschlands –

für die SPD ziemlich ungünstig aus. Zwar verliefen im Sommer 1990 die Landtagswahlen im Saarland und in Nordrhein-Westfalen erfolgreich. Dies galt auch in Niedersachsen, wo Gerhard Schröder, gestützt auf eine Koalition mit den Grünen, die Regierung übernahm. Doch entwickelten sich, nach dem Desaster der DDR-Volkskammerwahl, die Wahlen zu den neugebildeten Landes- und Kommunalparlamenten Ostdeutschlands weiterhin sehr unbefriedigend. Allein in Brandenburg, wo der in der Landesmentalität verankerte Manfred Stolpe für sie antrat, wurde die SPD mit 38 % der Stimmen zur führenden Kraft.

Bei der Bundestagswahl am 2. Dezember 1990 scheiterte der politische Führungsanspruch der SPD mit ihren gerade einmal 33,5 % sehr eindeutig. Dabei lagen die Einbußen auf dem Territorium der Alt-Bundesrepublik bei 1,3 %, während das schlechte Ergebnis im Osten (24,3 %) zusätzlich negativ zu Buche schlug. Die Polarisierungsstrategie Lafontaines hatte offenbar darauf gezielt, die Früchte der Warnungen vor den Folgen des »Zusammenstürzens« statt »Zusammenwachsens« dann bei künftigen Wahlen ernten zu können. Aktuell hatten dabei nicht nur die Sozialdemokraten das Nachsehen, sondern auch die West-Grünen, die (mit ihrem Spott-Slogan »Alle reden von Deutschland. Wir reden vom Wetter« – gemeint war der Klimaschutz) knapp an der Fünf-Prozent-Klausel scheiterten. Ebenso wie die in der Nachfolge der SED gebildete PDS kamen die Grünen nur über ihren ostdeutschen Fusionspartner, das Bündnis 90, in den Bundestag, weil für diese erste gesamtdeutsche Wahl eine Schonfrist getrennter Wahlgebiete galt.

Neben den Terrainverlusten der SPD vom Niveau zwischen 40 und 45 % der Jahre 1969 bis 1980 zu wenig beachtet wurde das geradezu dramatische Wegbrechen der Wahlbeteiligungsraten in den Altersjahrgängen unter 30, was nur zum geringeren Teil mit der niedrigeren Wahlbeteiligung in Ostdeutschland zu erklären ist. So wie gerade auch 1972 der überproportionale Zuwachs in diesen Altersgruppen eine Generation recht nachhaltig politisierte, wurden nach 1983 die neuen Jahrgänge auf nur mehr bis zu 20 % niedrigerem Niveau mobilisiert. Offenbar konnte die Polarisierung zwischen Aufschwungverheißungen der schwarz-gelben Koalition und einem weithin gemeinsamen rot-grünen Antistationierungskurs 1983 letztmalig breit angelegte Beteiligungsmotivation schaffen. Die Erstwähler von 1983 haben sich aber 1990 als dann 25- bis 30-Jährige zu erheblichen Anteilen der Stimme enthalten. Insgesamt überzeugen die primär gesellschaftsbezogenen Erklärungen des schwindenden Hineinwachsens neuer Jahrgänge in Wahlteilnahme nicht komplett. Wenn pointiert benannt werden soll, was zwischen 1983 und 1990 einen so raschen Rückzugseffekt erzeugt haben könnte, ließe sich allenfalls das in jener Zeit entstehende Privatfernsehen finden. Dieses hat, verbunden mit rückläufiger Lektüre von Tageszeitungen, zur politischen Mindestsozialisation zumal von Unterschichten-Jugendlichen nicht mehr hinreichend beigetragen. Dennoch haben beide politischen Lager offenbar dieses übersehen: Eine ältere schwarz-gelbe und mittlere rot-grüne Jahrgänge auch emotional noch stark berührende Polarisierung zwischen »Einheitskanzler« Kohl und Herausforderer Lafontaine motivierte wachsende Teile der unter 30-Jährigen nicht einmal mehr zum Einwerfen des Stimmzettels.

Obwohl die ostdeutschen Wahlresultate für die SPD im Verlauf der 1990er-Jahre deutlich besser wurden, blieben die neuen Bundesländer auf der Ebene der Parteimitgliedschaft ein schwieriges Terrain. Von den traditionellen Hochburgen der sozialdemokratischen Arbeiterbewegung war, wie sich jetzt zeigte, nach fast 60 Jahren Diktatur nichts mehr übrig. Die kaum 30 000 übersteigende Mitgliederzahl der ostdeutschen Landesverbände blieb krass unterproportional. Die Mitgliedschaft der SDP/SPD rekrutierte sich nicht wesentlich aus Arbeitern und unteren Angestellten, sondern hauptsächlich aus der naturwissenschaftlich-technischen Intelligenz und Angehörigen kirchlicher Berufe im mittleren Alter zwischen 35 und 60 Jahren.[513] Im Kontrast zu CDU/CSU und FDP, die neben verbündeten Gruppierungen aus der Bürgerrechtsbewegung ganze Blockparteien mit der entsprechenden Organisationsstruktur aufnahmen, konnte sich die SPD nicht entschließen, ihre Tore für unbelastete frühere SED-Mitglieder zu öffnen. Diese wären vermutlich in hoher Zahl gekommen; auch unter den Oppositionsgruppen war das sozialdemokratische Potenzial wohl breiter als es später die Mitgliedschaft der SDP/SPD zeigte. Bei dieser abwehrenden Haltung spielte das Misstrauen der ostdeutschen Sozialdemokraten gegenüber SED-Leuten eine erhebliche Rolle, ebenso ihre Furcht, von diesen majorisiert zu werden. Darüber konnte und wollte sich die Gesamtpartei nicht hinwegsetzen.

Dass die staatliche Neuvereinigung Deutschlands dermaßen asymmetrisch verlief, lag nicht nur an dem schlichten Übergewicht der Alt-Bundesrepublik an Bevölkerungszahl und Wirtschaftskraft. Auch der

Bankrott der Diktatur und der Kommandowirtschaft sowie das Wegbrechen der osteuropäischen Absatz-Märkte der DDR liefern nur eine weitere Teilerklärung. Es waren nicht zuletzt konkrete politische Entscheidungen, die zumindest theoretisch auch anders hätten getroffen werden können: Währungsunion auf der Basis der Parität, Prinzip Rückgabe vor Entschädigung bei der Reprivatisierung des »Volkseigentums«, Rolle der Treuhand und anderes mehr. Die gewählten Repräsentanten der Ostdeutschen selbst entschieden sich frühzeitig für den Weg des Beitritts zur Bundesrepublik anstelle einer neuen gemeinsamen Staatsgründung durch die Wahl einer verfassunggebenden Nationalversammlung. Sie akzeptierten damit, ebenso wie die Mehrheit der – auch sozialdemokratischen – Bundestagsabgeordneten (West) die von der Bonner Regierung vorgegebenen Weichenstellungen als richtig oder zumindest unvermeidlich.

Die mentale Eigenentwicklung der beiden deutschen Teilvölker in den Jahrzehnten der Zweistaatlichkeit wurde voll sichtbar erst durch die Einigung. Bis zum Ende des hier betrachteten Zeitraums haben wir es in den wichtigen Bereichen mit zwei Teilgesellschaften und einer dualen Wirtschaftsstruktur zu tun. Trotz der Modernisierung der Verkehrs- und Kommunikationsinfrastruktur, einer beeindruckenden Restaurierung und Erweiterung der Bausubstanz sowie deutlicher Verbesserung des durchschnittlichen Lebensniveaus bleibt der materielle Abstand zu den west- und süddeutschen Ländern beträchtlich, vor allem beim Eigentum. Manche Regionen drohen durch anhaltende Entvölkerung zu veröden. Ein nach der Entindustrialisierung der frühen 1990er-Jahre langsam neu entstandener industrieller Sektor bleibt quantitativ und qualitativ vergleichsweise schwach, und Transferzahlungen sind weiterhin unentbehrlich.[514]

Zu der damit angedeuteten spezifischen Situation der ostdeutschen Bundesländer gehört die Existenz eines vom Westen Deutschlands abweichenden Parteiensystems, dessen wichtigstes Merkmal die Existenz einer aus der SED hervorgegangenen linken ostdeutschen Regionalpartei ist. Diese kann durchaus den Anspruch einer Volkspartei erheben, wählerstark nicht nur durch die Unterstützung früherer regimenaher Gruppen. Die zeitweiligen Wahlerfolge der Linkspartei im Westen zeigen ergänzend die Existenz eines nennenswerten linkssozialistischen Potenzials zwar auch dort, das aber wesentlich labiler ist.

Stolpersteine auf dem Weg in die rot-grüne Regierungsperiode

Nach den Schwierigkeiten, ein mit den Traditionen der Partei vermittelbares Eigenprofil zur Neuvereinigungsproblematik zu finden, hat sich die nun gesamtdeutsche SPD schnell in die politischen Gegebenheiten der erweiterten Bundesrepublik eingefügt. Auf den 1987 aus Ärger über die Reaktion auf seine Idee, eine parteilose junge Frau griechischer Abstammung zur SPD-Sprecherin zu machen, nach 23 Jahren an der Spitze der Partei zurückgetretenen Vorsitzenden Willy Brandt folgte Hans-Jochen Vogel. Er wurde 1991 in einem weiteren Schritt des Generationswechsels von Björn Engholm abgelöst, der zunächst in hohem Ansehen stand und für 1994 auch als Kanzlerkandidat vorgesehen war. Denn er hatte 1988 nach Aufdeckung gegen ihn gerichteter Machenschaften im schleswig-holsteinischen Wahlkampf 1987 als Spitzenkandidat bei Neuwahlen für die SPD die absolute Mehrheit geholt (54,8 %) und wurde so Ministerpräsident. Als sich 1993 herausstellte, dass er 1987 mehr gewusst als zugegeben und auch mancher Sozialdemokrat damals eine dubiose Rolle gespielt hatte, trat Engholm im Mai 1993 von allen Staats- und Parteiämtern zurück.[515] Sein Name bleibt verbunden mit den sogenannten Petersberger Beschlüssen vom August 1992, als die SPD-Spitze angesichts der massenmedial noch weiter dramatisierten »Flut« von Armutsflüchtlingen und der Sorge um die innenpolitischen Folgen dieses Ansturms einer Einschränkung des grundgesetzlich garantierten Asylrechts zustimmte, bestätigt von einem Sonderparteitag im November. Kritiker sprachen von einer Aushöhlung des Asylrechts, während die Verteidiger der Mehrheit darauf hinwiesen, der betreffende Wortlaut des Artikels 16 GG sei unter anderen historischen Voraussetzungen in die Verfassung aufgenommen worden.

Die Massenzuwanderung, zunächst als befristet gedachte Arbeitsmigration, der häufig der Familienzuzug folgte, dann zunehmend als Asylsuche von Menschen aus Osteuropa und der Dritten Welt, stellte SPD und Gewerkschaften vor gravierende Probleme. Sie waren so wie die westdeutsche Gesellschaft insgesamt nicht darauf eingestellt, dass die Bundesrepublik de facto zu einem Einwanderungsland wurde (was für vergleichbare Länder in Europa zum Teil noch stärker galt). Es war offenkundig, dass Teile der eigenen Klientel beunruhigt waren über die tatsächliche oder vermeintliche Konkurrenz auf dem Arbeitsmarkt sowie über die kulturelle Herausforderung, die die Einwanderergruppen insbesondere dort darstellten, wo sie sich in abgeschlossenen Wohnvierteln konzentrierten. Zudem bildeten die typischen Abwehrreaktionen der Einheimischen den Nährboden für wiederholte, wenn auch nicht verfestigte rechtsextreme beziehungsweise rechtspopulistische Wahlerfolge. Insbesondere Anfang der 1990er-Jahre kam es mehrfach zu Mordanschlägen und zu pogromähnlichen Vorfällen.

Wo lagen die Grenzen der Aufnahmefähigkeit und -bereitschaft Deutschlands, wo lag die Grenze zwischen der Furcht vor politischer, religiöser und anderer Verfolgung einerseits und andererseits dem Wunsch einer elenden, zumindest als perspektivlos empfundenen Existenz zu entkommen? Erst allmählich machte sich die Erkenntnis breit, dass Millionen Menschen mit ethnisch-kulturell überwiegend fremden Wurzeln mühsam integriert werden müssten, nachdem der Anwerbestopp von 1973 und das Asylverfahrensgesetz von 1982 jeweils nur vorübergehend zu einer Verminderung des Zustroms von Ausländern geführt hatten. Wie heikel die Problematik für die SPD blieb, zeigte noch in der optimistischen Phase nach der gewonnenen Bundestagswahl die hessische Landtagswahl vom 7. Februar 1999. Diese bestritt die CDU nicht zuletzt mit einem gegen die erste Reform der Staatsangehörigkeit (Einführung des Geburtsortsprinzips und der Mehrstaatigkeit) gerichteten Wahlkampf erfolgreich und zerstörte damit bis auf Weiteres alle Hoffnungen auf eine rot-grüne Bundesratsmehrheit. Das nach jahrelangem Ringen 2004 zwischen Regierung und CDU/CSU-FDP-Opposition vereinbarte Zuwanderungsgesetz war ein Kompromiss, der keine Seite zufriedenstellte und an der Grundstruktur der deutschen Ausländerpolitik wenig änderte.

Nach dem Rücktritt Engholms praktizierte die SPD erstmals einen Mitgliederentscheid, um den neuen Vorsitzenden zu ermitteln. Rudolf Scharping, seit 1991 Ministerpräsident von Rheinland-Pfalz, gewann recht knapp gegen Gerhard Schröder und Heidemarie Wieczorek-Zeul, ohne dass eine Stichwahl erfolgte. Scharping konnte zwar als Kanzlerkandidat, in einer sogenannten »Troika« mit Lafontaine und Schröder, 1994 erstmals seit langem wieder einen Stimmenzuwachs für die SPD verbuchen, die 36,4 % erzielte, während die Mehrheit von CDU/CSU und FDP knapp wurde. Im Bundesrat verfügte die SPD zu diesem Zeitpunkt sogar über die Mehrheit, so dass eine gute Ausgangsposition für 1998 gegeben war. Wie die Petersberger Beschlüsse für die Ära Engholm stehen, so die Positionsänderung der Partei in der Außen- und Sicherheitspolitik sowie auf dem Feld der inneren Sicherheit für die Ära Scharping. Der Wiesbadener Parteitag im November 1993 fasste gegen eine starke Minderheit Beschlüsse, die Kampfeinsätze der Bundeswehr auch außerhalb des NATO-Bündnisses möglich machen sollten, wenn die deutschen Streitkräfte als UNO-Truppe agierten. Gleichzeitig wurde dem Abhören von Wohnungen bei der Kriminalitätsbekämpfung (»Großer Lauschangriff«) zugestimmt.

Nach der Bundestagswahl 1994 konnte aber Scharping, der sich als Vertreter gemäßigter Positionen darstellte und zugleich Bodenständigkeit sowie ein gewisses Maß an sozialdemokratischem Rest-Traditionalismus verkörperte, nur wenig öffentliche Unterstützung gewinnen. Aus Hannover profilierte sich Gerhard Schröder mit wirtschaftsfreundlichen Äußerungen und Medienpräsenz als »moderner« Politiker. Generell funktionierte die Zusammenarbeit zwischen den der SPD angehörenden Ministerpräsidenten, dem Vorstand der Bundestagsfraktion und dem Parteivorstand schlecht, was auch einer mangelnden kommunikativen Kompetenz Scharpings angelastet wurde. Auf dem Mannheimer Parteitag im November 1995 konnte der Vorsitzende das Ruder nicht mehr herumreißen. Oskar Lafontaine trat nach einer fulminanten Rede, gedrängt von zahlreichen Delegierten, gegen Scharping an und siegte aus dem Stand mit 321 gegen 190 Stimmen.

Die Jahre nach Scharpings Abwahl waren geprägt von der persönlichen und inhaltlichen Konkurrenz zwischen Lafontaine und Schröder. Letzterer erschien durch den Wahlsieg in Niedersachsen am 1. März 1998 (SPD 47,9 %) als der populärere Kanzlerkandidat, kam jedoch an der starken Position des Rivalen in der Partei nicht vorbei. Diese innerparteiliche Stärke Lafontaines gründete nicht zuletzt in seinem geschlossenen politischen Ansatz, mit dem er die international wirksame neoliberale Wende durch Kaufkraftimpulse und entsprechende Rahmensetzung in der Finanzpolitik aktiv bekämpfen wollte. Er attackierte den vom wirtschaftswissenschaftlichen Mainstream und dem Großteil der Medien propagierten Standort-Pessimismus als gezielte Kampagne von Interessenten und Ideologen.[516] Mit den Gewerkschaften lag Lafontaine jetzt weitgehend auf einer Linie. Diese hatten, in inhaltlicher Übereinstimmung mit den Sozialverbänden und den Kirchen, am 5. Juni 1996 immerhin 350 000 Menschen in Bonn und ein viertel Jahr später ähnlich große Massen in verschiedenen Städten auf die Beine gebracht, um gegen neue gesetzliche Regelungen der Kohl-Regierung zu protestieren. Diese betrafen unter anderem die Aufweichung des bisher geltenden Kündigungsschutzes und die Senkung der Lohnfortzahlung im Krankheitsfall. Letztere als besonders schmerzhaft empfundene Maßnahmen wurden aufgrund heftigen Widerstands dann in Tarifverträgen teilweise wieder revidiert.

Der Programmentwurf der SPD für die angestrebte und durch die Bundestagswahl von 1998 (SPD 40,9 %) ermöglichte Regierungskoalition mit den Grünen stellte nach heftigen Diskussionen einen Kompromiss dar. Obwohl die neue Bundesregierung eine ganze Reihe von als unsozial empfundenen Gesetzen der Kohl-Ära rückgängig machte, konnte der Gegensatz der beiden Konzepte nur kurzfristig und oberflächlich überbrückt werden. Oskar Lafontaine, der als Bundesfinanzminister unter anderem mit seiner Ablehnung der Hochzinspolitik auch im Ausland auf Gegnerschaft traf, gab am 11. März 1999 auf und legte sämtliche politischen Ämter nieder. Gerade von vielen seiner Anhänger in der Sache wurde dieser Schritt, der zudem ohne öffentliche Begründung erfolgte, mit Unverständnis aufgenommen. Es dürfte aber klar sein, dass das Verbleiben selbst nur im Bundestag Lafontaine automatisch zum Bezugspunkt der innerparteilichen Kritik an der Regierung Schröder gemacht hätte.

Der wesentliche Konstruktionsfehler war schon damit entstanden, dass Lafontaine gegen diversen Rat eine Art deutscher »Schatzkanzler« werden zu können glaubte, in Wirklichkeit aber seine Wirkungsmöglichkeiten als Parteivorsitzender faktisch teilweise mit unter die Richtlinienkompetenz des Bundeskanzlers gestellt hatte. Bereits im regierungspolitischen Krisenjahr 1999 urteilte Erhard Eppler dazu mit ausgependelter öffentlicher Kritik: »Der Grundfehler war, dass es anfangs zwei Machtzentren gab, die auch noch eine unterschiedliche Politik machen wollten: ... Kanzleramt ... und Finanzministerium unter Oskar Lafontaine«[517]. Der wirtschaftsnahe Managerstil eines Kanzleramtsministers Hombach und die Expertisen der keynesianischen Lafontaine-Staatssekretäre Flassbeck und Noé passten tatsächlich denkbar schlecht zusammen. Wie zu Beginn der 1970er-Jahre mit dem Wegbrechen der »Schiller-Wähler« attackierten sogar als sozialliberal geltende Publikationsorgane die Regulierungsstrategien auch nach dem Sturz Lafontaines mit umgebremster Polemik als Machenschaften einer »Sozial-Mafia«.[518] Immerhin schaffte es die rot-grüne Regierung trotz dieser und anderer Differenzen, den Ausstieg Deutschlands aus der Atomenergie einzuleiten und durch Erhöhung der Energiesteuer sowie die Einführung einer Stromsteuer (»Ökosteuer«) ein neues Kriterium in das Steuerwesen einzuführen – wenngleich massiver Druck aus der Wirtschaft zur Herausnahme energieintensiver Unternehmen führte.

Dass Schröder auf dem Außerordentlichen Parteitag im April 1999 bei der Wahl zum Parteivorsitzenden trotz Fehlens eines Gegenkandidaten nicht mehr als drei Viertel der Delegiertenstimmen erhielt, zeigte die Distanz erheblicher Teile der Partei. Diese Skepsis galt der von ihm repräsentierten »Angebotspolitik« wie auch der Beteiligung Deutschlands am Kosovo-Krieg, der Intervention der NATO in Rest-Jugoslawien. Dafür warben Rudolf Scharping, jetzt Verteidigungsminister, und Erhard Eppler mit dramatischen Appellen auf dem Parteitag um Unterstützung. Die rot-grüne Regierung hatte den Krieg quasi von ihrer Vorgängerin geerbt und wollte ihre Amtszeit nicht mit einem Akt vermeintlicher Illoyalität gegenüber den Verbündeten beginnen.

Bereits im Verlauf der 1990er-Jahre, lange vor der Regierungsübernahme von 1998, machte sich in der SPD ein vielfältiges Unbehagen gegenüber technokratisch-liberalen »Modernisierern« geltend. Zu ihnen gehörte der Bundesgeschäftsführer Matthias Machnig, der engste Mitarbeiter des politischen Generalsekretärs Franz Müntefering. Im Hinblick auf deren Absicht, die alte Programm-, Mitglieder- und Funktionärspartei in eine auf Wahlkämpfe und »Kampagnenfähigkeit« ausgerichtete, leichter steuerbare Netzwerkstruktur zu verwandeln, war der inhaltliche Widerstand aus der Partei überwiegend erfolgreich. Zur politisch-inhaltlichen Orientierung der SPD hatten sich nicht nur Parteilinke, sondern wiederholt auch Amtsträger aus der älteren Generation mahnend kritisch geäußert – jenseits ihrer einstigen Stellung im Links-Rechts-Spektrum der Partei. In Reaktion auf das »Schröder-Blair-Papier« vom Juni 1999[519] fragte Hans-Jochen Vogel, ob der Markt nicht drauf und dran sei, »sich zum Herrscher der Gesellschaft aufzuschwingen und die demokratisch legitimierten Institutionen beiseitezuschieben«.[520] Dem mit Rücksicht auf die ökonomische Abhängigkeit vom Weltfinanzplatz London teils neoliberal eingefärbten Kurs von »New Labour« wollte hingegen Bodo Hombach, als enger Kanzlerberater und (zusammen mit

Peter Mandelson) tatsächlicher Autor jenes »Schröder-Blair-Papiers«, im Sinne des neuen Managergeistes allseitiger »Flexibilisierung« und stärker »angebotsorientierter« Wirtschaftspolitik folgen. Das konnte so weder den Traditionalisten noch den Anhängern neuer, aber eben nicht dermaßen einseitig ökonomischer Zielsetzungen vermittelt werden. Um die Jahrtausendwende gehörten elf von 15 Regierungschefs der (noch West-)Europäischen Union einer sozialdemokratischen Partei an. Etliche dieser Parteien verfingen sich in denselben Fallstricken wie die SPD – mit vergleichbaren, teilweise noch dramatischeren Folgen für die gesellschaftliche Entwicklung der betreffenden Länder und für die Wählerunterstützung im darauf folgenden Jahrzehnt.

Der Vertrauensverlust, den die SPD im Lauf des Jahres 1999 erlitt, erreichte seinen Höhepunkt bei den Landtagswahlen des Herbstes mit Einbußen von 14,8 % (Brandenburg), 5 % (Saarland) und 11,1 % (Thüringen). Zu der Niederlagenserie der SPD gehörten auch die Kommunalwahlen in Nordrhein-Westfalen, wo die SPD (minus 8,4 %) etwa die Hälfte der kommunalen Spitzenfunktionen verlor, hauptsächlich durch Enthaltung früherer und potenzieller Wähler. Dabei muss auch die Änderung der Kommunalverfassung im Jahr 1994 mit Abschaffung der Doppelspitze und Stärkung der Verwaltungen in Rechnung gestellt werden. Erschwert wurde so offenbar die eingespielte kleinräumige Interessenwahrnehmung und Konsensbildung, wie sie insbesondere für die Sozialdemokratie im Ruhrgebiet charakteristisch gewesen war.

Gerhard Schröder behielt trotz der Rückschläge die Nerven, und vor allem die Kohlsche Spendenaffäre rettete die Regierungsmacht der SPD. In der Bundestagswahl 2002 konnte sich die rot-grüne Koalition trotz Verlusten (SPD 38,5 %) knapp behaupten. Ihre zweite Legislaturperiode begann außenpolitisch mit der weit über die Anhängerschaft der SPD hinaus populären, durchaus riskanten, von Schröder persönlich betriebenen Ablehnung der Beteiligung Deutschlands am Krieg der USA gegen den Irak 2003. Innenpolitisch stand die »Agenda 2010« mit den unter einem Großteil der SPD-Wähler heftig abgelehnten, überdies schlecht kommunizierten Hartz IV-Regelungen im Vordergrund: eine Zusammenlegung des Arbeitslosengeldes II mit der Sozialhilfe unter dem verschieden interpretierbaren Motto des »Förderns und Forderns«. Gegen empirische Befunde überzogen formulierte Verdächtigungen in Richtung des massenhaften »Sozialmissbrauchs«, wie sie zum Beispiel der – letzt-

Bundestagswahl am 22. September 2002: Bundeskanzler Gerhard Schröder (SPD) und Außenminister Joschka Fischer (Bündnis 90/Die Grünen) feiern ihren erneuten Sieg.

endlich 2008 die SPD verlassende – Arbeits- und Wirtschaftsminister und vormalige NRW-Ministerpräsident Wolfgang Clement vor TV-Millionenpublikum verbreitete, markierten innere Bruchlinien. Diese wurden auch deshalb von nicht wenigen so tief empfunden, weil Instrumente gegen Missbrauchstatbestände bei Wohlhabenden mit Ausnahme medienwirksamer Einzelfälle kaum durchgreifend erschienen.

Wenig hilfreich für ein »Kurshalten« der SPD im Sinne der vor jeweiligen Wahlen verkündeten Programmforderungen war zudem ein wirtschafts- und sozialpolitisch erkennbarer Anpassungskurs ebenso bei den Grünen. Wenn die inzwischen prominente Protestantin Katrin Göring-Eckardt in einem Zeitungsinterview Ende 2007 aus nunmehriger Opposition selbstkritisch anmerkte: »Unsere Vermutung war falsch, dass umso mehr Arbeitsplätze entstehen, je weiter wir die Steuern senken«[521], so wird man sich fragen dürfen, was solche Anmutungen des neoliberalen Epochengeistes an den Kabinettstisch und in die rot-grünen Parlamentsfraktionen brachte. Jedenfalls bis in der Bundestagswahl 2005 auch die andere Volkspartei CDU/CSU teilweise ein Opfer der Massenunverträglichkeit von neoliberalen Zeitströmungen wurde, hatte solche Tendenz gerade in der Abschwungphase 2003/04 eine Medienhegemonie in der »Standortdebatte« erreicht. Die Attacken Franz Münteferings auf die »Heuschrecken« des internationalen Finanzkapitals[522] standen in einem eigentümlichen Gegensatz zur vorangegangenen Verabschiedung des Investment-Gesetzes vom 15. Dezember 2003, das den Hedgefonds freie Bahn schuf.

Kaum vermittelbar konnte auch dieser ungeklärte Widerspruch bleiben: Eine viel beachtete empirische Studie im Auftrag der Friedrich-Ebert-Stiftung machte auf das vermehrte Entstehen »prekärer« Existenzen aufmerksam.[523] Auch wenn das Reizwort einer neuen Unterschicht in jener Studie gemieden und nur in Medienberichten verwendet wurde, entgegnete am 16. Oktober 2006 Müntefering dem Sender N24, jene Formulierung stamme von »lebensfremden Soziologen. Es gibt keine Schichten in Deutschland. Es gibt Menschen, die es schwerer haben, die schwächer sind. Das ist nicht neu ... ich wehre mich gegen die Einteilung der Gesellschaft«. Sich der kritischen Gesellschaftsanalyse zu verweigern, konnte allerdings kaum die geeignete Konsequenz aus berechtigter Skepsis gewesen sein, bestimmte Sozialgruppen auch schon begrifflich an den Rand oder gar ins Abseits zu stellen.

Obwohl der deutsche, auf dem Sozialversicherungsprinzip beruhende Wohlfahrtsstaat – statusbewahrend und umverteilungsresistent als Typus – in den Grundzügen erhalten blieb, geriet er nun vermehrt in die öffentliche Kritik. Sie erklang nicht allein von Marktliberalen, und sie nahm angesichts der bei der staatlichen Vereinigung zu bewältigenden Aufgaben nach 1989/90 deutlich zu. Der »Rheinische Kapitalismus«, der auf einer Kooperation von Staat, Privatwirtschaft und Gewerkschaften beruhte, bildete nun den »Wettbewerbsstaat« aus. Bedrängt von der marktkapitalistischen Globalisierung trieb er selbst die globale Wirtschaftsliberalisierung voran, was zudem insbesondere seit den späten 1980er-Jahren auch für die europäischen Institutionen gilt. Es ist durchaus zutreffend, wie Sozialdemokraten immer wieder betonen, dass die EU besser geeignet wäre, das kontinentaleuropäische Zivilisationsmodell einer koordinierten und sozialstaatlich gezähmten Marktwirtschaft gegen den globalen Finanzmarktkapitalismus zu verteidigen und qualitativ weiterzuentwickeln. Doch bedürfte es dazu nicht nur einer Effektivierung, institutionellen Vertiefung und Demokratisierung der Union, sondern auch eines neuen Rollenverständnisses und einer anderen Politik.

Die soziale Wirklichkeit veränderte sich auch in Deutschland. Die Arbeitslosenquote lag seit 1990, nicht zuletzt durch die Deindustrialisierung des Ostens, stets zwischen 5 und 10 %, zeitweise sogar darüber. Dazu kam eine stille Reserve von Nichtbeschäftigten, die sich nicht erwerbslos meldeten. Rund die Hälfte waren und sind Langzeitarbeitslose, hauptsächlich Geringqualifizierte, Ältere und Frauen. Die Zahl der Normalarbeitsverhältnisse in unbefristeter Vollzeitbeschäftigung ging zurück, die derjenigen in prekären Arbeitsverhältnissen (Zeit- beziehungsweise befristete Arbeit, Leiharbeit, Arbeit mit projekt- oder leistungsbezogener Bezahlung, Minijobs, Scheinselbstständigkeit) nahm kontinuierlich zu. Ein erheblicher Teil der Betroffenen war zusätzlich auf Hartz IV angewiesen, um materiell zu überleben. Der durchschnittliche Reallohn auch der Arbeitnehmer mit günstigeren Verträgen stagnierte – anders als in den 1950er- bis 1970er-Jahren – in der Grundtendenz. Dabei sank angesichts einer Gewinnexplosion bei Unternehmens- und Kapitaleinkommen die Lohnquote, während die Quote der relativen Armut deutlich stieg.

Marktradikale vermochten links von ihnen nur mehr die »Sozialdemokratisierung« verschiedener Parteien (einschließlich der Union) zu sehen, und das zu einer Zeit, als bis hinein in Teile der Sozialdemokratie tatsächlich zuweilen eher manche »neoliberalen« Denkschablonen anzutreffen waren. Der gebräuchliche Begriff des Neoliberalismus für das Streben nach einer weltweiten Marktgesellschaft (nicht nur Marktwirtschaft) ist historisch eigentlich fragwürdig. Neo-Liberalismus war dem geschichtlichen Ursprung nach eine Übersetzung von New Liberalism und dieser im ersten Jahrzehnt des 20. Jahrhunderts eher sozialliberal und massendemokratisch gemeint, und die »neoliberale« sozialmarktwirtschaftliche Denkschule nach dem Zweiten Weltkrieg hat eine Synthese mit freiheitlichen christlich-sozialen Traditionen erstrebt. Der neue Antisozialdemokratismus im Mitte-Rechts-Spektrum mutete somit fast wie eine Art weltanschaulicher »Teufelsaustreibung« gegen die geistige Überlieferung des Sozialliberalismus, der katholischen Soziallehre und der evangelischen Sozialethik innerhalb des »bürgerlichen« Parteienspektrums an – das nur wegen des im 19. und 20. Jahrhundert auch in der Sozialdemokratie vorherrschenden Sprachgebrauchs noch immer so genannt wird. Dieses sozial akzentuiere »bürgerliche« Erbe scheint in den betreffenden Parteien indessen allmählich kaum noch eine Heimstatt zu haben.

Stufenweiser Machtverlust oder Selbstbehauptung aus der politischen Defensive?

Zusammen mit anderen Maßnahmen, wie der Aufweichung des Rentensystems und der Heraufsetzung des Rentenalters, bewirkte die Hartz IV-Reform die Abwendung eines Teils der Parteilinken und des gewerkschaftlichen Funktionärskörpers von der SPD. Es konstituierte sich 2004 die Wahlalternative Arbeit und soziale Gerechtigkeit (WASG), ihr Trumpf wurde die Beteiligung von Oskar Lafontaine. Die WASG schloss sich in einem komplizierten Fusionsprozess mit der PDS zur neuen »Linkspartei« zusammen und erzielte 8,7 % bei der Bundestagswahl 2005 (2009 dann sogar 11,9 %). Das Ergebnis dieser Wahl, in einer Flucht nach vorn von Gerhard Schröder und Franz Müntefering, dem er zuvor den Parteivorsitz überlassen hatte, nach dem Verlust der Regierungsmacht in Nordrhein-Westfalen in die Wege geleitet, ist bemerkenswert: Die SPD (34,2 %) konnte ihre Verluste in Grenzen halten, obwohl die siegessicheren, mit einem wirtschaftsliberalen Programm angetretenen Partner CDU/CSU und FDP von Massenmedien recht breit und massiv unterstützt wurden. Dieses Ergebnis war, neben dem Charisma des Wahlkämpfers Schröder, der Tatsache zu verdanken, dass die SPD in einem auch in Deutschland noch stark vom globalistischen Neoliberalismus geprägten Umfeld wieder dezidierter als Verteidigerin des Sozialstaats auftrat.

Nimmt man einen »Politischen Kompass« zur Orientierung im Gesamtfeld möglicher Grundhaltungen, so hatte Rot-Grün in der Wahrnehmung des Publikums einen mittleren Kurs zwischen jeweils vermiedenen Pendelschlägen nach links oder rechts gehalten. Es waren die FDP, die im Koordinatensystem als zu weitgehend marktradikal-neoliberal, und die CDU und CSU, die mit Führungsfiguren wie dem CSU-Chef Stoiber und dem CDU-Fraktionsvorsitzenden Merz zusätzlich als zu konservativ wahrgenommen wurden.[524] Hingegen erschien neben der Wirtschafts- und Sozialpolitik auch zum Beispiel die Innen- und Rechtspolitik des Kabinetts Schröder-Fischer als weithin ausgependelt, indem sicherheitspolitisch eher Stimmungen rechts von der Mitte und in sonstigen bürgerrechtspolitischen Fragen auch Standpunkte etwas weiter links bedient wurden. Diese Standortbeschreibung kann natürlich noch nichts über die Richtigkeit der eingenommenen Positionen aussagen, sondern allenfalls erklären, warum die Wahlergebnisse 2002 und

2005 wegen der Irritationen durch Fehlgriffe der Gegenkräfte für die SPD noch gut oder nach Lage der Dinge zufriedenstellend ausfielen.

Zumal der SPD-Anteil 2005 fast exakt mit jenem von 1912 identisch war und etwa in der Mitte zwischen dem niedrigsten (20,5 %) und höchsten Niveau (46 %) seit Aufhebung des Sozialistengesetzes lag, ist am ehesten noch über Wahlkreisgewinne ein regionalisierter Langzeitvergleich möglich[525]: Eine Teilkontinuität der Gebietsrepräsentation auch über ökonomischen, sozialen, politischen und kulturellen Strukturwandel mehrerer Generationen hinweg ist unübersehbar. Fast unerreichbar blieben SPD-Mehrheiten im ländlichen Raum, wenn ein nennenswerter Katholikenanteil hinzutrat. Uneinnehmbare evangelisch-agrarkonservative Festungen haben sich außer in Vorpommern und im Westen Schleswig-Holsteins nur in Südwestdeutschland erhalten. Historisch gebrochen wurde (schon 1919) die vormalige Großgrundbesitzer-Vormundschaft im Nordosten. Das politische Erbe regionalen Protests – auch früher rechts der Mitte – konnte die SPD (zeitweise) in ländlichen Mischgebieten Niedersachsens und Nordhessens antreten. Die städtisch-industriellen Hochburgen bleiben ersichtlich, mit signifikanter Ausnahme Sachsens. Dieses einstige Kernland der SPD, das wie der Rest Mitteldeutschlands schon in der Weimarer Republik politisch stark gespalten war, hat sich wohl aus einer Kombination von Ostberlin-Distanz, starker eigenständiger PDS/Linkspartei und Ministerpräsident-Biedenkopf-Effekt zur CDU-Hochburg und Extremdiaspora der SPD verwandelt.

Was bereits für 2005 projektiert war, gelang den politischen Gegnern 2009: Die SPD konnte von ihrer auch bei vormaligen Skeptikern kaum bestrittenen Regierungskompetenz als Junior-Partnerin der CDU/CSU, einschließlich des Managements der Finanz- und Wirtschaftskrise 2008/09, nur wenig profitieren. Dies galt sogar für eine gegenüber der rotgrünen Periode deutlichere Rückbesinnung auf soziale Anliegen. Insbesondere auch das Kurzarbeitergeld, federführend vom sozialdemokratischen Arbeitsminister Olaf Scholz konzipiert und erfolgreich umgesetzt, erwies sich als wirksames Mittel gegen den bei nahe 5 % Schrumpfung der Wirtschaftsleistung befürchteten Wiederanstieg der Arbeitslosigkeit auf bis zu fünf Millionen. Die allzu rasche Abfolge im Parteivorsitz (2004 Müntefering, 2005 Platzeck, 2006 Beck, 2008 wieder Müntefering) war innerparteilich kaum orientierungsstiftend und öffentlich nicht mehr vermittelbar. Gemessen an 2005 hat die SPD 2009 (23% der

Stimmen) insgesamt 6,2 Millionen oder etwa 40 % ihrer Stimmen verloren, und zwar in alle Richtungen, aber unterschiedlich gewichtet: Zum großen Konkurrenten CDU/CSU strömten 0,88 Millionen und zur FDP 0,53 Millionen. Letzteres war sicher teils auch taktisch motiviert: weder die Große Koalition noch Bündnisse bis zur Linkspartei zu wollen. Hingegen entschwanden sogar 1,1 Millionen vormalige SPD-Stimmen zur Linkspartei, 0,87 Millionen zu den Grünen und 0,32 Millionen zu sonstigen Parteien. Zum Regierungswechsel kam es aber wesentlich angesichts dramatischer 2,04 Millionen Wahlenthaltungen aus dem Reservoir vormaliger SPD-Stimmen. Hinzu traten viele Überhangmandate der CDU auch infolge rückläufiger Quoten von SPD-Erststimmen aus dem Potenzial der Grünen- beziehungsweise Linkspartei-Zweitstimmen.[526] Übrigens waren die Europa-Wahlen desselben Jahres mit 20,8 % für die SPD bei deutlich geringerer Beteiligung noch schlechter ausgefallen und hatten solches Unheil angekündigt. »Rentner und Pensionäre« waren zu »ihrer sichersten Bastion« geworden.[527] Das folgte der Mitgliederentwicklung, die Rentner und Pensionäre mit gut einem Drittel noch vor den Beamten mit knapp einem Viertel als größte Teilgruppe ausweist.

Der einzige Vorteil dieser wahrhaft katastrophalen Ergebnisse, die sich indessen nicht als Trend in den Bundesländern fortsetzten, bestand darin, dass es schlechterdings unmöglich war, die Situation zu verharmlosen und das Richtungsprofil des Vertrauensentzugs zu verkennen. Der schnell inthronisierte neue Parteivorsitzende Sigmar Gabriel aus der Generation der Männer und Frauen um die 50 wandte sich mit einem schonungslos selbstkritischen »Brief an die Genossen«. Die Zustimmungsrate mit über 94 % auf dem Dresdener Parteitag im November 2009 fiel so hoch aus, weil er Fehler und Versäumnisse offen ansprach und für neue Akzente plädierte. Eine Stellungnahme der AfA hatte gefordert, die SPD müsse ihre Politik wieder »an den Interessen der breiten Arbeitnehmerschaft ausrichten«. Der teilweise Kurswechsel sei den »Agenda-Politikern« einfach nicht abgenommen worden.[528]

In der Tat ließen sich in selbstkritischer Bilanzierung politische Glaubwürdigkeitsprobleme der SPD kaum leugnen: So wie im Wahlkampf 2002 die Einschnitte danach nicht einmal schonend angekündigt wurden, hinterließ es einen verheerenden Eindruck, im Wahlkampf 2005 unter anderem stimmenwirksam gegen die Erhöhung auf 18 % »Merkel-Steuer« zu argumentieren und dann als »Kompromiss« bei der Bildung einer

Großen Koalition 19 % Mehrwertsteuer zu vereinbaren. Dabei blieb aber der unter anderem für Lebensmittel geltende ermäßigte Satz von 7 % unangetastet, also fiel wiederum die politische Symbolik viel negativer als die Verteilungswirkung aus.

Der einen Problemzahl (23 Prozent zur Bundestagswahl 2009) waren – in wesentlichem Umfang durchaus ursächlich – drei andere Problemziffern in öffentlicher Breitenwahrnehmung vorausgegangen: Hartz IV, 19 % Mehrwertsteuer und »Rente mit 67«, die fast ebenso wie der Mehrwertsteuer-Satz mit nicht allzu lang zurückliegenden Beschäftigungskonzepten »Rente mit 60« schroff kontrastierte und zu wenig Rücksicht auf unterschiedliche Berufswirklichkeiten nahm. Man wird auch jenseits der massiven Stimmenverluste nach der inneren Logik einer Politik fragen dürfen, zum Beispiel einerseits zunächst die Pensionsgrenze von Universitätsprofessoren von 68 auf 65 heruntergesetzt zu haben, andererseits körperlich strapazierte Krankenschwestern und Bauarbeiter mit der Zielgröße 67 zu verunsichern. Die schrittweise Absenkung des Spitzensteuersatzes bei der Einkommensteuer um drastische 11 %, allerdings auch des Kleinverdiener begünstigenden Eingangssteuersatzes in solcher Größenordnung, war bereits das Werk der rot-grünen Regierung – ein auch im Hinblick auf die Haushaltskonsolidierung bedenkliches Vorgehen. Hingegen war die radikale Verminderung des Regel-Steuersatzes bei der Körperschaftssteuer unter der Regierung Kohl begonnen worden. Doch auch hier bekam unter dem Druck internationaler Konkurrenz die Entwicklung erst kräftig Fahrt unter Rot-Grün.

Darüber hinaus wurde zu Recht auf den Verlust an Diskussionsoffenheit und damit auch der Meinungsführerschaft verwiesen, was auch mit der schwach entwickelten Fähigkeit der Sozialdemokratie zum nicht organisationsgebundenen Dialog zusammenhänge. Ein nicht kleiner Teil der Mitglieder selbst litt an der Partei – und das mindestens seit Sommer 1999. Diese Menschen waren durch die Herausstellung des SPD-Anteils an der Regierungspolitik hinsichtlich der Kompetenz und Seriosität des Handelns nicht zu beeindrucken, solange dieser eine zumindest teilweise Mitwirkung an neoliberalen Weichenstellungen angelastet werden konnte. Auch ein Politikstil, der sich auf die verstärkte Einflussnahme von Beratern und Medienexperten stützte, wozu die Verlagerung der politischen Willensbildung in die Medienöffentlichkeit und in partei- und parlamentsunabhängige Gremien gehörte, hatte dazu beigetra-

gen, die SPD-Basis der Führung zu entfremden. Der aussichtsreichste Versuch, die innerparteilichen Kräfteverhältnisse nach links zu verschieben und damit auch die politische Atmosphäre in der Bundesrepublik schlagartig zu verändern, hätte möglicherweise die Bildung einer linken Dreier-Koalition in Hessen zur Ablösung des hinreichend umstrittenen CDU-Ministerpräsideten Koch werden können. Dies scheiterte an einigen Dissidenten in den eigenen Reihen, und es fehlte die innere Legitimation, nachdem die Spitzenkandidatin Andrea Ypsilanti vor der Wahl eine solche Kombination ausgeschlossen hatte. Spätestens nach der absehbaren Niederlage der SPD bei dortigen Neuwahlen war auch eine solche Perspektive strategisch auf mittlere Frist versperrt, obwohl Koalitionen mit der PDS beziehungsweise der Linken in Ostdeutschland inzwischen fast schon zur Normalität gehörten.

Der jeweils nur vorübergehend gestoppte, langfristig gravierende Mitgliederverlust der SPD setzte schon in den späten 1970er-Jahren ein. 1989 betrug die Mitgliederzahl immerhin noch rund 920 000, im Jahre 2010 waren es aber nicht viel mehr als eine halbe Million. Besonders auffällig ist, neben den Einbußen in den früheren Hochburgen, das Absinken des Anteils der unter 36-Jährigen, namentlich der unter 26-Jährigen. Damit ging parallel, dass ein Rekordergebnis von 55 % SPD-Stimmen bei Erstwählern zum Bundestag 1972 in den 1980er-Jahren zunächst wesentlich nur in Richtung der Grünen auf Normalmaß eingeschmolzen ist und in Gesamtdeutschland 2005 dann SPD, Grüne und Linkspartei – insoweit zur Vergleichbarkeit zusammengerechnet – dort sogar über 55 % erreichten. Nur 18 % SPD-Stimmen der Altersgruppe 18 bis 25 bei der Bundestagswahl 2009 sind jedoch angesichts der so entstehenden Vorprägung des späteren Wahlverhaltens alarmierend, zumal sich eine Mehrheit gegen Schwarz-Gelb nun allein noch unter Hinzufügung der bei Erstwählern schon damals starken Piratenpartei ergibt.[529] Eine vorwiegende Arbeiterpartei im soziologischen Sinn war die SPD zwar bereits in der Ära Brandt nicht mehr, von dem als Stichwort die »Arbeitnehmergesellschaft« überliefert ist.[530] Sie blieb jedoch insofern eine Arbeitnehmerpartei mit weiterhin relativ sicherer Anhängerschaft unter Industriearbeitern. Noch einseitiger als im letzten Drittel des 20. Jahrhunderts ist die SPD in ihrer aktiven Mitgliedschaft inzwischen zu einer Partei des Öffentlichen Dienstes geworden, genauer gesagt: des mittleren bis gehobenen Segments der Hierarchie, dessen Lebenswirklichkeit sich von dem der subalternen und durchschnittlichen Positionen in Betrieben und Büros weit entfernt hat. So findet man kaum noch eine gemeinsame Sprache mit der Masse der normalen Arbeitnehmer und insbesondere den Angehörigen der neuen Unterschicht.

Speziell die Arbeiterwähler, auch das ein gesamteuropäisches Phänomen, nahmen die regierenden Sozialdemokraten schon länger als Teil des Establishments wahr und wandten sich, wenn sie Protest artikulieren wollten, bei Wahlen in überdurchschnittlichen Anteilen rechtspopulistischen bis rechtsextremen Parteien zu. Dieses Phänomen, das in einigen Ländern stärker ausgeprägt ist als in Deutschland, beleuchtet ebenso die sozio-kulturell abnehmende Bindekraft der in Traditionen der Arbeiterbewegung stehenden Formationen wie auch die Entfernung der Sozialdemokraten von erheblichen Teilen ihrer früheren Wählerbasis. Die besonderen Beziehungen zwischen SPD- und DGB-Spitze ließen sich aber trotz unvermeidlicher Spannungen in den letzten Regierungsjahren wieder festigen, auch wenn sie nicht mehr die Stabilität der ersten Nachkriegsjahrzehnte erreichen können.

Eine zunehmend vielfältige gesellschaftliche Wirklichkeit drängte offenbar auch zu immer längeren Programmbeschlüssen wie zuletzt auf dem Hamburger Parteitag 2007. Dieses neue Grundsatzprogramm vereinte die Partei intern, entwickelte aber unter dem Eindruck der Großen Koalition so wenig Strahlkraft nach außen wie umfängliche programmatische Ausarbeitungen in Wahlkämpfen. Wenn zur Erschließung des Programmtextes von 2007 allein schon acht eng beschriebene Seiten (mit 16 Spalten) eines detaillierten Sachregisters nützlich erscheinen, kann sich der Eindruck herausbilden, bereits mehr ein kleines Handbuch von Erläuterungsskizzen zu den verschiedensten Themenfeldern vorzufinden. Immerhin gibt es zuletzt eine komprimierte Auflistung, die angesichts gleicher Einleitungsworte jener acht Punkte hier als Kurzfassung dienen kann: »Wir wollen eine friedlichere und gerechtere Welt. ... das soziale und demokratische Europa. ... eine solidarische Bürgergesellschaft, eine Kultur des Respekts und der Anerkennung und einen handlungsfähigen demokratischen Staat. ... die Gleichstellung der Geschlechter verwirklichen. ... durch qualitatives Wachstum Wohlstand und Lebensqualität für alle ermöglichen und unsere natürlichen Lebensgrundlagen schützen. ... gute Arbeit und gerechten Lohn für alle. ... den vorsorgenden Sozialstaat, der Sicherheit, Teilhabe und gleiche Lebenschancen gewährleistet. ... bessere Bildung für alle in einer kinder- und familienfreundlichen Gesellschaft.« Bemerkenswert ist auch, was dort schon vor dem Beginn der Finanzkrise seit 2008 – um das Stichwort »Entfesselte Finanzmärkte« gruppiert – kritisch zum globalistischen Marktradikalismus angemerkt wurde, wenngleich einige Formulierungen suggerieren, Kapitalismus sei etwas der Wirtschafts- und Sozialordnung Nachkriegsdeutschlands eigentlich Fremdes, von außen Drohendes.[531]

Entgegen manchen Pauschalurteilen hatte sich nicht die Programmatik von den gesellschaftlichen Problemen abgekoppelt, sondern zuweilen das Regierungshandeln nicht unwesentlich von beschlossenen Grundsätzen entfernt, die in vielem durchaus mit Erwartungen in der eigenen Wählerschaft übereinstimmten. Zwar vermochte das neue Programm den Aktivisten der SPD wieder halbwegs festen Boden unter den Füßen zu verschaffen. Doch machte der äußerst bescheidene Rücklauf einer diesbezüglichen Fragebogenaktion aus der Mitgliedschaft im Frühjahr 2007 – ganze 7,1 % – deutlich, in welchem Ausmaß inzwischen Resignation an der Basis Platz gegriffen hatte.[532]

Auf der Suche nach dem SPD-Milieu

Eines der Grundprobleme der SPD um das Jahr 2000 und danach war und ist die Heterogenität ihrer potenziellen Wählerschaft. Zu dieser gehören Aufsteigergruppen ebenso wie »Globalisierungsverlierer« und vom Abstieg unmittelbar oder perspektivisch Bedrohte, eher technikbegeisterte Modernisierungsgewinner nicht minder als gegenüber vielen Gegenwartstendenzen kritische Gruppen. Statt als Volkspartei wird die SPD deshalb heute manchmal als »Querschnittspartei« bezeichnet. Denn als einzige Formation ist sie in sämtlichen zahlenmäßig relevanten Sozialmilieus relativ ausgeglichen vertreten. Einem stark lebensstil- und wertebezogenen Einteilungsmodell folgend, lagen in der Nähe zum desaströsen Bundestagsergebnis 2009 die Parteisympathien verschiedener Milieus in folgender Spreizung: CDU/CSU 14–62 %, SPD 21–31 %, Grüne 3–34 %, Linkspartei 1–39 %, FDP 3–16 %, Sonstige 0–12 %.[533] Das Spektrum der SPD bewegte sich also in solcher Zuordnung fast nur in der Schwankungsbreite von statistischen Zufallseffekten und Abgren zungsproblemen. Es war so gemessen kein besonderes SPD-Milieu zu finden, sondern die Partei sammelte aus dort kaum ersichtlichen Gründen überall etwa das gleiche ungefähre Viertel an Gefolgschaft. Die CDU/

CSU verdankte entgegen überzogenen Milieuauflösungsthesen eben doch ihre nur 1972 und 1998 vorübergehend gebrochene Führungsrolle einem größeren traditionellen Anhängerstamm. Indem von der Linkspartei recht breitflächig ostdeutsche Hochburgen und von den Grünen vornehmlich nord-, west- und süddeutsche Stadtkerngebiete bis hin zu relativen Mehrheiten erobert wurden, geriet die SPD gewissermaßen zwischen alle Fronten, ohne Minderheitenpolitik wie die FDP und sonstige Parteien betreiben zu können.

Im günstigsten Fall könnte die SPD damit zu einer spezifischen Integrationspartei der Moderne werden, einer pluralistischen Einheit in Vielfalt. Hingegen finden sich vormoderne (zum Beispiel ländlich-kirchliche) Milieus bis heute am ehesten bei der CDU/CSU, postmoderne Mentalitäten eher bei urbanen Grünen (inzwischen auch den »Piraten«) und Liberalen. An die Stelle der alten Differenzierung in Arbeiter, Angestellte und Beamte unterschiedlicher Qualifikationsstufen bildete sich aber eine neue Binnengliederung der abhängig Arbeitenden heraus. Unterhalb der Spitzenqualifizierten in wissenschaftlichen und technischen Stellungen besteht eine Schicht von qualifizierten Dienstleistern in gehobenen Positionen der Privatwirtschaft wie des Öffentlichen Dienstes. Nach dieser sozialen Mitte folgen die stark geschrumpfte Gruppe der Industriefacharbeiter und Arbeiter mit gehobener Anlernfunktion, eine stark ausgeweitete Dienstleistungskategorie mit schlecht bezahlten, wenig qualifizierten Jobs sowie ein unterer Sockel von faktisch Ausgegrenzten und Armen. Die in den 1980er-Jahren zunächst als warnendes Stichwort geltende Rede von der »Zweidrittelgesellschaft«[534], die ein unteres Drittel von der Wohlstandsentwicklung abhänge, beschreibt nun zunehmend die Realität.[535] Dabei findet sich die Masse der nur unzureichend in das Bildungs- und Ausbildungssystem integrierten Migranten in den unteren Bereichen, was in etwas gemilderter Form sogar dann für diesen Bevölkerungsteil gilt, wenn die deutsche Staatsbürgerschaft erworben wurde. Allerdings muss betont werden, dass es sich auch beim mittleren Drittel und sogar bei der unteren Hälfte des oberen Drittels nicht um Privilegierte handelt, zumal sich der Abstand vom gehobenen Mittelstand zu den enteilenden Spitzenverdienern absolut wie relativ am meisten erhöhte.

Manche empirisch-sozialwissenschaftlichen Klassifizierungen kennen wesentlich nur obere, mittlere und untere Mittelschichten – wobei nicht allein die relativ schmale Oberschicht, sondern auch die Unterschichten verschämt an den passenden Mittelschicht-Bereich angefügt werden. Das wirkt zuweilen schon wie eine Neuauflage der ideologieträchtig harmonisierenden These aus den 1950er-Jahren über die »nivellierte Mittelstandsgesellschaft« (Helmut Schelsky). Solche Modelle bilden darin soziologisch eine Neigung im deutschen Parteienspektrum zum Beanspruchungsgedränge in einer imaginären politischen Mitte ab. Dies weicht aber einer jedenfalls in parlamentarischen Demokratien unhintergehbaren Polarität von eher linken und eher rechten Formationen – mit allenfalls koalitionsstrategischen Mittelgliedern – begrifflich aus. In den einflussreichen »Sinus-Milieus« wird gar »bürgerliche Mitte« genannt[536], wo vielleicht am ehesten auch ein moderner Arbeitnehmerkern der SPD verwurzelt geblieben sein könnte. Denn bezeichnend für die heimische Ideologieproduktion heißt dieses nach Sozialstatus und Wertorientierung zentristische Milieu in der US-Version angemessener »Modern Middle America«[537], suggeriert also weder konservative noch »bürgerliche« Identität, sondern dürfte mehrheitlich dort zum Clinton/Obama-Lager gehören. Sogar die vielleicht noch am ehesten brauchbare deutsche Standortbestimmung erscheint kaum als das schon erreichte Ziel auf der Suche nach dem Milieu oder den Milieus der SPD[538].

Wenn demzufolge auf der Links-Rechts-Achse Soziale Gerechtigkeit contra Marktfreiheit polarisiert wird, zeigt dies zwar recht deutlich mehrheitsbildende Chancen. Aber die Mitte-Rechts-Milieus der (tendenziell eher schwarz-gelben) Etablierten, Aufsteiger und Aufstrebenden liegen in den Werthaltungen näher beieinander. Das gilt nicht für eine teils stark libertäre (überproportional grüne) bildungs-bürgerliche, teils mehr autoritätsorientierte (am ehesten sozialdemokratische) Mitte-Links-Formation von Durchschnittsarbeitnehmern. Auffällig ist die passive Rollenzuweisung an »bedrohte« Arbeitnehmermitte und »selbstgenügsame Traditionalisten«, die so weder gleich den »kritisch Engagierten« noch gleich den Leistungsaufsteigern aktiv sind. Falls da nicht bildungsbürgerlich »Engagierte« ihre Wahrnehmungsmuster etwas zu sehr an Durchschnittsmilieus herangetragen haben, wäre es dann wohl ein Dahinschwinden von »engagierter« Arbeitnehmerschaft, was den Verlust eines Kerns sozialdemokratischer Milieuidentität wesentlich mit erklärte.

Zur Eingrenzung der inneren Heterogenität muss die Sozialdemokratie also bestrebt sein, die Polarität von libertären contra autoritätsorientierten Wertmustern – so wie früher den Glauben – als Privatsache in sich gegenseitig tolerierende Alltagswelten zu verlagern. Vorrangig die sozialen Ordnungsvorstellungen betreffend, könnte in der gesellschaftlichen Wirklichkeit dann eine Dreiteilung der Bevölkerung »in eine privilegierte, eine nichtprivilegierte und eine unterprivilegierte Schichtungsstufe« erkennbar sein. Davon geht jedenfalls ein zu den Sinus-Milieus alternatives Modell aus, welches in Fortschreibung auf differenziertere Gegenwartsverhältnisse an historische Klassifikationen wie Bürgertum, Kleinbürgertum, Arbeitsvolk und Subproletariat noch anschlussfähig bleibt. Dort wird eher das Zerfließen der Grenzen zwischen kleinbürgerlichen und »arbeitnehmerischen« Bereichen diagnostiziert – und auch eine zweite Werthaltungsachse von autoritär bis avantgardistisch zur Verortung einsetzt.[539] Dabei sind unterhalb der nicht privilegierten Arbeitnehmerschaft noch diverse prekäre und Unterschichten-Milieus angesiedelt, die angesichts (normal-)beschäftigungshemmender Ausbildungsdefizite nun sogar in konjunkturellen Erholungsphasen strukturbedingt anwachsen. Es dürften insgesamt diese zwar durchaus verschiedenen, aber jeweils nicht privilegierten Teile der Bevölkerung, bis in die Wählerschaft der CDU/CSU hineinreichend sein, die von einem solidarischen Gesellschaftsmodell profitieren und den sozialen Ausgleich schätzen, denn empirische Befunde zeigen: »Vier Fünftel der Bevölkerung stehen einem Wechsel insbesondere zum neoliberalen Pfad sehr ablehnend gegenüber«.[540] Das erklärt, warum – nach der CDU/CSU 2005 – zuletzt auch die FDP für zu deutlich neoliberale Tendenzen abgestraft wurde, da sie offenbar den Stimmenzuwachs unter der Großen Koalition bis 2009 falsch interpretiert hatte. Denn beträchtliche Teile auch der mehr oder minder Privilegierten sind durchaus bereit, einen stabilen oder nach Bedarf maßvoll wachsenden Anteil an Solidarbeiträgen zu leisten, wenn dies mit einer positiveren gesellschaftlichen Atmosphäre und Fortschritten insbesondere auch in der Förderung von Zukunftschancen der Kinder aus unterprivilegierten Familien verbunden ist.

Eine auf der vergleichenden Analyse von Programmen und Parteiantworten zur Europawahl 2009 basierende Studie ergibt diesen – offenbar teilweise gegenüber der Zeit um 2005 korrigierten – Standort der SPD im europäischen Spektrum[541]: Ihrer Befürwortung weiterer Ausgestaltung des Sozialstaates entspricht umgekehrt die Ablehnung des weitgehenden Marktliberalismus und einseitiger Sparpolitik. Mit sonst noch zusätzlicher Priorität auf dem Umweltschutz entspricht dies wieder am meisten dem Profil der schwedischen und niederländischen Sozialdemokratie. Hingegen stehen in der EU vor allem die spanischen und französischen Sozialisten gesellschaftspolitisch weiter links, während die Labour Party im Sinne von »Law and Order« und die SPÖ in der Zuwanderungspolitik den rechten Flügel markieren. Auch innerdeutsch bestätigte sich dort 2009 programmatisch nicht die häufig behauptete Verwischung aller Konturen: Nach Frankreich (und zwar wegen starker Rechtsradikaler) zeigten sich innerhalb der EU im deutschen Parteienspektrum die größten Unterschiede. Die CDU/CSU erschien im europäischen Vergleich doch konservativer, als es manchen Einzelsignalen und Wahrnehmungen in der Medienöffentlichkeit entsprach, und die FDP zeigte, neben den zu erwartenden wirtschafts- und haushaltspolitischen Positionen konträr zur SPD, auch keinerlei Neigung zur Umweltpolitik. Die in jener Analyse recht ähnlichen Programmprofile von deutschen Grünen und Linkspartei sprechen einerseits für das Erfordernis des zusätzlichen Milieubezugs, über den auch die unterschiedliche Mitglieder- und Anhängerschaft besser ins Blickfeld gerät. Andererseits könnte sich darin, parallel mit dem Bedeutungsschwund der noch primär in der DDR beziehungsweise doktrinären Westmilieus politisch sozialisierten Alterskohorten, ein allmähliches Hinüberwachsen der Linkspartei zu einem »linksalternativen«, mehr libertär-sozialistischen Kurs andeuten, der eher radikaldemokratische als zuvor noch unterstellte restautoritäre Züge trägt.

Es muss hier aber offen bleiben, ob es gelingen kann, in sich differenzierte Sozialmilieus in ansprechbaren Bevölkerungsgruppen für eine neu ansetzende sozial-ökonomische Reformpolitik zu mobilisieren. Untersuchungsbefunde deuten auch darauf hin, dass Sozialmilieus »mehr zur Abschätzung von Wählerpotenzialen als für Wahlprognosen« geeignet sind.[542] Sie grenzen eher die mögliche Bereitschaft zur Unterstützung bestimmter Ziele ein, als dass so die konkrete Stimmabgabe in einer Momentaufnahme erklärt werden könnte. Die einzige aussagekräftige Landtagswahl noch im Untersuchungszeitraum deutete für das größte Bundesland Nordrhein-Westfalen im Mai 2010 jedenfalls auf be-

Landtagswahlen in Nordrhein-Westfalen 2010: Sigmar Gabriel, Hannelore Kraft und Frank-Walter Steinmeier auf einer Kundgebung in Mülheim am 7. Mai.

ginnende Erholung der Sozialdemokratie und konstruktive Lehren aus dem bundesweiten Wahldebakel vom Herbst 2009 hin. Die SPD verbesserte sich in diesen wenigen Monaten dort bereits wieder von 28,5 % bei der Bundestags- auf 34,5 % in der Landtagswahl. Da auch die Grünen von 10 % auf 12 % zulegten und Schwarz-Gelb nach Einzug der Linkspartei ins Landesparlament noch weniger eine Mehrheit hatte, entschied sich die SPD mit neuem politischen Mut zur Bildung einer rot-grünen Minderheitsregierung unter Ministerpräsidentin Hannelore Kraft. Bei wirtschaftlichen Problemlagen und schwieriger gewordenen Mehrheitsverhältnissen in einem pluralistischer gewordenen Parteiensystem nicht dem konservativen Reflex der häufig angstbesetzten Rufe nach einer Großen Koalition nachzugeben, ist wohl auch eine mögliche Variante von »mehr Demokratie wagen«.

Aus der Geschichte lernen?

Wenn aus der Geschichte gar nichts zu lernen wäre, hätte es – über die kulturelle Selbstvergewisserung von politischen Gemeinwesen hinaus – nur wenig Sinn, sich überhaupt so intensiv und weit zurückgreifend mit ihr zu beschäftigen. Nicht das Ob steht also hier noch zur Debatte, sondern das Wie. Zu einem wesentlichen Teil ist Geschichte das Resultat unzähliger sich wiederholender beziehungsweise verändernder Handlungen und Entwicklungen. Insofern wird Geschichte auch »gemacht«, jedoch als Ganze – unter vorgefundenen, nicht willkürlich veränderbaren Umständen – nicht von einzelnen Personen oder Organisationen, in den konkreten Teilen aber nicht ohne deren aktive Mitwirkung. In den Gründungsphasen der Sozialdemokratie bis zur Aufhebung des Sozialistengesetzes war ihre Entwicklung noch primär von den politischen Rahmenbedingungen abhängig. Die Revolutionen von 1830 und 1848 und die Wiederaufnahme der freiheitlichen Nationalbewegung von den späten 1850er-Jahren bis zur Reichsgründung 1871 markierten wichtige Impulse. Seitdem es auch in der Namensgebung eine SPD gibt (1890), erlangte sie zunehmende Einfluss- und dann auch Gestaltungsmöglichkeiten. Diese konnten nur mehr von den Diktaturen des 20. Jahrhunderts unterbrochen werden. Allerdings waren die geschichtlichen Handlungsbedingungen der Sozialdemokratie für deren verschiedene Generationen seither ganz unterschiedlich.

Die Trendperioden 1890 bis 1919/20 sowie 1949/50 bis 1980 haben die Sozialdemokratie zweimal von einer noch recht bescheidenen Ausgangsposition in große Nähe der eigenen Mehrheit gebracht. In beiden Fällen profitierte sie dabei wesentlich von ökonomischen Expansionsphasen, die nicht nur die Arbeiterbevölkerung mehrten, sondern auch ihre Verhandlungs- und Konfliktposition stärkten. Das fatale Kaiserwort »Erst die Sozialisten abschießen, … dann Krieg nach außen«[543] erinnerte daran, dass der Erste Weltkrieg nicht allein gegen imperiale Rivalen außen, sondern zugleich gegen die zuvor kontinuierlich gewachsene Stärke der Sozialdemokratie im Inneren geführt wurde. Nachdem der Krieg des Kaiserreichs an der Westfront gegen parlamentarisch regierte Staaten verloren ging, wurde die SPD dann zur Staatsgründungspartei der politisch-kulturellen Verwestlichung in der Weimarer Republik. Doch waren die ökonomischen Kriegsfolgelasten und die massenpsychologische Bürde aus dem Versailler Diktatfrieden so gravierend, dass bis in die 1940er-Jahre im Zeichen von schweren Krisen dann eine antidemokratische Gegenbewegung folgte. Von dieser wurde auch die SPD historisch weit zurückgeworfen. Die aus der Abwehrposition gegen den politischen Osten von einem antisozialistischen Sammlungseffekt getragene Führungsrolle der CDU/CSU in den 1950er-Jahren konnte aber die SPD im Zeichen der internationalen Entspannungspolitik sowie der sozioökonomischen und kulturellen Modernisierungsschübe der 1960er- und 1970er-Jahre ablösen. Dieser neuerlich verzeichnete »Genosse Trend« stieß danach wiederum an die Grenzen eines vorübergehenden Abrisses des Kontinuitätsfadens in der Entspannungspolitik sowie des beginnenden finanzmarktkapitalistischen Globalisierungsprozesses. Dabei erfolgte ein tendenzieller Übergang von der Industrieproduktions- zur Dienstleistungs- und Kommunikationsgesellschaft, die allenfalls noch sehr vermittelt in einem modifizierten bipolaren Klassenschema interpretiert werden kann.

Nicht zufällig fällt die Amtszeit der beiden generationsprägenden Langzeitvorsitzenden August Bebel und Willy Brandt in die beiden großen Wachstumsperioden der Arbeiterbevölkerung und des SPD-Stimmenanteils. Zweifellos leisten geeignete Führungspersönlichkeiten ihren Beitrag zu politischen Erfolgen. Aber dies gelingt natürlich eher mit dem Rücken- als dem Gegenwind historischer Trendperioden. Etwas Fortune gehört mit zum abgerundeten Bild einer politischen Lebensleistung: Der Mythos Bebels lebte auch davon, als 1913 Verstorbener nicht mehr die Hand zur Bewilligung der Kriegskredite 1914 heben zu können. Das wäre aber höchstwahrscheinlich geschehen, da Bebel 1907 gegen den reaktionären Zarismus sogar »als alter Knabe noch die Flinte auf den Buckel nehmen« zu wollen angekündigt hatte.[544] Willy Brandt konnte noch die (nach 1919 zweite) Erfüllung des alten Traums deutscher Einheit in demokratischer Freiheit erleben, als seine Partei bereits in einen geradewegs selbstzerstörerischen Zyklus des häufigen Wechsels nicht allein des Vorsitzenden geraten war. Bei dieser Zählung vernachlässigend, dass es bis 1945 formell stets mindestens zwei Vorsitzende gab, folgten auf Bebel mit Ebert (1913–1919) und Wels (bis 1933/39) und vor Brandt mit Schumacher (1945–1952) und Ollenhauer (1952–1963) wiederum für den ersten Repräsentanten der Partei recht lange Amtszeiten.

An deren Ende stand außerdem entweder der Tod (Schumacher und Ollenhauer) oder der Übertritt ins höchste Staatsamt (Ebert).

Wenn sich die SPD allein von 1987 bis 2009 insgesamt ein volles Dutzend Wechsel im Parteivorsitz leistete, wird man dieses im geschichtlichen Abstand wohl nicht nur als Ausdruck für wachsende Probleme, sondern zugleich als mitverursachend für den negativen Trend bis 2009 werten müssen. Überdies traten von 1983 bis 2009 immerhin sechs verschiedene Kanzlerkandidaten für die SPD an, und es ist wohl kein Zufall, dass allein der Mehrfach-Kandidat Schröder die erwarteten Stimmenanteile oder sogar bessere erreichte. Gerade wenn die Zeiten schnelllebiger geworden sind, macht es wenig Sinn, daraus erwachsenden gesellschaftlichen Orientierungsbedarf mit Sprunghaftigkeit und Hektik im politischen Führungsstil zu verfehlen. Auch die CDU verlor übrigens für anderthalb Jahrzehnte ihre Vorrangstellung, als sie zwischen 1966 und 1973 viermal den Vorsitzenden austauschte. Sollte die SPD daher nochmals Bedarf an einem Wechsel haben, würde sie gut daran tun, die Auswahl dann auch nach der hinreichenden Wahrscheinlichkeit zu treffen, dass ein komplettes Tätigkeits-Jahrzehnt eine realistische Perspektive darstellt.

Andererseits ist die mögliche Kontinuität im Repräsentationsprofil einer Partei entscheidend von der hinreichend breit angelegten Integrationsfähigkeit abhängig. Über den nach Wahlziffern erfolgreichsten Sozialdemokraten der gesamten europäischen Geschichte, den Österreicher Bruno Kreisky, kursierte »das Bonmot von der ›Quadratur des Kreisky‹«. Dazu gehörte auch »die Kunst, so zu sprechen, dass ein Universitätsprofessor es noch akzeptiere und ein Bauhilfsarbeiter es noch kapiere.«[545] Vor allem aber konnten bei einer überragenden Integrationsfigur wie Kreisky (oder etwa Per Albin Hansson, Regierungschef 1932–1946 in Schweden) verschiedene gesellschaftliche Kräfte links der Mitte sich jeweils in wichtigen Teilaspekten wiederfinden. Er war hinreichend in der sozialdemokratischen Tradition und ihrer Programmatik verankert, um das Parteimilieu und die kritische Intelligenz zu erreichen. Zugleich galt Kreisky als führungsstarker und autoritätsbewusster Pragmatiker und als gesellschaftspolitischer Modernisierer. So motivierte er – wohlbemerkt in einem katholischen, außerhalb Wiens strukturell eher mit Bayern als mit NRW vergleichbaren Land – mehrere Generationen und auch Wechselwählerschichten zur Stimmabgabe für die SPÖ (die 1971, 1975 und 1979 bei sehr hoher Wahlbeteiligung jeweils über

Nach der Kranzniederlegung am Mahnmal der Opfer des Warschauer Getto-Aufstandes am 7. Dezember 1970: Bundeskanzler Willy Brandt kniet.

50 % der Stimmen erreichte). Willy Brandts Wahlsieg 1972 kam dem recht nahe, auch er galt als der Herkunft nach milieuverwurzelt und dennoch für Zukunftsfragen offen, in manchen Fragen eher dem linken, in anderen mehr dem rechten Flügel der eigenen Partei verbunden. Auch seine Wirkung bestand zu einem großen Teil darin, ganz unterschiedliche

Wahlplakat der SPD zur Bundestagswahl am 19. November 1972

Menschengruppen ansprechen zu können, die sich gleichermaßen von ihm verstanden und vertreten fühlten. Sogar das außen- und deutschlandpolitische Profil war hinreichend breit angelegt: Gerade auch wegen des Bekenntnisses zur historischen Verantwortung Deutschlands und der Abtragung von Altlasten in der Ostpolitik konnten viele wieder »stolz sein auf unser Land« (so ein Plakatslogan der SPD zur Bundestagswahl 1972).

Zwar profitierten Brandt und Kreisky – insofern unwiederbringlich – von einer historischen Konstellation, in der einerseits die Arbeiterschaft noch rund die Hälfte der Erwerbstätigen stellte und andererseits Teile der neuen Mittelschichten sich bereits vom christlich-konservativen Lager emanzipiert hatten. Doch bleibt die Beobachtung richtig, dass zu eng angelegte Profile weder nach außen noch im Inneren zusammenführen, sondern nur breiter gefasste Identifikationsangebote. Dies gilt noch für das letzte Vierzig-Prozent-Ergebnis der SPD bei Bundestagswahlen (1998), als Gerhard Schröder einerseits für eine rot-grüne Landeskoalition stand und andererseits mit Wirtschaftspragmatismus verbunden wurde. Altkanzler Helmut Schmidt erreichte sein dermaßen überragendes Ansehen über Richtungsdifferenzen hinweg wohl erst dadurch, dass seine Altersweisheit teils weiterhin so gemäßigt klang wie zu Kanzlerzeiten, aber zum Beispiel in der Kritik des Finanzkapitalismus und von Militäreinsätzen nun deutlicher auch mit linken Positionen vereinbar erschien.

Wenn im Schlussteil dieser einzige Griff über die sonst hier gezogene Epochengrenze 2010 hinaus gestattet ist: Außer in der Schwäche der regionalen Konkurrenz lagen die beiden wohl ermutigendsten Wahlergebnisse der SPD seit dem Stimmendebakel bei der Bundestagswahl 2009, die absolute Mehrheit in Hamburg mit Olaf Scholz 2011 und die klare Bestätigung von Hannelore Kraft in Nordrhein-Westfalen 2012, sicher auch in solchem weithin gelungenen Brückenschlag begründet. Der Hamburger Bürgermeister hatte den gelobten Wirtschaftspragmatismus zuvor als Bundesarbeitsminister mit der erfolgreichen sozialpolitischen Krisenstrategie des Kurzarbeitergeldes flankiert. An der NRW-Ministerpräsidentin prallten die einseitigen Schuldenbußpredigten der schwarz-gelben Opposition nicht allein wegen ihrer menschlichen Ausstrahlung und ihrer kommunikativen Fähigkeiten ab, sondern weil Hannelore Kraft als gelernte Ökonomin und zuletzt Forschungsministerin im NRW-Kabinett von Peer Steinbrück eben auch für Wirtschaftskompetenz und Zukunftsfragen steht.[546]

Ein gewichtiges Beispiel, wie historische Analogieschlüsse über die Generationen hinweg vorwiegend irreführend wirken könnten, sind die einzigen mehrjährigen »Großen Koalitionen« 1928–30, 1966–69 und 2005–09. Die geschichtlichen Konstellationen sind dabei sehr unterschiedlich. Eine vorausgehende Mitte-Rechts-Mehrheit seit 1924 war 1928 schlicht abgewählt worden. So war die – wie immer auch gelockerte – Koalitionsbildung von einer gestärkten SPD bis zu Stresemanns DVP ohne Alternative, wenn man sich nicht von Splittergruppen oder den politischen Extremen abhängig machen wollte. Ohne die im Herbst 1929 verzeichnete fatale Kombination aus dem Tod Stresemanns, beginnender Weltwirtschaftskrise und bevorstehendem Ende des außenpolitischen Bedarfs an solch breiter Kooperation hätte dieses schwierige Zweckbündnis auch länger überleben können. Die historiografisch zunächst überzogene Schuldzuweisung an die gewerkschaftliche und dann sozialdemokratische Weigerung, die Krisenlasten wesentlich auch durch Leistungskürzung für immer mehr Arbeitslose überwälzen zu lassen, förderte wohl die Bereitschaft zum Regierungseintritt Ende 1966. Auch wenn die ökonomische Krise damals vergleichsweise moderat war, erwuchs – insoweit abweichend von 1928 und 2005 – aus dieser ein wesentlicher Impuls zum Bruch der »bürgerlichen« Koalition von CDU/CSU und FDP.

Zumal die SPD auf gesamtstaatlicher Ebene seit mehr als einer Generation nicht mehr mitregiert hatte, profitierte sie 1967 bis 1969 von profilierungsstarken Ministerien – und darüber hinaus vom Oppositionseffekt: Die NPD zog einige Jahre mehr Stimmen von der CDU und CSU als die Rechtsextremen und die APO-Splittergruppen zusammen von der SPD ab. Noch ausschlaggebender wurde der aus der Opposition möglich gewordene Positionswechsel der FDP zur sozialliberalen Koalition. Die Situation von 2005 war zum Schaden der SPD genau umgekehrt: Sie verlor daraufhin mindestens so viel – und zwar wohl längerfristiger – nach links wie die CDU/CSU 1967/68 nur vorübergehend nach rechts. Überdies war nun die Parteienlandschaft dahingehend verändert, dass gerade in einer Koalition der Volksparteien in breiter Mitte die zuvor ebenfalls dort angesiedelte FDP sich insoweit eher nach rechts (im Sinne von marktgläubig) profilierte, als sie den Unionsparteien aus neoliberaler Perspektive die angebliche »Sozialdemokratisierung« vorhielt.

Schon weil Bismarcks, wohlbemerkt mit dem Sozialistengesetz flankierte, staatskonservative Sozialpolitik in den 1880er-Jahren kein »sozialdemokratisches« Jahrhundert eingeleitet hatte, kann es in den 1980er-Jahren auch nicht sein Ende gefunden haben. In eine Krise geraten ist seither – landes- und zeitweise – der sozialpolitische Akzent und noch nachhaltiger die nationalstaatliche Regulationskraft des Sozialstaatsmodells. Ansonsten dominierte eher die Pendellogik der Regierungswechsel: Der neokonservativen Wende Thatcher/Reagan 1979/80 stand im zuvor meist konservativ oder rechtsliberal regierten Frankreich, das sich bis heute nicht einfach umfassend »globalisieren« ließ, die Linksunion der 1980er-Jahre gegenüber. In Schweden ging zwar 1976 eine jahrzehntelange Dominanz der Sozialdemokratie einstweilen zuende. Aber in Österreich, das – analog zur nachbarlichen Vorherrschaft der CDU/CSU bis 1970 – »schwarze« Kanzler hatte, hielt die SPÖ-Regierungszeit auch die 1990er-Jahre (und mit Unterbrechung noch länger: die Mehrheitsfähigkeit zeigte sich unter anderem in der Volkswahl des seit 2004 amtierenden Bundespräsidenten Heinz Fischer, dessen ursprünglich kritisch-intellektuelles Profil sich mit einem ausgleichenden staatsmännischen Habitus verband).

In Deutschland erweiterte die Regierung Kohl mit ihrem profilierten Arbeitnehmerpolitiker Norbert Blüm das seit Bismarck schrittweise etablierte Sozialstaatsmodell nicht nur auf das östliche »Beitrittsgebiet«, sondern darüber hinaus auf die Pflegeversicherung. Mit einem nicht erst Einkommensmillionäre treffenden Spitzensteuersatz von 53 % (plus anfangs 7,5 % Solidaritätszuschlag und ggf. Kirchensteuer) sowie etwa 20 % des Lohns/Gehalts jeweils als Arbeitnehmer- und Arbeitgeberanteil der Sozialabgaben waren auch noch die 1990er-Jahre einer staatszentrierten Tradition des ursprünglichen sozialmarktwirtschaftlichen Kompromissmodells verpflichtet. Insofern kam die SPD 1998 mindestens eine Legislaturperiode zu spät wieder an die Regierung, um am bisherigen Sozialstaatsmodell noch erfolgreich weiterzubauen. Stattdessen wurde – angesichts der Förderung und Regulierung eher noch symbolträchtig – mit der »Riester-Rente« (benannt nach dem Arbeitsminister und Ex-Gewerkschafter) die Reprivatisierung der Lebensrisiken eingeleitet und der Spitzensteuersatz 2005 auf nur mehr 42 % abgesenkt.

Während also die erste Dekade des 21. Jahrhunderts einer der am wenigsten förderlichen Zeiträume für sozialpolitische Regierungsbilanzen seit Bismarcks Reichsgründung war, können tatsächlich die 1970er-Jahre im Langzeitvergleich umso berechtigter das »sozialdemokratische Jahrzehnt« genannt werden.[547] Jedenfalls waren sie, weit mehr noch als die 1920er-Jahre mit ihren beiden massiven Rückschlägen der großen Wirtschaftskrisen 1923/24 und 1929/33, die am meisten sozialdemokratische Dekade, so wie die 1950er-Jahre wesentlich christdemokratisch geprägt waren. Entgegen verbreiteten Annahmen haben Wirtschaftskrisen der Sozialdemokratie jedenfalls zunächst (und nicht nur in Deutschland) auf gesamtstaatlicher Ebene immer geschadet. Das war vom Sozialistengesetz nach dem »Gründerkrach« der 1870er-Jahre bis zur schweren Wahlniederlage in der Finanzkrise 2009 stets zu verzeichnen. Auch der Endpunkt einer sozialliberalen Ära wurde im ökonomischen Krisenverlauf von einer Rekordzinsphase hinüber in die Rezession 1981/82 erreicht, und die vorausgegangene Krise von 1973/74 hat jedenfalls eine Zäsur von stärkerer zu schwächerer Dynamik sozialdemokratischer Reformpolitik markiert.

Die CDU/CSU, wohlbemerkt nach 1945 eine Neugründung des konfessionellen Brückenbaus, wäre nicht jene Volkspartei von heute ohne die über tiefgreifenden Wandel hinweg nachwirkenden Struktur- und Milieu-Effekte aus ihrer Blütezeit der 1950er-Jahre. Das gilt für die – von mancher Publizistik wohl zu früh als zweite Volkspartei historisch abgeschriebene – SPD dann ebenso im Hinblick auf die Prägung aus den 1970er-Jahren. Die sozialliberale politisch-kulturelle Hegemonie im Übergang zu den 1970er-Jahren wurde auch dadurch erreicht, dass die christdemokratischen 1950er-Jahre statt vorwiegend mit Wiederaufbau und »Wirtschaftswunder« nun auch mit der geistigen Enge und dem altmodischen »Mief« jener bundesdeutschen Gründerzeit verbunden wurden. Ganz ähnlich entglitt der Sozialdemokratie ihr wesentlicher Anteil öffentlicher Deutungsmacht, seitdem die 1970er-Jahre vorwiegend als die Periode der »verpuffenden Konjunkturprogramme« und des damit zusammenhängenden Beginns »ausufernder« Staatsschulden dargestellt wurden. Für die breiten Schichten des »arbeitenden Volkes in Stadt und Land« brachten nach kargen 1950er-Jahren und immer noch relativ knappen 1960er-Jahren aber erst die 1970er-Jahre die materielle Erfüllung des Sozialstaatspostulats eines »Wohlstands für alle« (den schon Ludwig Erhard versprochen hatte). Außerdem gab es nun mehr Bildungs- und damit Aufstiegschancen, nicht zuletzt für die sozialdemokratische Klientel.

Politische Abwanderung im sozialen Aufstieg ging eher zu den möglichen Koalitionspartnern wie zunächst Anfang der 1970er-Jahre zur FDP und dann seit den 1980er-Jahren zu den Grünen als zu den Konservativen und Rechtsliberalen. Ein Ausdruck beginnender Fehlentwicklungen war jedoch die Abkopplung der SPD von einem unteren Drittel der Gesellschaft. Wenn sich zum Beispiel die ÖTV statt 11 % Lohn- und Gehaltserhöhung 1974 einer Festgeldforderung oder wenigstens einer wesentlichen Festbetragskomponente mit dem Argument verschloss, die unteren Einkommensgruppen seien nur schwach organisiert und die besser bezahlten würden verärgert, entsprach das nicht einer solidarischen Lohnpolitik. So wurde die Aufgabe der Gewerkschaften wie der Sozialdemokratie verfehlt, um des sozialen und demokratischen Zusammenhalts willen auch die politische Schutzmacht des unteren, nicht nur primär des konfliktfähigeren mittleren Drittels zu bleiben.

Zwar hat sich die SPD im Verlauf ihrer langen Geschichte programmatisch, in ihrer politischen Praxis und in ihrer sozialen Zusammensetzung erheblich gewandelt – ein Vorgang, der sinnvoll nur im Zusammenhang mit den gesamtgesellschaftlichen Entwicklungsprozessen zu erfassen ist. Dennoch bleibt die bei allem Pragmatismus und der Festlegung auf graduellen Fortschritt grundlegende Opposition zum sozialen Status quo, zur gegebenen Hierarchie von Besitz und Macht ein Charakteristikum, das die Sozialdemokratie von politischen Formationen rechts von ihr unterscheidet. Ohne den Anspruch nicht allein in der Oppositionsrolle, sondern auch während der Regierungsperioden eine solidarische Gesellschaft der Freien und Gleichen anzustreben, verlöre sie ihren über Generationen geprägten Wesenskern.

Gewiss: zur Zeit des Kaiserreichs war die Vision des »Zukunftsstaats« mit der Vorstellung eines revolutionären Bruchs verbunden, den man sich aber schon damals eher als organisierte massenhafte Verweigerung und demokratische Selbsttätigkeit des arbeitenden Volkes denn als bewaffneten Aufstand vorstellte. In der Weimarer Republik – mit einer Verfassung, die für die Transformation der Wirtschafts- und Sozialordnung offen war – setzten sich dann Konzepte eines schrittweisen Übergangs vom »organisierten Kapitalismus« zur sozialistischen Gesellschaft durch. Nach 1945, zunächst sogar mit scharf einschneidenden Neuordnungsforderungen, wurde daran angeknüpft. Im Verlauf der 1950er-Jahre löste sich die Mehrheit der SPD von einer Vorstellung des Sozialismus als einem nicht zuletzt durch die Aufhebung des Privateigentums an den wichtigen Produktionsmitteln definierten und dem Kapitalismus historisch nachfolgenden System. Auch offiziell seit dem Godesberger Programm verstand sie den noch immer erstrebten »demokratischen Sozialismus« eher als regulative Idee. Allerdings verschwand die andere Auffassung, meist von einem undogmatischen Marxismus beeinflusst, niemals aus der Partei und ist auf dem linken Flügel stets legitimer Weise mit vertreten gewesen. Ebenso fanden sich auf der rechten Seite des parteiinternen Spektrums auch einflussreiche Positionen, die nicht mehr für eine »Neue Gesellschaft« standen, sondern wo man vor allem an solche Veränderungen dachte, die Menschen primär fit für den globalen Wettbewerb und das Leben in der Wettbewerbsgesellschaft machen sollten.

Die Zukunftsaussichten der SPD als einer Partei eigener Prägung hängen letztlich davon ab, ob die herrschende Variante des finanzmarktdominierten Kapitalismus sich immer weiter durchsetzen wird. Es gibt auch gegenläufige Anzeichen, dass wichtige Elemente der kontinentaleuropäischen Kapitalismus-Variante, mit der lange eingespielte institutionelle Arrangements, Mechanismen und Abläufe verbunden sind, trotz aller Anpassungszwänge ein gewisses Beharrungsvermögen besitzen und nicht umstandslos ausgetauscht werden können. Die ideologische (und auch wirtschaftswissenschaftliche) Vorherrschaft des neoliberalen Marktradikalismus wurde in den Jahren seit der letzten Finanz- und Wirtschaftskrise 2008/09 erschüttert, aber noch nicht nachhaltig gebrochen. Das gilt erst recht auf der Ebene der realen ökonomischen Entwicklung, wo der Finanzmarktkapitalismus längst wieder Fuß gefasst hat. Innerhalb der europäischen Sozialdemokratie haben sich in den letzten Jahren – ausgehend von Norwegen 2005 – neue linke Bündniskonstellationen durchzusetzen begonnen. Angesichts der Bedeutung Deutschlands in Europa werden der Einfluss und die politisch-konzeptionellen Entscheidungen der SPD maßgeblich dazu beitragen, über die Entwicklung nicht allein der Bundesrepublik, sondern des ganzen Kontinents im weiteren Verlauf des 21. Jahrhunderts ein Stück weit mit zu bestimmen.

Die Leitidee von »mehr Demokratie wagen« ist dabei nicht allein und vielleicht nicht einmal in erster Linie im Sinne zusätzlicher direktdemokratischer Konzepte zu verstehen, sondern gerade auch als Revitalisierung der im Grundgesetz primär vorgesehenen repräsentativen Demokratie. Es ist nämlich ein Kerngedanke des Repräsentationsprinzips, nicht einfach nur ein Mandat der für eine Person oder eine Liste unmittelbar Abstimmenden wahrzunehmen, so wie Anwälte ihre Mandanten vertreten. Eine solche Denkfigur erlaubt den – ganz unsozialdemokratischen – Übergriff der privaten und vorrangig ökonomischen in die öffentliche und dann vorrangig politische Handlungslogik. Es könnte leicht in die Richtung zusätzlicher Spaltung der Gesellschaft und Abkoppelung von Unterprivilegierten gehen, wenn künftig immer mehr Grundentscheidungen von nicht selten recht knappen Mehrheiten aus einem abstimmenden Drittel getroffen würden. Überdies ist das Einwerfen des Stimmzettels in der Einsamkeit der Wahlkabine (oder der insofern nur technisch modernisierte Abstimmungs-Klick am PC) nur ein begrenzter Teil des Gesamtprofils von lebendiger Demokratie, die wesentlich von kontroversen öffentlichen Debatten und letztlich einen Minimalkonsens herstellenden Prozessen der Kompromissfindung lebt.

Gerade Mehrparteien-Parlamente, die unterhalb der Schwelle tendenzieller Handlungsunfähigkeit durch Aufsplitterung bleiben, könnten zusätzliche Chancen für Volksvertretungen bieten, die mehr sind als Vollzugsstellen eines von kleinen Führungszirkeln wesentlich gesteuerten Fraktionszwangs, flankiert durch – in breiter Öffentlichkeit stets unterschätzte – Sacharbeit in den Ausschüssen. Sinkende Wahlbeteiligungsraten legen auf geminderter Legitimationsbasis dennoch vollgültig Gewählten eine zusätzliche Verantwortung auf, bei ihrem Handeln nicht nur an die immerhin viel beschworenen künftigen Generationen zu denken. Es gilt auch hier und jetzt schon an diejenigen zu denken, deren Stimme in einer spätmodernen Medien- und Sozialwelt so wenig zu hören ist, wie sie auch immer weniger die Wahlurnen überhaupt noch erreicht. Das liegt nicht nur an zuweilen im paternalistischen Tonfall vorgehaltenen Bildungsdefiziten, für deren Behebung allerdings wesentlich mehr getan werden muss, sondern auch in verloren gegangenem Vertrauen in politische Repräsentanten begründet.

Es war in den Zeiten von August Bebel stets zugleich der Stolz von Sozialdemokraten in Dreiklassenparlamenten, die Stimme für alle mit zu erheben, die ein undemokratisches Wahlrecht von der gleichberechtigten Teilhabe an der politischen Macht fernhielt. Damit machte das fast ausschließlich von der Sozialdemokratie für alle Ebenen lange verfochtene und in der Weimarer Republik verwirklichte allgemeine und gleiche Wahlrecht für alle Frauen und Männer ab 20 Jahre zwar ein Ende. Die Zukunft der Sozialdemokratie hängt aber wesentlich davon ab, inwieweit es gelingt, dass von einer Zweidrittelgesellschaft der sozialen Teilhabe und einer Zweidrittelgesellschaft der politischen Teilnahme die Trendlinie nicht weiter nach unten weist. Die zeitgeschichtliche Entwicklung der sozialen Teilhabe und damit verbundenen politischen Teilnahme müsste zum Vorteil nicht nur einer Partei, sondern des gesellschaftlichen Zusammenhalts auch einmal wieder im Sinne von »mehr Soziale Demokratie wagen« nach oben zeigen.

Literaturverzeichnis

ABENDROTH, W.: *Aufstieg und Krise der deutschen Sozialdemokratie*, Frankfurt 1964.

ALBRECHT, W. (Hg.): *Kurt Schumacher. Reden – Schriften – Korrespondenzen 1945–1952*, Bonn 1985.

ANGSTER, J.: *Konsenskapitalismus und Sozialdemokratie. Die Westernisierung von SPD und DGB*, München 2003.

AREND, P.: *Die innerparteiliche Entwicklung der SPD 1966–1975*, Bonn 1975.

BALSER, F.: *Social-Demokratie 1848/49–1863*, 2 Bde., Stuttgart 1965.

BARING, A./GÖRTEMAKER, M.: *Machtwechsel. Die Ära Brandt-Scheel*, Stuttgart 1982.

BEBEL, A.: *Die Frau und der Sozialismus*, Stuttgart 1891.

Ders.: *Aus meinem Leben*, 3 Bde., Stuttgart 1910/14.

BERNSTEIN, E.: *Die Voraussetzungen des Sozialismus und die Aufgaben der Sozialdemokratie (1899)*, Stuttgart 1902.

BOLL, F.: *Frieden ohne Revolution? Friedensstrategien der deutschen Sozialdemokraten vom Erfurter Programm 1891 bis zur Revolution 1918*, Bonn 1980.

BOUVIER, B. W.: *Zwischen Godesberg und Großer Koalition. Der Weg der SPD in die Regierungsverantwortung*, Bonn 1990.

BRANDT, P./AMMON, H. (Hg.): *Die Linke und die nationale Frage. Dokumente zur deutschen Einheit seit 1945*, Reinbek 1981.

BRANDT, W.: *Links und frei. Mein Weg 1930–1950*, Hamburg 1982.

BRAUNTHAL, J.: *Geschichte der Internationale*, 3 Bde., Hannover 1961–71.

BUCHNER, B.: *Um nationale und republikanische Identität. Die deutsche Sozialdemokratie und der Kampf um die politischen Symbole in der Weimarer Republik*, Bonn 2001.

BÜSCH, O./HERZFELD, H. (Hg.): *Die frühsozialistischen Bünde in der Geschichte der deutschen Arbeiterbewegung. Vom »Bund der Gerechten« zum »Bund der Kommunisten« 1836–1847*, Berlin 1975.

CONZE, W./GROH, D.: *Die Arbeiterbewegung in der nationalen Bewegung. Die deutsche Sozialdemokratie vor, während und nach der Reichsgründung*, Stuttgart 1966.

DOMANN, P.: *Sozialdemokratie und Kaisertum unter Wilhelm II.*, Wiesbaden 1974.

DOWE, D.: *Aktion und Organisation. Arbeiterbewegung, sozialistische und kommunistische Bewegung in der preußischen Rheinprovinz 1820–1852*, Hannover 1970.

Ders. (Hg.): *Demokratischer Sozialismus in Europa seit dem Zweiten Weltkrieg*, Bonn 2001.

Ders./KLOTZBACH, K. (Hg.): *Programmatische Dokumente der deutschen Sozialdemokratie*, 4. Aufl., Bonn 2004.

EDINGER, L. J.: *Sozialdemokratie und Nationalsozialismus. Der Parteivorstand der SPD im Exil von 1933–1945*, Hannover 1960.

EMIG, B.: *Die Veredelung des Arbeiters. Sozialdemokratie als Kulturbewegung*, Frankfurt 1980.

ENGELBERG, E.: *Revolutionäre Politik und Rote Feldpost 1878–1890*, Berlin 1959.

FAULENBACH, B.: *Das sozialdemokratische Jahrzehnt. Von der Reformeuphorie zur Neuen Unübersichtlichkeit. Die SPD 1969–1982*, Bonn 2011.

FISCHER, J. (Hg.): *Die Einheit sozial gestalten. Dokumente aus den Akten der SPD-Führung 1989/90*, Bonn 2009.

FRICKE, D.: *Handbuch zur Geschichte der deutschen Arbeiterbewegung 1869 bis 1917*, 2 Bde., Berlin 1987.

GREBING, H.: *Geschichte der deutschen Arbeiterbewegung*, München 1966.

Dies. u.a. (Hg.): *Willy Brandt, Berliner Ausgabe*, 10 Bde., Bonn 2000–2009.
Dies.: *Geschichte der deutschen Arbeiterbewegung. Von der Revolution 1848 bis ins 21. Jahrhundert*, Berlin 2007.
Groh, D.: *Negative Integration und revolutionärer Attentismus. Die deutsche Sozialdemokratie am Vorabend des Ersten Weltkrieges*, Frankfurt 1974.
Ders./Brandt, P.: *»Vaterlandslose Gesellen«. Sozialdemokratie und Nation 1860–1990*, München 1992.
Günther, K.: *Sozialdemokratie und Demokratie 1946–1966. Die SPD und das Problem der Verschränkung innerparteilicher und bundesrepublikanischer Demokratie*, Bonn 1979.
Hasselmann, E.: *Geschichte der deutschen Konsumgenossenschaften*, Frankfurt 1971.
Heimann, S.: *Die SPD in den neunziger Jahren*, in: W. Süß (Hg.), *Deutschland in den neunziger Jahren*, Opladen 2002, S. 83–104.
Ders.: *Sozialdemokratische Partei Deutschlands*, in: R. Stöss (Hg.), *Parteien-Handbuch. Die Parteien der Bundesrepublik Deutschland 1945–1980*, Opladen 1983, S. 2025–2216.
Ders.: *Zwischen Aufbruchstimmung und Resignation. Die SPD in den 80er-Jahren*, in: W. Süß (Hg.), *Die Bundesrepublik Deutschland in den achtziger Jahren*, Opladen 1991, S. 35–51.
Ders.: *Der Preußische Landtag 1899–1947*, Berlin 2011.
Hoffrogge, R.: *Sozialismus und Arbeiterbewegung in Deutschland. Von den Anfängen bis 1914*, Stuttgart 2011.
Hunt, R. N.: *German Social Democracy 1918–1933*, New Haven 1964.
Hurwitz, H.: *Zwangsvereinigung und Widerstand der Sozialdemokraten in der Sowjetischen Besatzungszone und Berlin*, Köln 1990.
Huster, E.-U.: *Die Politik der SPD 1945–1950*, Frankfurt 1978.
Kaden, A.: *Einheit oder Freiheit. Die Wiedergründung der SPD 1945/46*, Hannover 1964.
Klotzbach, K.: *Der Weg zur Staatspartei. Programmatik, praktische Politik und Organisation der deutschen Sozialdemokratie 1945–1965*, Berlin 1982.
Kocka, J.: *Lohnarbeit und Klassenbildung. Arbeiter und Arbeiterbewegung in Deutschland 1800–1875*, Berlin 1983.
Ders.: *Weder Stand noch Klasse. Unterschichten in Deutschland um 1800*, Bonn 1990.
Ders.: *Arbeitsverhältnisse und Arbeiterexistenzen. Grundlagen der Klassenbildung im 19. Jahrhundert*, Bonn 1990.
Köser, H.: *Die Grundsatzdebatte in der SPD 1945/46–1958/59*, Freiburg 1971.
Kowalski, W.: *Vorgeschichte und Entstehung des Bundes der Gerechten*, Berlin 1962.
Krause, H.: *USPD. Zur Geschichte der Unabhängigen Sozialdemokratischen Partei Deutschlands*, Frankfurt 1975.
Kruse, W.: *Krieg und nationale Integration. Eine Neuinterpretation des sozialdemokratischen Burgfriedensschlusses 1914/15*, Essen 1994.
Kuczynski, J.: *Die Geschichte der Lage der Arbeiter unter dem Kapitalismus*, insbesondere Bd. 1–7, Berlin 1961 ff.
Kuhn, A.: *Die deutsche Arbeiterbewegung*, Stuttgart 2004.
Lassalle, F.: *Gesammelte Reden und Schriften*, Hg. E. Bernstein, 12 Bde., Berlin 1919/20.
Lehmann, H. G.: *Die Agrarfrage in der Theorie und Praxis der deutschen und internationalen Sozialdemokratie*, Tübingen 1970.

LEHNERT, D.: *Sozialdemokratie zwischen Protestbewegung und Regierungspartei 1848–1983*, Frankfurt 1983.

Ders.: *Sozialdemokratie und Novemberrevolution. Die Neuordnungsdebatte 1918/19 in der politischen Publizistik von SPD und USPD*, Frankfurt 1983.

LIDTKE, V. L.: *The Outlawed Party. Social Democracy in Germany 1878–1890*, Princeton 1966.

LÖSCHE, P.: *Der Bolschewismus im Urteil der deutschen Sozialdemokratie 1903–1920*, Berlin 1967.

Ders./WALTER, F.: *Die SPD: Klassenpartei – Volkspartei – Quotenpartei. Zur Entwicklung der Sozialdemokratie von Weimar bis zur deutschen Vereinigung*, Darmstadt 1992.

LORECK, J.: *Wie man früher Sozialdemokrat wurde*, Bonn 1977.

LUTHARDT, W. (Hg.): *Sozialdemokratische Arbeiterbewegung und Weimarer Republik*, 2 Bde., Frankfurt 1978.

MATTHIAS, E.: *Die Sozialdemokratische Partei Deutschlands*, in: ders./R. Morsey (Hg.), *Das Ende der Parteien*, Düsseldorf 1979, S. 101–278.

MEHRING, F.: *Geschichte der deutschen Sozialdemokratie (1897/98)*, 2 Bde., Berlin 1960.

MERKEL, W. u.a.: *Die Reformfähigkeit der Sozialdemokratie. Herausforderungen und Bilanz der Regierungspolitik in Westeuropa*, Wiesbaden 2006.

MEYER, T.: *Grundwerte und Wissenschaft im Demokratischen Sozialismus*, Berlin 1978.

Ders.: *Theorie der Sozialen Demokratie*, Wiesbaden 2005.

Ders.: *Praxis der Sozialen Demokratie*, Wiesbaden 2006.

Ders. u.a.: *Lern- und Arbeitsbuch deutsche Arbeiterbewegung*, 4 Bde., Bonn 1984.

MILLER, S.: *Die Bürde der Macht. Die deutsche Sozialdemokratie 1918–1920*, Düsseldorf 1978.

Dies.: *Burgfrieden und Klassenkampf. Die deutsche Sozialdemokratie im Ersten Weltkrieg*, Düsseldorf 1974.

Dies.: *Das Problem der Freiheit im Sozialismus. Freiheit, Staat und Revolution in der Programmatik der Sozialdemokratie von Lassalle bis zum Revisionismusstreit*, Berlin 1974.

Dies.: *Die SPD vor und nach Godesberg*, Bonn 1974.

MOMMSEN, H. (Hg.): *Sozialdemokratie zwischen Klassenbewegung und Volkspartei*, Frankfurt 1974.

MORAW, F.: *Die Parole der »Einheit« und die Sozialdemokratie. Zur parteiorganisatorischen und gesellschaftspolitischen Orientierung der SPD in der Periode der Illegalität und in der ersten Phase der Nachkriegszeit 1933–1948*, Bonn 1973.

MORGAN, R.: *The German Social Democrats and the First International 1864–1872*, Cambridge 1965.

MOSER, J.: *Arbeiterleben in Deutschland 1900–1970*, Frankfurt 1984.

MÜHLHAUSEN, W.: *Friedrich Ebert 1871–1925. Reichspräsident der Weimarer Republik*, Bonn 2006.

MÜLLER, D.H.: *Idealismus und Revolution. Zur Opposition der Jungen gegen den sozialdemokratischen Parteivorstand 1890 bis 1894*, Berlin 1975.

NA'AMAN, S.: *Lassalle*, Hannover 1970.

Ders.: *Die Konstituierung der deutschen Arbeiterbewegung 1862/63*, Assen 1975.

Ders.: *Von der Arbeiterbewegung zur Arbeiterpartei. Der Fünfte Vereinstag der Deutschen Arbeitervereine zu Nürnberg im Jahre 1868*, Berlin 1976.

NEUGEBAUER, G.: *Politische Milieus in Deutschland*, Bonn 2007.

Ders./Niedbalski, B. (Hg.): *Die SPD in der DDR 1989–1990. Aus der Bürgerbewegung in die gesamtdeutsche Sozialdemokratie. Text, Chronik und Dokumentation*, Berlin 1992.

Niethammer, L. u.a. (Hg.): *Arbeiterinitiative 1945. Antifaschistische Ausschüsse und Reorganisation der Arbeiterbewegung in Deutschland*, Wuppertal 1976.

Offermann, T.: *Arbeiterbewegung und liberales Bürgertum in Deutschland 1850–1863*, Bonn 1979.

Ders.: *Die erste deutsche Arbeiterpartei. Organisation, Verbreitung und Sozialstruktur von ADAV und LADAV 1863–1871*, Bonn 2002.

Osterroth, F./Schuster, D.: *Chronik der deutschen Sozialdemokratie*, 3 Bde., Berlin 1975.

Philipps, R.: *Sozialdemokratie, 68er-Bewegung und Gesellschaftlicher Wandel 1959–1969*, Baden-Baden 2012.

Pirker, T.: *Die Geschichte der Sozialdemokratischen Partei Deutschlands 1945–1964*, Berlin 1977.

Potthoff, H.: *Die Sozialdemokratie von den Anfängen bis 1945*, Bonn 1974.

Ders./Miller, S.: *Kleine Geschichte der SPD. Darstellung und Dokumentation 1848–2002*, Bonn 2002.

Pyta, W.: *Gegen Hitler und für die Republik. Die Auseinandersetzung der deutschen Sozialdemokratie mit der NSDAP in der Weimarer Republik*, Düsseldorf 1989.

Renzsch, W.: *Handwerker und Lohnarbeiter in der frühen Arbeiterbewegung. Zur sozialen Basis von Gewerkschaften und Sozialdemokratie im Reichsgründungsjahrzehnt*, Göttingen 1980.

Ritter, G. A.: *Die Arbeiterbewegung im Wilhelminischen Reich. Die Sozialdemokratische Partei und die Freien Gewerkschaften 1890–1900*, Berlin 1959.

Ritter, G.A./Tenfelde, K.: *Arbeiter im Deutschen Kaiserreich 1871 bis 1914*, Bonn 1992.

Röder, W.: *Die deutschen sozialistischen Exilgruppen in Großbritannien 1940–1945*, Hannover 1968.

Rosenberg, A.: *Demokratie und Sozialismus. Zur politischen Geschichte der letzten 150 Jahre*, Frankfurt 1962.

Rovan, J.: *Geschichte der deutschen Sozialdemokratie*, Frankfurt 1980.

Sandvoss, H.-D.: *Die »andere Reichshauptstadt«. Widerstand aus der Arbeiterbewegung in Berlin von 1933 bis 1945*, Berlin 2007.

Scharpf, W.: *Sozialdemokratische Krisenpolitik in Europa. Das »Modell Deutschland« im Vergleich*, Frankfurt 1987.

Schieder, W.: *Anfänge der deutschen Arbeiterbewegung. Die Auslandsvereine im Jahrzehnt nach der Julirevolution 1830*, Stuttgart 1963.

Schneider, M:. *Kleine Geschichte der Gewerkschaften*, Bonn 1989.

Ders.: *Unterm Hakenkreuz. Arbeiter und Arbeiterbewegung 1933–1939*, Bonn 1999.

Schönhoven, K.: *Expansion und Konzentration. Studien zur Entwicklung der Freien Gewerkschaften im Wilhelminischen Deutschland 1890 bis 1914*, Stuttgart 1980.

Ders.: *Wendejahre. Die Sozialdemokratie in der Zeit der Großen Koalition 1966–1969*, Bonn 2004.

Ders./Braun, B. (Hg.): *Generationen in der Arbeiterbewegung*, München 2005.

Schorske, C. E.: *Die große Spaltung. Die deutsche Sozialdemokratie 1905–1917*, Berlin 1981 (engl. 1955).

Schraepler, E.: *Handwerkerbünde und Arbeitervereine 1830–1853*, Berlin 1972.

Schröder, H.-C.: *Sozialismus und Imperialismus. Die Auseinandersetzung der deutschen Sozialdemokratie mit dem Imperialismus und der »Weltpolitik« vor 1914*, Bonn 1975.

Schröder, W. H.: *Arbeitergeschichte und Arbeiterbewegung*, Frankfurt 1978.

Schulze, H. (Hg.): *Anpassung oder Widerstand? Aus den Akten des Parteivorstands der deutschen Sozialdemokratie 1932/33*, Bonn 1975.

Ders.: *Otto Braun oder Preußens demokratische Sendung*, Frankfurt 1977.

Steinberg, H.-J.: *Sozialismus und deutsche Sozialdemokratie. Zur Ideologie der Partei vor dem 1. Weltkrieg*, Berlin 1976.

Stephan, C.: *»Genossen, wir dürfen uns nicht von der Geduld hinreißen lassen!«. Aus der Urgeschichte der Sozialdemokratie 1862–1878*, Frankfurt 1977.

Sturm, D. F.: *Uneinig in die Einheit. Die Sozialdemokratie und die Vereinigung Deutschlands 1989/90*, Bonn 2006.

Vester, M. u.a.: *Soziale Milieus im gesellschaftlichen Strukturwandel. Zwischen Integration und Ausgrenzung*, Frankfurt 2001.

Walter, F.: *Die SPD. Biographie einer Partei*, Berlin 2009.

Ders.: *Vorwärts oder abwärts? Zur Transformation der Sozialdemokratie*, Berlin 2010.

Walther, R.: *»... aber nach der Sündflut kommen wir und nur wir.« »Zusammenbruchstheorie«, Marxismus und politisches Defizit in der SPD 1890–1914*, Frankfurt 1981.

Weber, H. (Hg.): *Das Prinzip Links. Beiträge zur Diskussion des Demokratischen Sozialismus in Deutschland 1848–1990*, Berlin 1991.

Wehler, H.-U.: *Deutsche Gesellschaftsgeschichte*, 5 Bde., München 1987–2008.

Ders.: *Sozialdemokratie und Nationalstaat. Nationalitätenfragen in Deutschland 1840–1914*, Göttingen 1971.

Welskopp, T.: *Das Banner der Brüderlichkeit. Die deutsche Sozialdemokratie vom Vormärz bis zum Sozialistengesetz*, Bonn 2000.

Widerstand und Exil der deutschen Arbeiterbewegung 1933–1945. Grundlagen und Materialien, Bonn 1982.

Winkler, H.A.: *Von der Revolution zur Stabilisierung. Arbeiter und Arbeiterbewegung in der Weimarer Republik 1918 bis 1924*, Berlin 1984.

Ders.: *Der Schein der Normalität. Arbeiter und Arbeiterbewegung in der Weimarer Republik 1924 bis 1930*, Berlin 1985.

Ders.: *Der Weg in die Katastrophe. Arbeiter und Arbeiterbewegung in der Weimarer Republik 1930 bis 1933*, Berlin 1987.

Zwahr, H.: *Zur Konstituierung des Proletariats als Klasse. Strukturuntersuchungen über das Leipziger Proletariat während der industriellen Revolution*, Berlin 1978.

Umfassende »Bibliographie zur Geschichte der deutschen Arbeiterbewegung und zur Theorie und Praxis der politischen Linken« (Friedrich-Ebert-Stiftung):

http://library.fes.de/cgi-bin/populo/bizga.pl (Stand 21.9.2012)

Anmerkungen

1 Dieses Selbstbild formulierte die SPD im (von Eduard Bernstein entworfenen) Görlitzer Programm 1921.

2 So das Leitmotiv von Brandt, *Links und frei*. (Vollständige Angaben zu der für die Geschichte und das Selbstverständnis der Sozialdemokratie wichtigen Titel finden sich im Literaturverzeichnis.)

3 Zu einem Generationsverständnis, das mehr sein kann als Gliederung in historische Entwicklungsphasen, vgl. Schönhoven/Braun (Hg.), *Generationen*.

4 Auch dies ein Stichwort von R. Dahrendorf (*Die Zeit*, 10.1.1975), der zuvor mit dem Buch »Gesellschaft und Demokratie in Deutschland« (1968) ein wichtiger Impulsgeber für sozialliberale Reformen war.

5 Vgl. W. Conze, *Vom »Pöbel« zum »Proletariat«*, in: H.-U. Wehler (Hg.), *Moderne deutsche Sozialgeschichte*, Königstein 1981[6], S. 111–136; sowie das Interpretationsmodell in: P. Kriedte u.a., *Industrialisierung vor der Industrialisierung*, Göttingen 1977; Kocka, *Lohnarbeit*; ders., *Stand*; ders., *Arbeitsverhältnisse*.

6 Vgl. C. von Hodenberg, *Aufstand der Weber*, Bonn 1997.

7 Vgl. H.-U. Wehler, *Deutsche Gesellschaftsgeschichte*, Bd. 3, München 2008, S. 825.

8 K. Marx/F. Engels, Werke (= MEW) 1, S. 391.

9 Vgl. Schieder, *Anfänge*, S. 107.

10 MEW 1, S. 391.

11 Vgl. Schraepler, *Handwerkerbünde*, S. 33 ff.; Schieder, *Anfänge*, S. 29 ff.

12 Zit. nach Kowalski, *Vorgeschichte*, S. 178. – Es sei an dieser Stelle vermerkt, dass bei Zitaten generell die Schreibweise modernisiert wurde. Andererseits ist es sicher nicht die Aufgabe einer Geschichtsdarstellung, frühere Epochen nachträglich über heutige Sprachgewohnheiten belehren zu wollen. Insofern kann auch jeweilige Autorensprache trotz unvermeidlicher Verflechtung mit der Gegenwart zuweilen die zeitgenössische Terminologie aufgreifen – und insofern über fast zwei Jahrhunderte hinweg etwas variieren.

13 Ebd., S. 67.

14 Vgl. J. Grandjonc, *Die deutsche Binnenwanderung in Europa, 1830–1848*, in: Büsch/Herzfeld (Hg.), *Bünde*, S. 18.

15 Meyer, *Grundwerte*, S. 33.

16 MEW 4, S. 482.

17 Zit. nach Kowalski, *Vorgeschichte*, S. 238.

18 Ebd., S. 240.

19 Vgl. die Angaben bei Schraepler, *Handwerkerbünde*, S. 61; Schieder, *Anfänge*, S. 118 ff.

20 Vgl. MEW 2, S. 229–506.

21 Vgl. D. Dowe (Hg.), *Europa 1848*, Bonn 1998.

22 Vgl. R. Hachtmann, *Berlin 1848*, Bonn 1998.

23 Vgl. ders., *Epochenschwelle zur Moderne*, Tübingen 2002, S. 110–118.

24 Vgl. M. Gailus, *Straße und Brot*, Göttingen 1990.

25 Dowe, *Aktion*, S. 291.

26 MEW 4, S. 492.

27 Ebd., S. 493.

28 Vgl. den Text in MEW 5, S. 3–5.

29 MEW 6, S. 124; MEW 5, S. 457.

30 Rosenberg, *Demokratie*, S. 60.

31 MEW 5, S. 334 u. 202.

32 Zum weiten Verständnis dieser Kategorie vgl. G. Beier, *Das Problem der Arbeiteraristokratie im 19. und 20. Jahrhundert*, in: *Herkunft und Mandat*, Frankfurt 1976, S. 9–71.

33 Zit. nach G. Beier, *Schwarze Kunst und Klassenkampf*, Frankfurt 1966, S. 298.

34 Vgl. dazu Schröder, *Arbeitergeschichte*, S. 132 f.

35 Dies belegen die Berechnungen von Balser, *Social-Demokratie*, S. 84.

36 Noch 1882 waren trotz abnehmender Sterblichkeit nahezu 60 % der männlichen und 80 % der weiblichen Arbeiter im Alter bis zu 30 Jahren; vgl. *Statistik des Deutschen Reichs*, Bd. III, S. 145 ff.

37 Vgl. die autobiographische Darstellung von S. Born, *Erinnerungen eines Achtundvierzigers*, Berlin 1978, S. 27 u. 65. Für das Folgende vgl. Welskopp, *Banner*.

38 *»Dem Reich der Freiheit werb' ich Bürgerinnen«. Die Frauen-Zeitung von Louise Otto*, Frankfurt 1980, S. 57–59 (zweiter Teil auch: *Die Verbrüderung*, 13. 2. 1849).

39 Vgl. dazu Balser, *Social-Demokratie*, S. 50.

40 Zit. ebd., S. 124.

41 Zit. ebd., S. 517.

42 Grebing, *Geschichte* (1966), S. 46.

43 MEW 6, S. 195.

44 MEW 7, S. 254.

45 Ebd., S. 440.

46 Offermann, *Arbeiterbewegung*, S. 71 ff.

47 Vgl. die Daten bei Kuczynski, Bd. 2, S. 152; E. Todt, *Die gewerkschaftliche Betätigung in Deutschland 1850–1859*, Berlin 1950, S. 59 ff.; Offermann, *Arbeiterbewegung*, S. 149 ff.; Kocka, *Stand*, S. 150.

48 L. Machtan/D. Milles, *Die Klassensymbiose von Junkertum und Bourgeoisie*, Frankfurt 1980, S. 19.

49 Vgl. die Übersicht bei Kuczynski, Bd. 2, S. 129.

50 MEW 4, S. 471.

51 Vgl. Conze/Groh, *Arbeiterbewegung*; Welskopp, *Banner*.

52 Welskopp, *Banner*, S. 774.

53 Bebel, *Leben*, Bd. 1, S. 30.

54 Offermann, *Arbeiterbewegung*, S. 291.

55 Vgl. ebd., S. 543.

56 Eine umfassende Biographie liegt vor in dem Werk von Na'aman, *Lassalle*.

57 Ebd., S. 330.

58 Vgl. MEW 13, S. 227–268; Wehler, *Sozialdemokratie*, S. 41.

59 Lassalle an Marx 27.5.1859, in: F. Lassalle, *Nachgelassene Briefe und Schriften*, G. Mayer (Hg.), Stuttgart 1921/25, Bd. 3, S. 212.

60 Ebd., S. 218.

61 Lassalle, *Reden*, Bd. 2, S. 60.

62 Ebd., S. 105.

63 Ebd., S. 248.

64 Vgl. den Text des Dokuments in Na'aman, *Konstituierung*, S. 195.

65 Ebd., S. 352.

66 Ebd., S. 384.

67 Lassalle, *Reden*, Bd. 2, S. 275 f.

68 Ebd., S. 165.

69 Lassalle, *Reden*, Bd. 3, S. 47.

70 Ebd., S. 70.

71 Bebel, *Leben*, Bd. 1, S. 72.

72 Vgl. ebd., S. 53.

73 Zur regionalen Kontinuität von 1848/49 bis 1862/63 vgl. die materialreichen Beiträge von T. Offermann und H. Zwahr in: *Geschichte und Gesellschaft* 13 (1987), S. 419–507.

74 Zit. nach Lassalle, *Reden*, Bd. 4, S. 246.

75 Zur Organisationsstruktur vgl. Offermann, *Arbeiterpartei*.

76 Na'aman, *Lassalle*, S. 757.

77 Offermann, *Arbeiterbewegung*, S. 465.

78 Na'aman, *Lassalle*, S. 407.

79 Zu dieser Begrifflichkeit Na'aman, *Impulse*, S. 115 / Anm. 35.

80 Lassalle, *Reden*, Bd. 4, S. 227.

81 Na'aman, *Impulse*, S. 30 f.

82 Lassalle, *Reden*, Bd. 5, S. 275.

83 Offermann, *Arbeiterpartei*, S. 132.

84 *Social-Demokrat*, 27.1.1865.

85 Ebd., 1.3.1865.

86 Zu diesem Problemkreis Stephan, *Genossen*, S. 91 ff.

87 Vgl. dazu Na'aman, *Arbeiterbewegung*, S. 17.
88 Sonnemann an Bebel 7.6.1868, in: I. Fischer (Hg.), *August Bebel und der Verband deutscher Arbeitervereine 1867/68*, Bonn 1964, S. 192.
89 Na'aman, *Impulse*, S. 16.
90 Zit. nach Abendroth, *Aufstieg*, S. 90.
91 Na'aman, *Impulse*, S. 73.
92 Vgl. dazu U. Engelhardt, »*Nur vereinigt sind wir stark*«, Bd. 1, Stuttgart 1977, S. 372 ff.
93 Vgl. über diese Traditionselemente die Studie von Renzsch, *Handwerker*, S. 20.
94 Vgl. H.-G. Fleck, *Sozialliberalismus und Gewerkschaftsbewegung*, Köln 1994.
95 Offermann, *Arbeiterpartei*, S. 189.
96 *Social-Demokrat*, 5.7.1868.
97 Ebd., 18.9.1868.
98 Ebd., 4.1.1867.
99 Bebel, *Leben*, Bd. 2, S. 3.
100 Zu diesem Vorgehen vgl. Morgan, *Social Democrats*, S. 189.
101 Zit. nach Na'aman, *Arbeiterbewegung*, S. 102 f.
102 Ebd., S. 104.
103 Ebd.
104 Ebd., S. 51.
105 Vgl. die Übersicht bei Fricke, *Handbuch*, Bd. 1, S. 21–35.
106 Na'aman, *Konstituierung*, S. 159.
107 Ebd., S. 157.
108 Vgl. den Text in Abendroth, *Aufstieg*, S. 91 f.
109 A. Bebel, *Unsere Ziele*, in: ders., *Schriften 1862–1913*, C. Stephan (Hg.), Bd. 1, Frankfurt 1981, S. 48.
110 Ebd., S. 49
111 Ebd., S. 51.
112 *Volksstaat*, 7.5.1870.
113 Liebknecht an Engels 5.4.1870, in: G. Eckert (Hg.), *Wilhelm Liebknecht. Briefwechsel mit Karl Marx und Friedrich Engels*, Den Haag 1963, S. 95 f.
114 Protokoll 1870, S. 17.
115 Zit. nach Bebel, *Leben*, Bd. 2, S. 117.
116 Zit. nach ebd., Bd. 2, S. 179.
117 Welskopp, *Banner*, S. 137.
118 Kocka, *Arbeitsverhältnisse*, S. 96.
119 L. Machtan, *Zur Streikbewegung der deutschen Arbeiter in den Gründerjahren (1871–1873)*, in: *Internationale wissenschaftliche Korrespondenz zur Geschichte der deutschen Arbeiterbewegung* 14 (1978), S. 425.
120 Vgl. dazu Engelhardt, *Vereinigt*, S. 92.
121 Der Preisindex stieg 1874 gegenüber 1870 um knapp 40 %; vgl. Kocka, *Arbeitsverhältnisse*, S. 495.
122 Vgl. Renzsch, *Handwerker*, S. 57; sowie MEW 16, S. 11.
123 *Volksstaat*, 30.1.1874.
124 Vgl. Kocka, *Arbeitsverhältnisse*, S. 521 f.
125 Vgl. den Text in Abendroth, *Aufstieg*, S. 93 f.
126 MEW 19, S. 25 f.
127 Stephan, *Genossen*, S. 213.
128 Bebel, *Leben*, Bd. 2, S. 338.
129 Vgl. die Angaben bei Welskopp, *Banner*, S. 443 u. 477.
130 *Vorwärts*, 22.10.1876.
131 Ebd., 4.2.1877.
132 Ebd., 14.6.1878.
133 Ebd., 23.6.1878.
134 Vgl. den Gesetzestext in: *Das Sozialistengesetz 1878–1890*, Berlin 1980, S. 54.
135 Zit. nach I. Auer, *Nach zehn Jahren*, Stuttgart 1889, S. 99.
136 Dieser ungezeichnete Artikel (Verfasser: K. Flesch, C. Höchberg, C. A. Schramm) erschien unter dem Titel »*Rückblicke auf die sozialistische Bewegung in Deutschland*« in: *Jahrbuch für Sozialwissenschaft und Socialpolitik* 1 (1879), 1, S. 75–96.

137 *Der Sozialdemokrat*, 26.10.1879.
138 Zit. nach Bebel, *Schriften*, Bd. 1, S. 162.
139 Ebd., S. 158 u. 163.
140 Vgl. dazu Lidtke, *Party*, S. 98 f.
141 *Der Sozialdemokrat*, 8.5.1881.
142 Vgl. Steinberg, *Sozialismus*, S. 138.
143 *Neuer Social-Demokrat*, 14.12.1873.
144 Bebel, *Frau*, S. 373.
145 Darauf verweist Steinberg, *Sozialismus*, S. 30.
146 Bebel, *Leben*, Bd. 3, S. 108.
147 Bebel an Kautsky 14.3.1886, in: K. Kautsky Jr. (Hg.), *August Bebels Briefwechsel mit Karl Kautsky*, Assen 1971, S. 52.
148 *Der Sozialdemokrat*, 22.1.1887.
149 Ebd., 29.1.1887.
150 Ebd., 11.2.1887.
151 Ebd., 4.3.1887.
152 Vgl. dazu Mehring, Bd. 2, S. 674.
153 Vgl. die Darstellung in K. Tenfelde, *Sozialgeschichte der Bergarbeiterschaft an der Ruhr im 19. Jahrhundert*, Bonn 1981², S. 573 ff.; sowie G. Hohorst u.a., *Sozialgeschichtliches Arbeitsbuch*, Bd. 2, München 1978², S. 135.
154 Vgl. Welskopp, *Banner*, S. 358.
155 Zit. nach Müller, *Idealismus*, S. 26.
156 Ritter, *Arbeiterbewegung*, S. 12.
157 MEW 22, S. 80.
158 Vgl. Müller, *Idealismus*, S. 64.
159 Protokoll über die Verhandlungen des Parteitags der Sozialdemokratischen Partei Deutschlands zu Halle, 12.–18.10. 1890, Berlin 1890, S. 102.
160 Ebd., S. 90 (Beschlussfassung: 108).
161 G. von Vollmar, *Über die nächsten Aufgaben der deutschen Sozialdemokratie*, München 1891, S. 17.
162 Zit. nach Protokoll SPD-Parteitag 1891, S. 65.
163 Ebd., S. 62.
164 Protokoll SPD-Parteitag 1891, S. 172.
165 Ebd., S. 173 u. 275.
166 Ebd., S. 172.
167 Ebd., S. 157.
168 Zu den Programmberatungen vgl. Miller, *Problem*, S. 199 ff.
169 Vgl. den Text in Abendroth, *Aufstieg*, S. 95–98.
170 K. Kautsky, *Das Erfurter Programm*, Stuttgart 1892², S. 252.
171 Ebd., S. 106.
172 MEW 22, S. 235.
173 Ebd.
174 Ebd.
175 Ebd., S. 525.
176 Ebd., S. 523.
177 Ebd., S. 274.
178 Protokoll SPD-Parteitag 1891, S. 206.
179 Ritter, *Arbeiterbewegung*, S. 221.
180 Protokoll SPD-Parteitag 1893, S. 201.
181 Vgl. Moser, *Arbeiterleben*, S. 45.
182 Vgl. Schönhoven, *Expansion*, S. 132.
183 Vgl. Lehmann, *Agrarfrage*, S. 19 ff. u. 64 ff.
184 Protokoll SPD-Parteitag 1894, S. 119.
185 Auf diese Problematik verweist Lehmann, *Agrarfrage*, S. 38 f.
186 Miller, *Problem*, S. 205.
187 E. David, *Ökonomische Verschiedenheiten zwischen Landwirtschaft und Industrie*, in: *Die Neue Zeit* 13 (1894/95), Bd. 2, S. 449.
188 K. Kautsky, *Die Konkurrenzfähigkeit des Kleinbetriebes in der Landwirtschaft*, in: ebd., S. 486.
189 Ders., *Unser neuestes Programm*, in: ebd., S. 619.
190 E. Bernstein, *Die Landfrage auf den Kongressen der Internationale*, in: ebd., Bd. I, S. 364.
191 F. Engels, *Die Bauernfrage in Frankreich und Deutschland*, in: ebd., S. 292–306.
192 Vgl. die Übersicht bei Lehmann, *Agrarfrage*, S. 175 ff.
193 Protokoll SPD-Parteitag 1895, S. 127.

194 Bebel an Adler 20.10.1895, in: V. Adler, *Briefwechsel mit August Bebel und Karl Kautsky*, F. Adler (Hg.), Wien 1954, S. 193 f.

195 Vgl. E. Matthias, *Kautsky und der Kautskyanismus*, in: *Marxismus-Studien 2*, Tübingen 1957, S. 151–197.

196 Rosenberg, *Demokratie*, S. 251.

197 Protokoll SPD-Parteitag 1895, S. 152.

198 Protokoll SPD-Parteitag 1898, S. 123.

199 Bernstein, *Voraussetzungen*, S. 70.

200 Ebd., S. 51.

201 Ders., *Vom Wesen des Sozialismus* (1898), in: ders., *Zur Theorie und Geschichte des Sozialismus*, III, Berlin 1904[4], S. 48.

202 Ders., *Voraussetzungen*, S. 165.

203 Ebd., S. 124.

204 Zit. nach T. Meyer, *Bernsteins konstruktiver Sozialismus*, Berlin 1977, S. 194 u. 317.

205 E. Bernstein, *Zusammenbruchstheorie und Kolonialpolitik* (1898), in: ders., *Zur Geschichte und Theorie des Sozialismus*, Berlin 1901, S. 234.

206 MEW 22, S. 542.

207 K. Kautsky, *Der Entwurf des neuen Parteiprogramms*, in: *Die Neue Zeit* 9 (1890/91), Bd. 2, S. 724.

208 E. Bernstein, *Wie ist wissenschaftlicher Sozialismus möglich?*, Berlin 1901, S. 21 f.

209 Ders., *Drei Antworten auf ein Inquisitorium* (1899), in: ders., *Geschichte*, S. 301.

210 Bernstein an Bebel 20.10.1898, in: *Adler*, Briefwechsel, S. 259.

211 Zit. nach Ritter, *Arbeiterbewegung*, S. 201.

212 Vgl. zu diesem Problemkreis die Analysen von Steinberg, *Sozialismus*, S. 111 ff.

213 Ritter, *Arbeiterbewegung*, S. 187.

214 K. Kautsky, *Bernstein und das sozialdemokratische Programm*, Stuttgart 1899, S. VII u. S. 166.

215 Ders., *Die soziale Revolution*, Berlin 1902, Bd. I, S. 48.

216 Ders., *Revolution*, Bd. 2, S. 21.

217 Zu ihrer Biographie vgl. J. P. Nettl, *Rosa Luxemburg*, Köln 1968[2]; A. Laschitza, *Im Lebensrausch – trotz alledem! Rosa Luxemburg*, Berlin 1996.

218 Luxemburg an Jogiches 1.5.1899, in: R. Luxemburg, *Briefe an Leo Jogiches*, Frankfurt 1971, S. 151.

219 R. Luxemburg, *Sozialreform oder Revolution?* (1899), in: dies., *Gesammelte Werke*, Bd. I/I, Berlin 1970, S. 400.

220 Dies., *Nachbetrachtungen zum Parteitag* (1898), in: dies., *Werke*, Bd. I/I, S. 247.

221 Dies., *Sozialreform*, S. 369.

222 Dies., *Eine taktische Frage* (1899), in: dies., *Werke*, Bd. I/I, S. 486.

223 Zit. nach H. J. Varain, *Freie Gewerkschaften, Sozialdemokratie und Staat*, Düsseldorf 1956, S. 20.

224 Luxemburg, *Sozialreform*, S. 420 u. 391.

225 Im Einklang mit der internationalen Entwicklung lag der jährliche Reallohnzuwachs zwischen 1883 und 1899 bei knapp 2 %; vgl. Ritter/Tenfelde, *Arbeiter*, S. 470.

226 Bernstein, *Voraussetzungen*, S. 121.

227 Vgl. Ritter/Tenfelde, *Arbeiter*, S. 13.

228 Bernstein, *Voraussetzungen*, S. 129. – Über die Partei des preußischen Linksliberalismus schrieb er unmissverständlich: »Der politische Krämergeist hat in ihr alles Gefühl für demokratisches Recht ertötet«. Vgl. E. Bernstein, *Eine Million sechsmalhunderttausend gleich Null*, in: *Sozialistische Monatshefte* 7 (1903), S. 894.

229 Protokoll SPD-Parteitag 1899, S. 243.

230 Protokoll SPD-Parteitag 1903, S. 313.

231 Ebd., S. 418.

232 Vgl. Schönhoven, *Expansion*.

233 Vgl. dazu Schröder, *Arbeitergeschichte*, S. 218 f.

234 Vgl. die Ergebnisse von H. Schomerus,

Die Arbeiter der Maschinenfabrik Esslingen, Stuttgart 1977, S. 148 ff.

235 Vgl. Hasselmann, *Geschichte*, S. 707.

236 Vgl. G. A. Ritter/M. Niehuss, *Wahlgeschichtliches Arbeitsbuch*, München 1980, S. 116. Die einzige deutliche Ausnahme bildete Sachsen, wo nur in den größeren Städten ungefähr reichsdurchschnittliche Werte anzutreffen waren. Hingegen zeigten die Kleinstädte dort mit 56,8 % Rekordwerte und die Orte unter 2000 Einwohner mit 40 % einen ungewöhnlich hohen SPD-Anteil (ebd., S.112).

237 Zu dieser Problematik L. Niethammer/F. Brüggemeier, *Wie wohnten Arbeiter im Kaiserreich?*, in: *Archiv für Sozialgeschichte 16* (1976), S. 61–134.

238 Protokoll der Verhandlungen des 5. Kongresses der Gewerkschaften Deutschlands zu Köln, 22.–27.5.1905, S. 30.

239 Protokoll SPD-Parteitag 1905, S. 143.

240 Vgl. E. Bernstein, *Der politische Massenstreik und die politische Lage der Sozialdemokratie in Deutschland*, Breslau 1905; ders., *Zum sozialdemokratischen Parteitag in Jena*, in: *Sozialistische Monatshefte 9* (1905), S. 730.

241 Protokoll Gewerkschaftskongress 1905, S. 228.

242 Protokoll SPD-Parteitag 1906, S. 261.

243 R. Luxemburg, *Massenstreik, Partei und Gewerkschaften* (1906), in: dies., *Werke*, Bd. 2, S. 133.

244 Protokoll SPD-Parteitag 1906, S. 297.

245 Das ist die Kernthese von Schorske, *Spaltung*, S. 170.

246 Vgl. die Tabellen bei Fricke, *Handbuch*, Bd. 1, S. 440 f.

247 Grebing, *Geschichte* (2007), S. 43.

248 Kautsky an Adler 26.9.1909, in: Adler, *Briefwechsel*, S. 501.

249 K. Kautsky, *Der Weg zur Macht*, Berlin 1909[2], S. 33 f.

250 Das ist das Ergebnis der Studie von Domann, *Sozialdemokratie*.

251 K. Kautsky, *Was nun?* in: *Die Neue Zeit 28* (1909/10), Bd. 2, S. 79.

252 K. Kautsky, *Die Aktion der Masse*, in: *Die Neue Zeit 30* (1911/12), Bd. 1, S. 84.

253 Groh, *Integration*, S. 179.

254 http://commons.wikimedia.org/wiki/file/Karte_der_Reichstagswahlen_1912.png (abgerufen am 19.9.2012)

255 *Vorwärts*, 10.1.1912.

256 Ebd., 31.12.1912.

257 Ebd., 25.1.1912.

258 Ritter/Tenfelde, *Arbeiter*, S. 682/Anm. 9.

259 Der Reallohnindex stieg zwischen 1880 und 1900 noch von 58 auf 87 und somit um 50 %, während bis 1913 das Erreichen der Bezugsgröße 100 nur mehr 15 % weiteren Zuwachs bedeutete; vgl. Kocka, *Arbeitsverhältnisse*, S. 495. Auch wenn nur verschiedene Berechnungen aufgelistet werden, ändert sich wenig an der Grundtendenz ausgeprägter Dynamik der Reallohnsteigerungen 1880 bis 1900 und weitaus geringerer Zuwachsraten danach; vgl. Ritter/Tenfelde, *Arbeiter*, S. 492 u. 495 f.

260 Protokoll SPD-Parteitag 1913, S. 193 (Beschluss: 338).

261 Vgl. die Angaben bei I. Costas, *Auswirkungen der Konzentration des Kapitals auf die Arbeiterklasse in Deutschland (1880–1914)*, Frankfurt 1981, S. 239.

262 Vgl. U. Reuter, *Paul Singer (1844–1911)*, Düsseldorf 2004.

263 Zu ihrer Biographie vgl. K. R. Calkins, *Hugo Haase*, Berlin 1976; Mühlhausen, *Ebert*.

264 Das betont Miller, *Burgfrieden*, S. 33 ff.

265 *Vorwärts*, 25.7.1914 (Extra-Ausgabe).

266 Zit. nach Braunthal, *Geschichte*, Bd. 1, S. 371 f.

267 Dazu H. Trotnow, *Karl Liebknecht*, Köln 1980. Der Vergleich mit dem Antikriegs-Aktivismus, den der Sohn des österreichischen Parteigründers Victor Adler bis zum politischen Mord betrieb, ist aufschlussreich: R. Ardelt, *Friedrich Adler*, Wien 1984.

268 Dies belegt J. Verhey, *Der »Geist von 1914« und die Erfindung der Volksgemeinschaft*, Hamburg 2000.

269 Verhandlungen des Deutschen Reichstags. XIII. Legislaturperiode. II. Session, Bd. 306, Berlin 1916, S. 8.

270 Ebd., S. 9. – Vgl. auch Kruse, *Krieg*.

271 Zit. nach E. Matthias/S. Miller (Hg.), *Das Kriegstagebuch des Reichstagsabgeordneten Eduard David 1914–1918*, Düsseldorf 1966, S. 32.

272 *Leipziger Volkszeitung*, 19. 6. 1915.

273 Zit. nach Matthias/Miller (Hg.), *Kriegstagebuch*, S. 85.

274 Protokoll der Reichskonferenz der Sozialdemokratischen Partei Deutschlands, 21.–23. 9. 1916, Berlin 1916, S. 52.

275 Ebd., S. 81.

276 Protokoll über die Verhandlungen des Gründungsparteitags der U.S.P.D. 6.–8. 4. 1917 in Gotha, Berlin 1921, S. 16.

277 Vgl. Daten bei J. Kocka, *Klassengesellschaft im Krieg*, Göttingen 1978², S. 18 (Zitat: 55).

278 Verhandlungen Reichstag, Bd. 310, S. 3395.

279 Ebd., Bd. 311, S. 3972.

280 Ebd., Bd. 314, S. 6161.

281 *Leipziger Volkszeitung*, 25. 10. 1918.

282 *Vorwärts*, 5. 11. 1918.

283 *Leipziger Volkszeitung*, 2. 11. 1918.

284 Ebd., 9. 11. 1918.

285 *Vorwärts*, 11. 11. 1918.

286 Ebd., 20. 11. 1918.

287 O. Landsberg, zit. nach S. Miller/H. Potthoff (Hg.), *Die Regierung der Volksbeauftragten*, I., Düsseldorf 1969, S. 92.

288 Vgl. die Formulierungen bei W. Elben, *Das Problem der Kontinuität in der deutschen Revolution*, Düsseldorf 1965, S. 83; P. Scheidemann, *Der Zusammenbruch*, Berlin 1921, S. 211.

289 *Vorwärts*, 2. 12. 1918.

290 Protokoll der Vollversammlung der Berliner Arbeiterräte am 19. November 1918 im Zirkus Busch, in: *Beiträge zur Geschichte der Arbeiterbewegung* 10 (1968), S. 1048.

291 *Die Freiheit*, 30. 11. 1918.

292 Dies ist ein Ergebnis bei Lehnert, *Sozialdemokratie*.

293 *Die Freiheit*, 2. 12. 1918.

294 Ebd., 17. 11. 1918.

295 Allgemeiner Kongress der Arbeiter- und Soldatenräte Deutschlands v. 16.–21. 12. 1918 im Abgeordnetenhaus zu Berlin, Berlin 1919, S. 342.

296 *Vorwärts*, 16. 12. 1918.

297 *Die Freiheit*, 27. 12. 1918.

298 G. Noske, *Von Kiel bis Kapp*, Berlin 1920, S. 68.

299 Zit. nach P. von Oertzen, *Betriebsräte in der Novemberrevolution*, Berlin 1976², S. 97.

300 Verhandlungen der verfassunggebenden Deutschen Nationalversammlung, Bd. 327, Berlin 1919, S. 42.

301 *Die Freiheit*, 14. 3. 1919.

302 *Die Freiheit*, 5. 8. 1919.

303 A. Rosenberg, *Geschichte der Weimarer Republik*, Frankfurt 1973¹⁵, S. 78.

304 *Vorwärts*, 15. 11. 1919.

305 So der SPD-Innenminister E. David am 31. 7. 1919, zit. nach: *Die Deutsche Nationalversammlung im Jahr 1919 in ihrer*

Arbeit für den Aufbau des neuen deutschen Volksstaates, E. Heilfron (Hg.), Bd. 7, Berlin 1919, S. 453.

306 Auch wenn die Größenordnungen nicht repräsentativ sind, deutet ein Rückgang von 45 % auf 19 % für die MSPD und ein Anstieg der USPD von 10 % auf 32 % bei Regionalwahlen in München am 15. 6. 1919 darauf hin: Gerade die Gewaltanwendung im Frühjahr 1919 erklärt neben dem Ausbleiben weiterer sozialer Fortschritte den Umschwung; vgl. Daten bei Winkler, *Revolution*, S. 250 (und S. 355 zu Ortsklassen).

307 Protokoll SPD-Parteitag 1920, S. 319.

308 Protokoll SPD-Parteitag 1921, S. 389.

309 Vgl. den Text in Abendroth, *Aufstieg*, S. 102–06.

310 *Vorwärts*, 12. 8. 1922.

311 Wahlergebnisse werden hier wie sonst nicht mit Einzelbelegen versehen, da sie für speziell Interessierte aus Statistischen Jahrbüchern etc. auffindbar beziehungsweise mit einfachen Mitteln umrechenbar sind. Es muss aber zum Beispiel beachtet werden, dass (Alt-)Berlin bis 1919/20 – vor der Eingemeindung zur Stadt (Groß-)Berlin heutigen Umfangs – und die hier nicht einbezogenen Reichstagswahlreise Berlin und Umgebung (die wegen Einbeziehung brandenburgischen Umlands etwas veraltet Potsdam I und II hießen) verschiedene Territorien umfassten.

312 Zu Indizien für die Vermutung vgl. Rosenberg, *Geschichte*, S. 136 f.

313 *Vorwärts*, 20. 4. 1924.

314 Ebd., 9. 3. 1924.

315 Ebd., 16. 3. 1924.

316 Ebd., 26. 10. 1924.

317 Ebd., 5. 12. 1924.

318 Ebd., 19. 12. 1924.

319 Vgl. Hasselmann, *Geschichte*, S. 707.

320 Vgl. C. Voigt, *Kampfbünde der Arbeiterbewegung. Das Reichsbanner Schwarz-Rot-Gold und der Rote Frontkämpferbund in Sachsen 1924–1933*, Köln 2009, S. 129.

321 Vgl. Mooser, *Arbeiterleben*, S. 189.

322 Vgl. D. Lehnert, *Kommunale Politik, Parteiensystem und Interessenkonflikte in Berlin und Wien 1919–1932*, Berlin 1991, S. 160 ff. u. S. 351 ff.; H. Reif/M. Feichtinger (Hg.), *Ernst Reuter*, Bonn 2009 (hier S. 173 ff.).

323 H. A. Winkler, *Klassenbewegung oder Volkspartei?*, in: *Geschichte und Gesellschaft 8* (1982), S. 45.

324 Vgl. Tabelle bei ders., *Schein*, S. 148. KPD-Anhänger nannten an erster Stelle Lenin, NSDAP-Anhänger Bismarck und Mussolini, »bürgerliche« Parteien wählende Arbeiter den amtierenden Präsidenten Hindenburg.

325 *Das Reichsbanner*, 1. 8. 1925.

326 Vgl. den Text in Abendroth, *Aufstieg*, S. 107–13.

327 Protokoll SPD-Parteitag 1927, S. 165. Schon R. Hilferding, *Das Finanzkapital (1910)*, Frankfurt 1973², nannte den »ökonomischen Zusammenbruch … überhaupt keine rationelle Vorstellung« (S. 501).

328 Protokoll SPD-Parteitag 1927, S. 166.

329 Ebd., S. 169.

330 Ebd., S. 172.

331 Ebd., S. 171.

332 Ebd., S. 173.

333 Ebd., S. 171; sowie F. Naphtali, *Wirtschaftsdemokratie*, Berlin 1928.

334 Protokoll SPD-Parteitag 1927, S. 181.

335 Unter gut 60 % parteigebundenen Landräten in Preußen (Anfang 1928) gehörten 55 der SPD und 47 der DDP an, hingegen 81 dem Zentrum, doch

auch 74 der DVP, hingegen nur 6 der DNVP; vgl. Winkler, *Schein*, S. 403.

336 Protokoll SPD-Parteitag 1927, S. 265 f.

337 *Vorwärts*, 22.4.1928.

338 *Sozialistische Politik und Wirtschaft*, Nr. 24 v. 15.6.1928.

339 *Der Klassenkampf* 3 (1929), S. 709.

340 *Vorwärts*, 22.12.1929.

341 *Vorwärts*, 14.9.1930.

342 Ebd., 12.9.1930.

343 Ebd., 26.8.1930.

344 Ebd., 24.8.1930.

345 G. Decker, *Tolerierung*, in: *Die Gesellschaft* 7 (1930), Bd. 2, S. 481.

346 Vgl. Daten bei Hunt, *Social Democracy*, S. 103.

347 *Vorwärts*, 7.9.1930.

348 Ebd., 9.9.1930.

349 Vgl. die Angaben bei H. Mommsen, *Die Sozialdemokratie in der Defensive*, in: ders. (Hg.), *Sozialdemokratie*, S. 124; zur Altersstruktur der Reichstagsfraktion vgl. Hunt, *Social Democracy*, S. 89.

350 H. Mommsen, *Sozialdemokratie*, S. 131.

351 W. Pahl, *Was bedeutet die Eiserne Front?*, in: *Sozialistische Monatshefte* 36 (1932), S. 231.

352 F. Stampfer, *Offensive!*, in: *Vorwärts*, 18.2.1932.

353 Vgl. Winkler, *Weg*, S. 85.

354 J. Goebbels, *Vom Kaiserhof zur Reichskanzlei*, München 1934, S. 131 ff.

355 Zit. nach Schulze (Hg.), *Anpassung*, S. 8.

356 E. Matthias, *Die Sozialdemokratische Partei Deutschlands*, in: ders./R. Morsey (Hg.), *Das Ende der Parteien 1933*, Düsseldorf 1979, S. 139.

357 *Leipziger Volkszeitung*, 28.7.1932.

358 Zum durchaus engagierten Abwehrkampf vgl. Pyta, *Gegen Hitler*.

359 *Vorwärts*, 3.4.1932 u. 25.10.1932.

360 C. Mierendorff, *Der sozialistische Weg*, in: *Sozialistische Monatshefte* 36 (1932), S. 991.

361 Zit. nach Schulze (Hg.), *Anpassung*, S. 70.

362 Vgl. W. Pyta, *Hindenburg. Herrschaft zwischen Hohenzollern und Hitler*, München 2007.

363 *Vorwärts*, 7.2.1933.

364 Zit. nach Potthoff, *Sozialdemokratie*, S. 126.

365 Matthias, *Partei*, S. 167.

366 Moraw, *Parole*, S. 37; K. Klotzbach, *Gegen den Nationalsozialismus*, Hannover 1969, S. 142.

367 Miles, *Neu beginnen!*, in: K. Klotzbach (Hg.), *Drei Schriften aus dem Exil*, Berlin 1974, S. 54 u. 82 f.

368 Schulze (Hg.), *Anpassung*, S. 186.

369 *Neuer Vorwärts*, 18.6.1933.

370 Ebd.

371 Vgl. den Text in Abendroth, *Aufstieg*, S. 114–122.

372 Zit. nach *Widerstand und Exil*, S. 492.

373 Ebd., S. 490.

374 Zit. nach *Widerstand und Exil*, S. 624.

375 Ebd., S. 626.

376 Die Übersicht http://de.wikipedia.org/wiki/Denkmal_zur_Erinnerung_an_96_von_den_Nationalsozialisten_ermordeten_Reichstagsabgeordnete (abgerufen am 13.9.2012) verdeutlicht noch stärker, wie gering der Anteil von Opfern der nichtsozialistischen Parteien war. – Zum Folgenden grundlegend: Schneider, *Unterm Hakenkreuz*.

377 Vgl. dazu Röder, *Exilgruppen*, S. 63.

378 Zit. nach E. Matthias (Hg.), *Mit dem Gesicht nach Deutschland*, Düsseldorf 1968, S. 605.

379 Vgl. Zitate und Darstellung bei Röder, *Exilgruppen*, S. 146–159; A. Glees, *Exile Politics during the Second World War. The German Social Democrats in Britain*, Oxford 1982, S. 166–174.

380 Zur Biografie vgl. D. Beck, *Julius Leber. Sozialdemokrat zwischen Reform und Widerstand*, Berlin 1983.

381 Zit. nach R. Albrecht, *Der militante Sozialdemokrat. Carlo Mierendorff 1869 bis 1943*, Berlin 1987, S. 222 ff.

382 P. Sering, *Jenseits des Kapitalismus. Ein Beitrag zur sozialistischen Neuorientierung*, Nürnberg 1948[3].

383 So der Titel einer 1946 erschienenen Broschüre des im amerikanischen Exil lebenden, der Gruppe Neu Beginnen entstammenden Paul Hagen (=Karl Frank).

384 Vgl. den Text in Abendroth, *Aufstieg*, S. 123–127.

385 Vgl. diese Charakterisierung in Niethammer u.a. (Hg.), *Arbeiterinitiative*.

386 Huster, *Politik*, S. 42.

387 Niethammer u.a. (Hg.), *Arbeiterinitiative*, S. 705 u. 714.

388 Zit. nach E.-U. Huster u.a., *Determinanten der westdeutschen Restauration 1945–1949*, Frankfurt 1972, S. 362.

389 Zu seiner politischen Biographie vgl. P. Merseburger, *Der schwierige Deutsche. Kurt Schumacher*, Stuttgart 1995; W. Albrecht, *Kurt Schumacher: Ein Leben für den demokratischen Sozialismus*, Bonn 1985.

390 Vgl. K. Schumacher, *Der Kampf um den Staatsgedanken in der deutschen Sozialdemokratie*, Stuttgart 1973.

391 Zit. nach Schulz/Oschilewski, *Turmwächter*, S. 23.

392 H.-P. Schwarz, *Vom Reich zur Bundesrepublik*, Stuttgart 1982, S. 489.

393 Rovan, *Geschichte*, S. 173.

394 Zit. nach Kaden, *Einheit*, S. 20.

395 Zit. nach G. Gaus, *Staatserhaltende Opposition oder Hat die SPD kapituliert?* Reinbek 1966, S. 15.

396 Zit. nach Kaden, *Einheit*, S. 80.

397 Zit. nach Schulz/Oschilewski, *Turmwächter*, S. 32.

398 Ebd., S. 37 u. 39.

399 Ebd., S. 44.

400 Ebd., S. 49.

401 Protokoll SPD-Parteitag 1946, S. 108.

402 Zit. nach Braunthal, *Geschichte*, Bd. 3, S. 613–615.

403 Vgl. die Angaben von Kaden, *Einheit*, S. 256.

404 Zit. nach Schulz/Oschilewski, *Turmwächter*, S. 59.

405 Vgl. die Daten bei Klotzbach, *Weg*, S. 113; C. Kleßmann/P. Friedemann, *Streiks und Hungermärsche im Ruhrgebiet 1946–1948*, Frankfurt 1977, S. 30 u. 69 f.

406 Vgl. dazu E. Schmidt, *Die verhinderte Neuordnung*, Frankfurt 1977[7]; J. Kocka, *1945: Neubeginn oder Restauration?*, in: C. Stern/H. A. Winkler (Hg.), *Wendepunkte deutscher Geschichte*, Frankfurt 1979, S. 167.

407 Grebing, *Geschichte* (2007), S. 138.

408 Vgl. dazu Kleßmann/Friedemann, *Streiks*, S. 45 ff.

409 Vgl. V. Otto, *Das Staatsverständnis des Parlamentarischen Rates*, Bonn 1971, S. 91; W. Sörgel, *Konsensus und Interessen*, Stuttgart 1969, S. 72.

410 Vgl. dazu die Studie von H. Popitz u.a., *Das Gesellschaftsbild des Arbeiters*, Tübingen 1957.

411 Laut Kurt Schumacher drohte die neu gegründete Bundesrepublik zu einem solchen zu werden. Die am 21.9.1949 im Bundestag gebrauchte Formel zit. nach K. Schumacher, *Reden-Schriften-Korrespondenzen 1945–1952*, W. Albrecht (Hg.), Berlin 1985, S. 691.

412 Protokoll SPD-Parteitag 1950, S. 83.

413 Zit. nach H. Soell, *Fritz Erler*, Berlin 1976, S. 177.

414 W. Brandt, *Arbeiter und Nation*, Bonn 1954, S. 36

415 Zit. nach *Der Spiegel* Nr. 26 v. 24. 6. 1953 (dort weitere Parolen mit ähnlicher Tendenz).

416 Vgl. die Angaben von J. Hütter, *SPD und nationale Sicherheit*, Meisenheim 1975, S. 129 ff.; H. Hoebink, *Westdeutsche Wiedervereinigungspolitik 1949–1961*, Meisenheim 1978, S. 163.

417 *Vorwärts*, 21. 6. 1957.

418 Protokoll Bundestag v. 15.11.1949, S. 401 f.

419 Zit. nach Miller, *SPD*, S. 97.

420 *Jahrbuch SPD 1952/53*, S. 262.

421 Zit. nach Brandt/Ammon (Hg.), *Linke*, S. 162.

422 Vgl. die Daten bei H. K. Rupp, *Außerparlamentarische Opposition in der Ära Adenauer*, Köln 1970, S. 124 / Anm. 622 u. S. 284 f.

423 Vgl. die Übersicht in ebd., S. 130–134.

424 Zit. ebd., S. 283.

425 Vgl. ebd., S. 183 f. u. 201 f.

426 *Vorwärts*, 27. 3. 1959.

427 H. Wehner, *Wandel und Bewährung*, Frankfurt 1981[2], S. 193.

428 Vgl. Heimann, *Partei*, S. 2025–2216, hier insb. S. 2144 ff.

429 Protokoll SPD-Parteitag 1959, S. 343.

430 Ebd., S. 379.

431 Ebd.

432 Vgl. ebd., S. 397–412.

433 Köser, *Grundsatzdebatte*, S. 250.

434 Miller, *Problem*, S. 20.

435 Protokoll SPD-Parteitag 1959, S. 328.

436 Wehner, *Wandel*, S. 244.

437 Ebd., S. 232 u. 240.

438 Jahrbuch SPD 1960/61, S. 419 f.

439 Darauf verweist W. Brandt, *Begegnungen und Einsichten*, Hamburg 1976, S. 43.

440 W. Albrecht, *Der Sozialistische Deutsche Studentenbund (SDS)*, Bonn 1994; T. P. Fichter, *SDS und SPD*, Opladen 1988.

441 Protokoll Parteitag 1966, S. 449.

442 Text bei Brandt/Ammon (Hg.), *Linke*, S. 235–240.

443 Vgl. Philipps, *Sozialdemokratie*.

444 Vgl. dazu Schönhoven, *Wendejahre*, S. 270–289.

445 Baring/Görtemaker, *Machtwechsel*, S. 136. – Zur SPD in der Großen Koalition ist grundlegend Schönhoven, *Wendejahre*; zur Folgzeit Faulenbach, *Jahrzehnt*.

446 Vgl. die Angaben von Arend, *Entwicklung*, S. 33 ff.

447 Protokoll SPD-Parteitag 1968, S. 254 (Text des Antrages: 993 ff.).

448 Ebd., S. 1030 u. 1044.

449 Ebd., S. 936.

450 Vgl. K. A. Otto, *Vom Ostermarsch zur APO*, Frankfurt 1977, S. 145 ff.

451 Schönhoven, *Wendejahre*, S. 296, verweist auf eindeutige Befunde der Wahlforschungsinstitute.

452 Protokoll SPD-Parteitag 1969, S. 472.

453 Ebd., S. 70.

454 Ebd., S. 458.

455 Vgl. die Daten bei Baring/Görtemaker, *Machtwechsel*, S. 137 f.

456 Vgl. ebd., S. 184.

457 Zit. nach Miller, *SPD*, S. 139.

458 Ebd., S. 151.

459 Brandt, *Begegnungen*, S. 642.

460 W. Brandt, *Friedenspolitik in Europa*, Frankfurt 1968.

461 Rovan, *Geschichte*, S. 287.

462 Baring/Görtemaker, *Machtwechsel*, S. 197.

463 Vgl. dazu M. G. Schmidt, *Die »Politik der inneren Reformen« in der Bundesrepublik Deutschland seit 1969*, in: C. Fenner u.a. (Hg.), *Unfähigkeit zur Reform?*, Frankfurt 1978, S. 52 ff.; ders., *Die »Politik der inneren Reformen« in der Bundesrepublik Deutschland 1969–1976*, in: *Politische Vierteljahresschrift* 19 (1978), S. 201–253.

464 Vgl. M. G. Schmidt, *CDU und SPD an der Regierung*, Frankfurt 1980, S. 47.

465 Protokoll SPD-Parteitag 1970, S. 456 f.

466 Zit. nach Baring/Görtemaker, *Machtwechsel*, S. 392.

467 Zit. nach W. Brandt, *»... auf der Zinne der Partei ...«. Parteitagsreden 1960–1983*, Berlin 1984, S. 165.

468 Vgl. die Übersicht bei Miller, *SPD*, S. 67.

469 Brandt, *Begegnungen*, S. 577.

470 Baring/Görtemaker, *Machtwechsel*, S. 499.

471 Vgl. die Angaben von Arend, *Entwicklung*, S. 44; E. Ballerstedt/W. Glatzer, *Soziologischer Almanach*, Frankfurt 1979[2], S. 451.

472 *Vorwärts*, 23.11.1972, S. 5.

473 Zit. nach Baring/Görtemaker, *Machtwechsel*, S. 538.

474 Vgl. ebd., S. 700.

475 *Vorwärts*, 29.11.1973.

476 F. Walter, *Vorwärts oder abwärts? Zur Transformation der Sozialdemokratie*, Berlin 2010, S. 11.

477 Faulenbach, *Jahrzehnt*, S. 196.

478 Zit. nach ebd., S. 349. – Zu J. Steffens Position vgl. ders., *Strukturelle Revolution*, Reinbek 1974.

479 Vgl. Heimann, *Partei*, S. 2121 ff.

480 Vgl. Protokoll SPD-Parteitag 1976, S. 321 u. 370.

481 Vgl. Schmidt, *CDU*, S. 86.

482 Protokoll Parteitag 1977, insb. S. 735; R. Hofmann, *Die Sicherheitspolitik der SPD 1966–1977*, Diss., Puchheim 1987, S. 28 u. 41.

483 Vgl. E. Eppler, *Ende oder Wende. Von der Machbarkeit des Notwendigen*, Stuttgart 1975.

484 Brandt, *Begegnungen*, S. 364.

485 Protokoll SPD-Parteitag 1979, Bd. 2, S. 1305.

486 Vgl. die Biographien von P. Merseburger, *Willy Brandt 1913–1992*, Stuttgart 2002; C. Meyer, *Herbert Wehner*, München 2006; H. Soell, *Helmut Schmidt*, 2 Bde., München 2003/2008; sowie Faulenbach, *Jahrzehnt*, S. 377–397.

487 Vgl. die Zahlen bei Heimann, *Partei*, S. 2180 ff.; Grebing, *Geschichte* (2007), S. 183. – Ausführliche Analyse des Wandels bei Schönhoven, *Wendejahre*, S. 487–573, und Faulenbach, *Jahrzehnt*, S. 271–328.

488 P. von Oertzen, *Bahro verurteilt – was nun?*, in: *Sozialdemokratischer Pressedienst Nr. 124* v. 3.7.1978; ders., *Entspannungspolitik nach dem polnischen Winter*, in: ders., *Für einen neuen Reformismus*, Hamburg 1984, S. 93–102.

489 Parteitag der SPD 1979, Bd. II, S. 1215–1268, hier 1242–1244.

490 Parteitag der SPD 1982, Bd. II, S. 907–911, hier 910.

491 W. Brandt, *Sozialdemokratische Identität*, in: *Neue Gesellschaft* 28 (1981), S. 1066.

492 R. Löwenthal, *Identität und Zukunft der SPD*, in: *Neue Gesellschaft* 28 (1981), S. 1085–1089.

493 Die Äußerung fiel in der üblichen Fernsehdiskussion der Parteirepräsentanten.

494 B. Faulenbach u.a. (Hg.), *Sozialdemokratie im Wandel. Der Bezirk Westliches Westfalen 1893–2001*, Essen 2001, S. 314

495 G. Hofmann, *Mit fröhlicher Entschlossenheit*, in: *Die Zeit*, 25.7.1986; http://www.zeit.de/1986/31/mit-froehlicher-entschlossenheit (abgerufen am 13.9.2012).

496 S. Heimann, *Die Sozialdemokratie: Forschungsstand und offene Fragen*, in: O. Niedermayer/R. Stöss (Hg.), *Stand und Perspektive der Parteienforschung in Deutschland*, Opladen 1993, S. 147–186, hier 164.

497 Grundsatzprogramm der SPD. Beschlossen vom Programmparteitag der SPD am 20.12.1989 in Berlin, Bonn o. J.

498 Vgl. H. Kastendiek, *Arbeitnehmer in der SPD. Herausbildung und Funktion der Arbeitsgemeinschaft für Arbeitnehmerfragen (AfA)*, Berlin 1978.

499 Vgl. Heimann, *Aufbruchstimmung*, S. 35–52, hier 36 u. 40.

500 Vgl. R. Meyhöfer, *SPD und Gewerkschaften. Eine Dokumentation zur Debatte um die Lafontaine-Thesen*, Berlin 1988.

501 Vorstand der SPD (Hg.), *Entwurf für ein neues Grundsatzprogramm der Sozialdemokratischen Partei Deutschlands*, Bonn 1986, S. 11.

502 Zusammen mit Diskussionsbeiträgen in: W. Brinkel/J. Rodejohann (Hg.), *Das SPD-SED-Papier*, Freiburg 1988.

503 Stellungnahme der Grundwertekommission beim Vorstand der SPD, in: *Deutschland-Archiv 22* (1989), S. 713–715.

504 Bundestag 11. Wahlperiode, Bd. 149, S. 11296–11301.

505 In: H. V. Böttcher (Bearb.), *Materialien zu Deutschlandfragen*, Bonn 1991, S. 44–50.

506 Gründungsaufruf und andere Dokumente in: G. Neugebauer/B. Niedbalski (Hg.), *SPD*.

507 Text der Entschließung v. 7. 3. 1990, in: *SPD-Jahrbuch 1988–1990*, C52.

508 Zur Überlieferung des Ausspruchs vgl. D. F. Sturm, *Uneinig in die Einheit*, Bonn 2006, S. 208 f.

509 Vgl. O. Lafontaine, *Die Gesellschaft der Zukunft*, Hamburg 1988, S. 180 ff.

510 Ders., *Deutsche Wahrheiten*, Hamburg 1990, S. 180.

511 Ebd., insb. S. 175.

512 Vgl. Sturm, *Uneinig*; I. Fischer (Hg.), *Die Einheit sozial gestalten*, Bonn 2009.

513 Vgl. H. Tiemann, *Die SPD in den neuen Bundesländern*, in: *Zeitschrift für Parlamentsfragen 3* (1993), S. 415–422.

514 Zur Problematik der wirtschaftlich-sozialen Einheit vgl. – politisch gegensätzlich – K. H. Paqué, *Die Bilanz*, München 2009; Arbeitsgruppe Alternative Wirtschaftspolitik, *Deutsche Zweiheit*, Köln 2010.

515 Vgl. dazu aus Sicht der schleswig-holsteinischen SPD-Führung E. Kuhlwein, *Links, dickschädelig und frei*, o. O. 2010, S. 115–128.

516 Vgl. Heimann, *SPD*, S. 90; O. Lafontaine/C. Müller, *Keine Angst vor der Globalisierung*, Bonn 1998.

517 Interview in: *Focus* Nr. 38, in: http://www.focus.de/politik/deutschland/deutschland-keine-schluessige-gesamtbotschaft_aid_180727.html (Interviewtext v. 20. 9. 1999, abgerufen am 13. 9. 2012).

518 So *Der Spiegel* v. 3. 5. 1999, Lafontaine auf dem Titelblatt als feuerrotes Gespenst hinterrücks eines Kanzlers Schröder in gefährdeter Siegerpose zeigend.

519 T. Blair/G. Schröder, *Der Weg nach vorne für Europas Sozialdemokraten*, in: *Blätter für deutsche und internationale Politik* 7/1999, S. 887–896.

520 H.-J. Vogel, *Ein unvollständiges Papier* (Ms., Privatbesitz).

521 Interview in: *Süddeutsche Zeitung* v. 23. 11. 2007, in: http://archiv.goering-eckardt.de/cms/default/dok/242/242972.ich_war_zu_optimistisch.html (abgerufen am 13. 9. 2012).

522 Interview in: *Bild am Sonntag*, 17. 4. 2005.

523 Neugebauer, *Milieus*.

524 Das Schaubild http://www.politicalcompass.org/germany2005 (abgerufen am 13. 9. 2012) im Ergebnis eines

international vergleichend erprobten Auswertungsverfahrens illustriert solchen Befund. Die Sozialdemokratie ist danach bestrebt gewesen, auf der sozioökonomischen Skala die Extreme kommunistischer oder marktradikal-neoliberaler Orientierung ebenso zu vermeiden wie Autoritarismus einerseits und Anarchismus andererseits in politisch-kultureller Hinsicht.

525 Vgl. die Wahlkreiskarte http://commons.wikimedia.org/wiki/File:Germany_election_districts_2005.svg? uselang=de (abgerufen am 13.9.2012). Die unterschiedliche Grundlage darf aber nicht vergessen werden: 1912 gab es nur Männerstimmrecht ab 25 Jahre und Stichwahlen. Dennoch bleibt es eine Tatsache von Eigengewicht, welche Landesteile jeweils im Reichstagsgebäude »rot« vertreten wurden.

526 Datenquelle: Infratest dimap Wahlreport 2009. Wenn die Einzelangaben solcher Nettobilanz der Stimmenabwanderungen nicht die Gesamtziffer erreichen, liegt das am Generationseffekt (mehr seit dem letzten Wahltermin Verstorbene als sie durch geburtenschwächere und weniger abstimmungsgeneigte Jahrgänge ersetzt wurden).

527 Walter, *Vorwärts*, S. 65.

528 Positionspapier der AfA zur aktuellen Lage der SPD v. 2.10.2009, in: *perspektiven ds*, 2/2009, S. 76–81.

529 Zur Wahlstatistik vgl. http://www.bundeswahlleiter.de/de/bundestagswahlen/BTW_BUND_09/veroeffentlichungen/repraesentative/index.html (abgerufen am 13.9.2012). – Dass es sich primär um den Generations- und nicht Alterseffekt handelt, zeigen die CDU/CSU/FDP-Mehrheiten auch der unter 30-Jährigen bis 1965 und ein »Durchwandern« der grünen Erstwählergeneration der 1980er-Jahre in die passend höheren Altersgruppen. Die Erstwähler 1953 bis 1965 (Jg. 1929 bis 1944) sind insoweit das letzte Generationsaufgebot der CDU-Führungsposition, die Erstwähler ab 1983 (Jg. 1962 ff.) verstärken weiter den Grünen-Anteil der nun mittleren Jahrgänge, allein die Zwischenkohorte, Jg. 1945 bis 1961, ist stärker SPD-geprägt.

530 Zit. Vester, *Milieus* (2001), S. 69.

531 Hamburger Programm. Grundsatzprogramm der Sozialdemokratischen Partei Deutschlands. Beschlossen auf dem Hamburger Bundesparteitag der SPD am 28. Oktober 2007, S. 68 u. 8 (Register: 69–76).

532 Walter, *Vorwärts*, S. 114.

533 Zusammengestellt nach dem Magazin *Stern* 31/2009, S. 34–45 (dort ausdrücklich den zehn »Sinus-Milieus« folgend, benannt nach einem wesentlich auch Marktforschung betreibenden Institut, dass angeblich überholte soziale und politische Klassifizierungen Oben/Unten sowie Rechts/Links dabei alltagskulturorientiert meidet).

534 P. Glotz, *Die Arbeit der Zuspitzung. Über die Organisation einer regierungsfähigen Linken*, Berlin 1984, S. 109.

535 Nach den Daten bei O. Groh-Samburg, *Armut in Deutschland verfestigt sich*, in: *Wochenbericht des Deutschen Instituts für Wirtschaftsforschung* (DIW) Berlin Nr. 12/2007, S. 179, waren 2005 tatsächlich insgesamt 28 % vom Wohlstand ganz oder teilweise abgehängt, weitere 26 % lebten in eher gefährdetem, nur 46 % in gesichertem Status.

536 http://www.sinus-institut.de/loesungen/sinus-milieus.html (abgerufen am 13. 9. 2012).

537 http://www.direktplus.de/fileadmin/upload/images/Allgemein_relevant/Sinus_Milieus_USA.jpg (abgerufen am 13. 9. 2012).

538 Neugebauer, *Milieus*, S. 93.

539 M. Vester, *Soziale Milieus und Gesellschaftspolitik*, in: *Aus Politik und Zeitgeschichte* 44–45 (2006), S. 12; ausführlicher dazu Vester, *Milieus* (2001).

540 Vester, *Milieus* (2006), S. 14.

541 A. Ladner u.a., *Die politische Positionierung der europäischen Parteien im Vergleich*, Chavannes-près-Renens 2010, S. 33 ff. u. 84 (zur Polarisierung); http://www.andreasladner.ch/dokumente/Literatur_Unterricht/Ladner_et_al_2010_Cahier_252.pdf. Dortige Skalierungen von 0 bis 100 werden hier textlich so ausgewertet, dass Profilschärfe im Bereich bis etwa 25 (klar ablehnend) und ab etwa 75 (deutlich zustimmend) angenommen wird.

542 S. Hradil, *Soziale Milieus – eine praxisorientierte Forschungsperspektive*, in: *Aus Politik und Zeitgeschichte 44–45* (2006), S. 9. Auch dort wird bestätigt: »Es gibt typische Unterschicht-, Mittelschicht- und Oberschicht-Milieus« (S. 7). Solche Klassifikationsachse des Sozialstatus ist zwar – schon im 19. Jahrhundert, wenn an die Besonderheit des katholischen Milieus und die Unterschiede von liberalem und konservativem Protestantismus gedacht wird – um eine Werthaltungsachse zu ergänzen. Aber Politik ohne hinreichende Sensibilität für Schichtungsdifferenzenbleibt in eigener technokratischer Scheinwelt befangen und muss letztlich an der sozialen Realität scheitern.

543 Wilhelm II. am 31. 12. 1905 an Reichskanzler Bülow, zit. nach J. C. G. Röhl, *Wilhelm II.*, Bd. 3, München 2008, S. 367.

544 Protokoll SPD-Parteitag 1907, S. 255.

545 Brandt, *Links*, S. 204. Hingegen dürfte heutiges modisches »Parteichinesisch« aus zu viel Technokraten-Deutsch und Wirtschafts-Englisch weder Gebildete noch Normalberufstätige hinreichend motivieren.

546 Allerdings wäre es kein gelungenes Sprachbild, dass geeignete Führungspersönlichkeiten »mehrere Gesichter« zeigen können sollten, was ein auf Ehrlichkeit und Verlässlichkeit orientiertes Massenpublikum nicht ähnlich schätzt wie die von Überraschungseffekten auch im Wortsinne lebende Medienwelt. Es geht hier allein um hinreichend verschiedene Ausdrucksmöglichkeiten eines und desselben »Gesichts«.

547 So der Titel von Faulenbach, *Jahrzehnt*.

Abbildungsnachweis

Umschlag vorne: Bundesarchiv, Bild 183-R66693 (Lassalle); Bild 183-14077-0005 (Bebel); Bundesregierung, B 145 Bild-F057884-0009 (Brandt); picture-alliance / akg-images (Schumacher); Umschlag hinten: AdsD

Buch innen: AdsD, S. 27 (Rechteinhaber unbekannt); S. 29 (Rechteinhaber unbekannt); S. 59, S. 93, S. 118 (Fritz Gottfried Kirchbach); Bpk, S. 57 (Friedrich Waibler), S. 159, S. 228 (Jochen Moll); Bundesarchiv, S. 130 (Bild 102-01196), S. 215 (B 145 Bild-F048648-0014 – Ludwig Wegmann); S. 270 (Plak 006-010-011) ; Bundesregierung, S. 269 (145 Bild-00182585 – Engelbert Reineke); ISG Frankfurt a. M., S. 177; NRWSPD, S. 265; picture-alliance / United Archives/TopFoto, S. 25, picture-alliance / dpa, S. 144, S. 207 (Lothar Heimann); SZ Photo, S. 167, S. 189, S. 241, S. 251 (Regina Schmeken); Vorwärts Verlag, S. 61

150 Jahre SPD